コメニウスの旅

〈生ける印刷術〉の四世紀

相馬伸一

九州大学出版会

はじめに

ストラホフの丘からプラハ旧市街を望む

コメニウスをめぐるメタヒストリー

中央ヨーロッパはチェコ共和国の首都プラハ。中世以来の多くのユニークな建築物が迎えてくれるこの街は「百塔の街」と呼ばれている。どこまでの範囲を対象にして、誰がどういう基準で数えたか知らないが、街の中心部の塔の数は五〇〇に及ぶという。街に立った印象は人それぞれだ。街を移動すると、印象はさらに膨らむ。それぞれの塔の姿やそれらの位置関係は、見る位置や見る時によって微妙に変化する。ある方角から見ると、ある塔が他の塔を隠したり、あるいは他の塔と見事に競演したりする。どれひとつとして同じ景色はない。ある塔に登ると大きく眺望が開けるが、登ってきた塔は景色のなかにはない。ある視点をとれば、それによって見えなくなる何かがある。唯一の見方は存在しない。同じようなことは、思想の歴史的評価についてもいえるだろう（相馬、二〇一五年b）。

本書は、一七世紀チェコの思想家ヨハネス・アモス・コメニウス（一五九二―一六七〇年）の思想史的評価の変遷をとりあげる。歴史

レンブラント派の画家オーヴェンス（1623-78年）作《コメニウスの肖像》（アムステルダム国立美術館）

がいかに語られたかの歴史をあつかうという意味ではメタヒストリーの試みといえる。思想の受容史といってもよい。

思想史というアプローチはもう古いという見方があるかもしれない。歴史研究においては、以前は資料と見なされなかった事物が資料としてあつかわれ、新たな知見が提供されてきた。これは、いわゆる大思想家をあつかった「大文字の思想史」に対する問題提起となった。たしかに、思想はいわゆる思想家の占有物ではない。とはいえ、プラハに塔しかないわけではないが、プラハを考察しようとするとき、シンボルたるべく建造された塔をあつかわないわけにはいかないように、歴史的事象のシンボリックな考察を試みようとするとき、思想史にはやはり方法論としての有効性が認められる。

次に、メタヒストリーというアプローチの意義に触れておきたい。思想それ自体ではなく、その受容をあつかうというのは直球勝負ではないように思われるかもしれない。しかし、決してそうではない。私たちが何の前提もなく何らかの情報に接することなどほとんどない。意識するにせよしないにせよ、すでに流布している何らかの評価を暗黙の前提にしているものだ。いかなる評価が信頼に値するかの判断は簡単ではないが、明らかに妥当とはいえない評価に依存すれば、私たちはあざむかれることになる。この意味で、ある言説なりテクストなりがいかに語られてきたかは、見過ごすことのできない問題である。本書に「コメニウスの旅」という表題を掲げたのは、彼のテクストの空間的・時間的広がりをたどろうという趣旨からである。

コメニウスは、教育史上の重要人物として、「近代教育学の祖」あるいは「諸国民の教師」と呼ばれてきた。二〇一二年からの五年間に日本全国で実施された教員採用試験で、コメニウスの名は二六回も登場している（ちなみに最もよくとりあげられたのはアメリカの哲学者・教育学者のジョン・デューイ〔一八五九―一九五二年〕の八〇回である）（相馬他、二〇一八年、一二三、一四一頁）。コメニウスは、彼の母国のチェコでは二〇〇コルン紙幣の肖像画に現れ、民族のアイデンティティのある部分を構成しているとさえいえる。こうした位置づけは、さまざまな解釈が重ねられるなかで歴史的に構成されたものである。しかし、プラハの街の眺望と同じように、ある見方がとられれば、相対的に何かが隠されたり、何かが強調されたりすることになる。実際、日本では、コメニウスは教育分野で盛んにとりあげられる一方、その他の側面にはほとんど光が当てられてこなかった。本書がコメニウスの受容史をとりあげるのは、こうした状態に再考を求めたいという意図もなくはない。しかし、より根本的な意図がある。端的に言って、彼の思想は、本書がとろうとするメタヒストリー的な視点を本質としているのである。

コメニウスは、知識が一部の占有から解き放たれてあらゆる者に共有されることを思い描いた。また、知識がある時代にとどまるのではなく、未来に伝播していく方途を考察した。さらに、知識が理論にとどまるのではなく、実践に移され、他のレベルへの応用が図られるべきであると考えた。そして、第一章で詳論するように、私たちが歴史的社会的に構成されたテクストの世界で生きていることを〈生ける印刷術〉（Typographeum vivium）と表現した。このことは、彼が、思想の流布や普及という問題を主題化した思想家、言い換えればメタヒストリー的な思想家であることを示している。そして、それぞれの時代や社会における彼の思想についての言説は、その時代や社会の特質をも映しだしている。本書では、コメニウスを鏡として、時代や社会の断面がどのように現れるかについても見ていく。

ちなみにコメニウスは、教育を印刷術にたとえ、「教育印刷術」（教刷術）（didacographia）という言葉を用いたが、第五章で触れるように、それはコメニウスの教育思想が教師中心の教え込みの教授学と見なされるようになった原因のひとつであり、コメニウスを愛好する者にとっては「できればないことにしたい」論争的な用語であるかもしれない。コメニウス自身が、『大教授学』で「この用語に固執するが」（DK15-1, 201）と記しているのは、この語が招く誤解を彼が予想していたことを示している。にもかかわらず、彼はこの語を用い、それをさらに展開していった。本書は、そうした彼の意図を承けて、この用語を副題に掲げることにした。

本書の構成

本書は、コメニウスの「語られの歴史」をあつかうが、理解の便を考慮して、大まかに世紀ごとに区分する。言うまでもなく、西暦の一世紀のなかに歴史の流れが行儀よく収まるわけがない。多少の前後や出入りが生じることはお含みおきいただきたい。

第一章では、コメニウスが生きたヨーロッパ一七世紀が歴史記述においてどのようにとらえられているかをおさえたうえで、彼がその時代をどのように見つめ、彼の生きた時代と未来にいかなる光を投げかけようとしたのかを論じる。「危機の世紀」といわれるヨーロッパ一七世紀は、さまざまな世界観の相克が見られた思想的な危機の時代であった。この時代、印刷術の普及と宗教改革によって知識は社会的な関心事となり、思想の危機は広範な影響を及ぼした。彼はこの危機を奥深くとらえ、それへの対処を企てた。本書では、彼の思想それ自体の解釈や検討に多くの紙幅を割くことはできない。それについては、本書の姉妹編ともいうべき拙著『ヨハネス・コメニウス――汎知学の光――』（講談社選書メチエ、二〇一七年）を参照されたい。

第二章では、啓蒙主義の興隆のなかでコメニウスがどのようにあつかわれたかを見ていく。主として一八世紀に焦点を当てる。彼が著した教科書は、一七世紀においては聖書に次いで読まれたと言われるほど普及した。しかし、一六七〇年に死去したのち、彼はごく短い間に忘れ去られたとされた。実は、この見方は革新的であると同時に排他的でもあった啓蒙主義の性格を反映している。とくにドイツとチェコ地域に焦点を当て、通説の見直しを試みる。

第三章では、コメニウスが「近代教育学の祖」として位置づけられるようになった過程を追う。主として一九世紀が対象となる。教育の可能性を称揚する啓蒙主義は、教育の普及が喫緊の課題と見なされた国民国家においてほぼ公認のイデオロギーとなる。コメニウスは、教育者ならびに民族主義者といった、教育と国家にとって適合的な側面から理解されるようになる。一九世紀、学校教育制度や出版業の拡張によって、コメニウスの言説はかつてないほど広く浸透した。他方、学術研究の制度化が進むにつれて、専門レベルと教育レベルの言説の間のズレが生じ始める。

第四章があつかうのは、二〇世紀における解釈の葛藤である。この時代のコメニウス解釈には、一九世紀から引き継がれた民族主義の高まりが影を落としている。さらに第二次世界大戦後のコメニウスをめぐる言説には、東西対立が色濃く反映している。彼の母国のチェコ地域をはじめとした東側諸国では、唯物論の歴史観に基づく解釈によって、コメニウスは近代的な姿に描かれた。そこには思想のアクチュアリティーにこだわった彼の意図に添った面も認められるものの、誇張的な解釈がカノン（基準的解釈）になってしまったのも否定できない。

第五章では、前半で二〇世紀末の冷戦終結以降のコメニウス言説の動向をフォローする。二〇世紀後半、ポストモダニズムが歴史や思想のカノンの相対化にとりくむようになると、コメニウスは近代の典型として批判された。しかし、ポストモダニズムがコメニウスに見たのは一九世紀以降に生み出された近代的なコメニウス像であった。他方、イデオロギー時代の熱狂が過ぎさり、方法論は多様化し、啓蒙主義時代以降、暗黙のうちにタブー視されてきた視点からのコメニウス研究も現れるようになった。こうして研究レベルでのイメージはますます拡散するなかで、一般に流布した旧来のイメージの固定化が続くという問題も生じている。四世紀にわたって生成してきた言説の交錯を振り返るとき、コメニウスは思想史がはらむ問題を表象する存在であることが見えてくる。

第五章の後半では、コメニウス言説の歴史をとおした思想史研究への問題提起を試みる。すでに一九七〇年代、歴史家のヘイドン・ホワイト（一九二八―二〇一八年）は、「歴史学を科学として確立しようという主張は、歴史学の概念をつくりあげるために特定の様式を優先しよう、という宣言にすぎない」とし、「同時に「歴史哲学」でないような「歴史学」などは存在しない」（ホワイト、二〇一七年、四四頁）と論じた。この主張は、歴史の科学化を試みる側からは価値相対主義として批判された一方、歴史記述の相対性とそこに一種の歴史哲学的要素が認められることは、今日、広く認められている。とはいえ、現在の歴史研究や思想史研究にさまざまな解釈の可能性が認められているとしても、「何でもあり」というシニシズムとニヒリズムが入り込む余地が増大していることも否定できない。本書がコメニウス言説をとおして問おうとする歴史と思想の意味も、言うまでもなくひとつの視点から得られた眺望にすぎない。であるとしても、単にひとつの歴史記述を提示するということだけでは、今日の社会における思想史の存在意義への問いに応えることにはならないと考える。

なお、コメニウスに関心を持つ人々や研究の便宜のため、基本文献等の研究情報と一七世紀ヨーロッパを股にかけて活動したコメニウスの地理的な意味での旅（軌跡）について二編を付す。本書はかなり専門的な内容をあつかうが、できる限りアクセシブルな書物にするため、一三〇点を上回る図版を収めた。風景を収めた写真は、とくに断りのない限り私が撮影したものである。

本書のアプローチ

本題に入る前に本書が何に注目を払い、どのように論じるかを簡潔に記しておく。

コメニウスは、地上の平和を実現するためには、知識の集約と流布によって世界を照らすことが不可欠であると考えていた。知識の伝播は、大きくは空間的なレベルと時間的なレベルとに分けられる。彼の貢献として広く認められるのは、知識の伝播の対象を子どもにまで広げたことである。そして彼は、〈生ける印刷術〉という言葉で、知識の空間的歴史的伝播を展望した。コメニウスが後半生に著した世界初の絵入り教科書とされる『世界図絵』

(一六五八年)は、彼の生前においても大きな反響を呼んだが、その死後も挿絵や内容に改編が加えられながら普及しつづけた。この意味で、彼は知識の伝播を実践したといえる。

空間的な伝播と時間的な伝播は絡みあい、無数のテクストを生み出しながら進展する。ごく大まかに区分するなら、そこには三種類ないしは四種類のテクストがあるだろう。何が伝播するにしても、原典となる第一のテクストがなければ始まらない。原典は、さまざまに解釈され、論文や研究書や翻訳が生まれる。これを第二のテクストとしておこう。第二のテクストは知識人や教養市民層といった知的な共同体による評価を受ける。しかし、知的レベルで承認された言説が、ただちに社会的意味を得るわけではない。歴史は思想の広まる運動であり、広がりのなかで社会的意味は生成される。ここで重要なのが、広い意味での教育や啓蒙である。そこで役割を果たすのが、第三のテクストともいうべき教科書等だろう。いかにオリジナルであっても、原典は万人が読むにはむずかしい。原典の解釈も、いかに精緻であっても難解すぎれば広くは受け入れられない。これに対して、第三のテクストは、伝播を重視するために情報の縮減がともなわざるを得ない。しかし、内容的には薄いものであっても、言説が広く伝播すれば、無視できないほどの影響力をもつ。そして、ある言説の社会的意義が認められるようになると、第一、第二、第三のテクストを参照したより影響力の大きな言説が生み出される。これを第四のテクストと呼ぶことができるだろう。具体的には事典における記述や政治家やジャーナリストの発言などがそれにあたるだろう。現在では、ブログやSNS上に見られる言説もここに含めることができるだろう。このレベルでは、情報のさらなる縮減にともなう歪曲や隠蔽のリスクがある半面、そこに広く伝播するメッセージ性があるのも否定できない。

思想の受容は、さまざまに現れたテクストが相互に照らしあうなかで進行していくと考えられる。とはいえ、あらゆるテクストを検討の俎上に載せることは、対象をコメニウスに絞ったとしても不可能であり、その紙幅もない。そこで本書では、先行研究をフォローしながら、いくつかの象徴的な事例に焦点を絞る。とくに、コメニウスの母国チェコ、そしてチェコに次いで彼がとりあげられてきたドイツ、そして日本での言説を中心にあつかう。

最後に本書の記述スタイルについて触れたい。歴史研究では、よく「資料をして語らしめる」と言われる。書く側があらかじめ持っている枠組みを先行させて独断的な結論を導かないようにという戒めの言葉だろう。そこで、あたかも資料そのものが語っているかのような、書き手がテクストに現れない表現がとられる。これは、歴史記述の客観性を高めようという模索のなかで一般化したスタイルだ。実証的手続きは重要だし、あたるべき資料を十分に検討もせず、「たられば」的な解釈を積み重ねて、何か新しげなことが言えればよいという態度は論外だろう。しかし、客観的な記述スタイルに問題がないとはいえない。そこには、往々にして書き手という主体を隠蔽するリスクがともなう。歴史を記述する者が歴史の外に立つことができると考えるとき、歴史は対象化されている。しかしそれは、歴史を私たちから遠ざけるということでもある。他方、歴史を記述する者は、歴史を外から見る傍観者となる。歴史が知識の広まる営みであるならば、歴史においては、あらゆる者がそこに居合わせる当事者である。書き手の主体性が失われると、歴史は動きであることをやめてしまう。そして、ホワイトにしたがえば、いかなる手続きによっても歴史記述から歴史哲学的要素を消し去ることはできない。

詳しくは本論で触れるが、歴史研究においては、かつては時代や人物といった歴史的対象に一定の評価を下すことが広くみられた。その際、書き手を背景に退かせた客観的なスタイルは、その言説に科学的真理のような信頼性をまとわせる効果があった。しかし、価値相対主義が広く浸透するなかで、歴史的対象の新旧・善悪などを論じようとする歴史家の構え自体が問われるようになった。勧善懲悪的な歴史記述が問われるようになったのである。さらに、それがあたかも客観的な事実のように語られるのは、歴史家の欲望の隠蔽と見なされるようにもなった。たしかに、歴史記述には実証的な手続きが不可欠だとしても、無限ともいえる史料から何かを選択する際に、書き手の予見をまったく排除することはできない。こうして専門的な歴史記述は、一種のダブル・バインド状態におかれる。実証性には限界があるにもかかわらず実証性を求められ、安易な価値判断を戒められる。その結果、歴史記述はともすれば些末な事実の提示にとどまってしまう。他方、人文社会科学の危機が叫ばれるなか、禁欲的に事実を提示するスタイルには、「何の意味があるのか」とその有用性を問う声が投げかけられる。

専門的な研究を即効的な実利性の観点からしか評価しないという風潮は明らかに問題である。しかし、研究者に何の責任もないとはいえない。たとえば、客観的な記述スタイルに、生きた人間の感情や人間関係の絡み合いのなかから知識が生み出されるという現実を捨象している嫌いがないとはいえない。また、実証性の要求に応え、価値判断を禁欲しようとするあまり、思想や歴史の研究が人間生活から縁遠いものと思われているとすれば、改善の余地がある。こうした問題への対処は、自然科学分野に引けをとっている。自然科学では、学問の巨大化によって多額の研究費が必要となるなかで、社会に対する説明責任が厳しく問われている。また、高度に専門的な研究が研究者共同体の内部にとどめられることが、外部からの批判や検証を困難にするという懸念もある。ゆえに、自然科学分野では、研究成果の社会的な説明やその普及に相当の努力が払われている。

コメニウスが、特定の階層における知識の滞留を批判し、知識の広範な伝播を課題としたことからすれば、彼をとりあげる本書は、それにふさわしいアプローチを試みるべきであろう。実際に彼は、そのように試みている。彼は生涯に多くの教育著作を著したが、それは『教授学著作全集』全四巻（一六五七―五八年）に集約された。この全集は、単に彼の教育著作が配列されたものではない。彼がそれらの著作にとりくんだ意図や寄せられた反論に対する弁明等が随所に記され、それを丁寧に追っていくと、彼の問題意識がより生々しく伝わってくるように書かれている。本書では、コメニウスがとった手法にならい、著者である私の問題意識やそれに刺激を与えた出来事にも触れる。実証的な厳密性にできる限り応えるだけではなく、「ここまでは言えるだろう」という価値判断を私の責任において記すようにしたい。

凡　例

人名表記は『岩波世界人名辞典』（岩波書店、二〇一三年）、地名表記は、『コンサイス外国地名事典』（三省堂、第三版、一九九八年）に収録されている場合は基本的にそれらにしたがい、記載がない場合は、諸研究を参照の上、著者の判断で示した。

現在のチェコ共和国のプラハを中心とした西部のボヘミア地方、ブルノを中心とした東部のモラヴァ地方、オストラヴァを中心とした北東部のスレスコ地方の三地域またはボヘミアとモラヴァにまたがる領域をさす場合は、現代についてはチェコ、チェコスロヴァキア成立以前はチェコ地域と表記する（ボヘミアはチェコ（チェヒ）のラテン語表記だが、西部のボヘミアのみを意味する場合とモラヴァを含んで用いられる場合がある。本書ではチェコ西部を指すのに用いる）。イギリスについては、必要に応じて「イングランド」と表記した。歴史的に変遷することが多い大学名は、基本的に地名で示す。

コメニウスはラテン語名であり、母語表記によるならばチェコ語のコメンスキーの方が適切といえるかもしれないが、本書ではコメニウスと表記する。また、本書で用いた日本語文献には、コメニアス、コメニオス、コメニュウス、コメニュース、コメーニウス、コメンスキー等の表記があるが、すべて「コメニウス」に統一する。名前は、チェコ語からはヤン、ドイツ語からはヨハン、英語からはジョン、フランス語からはジャン、ラテン語からはヨハネスと表記されるが、こちらはそのままにした。

日本語文献および邦訳文献の引用にあたっては、訳語・用語を変更したほか、人名および地名の表記の統一、原語表記の削除、表記法の変更を施した場合がある。主として明治期の旧字体・旧かな遣いによる文献については、読みやすさを考慮して、基本的に新字体・新かな遣いに改めたほか、一部の漢字はかなにし、適宜ルビを付すなどした。日本語訳のある外国語文献の書誌は割愛した。著者による補足は【　】で示した。

コメニウス著作からの引用にあたっては、イタリックや強調などは原則として訳文に反映させず、原語の補足も最少限にとどめた。また、注は、他の主要な引用文献とともに、巻末「文献一覧」に示す原典の略号および巻数と頁数のみを示した。巻末付録一「コメニウス研究ガイド」であげた邦訳文献、日本コメニウス研究会会報『日本のコメニウス』(第一号、一九九一年—第二〇号、二〇一〇年)に収録されたコメニウスの著作の翻訳および藤田輝夫(一九四一—二〇〇四年)による未公刊の訳稿に多くを学んだ。

コメニウスの生涯については、ミラダ・ブレカシュタット(一九一七—二〇〇三年)による『コメニウス——ヤン・アモス・コメンスキーの人生・活動・運命の概括の試み』(一九六九年)および藤田輝夫の「コメニウス小史」一—六(『日本のコメニウス』、第一五号—第二〇号、二〇〇五—二〇一〇年)を参照した。コメニウスの著作の表題についてはさまざまな見解を参照したが、著者の判断で改めたものがある。

目次

はじめに　i
凡　例　xi
第一章　漆黒の一七世紀より――生ける印刷術――……1
一　一七世紀の時代相をめぐって　3
二　光の思想家コメニウス　10
三　論点としてのコメニウス　31
第二章　伏流する一八世紀――啓蒙主義の光と――……43
一　啓蒙主義のコメニウス批判　45
二　避難所としてのドイツ　52
三　暗黒としてのチェコ　63
四　仲介者ヘルダー　68
むすび　75
第三章　湧出する一九世紀――近代の光と――……83
一　チェコ民族再生運動のなかで　85
二　「近代教育学の祖」の誕生　97
三　日本における受容　107
四　照らしあい広がる言説　124

むすび　135

第四章　眩惑する二〇世紀――イデオロギーの光と――……139
一　二つの戦争の時代　141
二　東西冷戦のなかで　168
三　戦後日本の教育学のなかで　188
四　プラハの春前後　206
むすび　233

第五章　模索する二一世紀へ――思想史問題としてのコメニウス――……241
一　冷戦終結と近代の再考　243
二　歴史記述をめぐる課題　257
三　歴史の意味の恢復に向けて　279
むすび　300

付録一　コメニウス研究ガイド　305
付録二　コメニウスゆかりの地　323
文献一覧　339
あとがき　353
索　引

第一章

漆黒の一七世紀より

――生ける印刷術――

ホラー作《コメニウスの肖像》
1652年50歳の時のものと刻まれている。異なった年代に異なった作家が制作した同じ構図の版画が2点伝えられている。

一　一七世紀の時代相をめぐって

時代相の相対性

　ある時代に対して、明るいとか暗い、あるいは上り調子とか凋落とか言われるのには、どのような根拠があるのだろうか。何らかの性格づけをしないとある時代の歴史的位置づけができないことからすれば、そうした記述に意味がないとはいえない。しかし、根拠が曖昧であれば、単なるレッテル貼りになってしまう。実際、ヨーロッパ中世に付された「暗黒時代」という形容は、中世史研究の進展にもかかわらず、いまだにその時代の理解をさまたげている。この意味で、ある視点から時代相を描いてみせる歴史家の責任は小さくない。歴史家のとる視点には時代による流行り廃りがあり、地域差もある。そして、それらがどの程度受容されるかによって影響力にも差が出る。本書が起点とする一七世紀もさまざまに記述されてきた。

　一七世紀を、ヨハネス・ケプラー（一五七一―一六三〇年）、ガリレオ・ガリレイ（一五六四―一六四二年）、アイザック・ニュートン（一六四二―一七二七年）らが現れた「科学革命の世紀」と見るなら、この時代は科学と技術の時代の黎明期に位置づけられる。自然科学の可能性が称揚された二〇世紀後半に至るまで、一七世紀は明るい時代と見なされた。科学哲学者スティーヴン・トゥールミン（一九二二―二〇〇九年）は、彼が学生だった一九三〇年代から一九四〇年代を振り返り、「当時の教授たちがわれわれに教えてくれた一七世紀のヨーロッパ像は、明るいものであった」（トゥールミン、二〇〇一年、xvii）と回想する。また、地域的にみれば、この世紀のオランダは世界の覇権を握る黄金時代を享受していた。この世紀の後半に親政を開始したフランスの太陽王ルイ一四世（一六三八―一七一五年）の宮廷は、この時代の光を象徴するといえるかもしれない。

　しかし、まったく逆の見方も可能だ。とくに、この世紀の前半の三十年戦争（一六一八―四八年）に焦点を当てれば、この時代は闇であった。戦争当初はプロテスタント側の不統一で神聖ローマ皇帝側が優位に戦いを進めたが、プロテスタント国のイングランド、デンマーク、スウェーデンが介入して戦域は拡大し、次いでカトリック国であるフランスがハプスブルクへの対抗の必要からプロテスタント側に参入したことで、戦争は泥沼化・長期化した。イギリスの歴史家ヴェロニカ・ウェッジウッド（一九一〇—九七年）による三十年戦争を論じた大著は、このようにしめくくられている。

「戦争は、いかなる問題も解決しなかった。その結果は、直接的、間接的を問わず、否定的なものであり、悲惨なものであった。道徳的には秩序転覆的、経済的には破壊的、社会的には品性喪失的、その結果においては無益、そうした点において、この戦争は、ヨーロッパ史のなかで、飛び抜けて無意味な紛争の典型であろう。」（ウェッジウッド、二〇〇三年、五六九—五七〇頁）

この戦争の渦中、ヤン・フス（一三六九頃—一四一五年）以来のチェコ宗教改革の伝統を継承するコメニウスとその同志たちは、チェコの再カトリック化のもとで故郷を去らざるをえなかった。チェコ史では、ビーラー・ホラ（白山）の戦い（一六二〇年）から一八世紀末までの時代は「暗黒」として位置づけられてきた。一九世紀後半からチェコ地域を題材にした多くの歴史小説を著したアロイス・イラーセク（一八五一—一九三〇年）が、この時代を描いた長編小説の表題は『暗黒』（temno）である。

プラハ６区ビーラー・ホラにある 1620 年の戦闘の記念碑

明るかった、暗かったという二者択一ではなく、折衷的な見方をとることもできる。美術史において、この時代を特徴づけるのは光と闇であろう。ミケランジェロ・メリージ・ダ・カラヴァッジョ（一五七一―一六一〇年）が闇と光のコントラストからバロック絵画に見られる手法を拓き、それはオランダのレンブラント・ファン・レイン（一六〇六―六九年）やヨハネス・フェルメール（一六三二―七五年）において開花した。ちなみに、イタリア・フィレンツェのウフィツィ美術館に所蔵されているレンブラントによるとされる老人の肖像はコメニウスを描いたものであるという有力な解釈がある。

レンブラント作《老人の肖像》
（フィレンツェ、ウフィツィ美術館）

時代相は相対的である。しかし、見方次第だということではすまない。そこに歴史の議論がある。ここでは、一七世紀の位置づけをめぐる議論を簡潔にレビューしておく。

一七世紀の全般的危機

「一七世紀の危機」論争の直接的な淵源は、一九五二年に創刊された歴史学雑誌『パスト・アンド・プレゼント』に、イギリスのマルクス主義歴史家エリック・ホブズボーム（一九一七―二〇一二年）が、「一七世紀におけるヨーロッパ経済の全般的危機」「一七世紀の危機（二）」と題された論文を発表した一九五四年にさかのぼられる。ホブズボームは、この時代を「封建制経済から資本主義経済への全般的な移行の最後の局面」（トレヴァー＝ローパー他、一九七五年、三頁）であったとし、危機の経済的側面に注目した。その三年後、同誌はヨーロッパ一七世紀の歴史的位置づけをめぐって討論会を行った。

イギリスの歴史家ヒュー・トレヴァー=ローパー（一九一四―二〇〇三年）は、ホブズボームの主張に対して、この時代の危機を「国制上の危機でもなければ、経済的な生産の危機でもなく」、「社会と国家の間の諸関係の危機であった」とした（同書、八二、八三頁）。彼はイギリス近世史において重要なテーマであるジェントリ（郷紳、貴族と農民の間の地主階級）をめぐる論争の渦中にあり、この時代の危機の要因として、とくに「宮廷」と「地方」の勢力との対立を重視した。歴史における変化の要因として何よりも社会の経済的基底を重視し、同時に歴史をある種の発展の過程ととらえるマルクス主義歴史家にとって、トレヴァー=ローパーの主張は、歴史の変化の要因を曖昧にするとともに資本主義経済への移行期という一七世紀の歴史的意義を低下させるものと映ったのであろう。以後、何に危機の要因を見るか、そして、この時代をいかに評価するかをめぐって論争が続いた。

トレヴァー=ローパーは、フランスのカトリック歴史家ロラン・ムーニエ（一九〇七―九三年）の「観念と感情の大きな危機、宇宙を考え理解する方法の革命といった、ほとんど知的な突然変異ともいうべきものが、この時代のヨーロッパにおいて起こった」（同書、一五二頁）との指摘を受け入れ、「一七世紀の全般的危機は構造の危機であるばかりではなく、思想の危機でもある」（同書、一七八頁）という視点を重視した。その後の研究が集成されたのが『宗教改革と社会変動』（一九六七年、一部の邦訳一九七八年）であるが、トレヴァー=ローパーはジェントリらを「地方党」（country party）としてくくり、彼らは地方分権と世俗化を要求する点で共通していたとする（Trevor=Roper, 1967, 241）。ちなみに彼は、本書がとりあげるコメニウスとその盟友のサミュエル・ハートリブ（一六〇〇―六二年）およびジョン・デュアリ（一五九六―一六八〇年）を「イギリスの地方党の知的セメント」（同, 255）として重視し、ジェントリの支持を得たこれら三人の外国人を「イギリス革命における真の、そして唯一の哲学者」（同, 240）として位置づけた(1)。

宮廷対地方という対立は、イギリス社会の変動の説明としては有効であったとしても、ヨーロッパ全域に適用できるとはいえない。とはいえ、ホブズボーム以来の論争をとおして、ヨーロッパ一七世紀が歴史家の毀誉褒貶にさらされる政治・宗教・経済・文化にわたる激動の時代と見なされるようになったのは間違いない。この世紀は、世界的にみても多くの戦乱が生じた時代であった。イギリス内戦や三十年戦争といった政治史上の大事件の背景には、前世紀の宗教改革以来の不寛容があった。ルネサンスから刺激を受けた科学革命は、当時はまだ知識階層のレベルにとどまったとはいえ、中世までの世界観を大きく塗り替えた。それによって生じた知識階層における一種のアノミー（規範喪失状態）は、宗教改革をうけた教育熱のもとで、社会全体にとっても無縁の出来事ではすまなかった。さらに、小氷期の到来による寒冷化は農業生産の停滞をもたらし、多くの戦乱ともあいまって人口は減少した（ル＝ロワ＝ラデュリ、二〇〇九年、五三―五八頁）。

エピステーメーの転換点

時代相をめぐる議論は、ポジティブであれネガティブであれ、どの時代がより注目に値するかという価値判断から免れない。この点で、私たちがほとんど無自覚のうちにとる視点そのものの歴史的変容を論じたフランスの哲学者ミシェル・フーコー（一九二六―八四年）の貢献は小さくない。彼は、人文科学の専門書としては出版直後から異例の反響を呼んだ『言葉と物』（一九六六年）で、経験的認識の多様な形態が生み出される認識論的な場（エピステーメー）をとりあげ、西欧文化のエピステーメーにおいて、一七世紀中頃と一九世紀初頭に「二つの大きな不連続」が認められるとした（フーコー、一九七四年、二〇頁）。彼によれば、「一六世紀末までの西欧文化においては、類似というものが知を構築する役割を演じてきた」（同書、四二頁）。しかし、「一七世紀初頭、ことの当否はべつとしてバロックと呼ばれる時代に、思考は類似関係の領域で活動するのをやめる」（同書、七六頁）。類似は比較という吟味にかけられるようになり、分析を方法とする合理主義の時代が到来したという。

フーコーの分析は、一見、一七世紀が明るいとか暗いといった価値判断から離れているように思われる。しかし、彼が歴史における不連続を強調する限り、断絶の向こう側が等しく見られているとはいえない。

「類比は、同一の点から出発して無数の近縁関係を張りめぐらすことができる。可逆性と多価性とが、類比に普遍的な適用の場をあたえる。類比によって、世界のあらゆる形象はたがいに近づきうるのだ。〔…〕この知は過剰であると同時に絶対的に貧困なのである。それは限界をもたぬがゆえに過剰である。〔…〕一六世紀の知は、つねにおなじものしか認識することができず、それも、際限のない行路のけっして到達されぬ果てにおいてしか認識できないという立場に、みずからをおとしいれたのであった。〔…〕類似関係のはたらきがくりひろげられるのは、基本的構成要素をなすこの類比の、実際上の限界内だということを示している。〔…〕相似は完全に閉ざされた領域をもつことになろう。」（同書、四六、五五、五六頁）

フーコーが、一七世紀をエピステーメーの第一の転換期として位置づけたのは、それまでにはなかったユニークな視点であった。同時に彼は、一方で認識の形態の多様性を論じながら、類比的な思考法を明らかに過去のものとして位置づけている。

歴史を振り返る意味

ある時代の位置づけは、歴史家の欲望をそそるテーマである。しかし、その位置づけが一定程度普及すれば、単に学問的認識の問題にとどまらない。当然のことながら単純な直線にはならず、直線的な記述は望ましくないとしても、過去と現在の間のどこに注目するかで描かれるストーリーは異なり、それは私たちの現在に対する認識のみならず未来への選択をも左右する。認識と選択なしに誰も生きられないことからすれば、過去を振り返り現在への道行きを考えることには実践的な意味がある。この点で、トゥールミンの言及は引くに値する。

「ヨーロッパは、一六世紀人文主義者の寛容で懐疑論的な態度を放棄し、一七世紀に始まった数学的正確さと論理的厳密さ、知的確実性、それに道徳的純粋性の追求に集中するという知的かつ実際的なアジェンダを、モダーニティの目標として選択した。そうすることで、ヨーロッパは、科学技術上の最も顕著な成功と、しかしまた人間性に関するこの上なく深刻な失敗との双方をもたらす文化的、政治的歩みを開始したのだ。一九六〇年代および一九七〇年代の経験から何か学ぶものがあるとすれば、それは一六世紀人文主義者たちの知恵をわれわれが取り戻し、一七世紀『新哲学』の抽象的正確さを、人間生活の具体的な細部に対する実践的関心と結びつける視点を発展させる必要がある、ということである。」（トゥールミン、二〇〇一年、序文一九―二〇頁）

トゥールミンは、哲学のとりうる道は、一七世紀以降の近代哲学のプログラムを最後まで遂行するか、ポストモダンのアジェンダに必要な方法を検討するか、一七世紀以前の伝統に戻りプレ・モダンの原理の回復を試みるかの三つであるとし（同書、一七頁）、第三の道を選択する意義を強調する。これは、言うまでもなく、一七世紀以降の思考法とその所産を無視するということではない。彼は、プレ・モダンの方法のうちに、「すべての問題を文脈から独立した観点に立って組み立てる」という一七世紀以降の近代的思考法を「再文脈化」する可能性を見ている（同書、三二頁）。彼の戦略を受け入れるかどうかは別として、歴史の書き換えをとおした再文脈化に実践的意義が認められることは受け入れてよいだろう。

ちなみに、本書がとりあげるコメニウス自身はどうだったかといえば、一七世紀の転換期としての意味を感じとり、闇と思える危機のうちに光の訪れを見出そうとしていた。

「神が人間のきわめて放逸な悪意にたいして、ご自身の正当な怒りの洪水を氾濫させ、ある人々からある人々へとつぎつぎに滅亡させるとき、事物のある普遍的な崩壊によって、事物のある普遍的な変容への道を準備しているのである。神は、新しい建築物を建てる場所ができるように崩壊した建築物の敷地の地ならしをし、また、慣れきってしまっている混乱に飽いて、なにか出口を探し求めている諸民族と諸言語と諸宗教の天分をもった人々をほとんどいたるところで駆り立てている。」(『光の道』DK14, 328-329)

二　光の思想家コメニウス

遅れてやってきた普遍人

本書のテーマはコメニウス受容だが、コメニウス当人についてまったく触れないわけにはいかない。ここでは、彼が日本ではもっぱら教育学分野で紹介されてきたという事情を考慮して、彼の幅広い事績をできるだけコンパクトにおさえておく(相馬、二〇一七年a)。

コメニウスはチェコ語表記に基づけば、ヤン・アモス・コメンスキーという。一五九二年、現在のチェコ共和国の東部モラヴァ(モラヴィア)地域の南東部に生まれたが、幼くして父母を失った。生家は、マルティン・ルター(一四八三—一五四六年)やジャン・カルヴァン(一五〇九—六四年)に先立って教会改革を訴え、コンスタンツ宗教会議で火刑に処されたフスの流れをくむチェコ兄弟教団(以下、基本的に兄弟教団と記す)に帰依していた。

兄弟教団のもとで養育を受けたコメニウスは、現在のドイツのヘルボルンおよびハイデルベルクで修学の機会を得た。ヘルボルンでは、ルネサンス後期の百科全書主義者ヨハン・アルシュテット(一五八八—一六三八年)から決定的な影響を受けた。百科全書主義といえば、一八世紀フランスのドゥニ・ディドロ(一七一三—八四年)やジャン・ル・ロン・ダランベール(一七一七—八三年)が連想されるが、一七世紀は、ルネサンスと宗教改革を経て社会が混迷した一方、芸術の分野ではマニエリスムが花開いた時代であり、そうしたなかで知の体系化が試みられ、さまざまな百科全書が著された。

　モラヴァに戻り、文法学校の教師、次いで兄弟教団の牧師となったコメニウスは、結婚し子どももうけ、束の間の平安を享受した。しかし、チェコ地域は三十年戦争に巻き込まれ、彼は潜伏生活を余儀なくされるなか、妻子を失う。この渦中に著されたのが、自身を投影した巡礼を主人公とする小説『地上の迷宮と心の楽園』（一六二三年草稿完成、三一年出版、六三年この題で再刊）であった。世界への旅のなかで世界が虚栄に満ちていることに絶望しながらも、自身の心に帰還し、そこで神と出会うことで再生するというこの作品は、チェコ語文学の古典として読み継がれることになる。一六二七年、神聖ローマ皇帝フェルディナント二世（一五七八－一六三七年）がチェコのプロテスタントに国外退去を命ずる布告を出し、コメニウスは兄弟教団の同志らと母国を離れ、以後、亡命の人生を歩むことになった。亡命を余儀なくされた彼が当時のヨーロッパを股にかけるキャリアを残し、当時まだ学問レベルでは国際語であったラテン語表記のコメニウスとして知られたことから、本書ではコメニウスと表記する。

　現在のポーランドのレシノに移ると、コメニウスはギムナジウム（中等学校）での教職と教団のリーダーとしての務めにあたる一方、教授学・哲学・自然学等の研究を進めた。そのなかで一六三一年に著した『開かれた言語の扉』という教科書は、瞬く間に各国語に翻訳されて普及した。このため、彼は教授学者として一躍脚光を浴びるこ

『地上の迷宮と心の楽園』の草稿に収められた地上の図（プラハ、チェコ国立図書館）

クロス作《コメニウスの肖像》（ロンドン、ナショナル・ポートレート・ギャラリー）
1655年、コメニウス64歳の時の制作と刻まれている。

グローヴァー作《コメニウスの肖像》（ロンドン、ナショナル・ポートレート・ギャラリー）
1642年、コメニウス50歳の時の制作と刻まれている。

とになったが、ヘルボルンでの修学以来、彼は百科全書主義を独自に発展させることを課題と見なし、教授学著作もそうした知の体系化の工夫によって広く受け入れられたといえる。彼は自身の哲学的体系をパンソフィア（汎知学）と呼び、その研究を進める。また、チェコ語で著した教授学著作をラテン語に翻訳した。『大教授学』（一六三八年頃完成）である。この作品は、当時にあって彼の他の著作に比べて必ずしも広く受け入れられたとはいえない。支持者からも内容に疑問が寄せられ、出版されたのは二〇年ほどのちのことだった。しかし、この作品は、第三章で見るように、教師養成のための学問としての教育学が一九世紀に確立されるなかで、教育の目的・内容・方法・制度等を体系的にあつかった教育思想史の古典的著作と見なされ、近代言語に翻訳されて普及した。

一七世紀は思想的な危機の時代であった半面、新たな知の探究のために多くの知識人共同体とそのネットワークが形成された。ロンドンに拠点を置いて知識人の交流を担っていたハートリブは、コメニウスのパンソフィアの構想を出版し、その構想は当時の知のネットワークに共有された。近世哲学の祖ルネ・デカルト（一五九六―一六五〇年）もパンソフィアの構想を論評している。両者はのちに邂逅した（相馬、二〇〇一年、第四章）。そしてコメニウスは、一六四一年、ロンドンを訪れる。彼の訪問は、ジェントリたちが思い描いた社会の全般的な改革の夢を叶えるものとして期待された。彼が当時の知識界でかなりの注目の的だったことは、彼の肖像の版画が、国王チャールズ一世（一六〇〇―四九年）らの肖像を描いたジョージ・グローヴァー（活動期間一六二五―五〇年頃）、プラハに生まれイギリスで活躍し、ケンブリッジ大学出版会のロゴをデザインしたことでも知られるヴァーツラフ・ホラー（一六〇七―七七年）、人文主義者デシデリウス・エラスムス（一四六六？―一五三六年）などの多くの版画を残したトマス・クロス（活動期間一六四四―八二年）らによって制作されたことからも知られる（Trevor=Roper, 1967, 273）（ホラーによる版画は本章の扉を参照）。これらの版画には、象徴的な絵と詩文を組み合わせたエンブレム・ブックの作者として知られるその時代の著名な詩人フランシス・クォールズ（一五九二―一六四四年）の詩文が付されている。

「見よ。ここに、神に仕えんとして、高慢なパシュルに鞭打たれし亡命者あり。
しかるに、その学識と敬虔と真価は世界に普く知られ、世界を普くその手中に収めつつあり。」

ここでコメニウスは、預言が受け入れられず祭司の子のパシュルに打たれたエレミアになぞらえられている。宗教的信念から祖国を去り、すぐれた教科書が全ヨーロッパ的な反響を呼び、普遍的な知の体系を構築しようという野心的な試みにとりくむ彼の訪問はイギリス知識界の話題であった。彼は自身の改革構想を『光の道』（一六四一年執筆、六八年に序文を付してロンドン王立協会に献呈）に記す。しかし、内戦の勃発によりその実現は困難となって

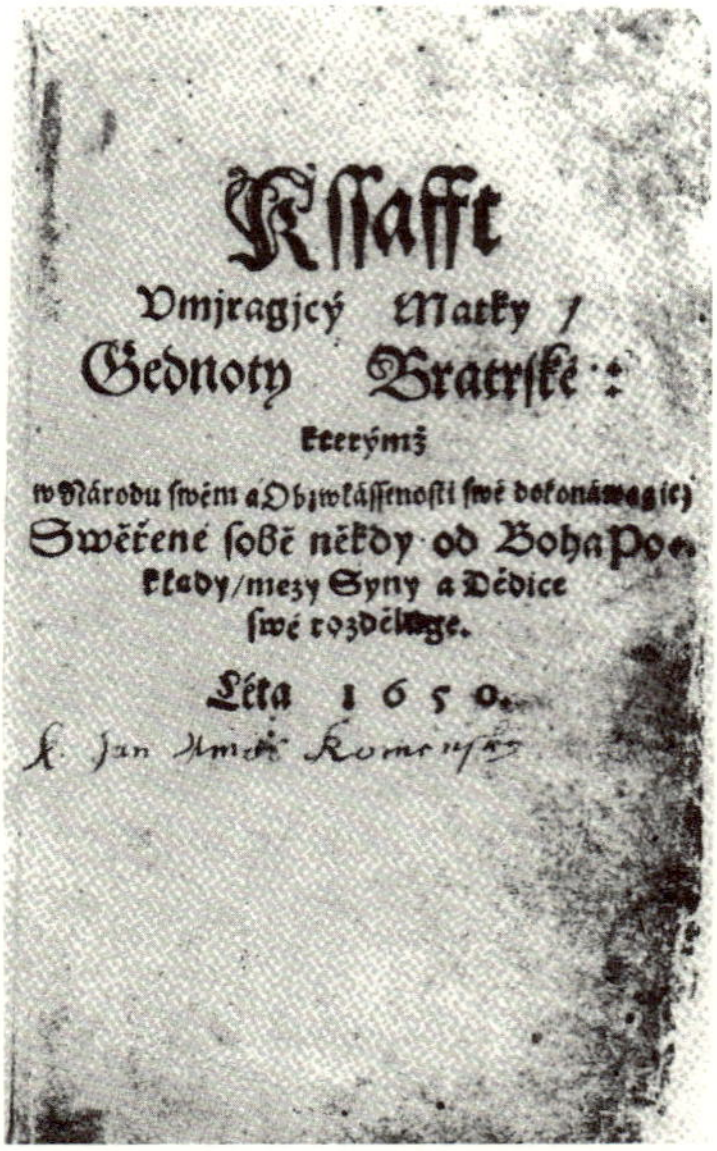

『死に逝く母なる兄弟教団の遺言』表紙
この書は何度も再版された。

しまう。彼は、現在のベルギーに生まれスウェーデンの爵位も得た政商ルイ・ド・イェール（一五八七―一六五二年）の庇護を得ていたが、その示唆をうけ、三十年戦争でプロテスタント側の盟主であったスウェーデンのために教科書作成にとりくむことになった。戦争末期、スウェーデンの進撃はプラハにまで及び、神聖ローマ皇帝フェルディナント三世（一六〇八―五七年）はウィーンに逃亡するが、一六四八年、ウェストファリア講和によって、コメニウスがチェコに帰還する夢は断たれることになった。この年、彼は兄弟教団の主席監督となる。教団の未来を悲観した彼は、『死に逝く母なる兄弟教団の遺言』（一六五〇年）で、チェコ人がいつの日か祖国の統治をとりもどすべきことを書きとどめた。それは一八世紀末からのチェコ地域における民族再生運動のなかで歴史的課題と見なされるようになっていく。

さて、コメニウスはパンソフィアの研究を進めるかたわら、故郷の土を踏むことをあきらめることはなかった。一六五〇年代前半、スウェーデン、現在のハンガリーからルーマニアにかけて勢力を有していたトランシルヴァニア、そしてイギリスを巻き込んだプロテスタント同盟の再構築に携わった。トランシルヴァニアには約四年滞在し、学校劇を上演するなど学校教育を指導する一方で政治工作を進めた。スウェーデンとトランシルヴァニアはポーランドに侵攻したが、戦局が膠着するなか、彼は長年暮らしたレシノを焼け出されてしまう。

コメニウスは、人生の最後の一四年ほどをオランダのアムステルダムで過ごした。この時代のヨーロッパで最も自由だったこの街はさまざまな思想の溶鉱炉でもあり、彼は宗教論争に多くの時間を費やした。しかし、そのなかで教授学関係の著作を集成した『教授学著作全集』四巻を出版し、パンソフィアの体系的著作『人間的事柄の改善についての総合的熟議』（以下、『総合的熟議』と略記）の一部の出版にこぎつけ、生前、その草稿もほぼ完成するに至った。また、一六五八年に出版された『世界図絵』は、自然・社会・人間にわたるさまざまな項目に対応した絵が挿入され、そのなかの主要な事物に番号が振られ、それぞれの事物についての説明が母国語と外国語で示された教科書で、彼の死後も構成や内容に改編が加えられながら普及した（井ノ口、二〇一六年）。

『世界図絵』が出版直後から大きな反響を呼んだのに対して、主著ともいうべき『総合的熟議』は数奇な運命をたどった。コメニウスの死後、その草稿は一九三四年にドイツのハレ（ザーレ）で発見されるまで二世紀半ほども行方不明であった。その研究は第二次世界大戦後にようやく本格化し、全体が公刊されたのは一九六六年になって

『教授学著作全集』第一巻の扉絵

『総合的熟議』草稿の表紙（スウェーデン、ノルチェピング市立図書館）

『闇からの光』扉絵（ウヘルスキー・ブロト、コメニウス博物館）

のことだった。コメニウスについての近代的な研究は、第三章で見るように一九世紀から本格化するが、二〇世紀半ばまでの蓄積によってコメニウスの思想に対する一定のイメージが世界的に普及したため、『総合的熟議』が出版されて半世紀以上経つにもかかわらず、それに基づいた彼の思想の理解が広く共有されているとはいえない。

さて、前世紀の宗教改革をうけた一七世紀には、聖書に説かれる終末の日が近づき、キリストが直接地上を支配する千年王国が到来するという期待が高まった。コメニウスはこの千年王国論に傾倒し、アンチ・キリストが打倒されるという予言を信じ、とくに晩年には『闇のなかの光』（一六五七年）や『闇からの光』（一六六五年）といった書を編纂し、その普及に相当の努力を払った。彼にとって予言とは人間が神と協力して行う業であり、彼は予言のうちにカトリックやハプスブルクと対決する正当性を読みとっていた。しかし、一六六〇年のイギリスの王政復古、翌年にフランスのルイ一四世の親政が始まると、ヨーロッパは宗教的熱狂の時代から国家の時代に移っていった。最晩年のコメニウスの著作には、深い宗教的諦観が読みとられる。彼は、一六七〇年に死去し、アムステルダム郊外の星形城塞都市ナールデンにある改革派教会の墓地に埋葬された。

コメニウスの軌跡は実に広範である。地理的な足跡は、現在のチェコ、スロヴァキア、ドイツ、ポーランド、イギリス、オランダ、スウェーデン、ハンガリーにわたる。彼の残した作品のジャンルは、教育学をはじめ、神学・宗教論、哲学・形而上学、道徳・政治論、自然学、文学、言語学等に及ぶ。さらに彼が作ったという子守唄が伝えられているし、生まれ故郷のモラヴァの地図も出版している。彼の草稿を見る限り、かなりの絵心もあったらしい。一七世紀以降、学問研究は専門分化し、知識人は特定の分野に専心する専門人となっていく。そうした時代の流れとは対照的にも映る彼の活動の幅広さからするなら、彼は遅れてやってきたルネサンスの普遍人（homo universales）と見なすことができる。

光の哲学の世界観

コメニウスの思想を貫く二つの柱は、双方が互いを不可欠とする信仰と哲学である。彼は、チェコ兄弟教団の主席監督を務めた神学者であり、彼が高い評価を得た教授学著作についても、「青少年のために私は書いたが、それは教育学者としてではなく、神学者として書いたのだ」（OD4. 27）と明言している。それと同時に、彼には強い哲学的志向が認められる。自身を投影した『地上の迷宮と心の楽園』の主人公の巡礼は、眼前に去来する世界の出来事の意味を常に探求しようとし、作品のなかで繰り返し「利口ぶるな（哲学するな）」とたしなめられる。多くの聖書の引用からなるパンソフィアの構想は、デカルトから、「人間的な学問と聖書を混ぜ込もうとした」（デカルト、二〇一五年、三一八頁）として批判された[2]。世俗的志向が強い思想家にとって、コメニウスの思想は前時代的に映ったといえる。逆に、宗教改革の徹底を求める者にとっては、彼の思想は近代的傾向への妥協として批判された。しかし、デカルトに認められるような意味ではないものの、コメニウスが一種の哲学的精神であることによって、彼の思想はキリスト教信仰を共有しない立場にとっても接近可能となっているということもできる。

一七世紀の科学革命が一八世紀の啓蒙主義ほど反宗教的でなかったことは、今日広く受け入れられている。そこ

コメニウス作詞作曲とされる子守歌

で聖書に説かれる世界観や自然観は、まだ真理であると見なされており、当時の科学者たちの課題はいかに合理的にそれらの教説を説明できるかにあった。コメニウスは、この時代の多くの思想家と同様、古代ギリシアの哲学者アリストテレス（前三八四―前三二二年）の学説が中世をとおして権威化した実態を批判しつつも、その世界観は聖書における世界創造の神話の枠内にある。それをもって、彼の思想の古さを指弾することはたやすい。実際、彼はニコラウス・コペルニクス（一四七三―一五四三年）の天文学説に強い関心を抱きながらも、天動説をとった。そうした自然観に則って著された『世界図絵』等の教科書が爆発的に普及したことで、間接的とはいえ、近代的な世界観の普及はさまたげられたといえるかもしれない。

　コメニウスは、その時代の知識人の多くが試みたように、旧約聖書『創世記』の記述に依拠し、「神が最初に物質を準備し、次に生霊を調合し、それに光をもたらした」（『自然学綱要』DK12, 98）とする。ここで彼の哲学を特徴づけるのが、光への注目であった。光は神の創造の序列としては物質と霊のあとに来る。物質それ自体は不可視であり、霊（または魂）も不可視で実体のうちにとどまる。これに対して光（熱）は能動的であり、物質を活性化させる原理であるという。『光の道』には次のように記されている。

「光は、そこから発出する自らの基体と、そこへ流入する客体と、そこを通って貫流する媒体をもっている。〔…〕光の全本性は、あるものが、あるものから、あるものを通って、あるものへと移行することからして、流れ――すなわち運動――のうちに存している。」（DK14, 314）

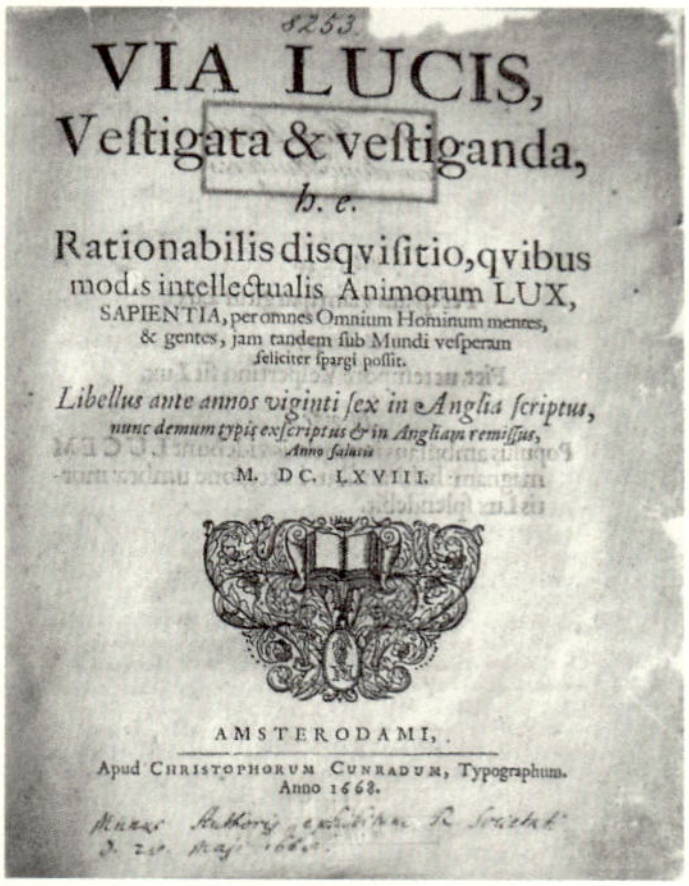

『光の道』表紙（プシェロフ、コメニウス博物館）

コメニウスは、前世紀のイタリアの哲学者フランチェスコ・パトリッツィ（一五二九―九七年）の考察をもとに、基体と客体と媒体のすべて、つまり世界のすべては光なのであるととらえた。世界は、それ自身から光を広がらせる「発光体」、光を通過させる「透明体」、そして光を反射して付近に広がらせる「不透明体」からなり、世界はとどまることなく運動する光の現れだという。光と物質と空間を別個にとらえるのではなく、世界のすべてを光ととらえるという視点は、現代物理学の知見に通じるものがある。彼の思想が流布や普及という問題と不可分なのは、彼が光を哲学し、それをとおして世界をとらえ、世界に働きかけようとしたからであろう。

光への注目は、哲学史的にいえば、万物が一者から発出するというプロティノス（二〇五―七〇年）にさかのぼられる新プラトン主義に広くみられる。新プラトン主義は中世のキリスト教哲学に影響を与え、さらにルネサンスのイタリアで興隆し、その時代の文学や美術を支える思想となった。宇宙が一者からの発出としてとらえられるとき、世界は神から物体に至る調和的な階層秩序においてとらえられる。そして、それらの階層間の関係の把握を可能にすると考えられたのが、フーコーが一七世紀中頃に転換したエピステーメーであるとする類比や比喩であった。それはルネサンス芸術の特質であるとともに、錬金術・占星術・魔術を支える原理でもあった。

「今日の哲学者は分析と総合の二つの方法だけを使用している。しかし実際、第三の比較の方法（シュンクリティケーと呼ばれよう）はもっとも有効だ。たしかに、像よりも事物そのものを直観する方が確実であるという点では不完全に見えるかもしれない。それにもかかわらず、望遠鏡や顕微鏡が発明されたあとでも鏡を捨てはしなかったように、アリストテレスによる分析と総合の学問的方法の発見によって、魅惑的で愛すべき古代の類比の方法を捨ててはならない。」（『パンアウギア』DK19-1, 227）

分析と総合が学問的方法論としてその時代に地歩を占めつつあるのを肌身で感じながらも、コメニウスは類比の可能性を強調した。彼は、光をも類比的にとらえ、光には人間の感覚には近寄りがたい神としての「永遠の光」、眼で知覚できる「外的な光」、精神を照らしだし、知性・意志・心情としてとらえられる「内的な光」という三つの相があるとした。精神のうちに光が認められるとき、人間は光の現れとしての世界を眺めるだけの存在ではない。自らも、何かを発したり、発出された何かを受けとめたりする光の現れにほかならない。そこに教育的ともいうべき世界観が思い描かれることになる。

「この世界に存在するものは、それが何であろうとも、教えるか、学ぶか、あるいはその両方を交互に行っているかのいずれである」(『光の道』DK14, 293)

世界が人間に働きかけ、人間が世界に働きかけて常に変容する世界を、コメニウスは八つの層をとおした運動としてとらえる。第一は思考の場としての「可能界」、第二は人間がそこに永遠の精神を見出す「原型界」であり、第三の「天使界」までが非物質的な世界である。第四は上方から下方への運動の終極としての「自然界・物質界」であり、ここから再び神に向かう運動として、人間が自然に則って創造する第五の「技術界」、人間同士の社会的交流がなされる第六の「道徳界」、そして、神と人間との交流としての第七の「霊界」を経て、死者の世界としての第八の「永遠界」が考えられた。

コメニウスの世界観は、自己の認識から始まり、世界の認識と世界への働きかけを経て完成と永遠に至るというように、時系列的に構成されている。そこには、「すべての事柄は、理論、実践、応用によって生じうる」(OD4, 67)という見方があった。近代的な思考においては、しばしば理論と実践の乖離が問題になる。しかし、彼は、この三項を状況の認識だけではなく、人間生活のあらゆる局面に適用しようとした。

る。

開かれた魂としての人間

光の現れとしての世界と人間という見方は、事実認識であるともに、まだ十分に現実化されていない理念でもある。

「さまざまな人間の魂もまた真理の光線にたいして等しくない仕方でふるまう。ある魂は無為で鈍磨し、ほとんど何も受けとらず、すべてを利用することなく通過させる。またこれに対して、他の魂は、受けとるものを再現するだけの記憶力のある魂である。最後に、別の魂は、何でも受けとるものを追い散らす。すなわち、さまざまな帰結を結びつけ、推論によって知をすばやく増幅させる、論証力のある魂だ。」（『光の道』DK14, 315）

無為で鈍磨した魂であっても、光としての世界においてそのような姿をさらけだしているという意味では、それもまたひとつの光の現れである。しかし、そのままで放置しておくわけにはいかない。世界が光の現れとしてとらえられるとき、世界においてとりくむべき課題が見出されるからである。とくにコメニウスが問題にしたのは、不動で平安の中心である神から逸脱してしまう人間の傾向性であった。彼は「自己中心性」(samosvojnost）という造語でそれを論じた。

「自己中心性とは、人間が神や神の秩序とのつながりをもつことを嫌い、自分が自分だけのものでありたいと思うときに生じる。つまり、自分自身が、助言者となり、指導者となり、世話人となり、主人となり、要するに、自分自身が小さな神になりたいと思うときに生じる。これが、あらゆる悪の根源である。」（『平安の中心』DK3, 498-499）

自己中心性に陥る人間のうちに、コメニウスは理性の優位を見る。彼は、「天の下の混沌における錯綜はすべて人間の理性から生じる」とし、「その錯綜の解除と秩序づけに稀有な働きを果たす」のは「神の知恵」にほかならないという（DK3, 532–533）。ここには、理性に対する信仰の優位を前提とするスコラ哲学的傾向が見てとられる。しかし、合理主義的・独我論的思考が、人間を神等の超越的な観念や伝統の軛から解放した半面、人間や自然を理性の枠内で理解し、さらに利用や支配の対象としたことで多くの問題をもたらしたとされているのも無視できない。この意味で、人間が本来的に依存的な存在であり、外的な世界に開いていることを重視するコメニウスの思索には、人間存在の開放性や他者性といった二〇世紀哲学のテーマに通底するものが認められる。自己中心性を「自己の依存性を放棄し自己依存したいと願う」（DK3, 499）状態と見る彼にとっては、いかにしてより多くの人間に外なる世界へと開けた構えをとらせるかが課題であった。

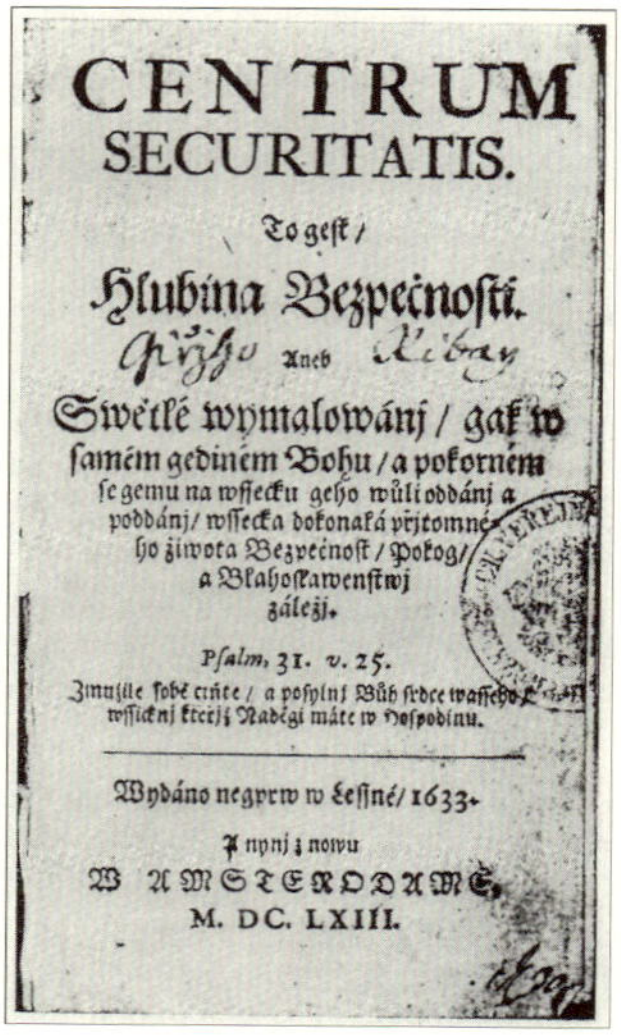
CENTRUM SECURITATIS.
To gest/
Hlubina Bezpečnosti.
Aneb
Swětlé wymalowánj/ gak w samém gedinem Bohu/ a pokorném se gemu na wssecku geho wůli oddánj a poddánj/ wssecka dokonalá přjtomného žiwota Bezpečnost/ Pokog/ a Blahoslawenstwj záležj.
Psalm, 31. v. 25.
Wydáno neyprw w Lešné/ 1633.
W AMSTERODAME,
M. DC. LXIII.

『平安の中心』表紙

古代ギリシアの哲学者プラトン（前四二七―前三四七年）の主著『国家』の第七巻には、有名な洞窟の比喩がある。洞窟に幽閉され身体と視線を固定された囚人が、洞窟の壁に映った実体の影を実体であると思い込むという比喩をとおして、教育とは、囚人を束縛から解放し光そのものへと目を向けさせるように、魂の向け変えを行う技術であると、彼は論じた。コメニウスはプラトンの主張を神学的に再解釈し、旧約聖書『イザヤ書』に示された「諸民族の普遍的な回心」を彼の時代において実現することを自身の課題と見なした。

「人間は次第に、闇から影へ、影から明かりへ、明かりから光へ、最後に光の輝きそのもののうちへと高められるべきである。このことは別の仕方で起こることはない。したがって、もし地上の人間が天上の存在へ、肉的な人間が霊的な存在へ、不信心な人間が信仰へと形成されるべきであるならば、まっすぐと段階的に事柄が果たされる必要がある。すなわち、知られていることから始めて、そこから次第に未知のものへと導かれていくことによって。われわれは、そのような賢慮の範例をキリストや使徒たちのうちにも有している。」（『光の道』DK14, 325）

コメニウスは三つの光のうちの永遠の光が最上位にあると考えたが、それが唐突にさし出されても受け入れられず、プラトンがいうように、かえって人間を光から遠ざけてしまうと考え、段階を踏むことが重要であると考えた。彼が、社会の全般的な改革の必要性を訴えたのは、まず外的な光と内的な光を世界に可能な限り行きわたらせることが必要であると考えたからであった。

人間的事柄の改善

コメニウスの思想を理解しようとする際に不可欠なのが、彼が生涯にわたって維持した「神の三書」（Tres libri Dei）という見解である。

「知恵の三つの漏斗とは、一　生来の知覚に満ち、理性に照らされるべき健全な精神、二　被造物に満ち、感覚によって征服されるべき世界、三　啓示された秘密に満ち、信仰によって探求されるべき聖書である。〔…〕この三冊の書のみが知恵を汲みだすための必須の一事なのだ。」（『必須の一事』DK18, 102）

世界・精神・聖書は、外的な光、内的な光、永遠の光に対応する。それとともに、ここでは世界と人間の平行性が想定されている。コメニウスは、神に由来する三つの光を見るための賜物として、人間には感覚・理性・信仰が備わっているとする（DK19-1, 221 等）。人間が外なる世界へと開けた構えをとるために、彼は、感覚・理性・信仰の調和的な発現が必要であると考えた。

「感覚がどこかで欠けていたり迷ったりしたら、理性か信仰で補われ正されなければならない。また理性がそうなら感覚と信仰で、また信仰がそうなら理性か感覚で、補われなければならない。感覚はそのままでは、どこかが欠けたり、どこかで迷ったりすることがありうるし、またそうなのだから、別の感覚や理性や信仰が助けに来なければならない。〔…〕理性の教えは、自然の分野では感覚によって、霊的神的分野では信仰によって、しばしば修正されなければならない。さらに信仰は、感覚と理性で正しく守られないと誤る。〔…〕このことに注意しないと、深刻な誤りに陥ったり認識の障害や妨害にぶつかったりするのは確実だ。感覚の導きで安心する大衆や、理性の平野を飛び回って感覚の経験を軽蔑する抽象的哲学者や、感覚と理性の秤なしに聖書から何でも引き出す多くの狂信的宗教家などがそうである。その結果、これら誰もが皆、しばしば深刻な誤りを犯し、全くばかげた観念を抱く。それはただ、認識の原理のうちの平行と調和を遵守しないからだ。」（『パンアウギア』DK19-1, 232-233）

コメニウスは、イギリス経験論の祖とされる哲学者・政治家フランシス・ベーコン（一五六一―一六二六年）の著作に大きな啓発を受けたと記し、『世界図絵』のような学習者の感覚に訴える教科書を著したこともあり、一八世紀の感覚主義とのつながりで理解されることがあった。しかし、デカルトらに代表される大陸合理主義が興隆した世紀を生きたコメニウスは、理性の重要性に気づいていた。また、前世紀の宗教改革以来、いかに信仰心を再建するかが課題であると考えた。一七世紀は芸術においてはバロックの時代であり、誇張的とも思える陰影の強い思想が多く現れた。そうしたなかで、この時代の思想的主張の極端を包摂しようとする彼の人間観には、総合的・中道的とも、あるいは折衷的ともいえる傾向性がある。

さて、コメニウスが、世界を理論から実践、実践から応用への絶えざる運動と見なす限り、技術界・道徳界・霊界における人間の果たすべき役割が考えられなければならない。彼はそれを人間的事柄（res humanae）と呼び、人間本性の崇高さとしての魂の優位性から具体的な課題が導き出されるべきだと考えた（DK19-1, 101）。彼は人間に固有な生得観念として知性・意志・行動能力という三つの区分を見出し、それらに対応する人間的事柄が哲学・宗教・政治であるとした。

「真理への熱望から哲学が生じる。それは知恵への努力である。善への願望から宗教が生まれる。それは最高善の崇拝と享受である。事物を自由に配置しようとする欲求、最高の努力から、政治が生じる。それは、たえずさまざまなことを考える人間を、自らの課題を妨げずに助け合うような秩序へと戻すことである。」（『パンエゲルシア』DK19-1, 102）

コメニウスがとりくんだ全七部からなるパンソフィアの体系的著作『総合的熟議』は、哲学（学問）・宗教・政治にわたる社会の総体的な改善を目的にヨーロッパの知識人・為政者・宗教家が一堂に会して合意をめざすという趣旨で書かれている。学問の改善には言語や教育の改善が不可欠であり、それらも独立した課題として論じられた。

第一部『パンエゲルシア』では、普遍的な改革の必要性が説かれる。そこで示される「熟議」の理念は、コメニウスの政治思想を理解するうえで重要である。第二部『パンアウギア』、全体の四割に及ぶ長大な第三部『パンソフィア』では、彼の考える認識論や世界像が記述される。

第四部『パンパイデイア』は、コメニウスの教育思想の集大成といえ、「あらゆる者に、あらゆることを、あらゆる面から教授する」（CC2, 4）という理念をいかに実現するか、教育の目的・内容・方法・制度にわたる思索が展開される。人生を八段階の学校ととらえる見解は、生涯学習論の端緒と見なされる。

続く第五部『パングロッティア』では、普遍言語構想があつかわれる。天に届くバベルの塔を建てようとした人間が神の怒りにふれ、言語の統一性を奪われたことで人間社会に混乱がもたらされたという聖書の語りは、一七世紀、多くの知識人によってとりくむべき課題と見なされた。

第六部『パンオルトシア』は、こうした改革が実現されるための制度的な検討が加えられている点で、コメニウスの政治思想の理論的主著と見なされる。ここで彼は、学問・政治・宗教の改革のための国際会議の設立を提唱するが、とくに教育や文化の振興をめざす国際機関の提唱は最初期のものであり、彼がユネスコの理念の父であると評されるのは、この提言によっている。『総合的熟議』の本論は、改革の必要性を再説する第七部『パンヌテシア』で結ばれ、用いられた用語の定義を示す『パンソフィア事典』が付属する。

社会改革の各論は、哲学・政治・宗教・教育・言語といったテーマから歴史的アプローチを試みようとするとき、興味深い内容を含んでいる。ところで、コメニウスは、そうした改革の取り組みを神とともに人間がなすべき業ととらえていた。彼は、人間の自由意志と神の恩寵の関係について、いわゆる神人協力説をとり、神が「ご自分の業をなさるにご自身の民に協力させたいと思われている」(『パンオルトシア』CC2, 402)とした。とはいえ、何が神の意志であるのかを知るのは困難である。そこでコメニウスが傾倒したのが予言だった。年代記作家の主張をとりいれ、千年王国の到来が間近であると信じた彼は、自身をはじめとした兄弟教団の同志の国外離散をもたらしたカトリックやハプスブルクの勢力がアンチ・キリストとして滅ぼされるという予言を普及することに執念を燃やした。彼の宗教思想には、対立するキリスト教会間の和解をめざすといったエキュメニズム(教会一致促進運動)の一面もあるが、哲学者・教育者としての名声が失われてしまうという周囲の懸念にもかかわらず、彼は予言の普及を続けた。彼にとって予言とは、「人間の声ではなく、人間の過ちを叱責し、世界の救済のために新たな提案を差し出す神の声」(『闇からの光』LE, 14)なのだった。

るとしたが、そのなかで、「知恵を紙ではなく胸に刻みつける技術、生ける印刷術」(CC2, 234)の発見をあげている。

歴史をとおした教育

コメニウスは、『総合的熟議』第四部の『パンパイデイア』に、自身に功績があるとすればそれらは六点にわたるとしたが、そのなかで、「知恵を紙ではなく胸に刻みつける技術、生ける印刷術」(CC2, 234)の発見をあげている。

コメニウスは、教授学研究を始めた当初、『大教授学』では教育を「精神に知識の文字を印刷する」(DK15-1, 201)ことだとし、そうした教育を「教育印刷術」と呼んだ。前述のように、一九世紀に欧米の大国で学校教育制度が成立するなかで、コメニウスの生前はそれほどの注目を浴びなかった『大教授学』は、教育学の古典と見なされた。そのなかで示された教育印刷術という見解は、学校教育の量的な普及が焦眉の急であった当時、教育における効率性の主張として好意的に受けとられた。しかし、教育の量的拡大が一段落し、学校制度自体がはらむ病理に問題が見出されるようになる二〇世紀末、学習者を知識の受動的な器のように見なしているととられかねない教育印刷術は批判の対象となった(第五章参照)。

ところで、コメニウス自身は、『大教授学』執筆後、自身の考察を進め、それらを『教授学著作全集』第四巻に集約した。この全集の結びの小論「炬火の引き渡し」で、彼は古代ギリシアの炬火リレーを引き合いに出し、自身の教授学研究を後代に引き渡すと述べている。その直前で、引き渡すべき遺産は何かが考察され、遺産の一つにあげられたのが〈生ける印刷術〉だった。それは、「印刷術が光の息子に思慮深さを教えるところである」(OD4, 88)と定義されている。『大教授学』では精神に印刷されるのが知識であるとされていたのに対して、彼は考察を進めるにつれて「思慮深さ」(prudentia)を重視するようになった。思慮深さとは、教えられたことをそのまま受けとるのではなく、その是非を慎重に検討することができる能力である。暗記するようには学ばれない思慮深さを教えるのが〈生ける印刷術〉だというのは何を意味するのだろうか。

「熟考することによって、表象された世界としての知恵を精神に刻印する。精神の内部の輝きである知恵は、心で考えられたすべてを表象するために、音による一定の文字からなる話として外へ表出される。話は、うつろうものではなく持続するものとして描出する文字で表象され、書物となる。書物は、読まれ理解されると、再び精神に知恵を刻印する。こうして知恵ある人間の精神に書物、話、事柄の像が刻印される。」(OD4, 88)

ここで言われている印刷とは、単なる知識の受容ではない。精神に贈られた知恵が表出され、表出された知恵が同時に他の精神に贈られるという連続的な伝播の過程をさしている。コメニウスのいう印刷が学習者の意志を度外視した刻印であるなら、印刷術が思慮深さを教授するというのは矛盾している。思慮深さとは、あるときは刻印されることを拒むことのできる能力でもあるからだ。先に見たように、彼において人間は知識や技能が封入されるような容器としてはとらえられていない。印刷も単に世界からの刻印（インプレス）という局面でとらえられているわけではない。私たちに何かが刻印された瞬間、同時に世界への刻印（エクスプレス、表現）がなされる、と彼は見ている。それは、コメニウスが人間を世界のあらゆる存在とともに「光」であるととらえているからである。

コメニウスの主張に限らず、あらゆるテクストが私たちにある印象を与えることからは逃げようがない。しかし、私たちはテクストから影響を受けても、そこで説かれるままに染めあげられるわけではない。彼によれば、不透明体としての私たちの精神には大きな個人差がある。同じ個人でも、時と場所によって熱狂的に受けとることもあれば、強い反発をおぼえて拒否することもある。そしてそうした賛意や異論は、別にテクストに強制されて出てきたものではない。賛意や異論は、それほど他者に影響を及ぼそうと意図されていなくても、またひとつのテクストとなって他者にある印象を与えてしまうものだ。このプロセスが繰り返されていくなかで、個人そして集団のなかで、あざむかれたと思ったり信じるに値すると考えたりする経験をとおして思慮深さは生成されてくる。もちろん、このプロセスに問題があれば思慮深さではなく、生成されるのは極端な懐疑か軽信に割れてしまうかもしれない。ゆえに、教育のプロセスは無視できない。コメニウスがいう〈生ける印刷術〉とは、テクストの外部に出ることのできない私たちの生のあり様を言い当てたすぐれた洞察といえる。

コメニウスは、『光の道』で「書物や本は地上の物質において灯された光に対応しており、かなりの時間持続して、あちらこちらに運ばれうる」（DK14, 330）と記した。思想は、テクストとして書かれることで時間や空間の隔たりを超えて伝達される。一七世紀、彼をはじめ、教育の普及が主張され始めたとはいっても、実際にその恩恵にあずかれた者は限られていた。そうしたなかで、挿絵をとりいれ感覚をとおして直観的に学ぶことのできる『世界図絵』は、就学機会に恵まれない多くの子どもにまでテクストの世界に参入する機会をもたらした創案だった。

知の光を可能な限り広めようというコメニウスの取り組みは、彼の歴史認識に基づいている。彼の歴史観は、キリスト教に広くみられる救済史観の枠内にありながら、それをはみだすユニークなものである。彼は、歴史を神に由来する知性と技術によって可能性が展開していく過程ととらえ、とくに人間に決定的な影響を与えた技術を「光の道」と呼ぶ。彼は、一七世紀までに主要な技術の六つあるいは七つ目の段階を迎えたと考え、時代の歴史的課題が何であるかを問うた。

第一の光の道として、人間には直覚的な洞察力がある。人間どうしの会話が、認識を拡大する第二の光の道である。集団生活のなかで公的な集会がもたれるようになると、知の共有がさらに促進される。これが第三の光の道であり、農耕、牧畜、衣服、建築といった生活の必要を満たす技術も開花した。次いで家政、政治、戦争の技術も興る。そして文字文化の時代が到来した。古代ギリシアに至ると書物の発明と学校の開設が見られるが、これが第四の光の道である。哲学や文学が古代ローマを中心に発展したのち、キリスト教が普及する。そこでは多く論争が続いたが、ルネサンスにおけるギリシア古典の再発見は、ヨーロッパに光をもたらした。それを可能にしたのが、第五の光の道としての印刷術である。それは宗教改革のような宗派対立をももたらしたが、この時代にはまた、第六の光の道としての航海術の発達によって、ヨーロッパ人にとっての世界は大きく広がった。一七世紀に至ると、光学技術が発明され、宇宙についての新たな見方がもたらされた。

イギリス滞在時、コメニウスは『光の道』で技術的視点から歴史を展望し、その後も考察を続けた。そして、混迷を極めたその時代の課題は、さまざまな技術によってもたらされた知を一つに集約し、人類が共通して使用できるように完成させることであると考え、その完成が神の直視を可能にすると信じた。彼が、知の集約・整理・普及にとりくんだのは、それが諸民族の普遍的な回心につながると考えたからであった。

このような目的論的な歴史観は、近代的な歴史研究においては虚構に過ぎないとして厳しく批判される。しかし、神のような視点から過去を記述するという歴史家一般のスタイルが、むしろ歴史の生きた意味を失わせているという批判もある。コメニウスの歴史観に、歴史から与えられた課題を引き受けようとする構えが見てとれることは無視すべきではない。

そして実際、コメニウスが〈生ける印刷術〉と呼んだように、ある表明された思想は、積極的であれ消極的であれ、さまざまに受けとられる。歴史に一種の教育作用があることは否定できない。彼が救済史観の枠内にある限り、一見すると彼の描く歴史は神による救済に向かって閉じているかに思われる。直線的な歴史観が普及すると、それは往々にしてカノン化し、他の認識の可能性を抑圧してしまいがちである。この点、神人協力説をとる彼は、歴史の不確実性とそれゆえの人間の営為の意味を見ていた。


「世界という書物は、この世界のあらゆる風土と時代を通して、すべての人々に同じ仕方で開かれている。つまり、われわれよりも以前の人々も、われわれよりも後に来る人々も、善き人々も悪しき人々も、同じ大地、同じ空、同じ星々を見てきた。だが、それでもやはり、われわれは多くのものをわれわれの先祖よりもいっそうはっきりと観察しているし、他方でまた、われわれの子孫はわれわれよりもいっそうはっきりと観察することであろう。」（『光の道』DK14. 300-301）

コメニウスは、辛酸を嘗めたといってよい苦難の人生を歩んだが、その思想の基調はきわめて楽観的である。そこには、光に注目した彼の思想の向日的性格があるだろう。もっとも、その後の知の集約と普及の歴史が彼の思い描いた方向に進んだとはいえない。とはいえ、あらゆる知の現れが〈生ける印刷術〉の過程として今もなお展開しているのは間違いない。

本書では、知の普及や流布を考え抜いたコメニウスをめぐる言説の歴史的展開に注目することをとおして、〈生ける印刷術〉の過程を生きる私たちにとっての思想や歴史の意味を考えていく。

三　論点としてのコメニウス

多義性としての思想家

一人の人間が多様な側面をもつのは、別にコメニウスに限ったことではない。関心を払って見るなら、どんな人間にもさまざまな面が見出せるだろう。しかし、全般的な危機に見舞われたヨーロッパ一七世紀に、個性の明確な群像が多く現れたことは認めてよいだろう。たとえば、コメニウスが会談したデカルトは、中世的な世界観や学問観と大きく隔たった見解を打ち出した。これに対してコメニウスには、対立する価値基準をまたがるような多義性が幾重にも認められる。さらに、彼の生まれたチェコ地域が歩んだ複雑な歴史のために、その語られ方にはいろいろな論点がある。逆に言えば、コメニウスは歴史の論点に立つ存在なのである。それらの論点は、大きくくくれば、宗教性、民族問題、政治的選択、近代性に整理できるだろう。以下、各論点について見よう。

宗教性をめぐって

宗教性は、世界的にみて例外的に世俗主義的な社会であるとされる日本において、なかなか関心の対象になりにくい。日本のコメニウス研究に限っても、たとえばコメニウスがアムステルダムに住んだ晩年に関わった宗教論争が「等閑に付されてきた」(高橋、二〇〇九、四一頁)ことは認めざるを得ない。しかし、二一世紀が宗教対立を背景とした同時多発テロ事件で幕を開けたことからしても、この問題をあたかも存在しないかのように振る舞うことの方が、むしろ非理性的といえるだろう。この点、チェコ地域の歴史とコメニウスは、宗教問題を考える際に多くの示唆を与える。

カトリックは「普遍」を意味するが、中世ヨーロッパにおいて実際にそれほど普遍性が実現されていたとはいえない。しかし、建前としての中世的な統一に亀裂が入ることは深刻な問題であり、ルターらに先立って教会改革を唱えたフスはコンスタンツ宗教会議で異端とされ、火刑に処せられた。フスの死後、チェコ地域やポーランドではフス派戦争(一四一九—三九年)が起き、カトリック側はフス派打倒の十字軍を再三派遣し、熾烈な戦いのなかでチェコ地域をはじめ中央ヨーロッパは大きく荒廃した。

その後、フス派は分裂や抗争を繰り返すが、最終的に一定の勢力にまとまったのが、コメニウスが最後の主席監督を務めた兄弟教団であった。兄弟教団は、クラリツェ聖書と呼ばれる聖書のチェコ語訳を完成させ、印刷所を設けて普及させたほか、学校経営にも力を入れるなど、チェコ文化の発展を支えた一方、その勢力が拡大するなかでチェコ地域の宗派対立が再び深刻化することにもなった。コメニウスが兄弟教団の牧師となったのと同じ一六一八年、プラハ城の窓外放擲事件が起き、チェコ人貴族がプロテスタントの盟主として期待されていたファルツ選帝侯フリードリヒ(一五九六—一六三二年)をボヘミア国王としたため、神聖ローマ帝国皇帝フェルディナント二世との対立は決定的となった。三十年戦争の激化のなかで、兄弟教団の信徒は信仰をとるか故郷をとるかを迫られ、多くの者が故郷を去った。

ヘラルト・テル・ボルフ(1617–81 年)作《ミュンスター条約の批准》(アムステルダム国立美術館)

一六四八年一〇月、ドイツのミュンスターで批准されたウェストファリア講和における「一つの支配あるところ、一つの宗教がある」(cujus regio, ejus religio)との原則によって、兄弟教団が故郷に帰還する希望は断たれ、チェコ地域ではイエズス会を中心とした強力な再カトリック化が押し進められ、兄弟教団は彼の死後に衰退し、各地に離散して暮らしていた信者たちのネットワークも衰退した。

しかし、チェコ史においては一般に暗黒という評価が下されてきた一七世紀半ばから一八世紀末に対しては異なった評価も可能である。一八世紀のプラハ市民がヴォルフガング・モーツァルト(一七五六―九一年)のオペラに熱狂したエピソードに見られるように、この時代、戦争の傷から立ち直ったチェコ地域でバロック文化が興隆したことは無視されるべきではない。再カトリック化がもたらした社会の安定が、社会の底流では世俗化を推し進めたともいえる。

宗教の問題はそればかりではない。前述のように、コメニウスは予言や千年王国論に傾倒した。そのため彼は、生前にあっても本来は宗教的立場が近いカルヴァン派神学者との論争に巻き込まれるなどした。第二章で見るように、一八世紀において、千年王国論は魔術や錬金術とともに啓蒙主義者の攻撃の的となった。また、一八世紀末から興隆するチェコ地域の民族再生運動も、その思想的な柱は啓蒙主義であり、ゆえにコメニウスの評価にあたっても、その宗教性は往々にして回避された。コメニウスの宗教著作のなかで例外的に受容されたのは、深い宗教的諦観が説かれた『必須の一事』(一六六八年)であった。

さらに、第二次世界大戦後、チェコ地域が東側陣営に組み込まれるなかで、コメニウスの思想の宗教的側面は無視されたといってよい状態が続いた。社会主義時代、チェコスロヴァキアの教会は体制に迎合した面があり、隣国ポーランドと比べ、二〇世紀末の体制の転換にあたって宗教が果たした役割は大きいとはいえない。現在、チェコ共和国はヨーロッパのなかでももっとも教会に足を運ぶ市民が少ない世俗的な国家である。コメニウスの宗教的側面への注目が見られるようになるのは、二〇世紀末の冷戦終結以降のことである。

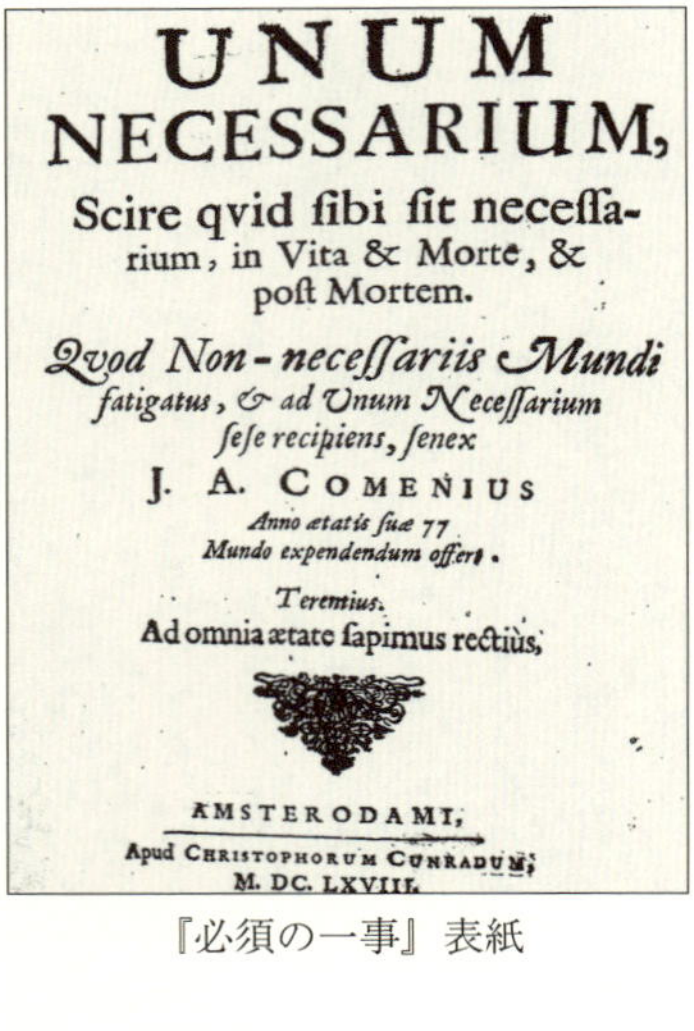
UNUM
NECESSARIUM,
Scire qvid ſibi ſit neceſſarium, in Vita & Morte, & poſt Mortem.
Qvod Non-neceſſariis Mundi fatigatus, & ad Unum Neceſſarium ſeſe recipiens, ſenex
J. A. COMENIUS
Anno ætatis ſuæ 77 Mundo expendendum offert.
Terentius.
Ad omnia ætate ſapimus rectius,
AMSTERODAMI,
Apud CHRISTOPHORUM CUNRADUM,
M. DC. LXVIII.

『必須の一事』表紙

民族問題をめぐって

チェコの民族問題は、民族問題への感覚が研ぎ澄まされているとはいいがたい日本人が学ぶべきテーマである。ビーラー・ホラの戦い以降、チェコ地域は政治的には神聖ローマ帝国からオーストリア＝ハンガリー帝国の統治下におかれた。なかには、チェコ語やその文化を擁護する知識人もいたものの、プロテスタント関係の書物の焚書は苛烈を極め、ドイツ化が進められ、チェコ語は農民や下層市民の口語となってしまった。一八世紀後半、チェコ民族としての再生運動が始まったころ、知識人の多くはチェコ語を解せず、民族再生が最初はドイツ語で論じられたという事実は、帝国内で検閲があったにせよ、チェコ地域がいかにドイツ化されていたかを示している。

ドイツ化という事実を前に、チェコ地域では、民族主義を鼓吹するだけで民族再生が実現されるとは考えられない現実があった。そこで、ドイツ化という事実に短絡的に反発するのではなく、その事実をいかに主体的に受けとめるかが論じられた。その際、コメニウスは重要な論点であり、ある意味ではモデルとなった。

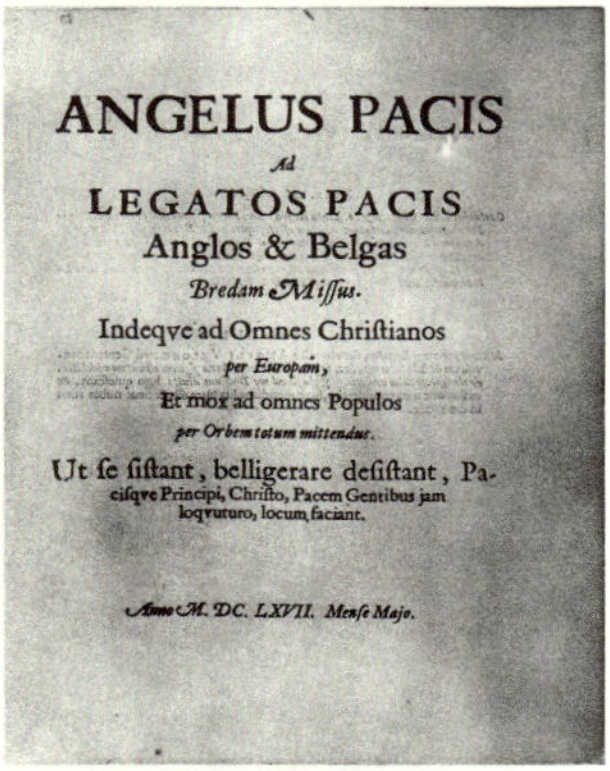

『平和の天使』表紙

コメニウスには、チェコ人としての強い自覚が見られる。ポーランドに亡命後も、チェコへの帰還を信じ、チェコの教育の再建を考えて、教授学著作をチェコ語で著した。ウェストファリア講和ののちも故郷の解放に執念を燃やし、かなり政治色の強い活動にも手を染めた。前述したように、チェコ人が自身の統治をとりもどすことを訴えた彼の言葉は、民族再生を願うチェコ人の拠りどころとなった。

他方、コメニウスはドイツで高等教育を受け、ポーランド、イギリス、スウェーデン、トランシルヴァニアと多くの地域に招かれた。彼が著した多言語の対訳教科書は民族間の相互理解に直接に寄与したといえるし、プロテスタント国であるイギリスとオランダが繰り返し戦火を交えたことに胸を痛め、オランダのブレダで行われていた平和交渉に『平和の天使』（一六六七年）を提出し、双方の和解を促した。さらに、後半生をかけて著した『総合的熟議』では国際紛争の調停機関の創設も提案している。この著作は、ヨーロッパの学者・為政者・宗教者にあてられている。彼は民族主義者であるとともにヨーロッパ市民でもあった。

第二次世界大戦期、独立からようやく二〇年を経たばかりのチェコスロヴァキアが分断され、チェコ地域はナチス・ドイツの保護領となった。戦後、独立を回復したチェコスロヴァキアでは、大統領に復帰したエドヴァルド・ベネシュ（一八八四―一九四八年）による一連の布告のもとで、チェコスロヴァキア国籍のドイツ人二六〇万人がドイツやオーストリアに追放された。これによって、以前は、チェコ人、ドイツ人、ユダヤ人が共住していたチェコ地域は、チェコ人が圧倒的な多数を占めるようになる。そののち、社会主義政権が成立し東西冷戦が激化すると、ソヴィエト連邦（以後、基本的にソ連と略記）を後ろ盾に西ドイツとの対立意識が強められ、コメニウスの汎ヨーロッパ的な傾向はあまり強調されなくなる。

ところで、コメニウスのヨーロッパ意識は言うまでもなくキリスト教信仰に根ざすものであったが、ルネサンス末期から初期近代にかけてのヨーロッパの植民地主義が、キリスト教の布教という宗教的使命感と密接に関連していたことに触れないわけにはいかない。独立した旧植民地地域になおも抜きがたく残る負の影響から、ポスト・コロニアリズムは歴史認識の論点となっている。コメニウスが植民地支配に関与した事実はない。しかし、ヨーロッパ中心主義的意識はうかがわれる。『総合的熟議』の総序文には次のような記述がある。

「私たちヨーロッパ人はいわば一つのいっしょの船に乗っており、アジア人、アフリカ人、アメリカ人、その他が各自の小船に乗っていっしょの世界と世界の災難（無知、迷信、隷属の悲惨など）の同じ大海を漂っているのを観察している。私たちといっしょの船に乗っているキリストがすでに十分私たちを祝福し、私たちの網を神秘の無限の富で一杯にしているとすれば、他の船の仲間に、こちらにやって来て私たちを手伝うよう合図を送るよりも良いことが考えられるだろうか。もしも彼らがやってくるなら、神の祝福で満たされた私たちの船を港にうまく運ぶことができるだろう。さらに、私たちを引きつけている知識や学芸などの世俗のものを放棄して、私たち多くの者がこれまで不十分だった認識をもっと純粋な感情にして、神に従うようになるだろう。」（DK19-1, 62）

「合図を送る」という表現には侵略的なニュアンスは読みとれないし、「もしも彼らがやってくるなら」という言い回しも相手の自由意志を尊重しているようにも読める。しかし、ヨーロッパと非ヨーロッパという区別は明確であり、事実、コメニウスは、トルコ人の改宗を課題に掲げていた。また、実現はしなかったが、イギリス内戦下で植民地化されたアイルランドに兄弟教団が移住する案が検討されたこともある（Trevor=Roper, 1967, 288）。

政治的選択をめぐって

政治的選択は宗教問題や民族問題と密接に関わっているが、それにくくられないトピックがある。コメニウスの評価に関しては、亡命という選択、政治的手法、イデオロギー的性格が問題となるだろう。

一六二七年からチェコ地域を去った兄弟教団をはじめとした面々は一五万人にのぼったといわれる。再カトリック化やドイツ化がチェコ地域に及ぼした影響は明らかだが、高い教養を備えた者が少なくなかった兄弟教団の信徒が去ったのは、文化的には大きなダメージであった。彼らを悲劇的な殉教者として評価できる一方で、主義主張を優先し、理由はともあれ国を去った者と見なすこともできなくはない。

コメニウスには政治活動家としての側面がある。彼は、すでに一六二〇年代にチェコ地域を追われオランダに落ち延びていた元ボヘミア国王のフリードリヒやその娘のエリーザベト（一六一八―八〇年）と会ったと考えられる。一六四一年にイギリスに渡った際には、内戦直前という状況のなかで議会関係者と交流した。その後、スウェーデンの庇護を受けたコメニウスは、女王クリスティーナ（一六二六―八九年）や宰相アクセル・オクセンシェーナ（一五八三―一六五四年）と面会している。さらに、トランシルヴァニアを訪れた際にはラーコーツィ・ジェルジ二世（一六二一―六〇年）にさまざまな献策を行った。

ペトル・ヘルチツキー

兄弟教団は、その教義を確立したペトル・ヘルチツキー（一三九〇頃―一四六〇年頃）以来、暴力的手段によらない漸進的な改革を標榜した。この意味で、コメニウスは、イタリアのニッコロ・マキャヴェリ（一四六九―一五二七年）のような権謀術数を奨励するような系譜ではなく、基本的に為政者の道徳的向上を説く人文主義者エラスムスのような系譜に位置づけられるように思われる。しかし、ウェストファリア講和のあとも故郷の解放をあきらめなかったコメニウスは、イギリス、スウェーデン、トランシルヴァニアによる反ハプスブルクのプロテスタント同盟の構築に相当の精力を注いだ。一六五〇年代半ばから、ポーランドでは大洪水時代、スウェーデンでは北方戦争と称される戦乱のためにポーランドは荒廃したが、コメニウスは一定程度この戦乱に加担した。その挙句、彼はポーランドに購入した家を焼かれている。

イデオロギー的性格はさまざまな視点から論じられるが、ここでは自由と平等という対立軸から見ておきたい。宗教改革の論点のひとつは教会制度にあった。教皇に至上の権威を認める立場から、もはや教会という制度そのものを認めない立場まで広いバリエーションがあるが、兄弟教団は、もちろん指導者がおかれるものの、信徒が互いを兄弟と呼び合ったことからその名で呼ばれるようになったように、平等主義を掲げた。この点は、とくに冷戦下のコメニウス研究においてクローズアップされた。また、パンソフィアの主著の表題の「熟議」(consultatio)という語に見られるように、彼が意見の異なる者が集い議論することを勧めた点には、共和主義的な色彩を認めることもできる。彼は、基本的には人間に自由意志を認めており、奴隷的意志論をとるルターなどに比べれば、リベラルであるといえる。他方で彼は、熟議を行い学問・政治・宗教の改善にとりくむ三つの機関に強い権限を認めており、たとえば、学術・教育を担う「光のコレギウム」には、出版の規制や検閲の権利を認めている。一七世紀は、トマス・ホッブズ(一五八八—一六七九年)やジョン・ロック(一六三二—一七〇四年)が現れた政治思想史上のエポックだが、コメニウスは、君主制・貴族制・民主制といった政治形態にそれほどの力点を置いていない。こうした個々の言及の何をどう受けとるかで、その思想の見え方は変わってくる。

近代性をめぐって

最後に近代性に関してだが、とくに思想のアクチュアリティーが問われるとき、その思想と現在との「近さ」が評価基準とされる。そもそも「モダン」という語は、ローマ帝国の国教となったキリスト教がそれ以前の非キリスト教的世界から自らを画する意図で用いられて以来、歴史を画そうとする意識であった。ここでは、コメニウスが多くの業績を残した教育観、科学性、技術観、革新性という点から見ておこう。

コメニウスの思想、とくに教育方法の体系化に一種の合理的な傾向が認められるのはたしかである。しかし、彼は学問的方法論として、分析と総合の方法の有効性を認めつつも、類比を重視した。たとえば、『大教授学』には、鳥を例にあげて教育の適時性を論じた説明がある。

「自然は、適切な時期に留意する。実例によれば、種を繁殖させようとする鳥は、万物が凍りかじかむ冬に繁殖を始めない。〔…〕自然は、その活動を最も内奥の部分から始める。実例によれば、自然は、最初は小鳥の爪や羽毛や皮膚ではなく内臓をつくる。外側の部分は、あとでしかるべき時期につくる。」(DK15-1, 100, 105)

教育の実際においては、家庭でも学校でも職場でも意外に多くの比喩が用いられている。比喩を抜きに教育は成り立たないといえるかもしれない。しかし、比喩はカテゴリー錯誤を招くこともある。『大教授学』の草稿はコメニウスを支持する知識人に回覧されたが、当時にあっても「小鳥たちのなかで、自分の雛に講義をしている者を見つけることができるものだろうか」(KK1, 77)という辛辣な批判があった。『教授学著作全集』が出版されるまで『大教授学』が公にされなかった背景には、こうした批判があったと考えられる。前述したように、フーコーによれば、この時代はエピステーメーの転換期である。フーコーの言及は、本書の第四章であつかうように、二〇世紀におけるコメニウス解釈に影響を与えた。

他の歴史的アプローチと同様、教育分野でもさまざまな時代区分の試みがある。とくに一般的に受け入れられている区分に、旧教育と新教育という立て分けがある。一九世紀末から二〇世紀前半にかけての欧米の大国や日本では、一九世紀後半にかけて普及した学校教育が画一的で教師による教授中心であると批判され、さまざまな改革運動が展開された。これらは総称して新教育と呼ばれる。当時の教員養成で重要なカリキュラムとされた教育史においてすでに重要な位置を与えられていたコメニウスは、当時の教育の主流の淵源とされたゆえに、自然と旧教育のうちに位置づけられた。しかし、新教育の担い手のうちには、コメニウスのうちに新教育との近しさを認めた者もいた。

コメニウスの思想の科学性については、今さら問題にしてもという感があるかもしれない。ある思想家の個々の主張が現代の科学や社会通念から見て否定されるとしても、思想のすべてが否定されるわけではない。たとえば、ニュートンに占星術への強い関心が見られることは科学史研究で証明されているが、だからといって彼が古典力学の基礎を確立したことが否定されるわけではない。デカルトは近代哲学の祖と称され、現代に至るまで盛んに研究されているが、その宇宙論は現代の天文学からは否定されるものであるし、前世紀にパラケルスス（テオフラストゥス・ホーエンハイム、一四九三―一五四一年）が提唱した血液循環説もとらなかった。興味深いのは、思想の危機の時代としてのヨーロッパ一七世紀において、さまざまな視点からスケールの大きな世界解釈が試みられたという事実であろう。科学史研究の進展のなかで、近代科学の誕生が科学対宗教といった単純な構図でとらえられないことは明らかにされている。

しかし、新知識の集積と技術の進歩によって科学は進歩しつづけるという観念に信頼が寄せられていた時代には、個々の思想家の近代性の峻別を意図した記述が支配的だった。天動説をとり占星術に関心をもち予言者の言にのめり込んだことなどは、コメニウスを前近代に遠ざける要因となる。そうしたなかで、コメニウスの歴史的な意義を強調しようとすれば、他の近代的要素を見出すことが必要になる。とくに、第二次世界大戦後、宗教批判を原理とする社会主義が支配的イデオロギーとなった彼の生国チェコスロヴァキアや東ドイツおよびソ連では、コメニウスの思想の科学性の論証が課題となった。

思想の革新性をめぐる評価も、歴史記述それ自体がひとつの歴史であることを示している。革新的・革命的であることが近代的であるというのは、現在からすると直観的には理解しにくい。しかし、革命とは前代との訣別を図る実践であり、そこに文字どおりのモダンな性格を見ようとした時代があった。そうしたなかでは、漸進的な改革を主張する立場には、妥協的・微温的であるとして、しばしば消極的な評価が加えられた。事実、コメニウスの評価はこの論点で分かれた。

最後に技術観について触れておく。コメニウスは、「技術は自然を模倣する」をモットーとした。世界を神に由来する知性と技術の現れととらえる彼は、技術が自然にのっとってもたらされることで、地上の秩序が回復できると考え、人間生活のさまざまな側面に適用される技術を考察した。パンソフィアの世界観において、人間の世俗的な活動の領域は技術界・道徳界に位置づけられている。そして、とくに教育分野において、彼が内容と方法の体系性や段階性などを周到に考察したことは高く評価されてきた。この意味で、彼は今日に至る技術主義の祖の一人である。科学技術が明るい未来を約束すると信じられていた時代、彼は近代に先駆する存在と見なされた。

しかし、二〇世紀後半、生活のあらゆる領域への技術の浸透がもたらす問題が指摘されるようになった。技術の浸透が人間を含むあらゆる存在を駆り立てていくという二〇世紀ドイツの哲学者マルティン・ハイデガー（一八八九―一九七六年）の指摘にしたがえば、コメニウスの技術に対する楽観的な態度は再考の対象ともなる。技術に依存すればするほど、人間を含むあらゆる存在は技術的な処理の対象として物象化されてしまうからである。教育を印刷術にたとえた一斉教授法の主張が問題視されるようになったのには、こうした文脈があっただろう。

ただ、「技術は自然を模倣する」とされる限り、コメニウスにおいて技術は自然の拘束のもとにおかれている。この意味では、そこに技術の独り歩きを抑制する可能性を見ることができる。彼はまた、教育が他の技術ほどには確実な因果関係で進展しないことを踏まえたうえで、なおも教育を「技術のなかの技術」であるという。不完全たらざるを得ない技術のもとに技術全体が従属するという見方は、彼が単なる技術至上主義者ではなかったことを示している。そうだとすれば、教育技術の改善を志した彼のうちには、逆説的なことに技術への批判的な視点を見出すことができるだろう。

以上、次章以降の記述をやや先取りしたが、コメニウス言説がかかわる歴史的な論点を概観した。彼をめぐる言説にいかなる変転が見られるのか、続く四つの章で追っていく。

注

（1）トレヴァー＝ローパーの『宗教改革と社会変動』は、日本においてもヨーロッパ一七世紀論の基礎的文献と見なされた。しかし、邦訳された際、コメニウスらの役割を重視した論考「三人の外国人――ピューリタン革命の哲学者たち」は、「専門家を別とすれば読者にはあまり興味がないと思われる」という理由から省かれた（トレヴァー＝ローパー、一九七八年、三二五頁）。しかし、この論考は、彼の「宮廷対地方」という図式の思想的リアリティを論証する意図で書かれており、邦訳されなかったことが惜しまれる。このことは、イギリス内戦期におけるコメニウスらの意義が教育史分野を超えて共有されなかった遠因のひとつとなっているかもしれない。

（2）二一世紀になって、オランダのハーグの公文書館で、デカルトの友人の医師ヴァン・ホーヘランデ（一五九〇―一六六二年）関係の文書から、パンソフィアに対するデカルトの所見が新たに発見された（相馬、二〇〇六年）。この所見の邦訳は、『デカルト全書簡集』第三巻（知泉書館、二〇一五年）に収録されている。

第二章

伏流する一八世紀

——啓蒙主義の光と——

『ボヘミア及びモラヴァの学識者と芸術家についての図説』（1773-82 年）の挿絵に描かれたコメニウス

一　啓蒙主義のコメニウス批判

「忘れさられた」コメニウス

コメニウスは一六七〇年一一月にアムステルダムで死去し、アムステルダムの東方ナールデンにある改革派教会の墓地に埋葬された。この街は、江戸末期に函館（箱館）に五稜郭が設けられた際にモデルとなったヨーロッパの古い都市に見られる星形の堀がよく保存されていることで知られる。教会の墓標の記録は彼の活動の広がりを伝える。

「いかなる賛辞をもってしても彼の徳は汲みつくせない。／〔…〕／敬虔と教養と知能によって、／どこにあっても比類なき神学者・教授学者・哲学者であった。／彼は兄弟教団の監督であり、このうえなく用心深い長老であった。／〔…〕／ハトの素朴さと蛇の思慮深さとに節度を保ち、前者が優位になるようにした。／権力と信仰心と知恵と会話と方策とペンとによって、／悪事の敵というより、むしろその改善者として、名声を得た。／全ヨーロッパの多くの王国や公国において、／市民であり亡命者であり客人であった。／〔…〕／真理と平和と知恵との研究において、／自分の子どもたちを祝福し、地上の人々に別れを告げ、／死者となった。」(KK2, 208)

しかし、一九世紀後半、プラハの学者たちがこの街を調査に訪れた際には、墓地は荒れ果て、墓所の特定も容易ではなくなっていた。『世界図絵』は一八世紀を通じて広く普及した。それにもかかわらず、「コメニウスの存在はその死後にほどなく忘れさられた」とされた。しかし、今もまだ忘れられているなら、過去に「忘れさられた」などと語られることはない。「忘れさられた」と語られるとき、そこでは同時に「今再び見出された」ということが、明示的であれ暗示的であれ言われている。つまり、「忘れさられた」という言説の背後には、発見の意味を際立たせようという歴史家の意図がある。思想の復興の物語を書きたいという歴史家の欲望があるのだ。

一九世紀後半におけるコメニウスを再評価したテクストのひとつに、アメリカの教育学者ウィル・モンロー（一八六三―一九三九年）による『コメニウスと教育改革の始まり』（一九〇〇年）がある。そこには、「モラヴァの偉大な改革者の名は、たとえ完全に忘れさられたのではないにしても、とくに彼の著書は死後一世紀以上にわたって知られなかった」と記されている（Monroe, 1900, 165）。その理由として、「コメニウスが生涯の大半を亡命のうちに過ごしたこと、数的にはとるに足らない宗教共同体に属していたこと、三十年戦争の結末によって厳しい弾圧を受けたこと、結果的にひどいペテンであるということが露見した疑わしい予言的な啓示に囚われてしまった軽率さ」、そして「学校教師たちが新たな思想をもった人間によって混乱させられるのを望まなかったこと」があげられている（同, 166-167）。

しかし、モンローのあげる理由に説得力があるようには思えない。亡命者や宗教的少数派で名を成した思想家は数多い。ローマ教皇庁に何度も捕らえられ、最後はフランスに亡命したイタリアの思想家トマソ・カンパネッラ（一五六八―一六三九年）は、コメニウスもとくに影響を受けたと記す哲学者だが、その著作『太陽の都』（一六〇二年筆）は長く読み継がれている。前章で述べたように、科学革命の代表者ニュートンも占星術に強い関心をもっていたのであり、コメニウスが予言に傾倒したことが忘れさられる理由とはいえない。教師たちが守旧的でコメニウスの教育論を受け入れなかったというのも、本当に論証しようとすれば大がかりな調査が必要なことで、単なる想像の域を出ない理由にすぎない。思想にその時代による多少の流行り廃りがあるということはあるだろう。とはいえ、コメニウスが一八世紀において忘れさられたというのは一九世紀になってもたらされた見方であるというべきだろう。

一八世紀は、理性による思考の普遍性への確信に基づき、伝統や宗教に見られる非合理な主張をとりのぞくことを課題とした啓蒙主義の世紀とされる。しかし、他の世紀と何ら異なることなく、一八世紀にもさまざまな思想があり、啓蒙主義自体にも大きな多様性があった。そうした多様性を縮減して歴史の流れが図式的にとらえられると、眺望の固定化によって、そこにあるはずのものが、あたかも消えてしまったかのように語られる。たしかに、コメニウスが啓蒙主義の代表的な思想家によって積極的に評価されたとはいえない。しかし、本章で見ていくように、彼がとりあげられた別の文脈はたしかにあった。

一九世紀後半になっても、チャールズ・ダーウィン（一八〇九—八二年）による進化論の提唱に大きな社会的反発があったように、啓蒙主義的な営為はそれほど優勢ではなかった。啓蒙主義が正当であるとされたのは、啓蒙主義者がとった視点によって書かれた歴史のなかであったというべきだろう。そこで、啓蒙主義は思想史の本流として書かれ、そこから距離があると見なされた思想は傍流あるいは伏流に位置づけられるようになったといえる。そして、そうした視点が次第に受容されていくなかで、その認識は歴史や思想を理解する暗黙の前提となっていった。この意味で、概説的あるいは啓蒙的なテクストの影響は無視できない。

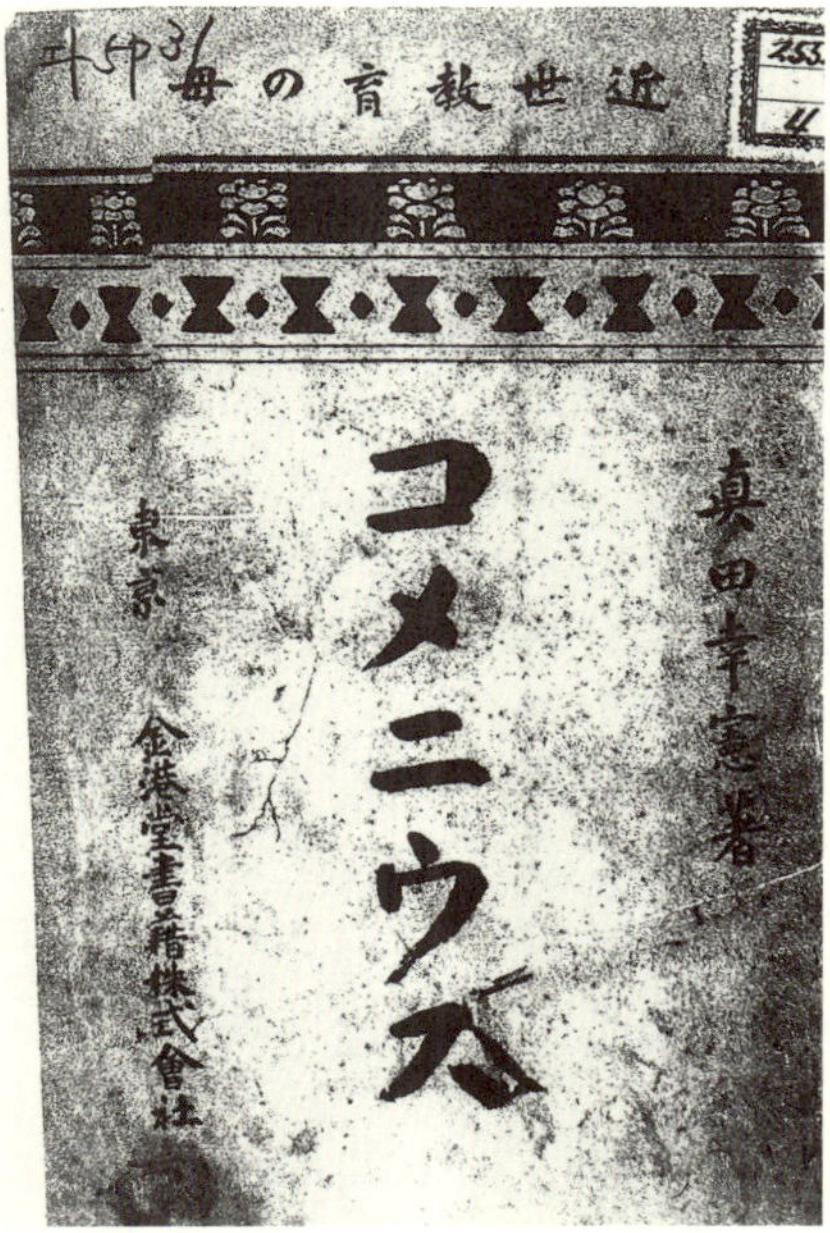

真田幸憲『近世教育の母　コメニウス』表紙

明治日本は、こうした思想の受容がはらむ問題が見られるという意味で、国際的にみても興味深い対象である。日本における最初のコメニウスについての単行本『近世教育の母　コメニウス』（一九〇四年）は、奈良女子高等師範学校（現在の奈良女子大学）の教授を務めた真田幸憲（一八七五—一九五〇年）がモンローの書をもとに著したものだ。原著の出版からわずか四年という反応の速さは、当時の日本における西洋思想摂取熱の高さを示している。その内容はほぼ原著に沿っているが、照らし合わせながら見ていくと、厳密な翻訳ではない。たとえば、モンローがあげているコメニウスが忘れられたとされる理由のうち、コメニウスが予言に傾倒した事実はすっぽりと省かれている。次章で見るように、コメニウスに限らず、日本における西洋思想の摂取においては啓蒙主義的な思想史理解が欧米以上に重視され、宗教性は注意深く回避された。予言への傾倒などというのは近世教育の母たる思想家に認められてはならないと考えられたのであろう。

本章では、「思想史の伏流となったコメニウス」という語りを再検討するためのいくつかの事例に焦点を当てる。

ベールのコメニウス批判とその周辺

「コメニウスは非合理な予言に傾倒したために啓蒙主義の理性の光のもとでかき消されてしまった。」

こう語られる際に必ず引かれるテクストがある。フランス生まれでオランダを中心に活動した哲学者・神学者のピエール・ベール（一六四七―一七〇六年）が著した浩瀚な『歴史批評辞典』（一六九七年）である。当時普及していた歴史記述の誤りを指摘し、豊かな知識に基づいて当時の宗教や哲学をするどく批判したこの辞典は、英語訳やドイツ語訳も含めて一八世紀に何度も再版されて普及し、啓蒙主義の普及に大きな影響を与えたとされる。辞典や事典といった形式のテクストの影響力（印刷力）を語るうえで、この作品は無視できない。コメニウスの没年を一六七〇年とする説をわざわざ否定して一六七一年にするといった誤りもあるものの（ベール、一九八二年、八一二頁）、コメニウスの死から二五年ほどのちの記録としては相当に正確といえる。この著作の真骨頂というべき辛辣な批判から、象徴的な部分を抜粋してみよう。

「一六五七年、主たるパトロンに金を出してもらい、新教授法の各部をその町【アムステルダム】で活字にした。四部に分かれた二折本で、著者には非常な労苦を、ほかの者には非常な大金を要求したが、文芸共和国にとってはなんの足しにもならなかった。著者の着想の内には、実行可能で役に立つものが何かあるとすら思えない。コメニウスがとりわけ夢中だったのは学校の改革ではなかった。予言とか革命とか偽キリストの壊滅とか千年王国とか、その他これに類する危険な狂信の種々相にもっともっと熱を上げていた。危険というのは単に正統信仰にとってではなく、君主や国家に対してもだ。」(同書、八〇六頁)

ピエール・ベール

ベールは、コメニウスの『開かれた言語の扉』がヨーロッパの主要言語とアジアの言語にも訳されるなどの評判をとり、スウェーデンから学校改革の助言を求められたという事実については、この辞典の特徴である詳細な注で認めている。しかし、教授学著作の意義に対しては否定的である。注の「あらゆる学院に対する一般的な配慮を担う以前に、ひとつの学校でしか教えたことがないというのでは、助任司祭が枢機卿にされるようなものだ」(Bayle, 1740, 203)という評価も正しくない。コメニウスは、生涯に少なくとも四期の教職歴がある。また、コメニウス独自の哲学的体系であるパンソフィアについても、予告はされたが結局出版されなかったと記すなど、あまり評価していない(同, 204)[1]。そして、彼の千年王国論や予言への傾倒の酷評は、ここに見られるように激しいものであり、コメニウスが晩年の著作『必須の一事』で自身の運命を受け入れると記したのを引いて、その煽動的な宗教活動が無意味だったことを彼自身が認めたと指摘する(同, 204)。本文は、千年王国の到来が一六七二年ないし七三年と予言していたコメニウスがその少し前に死去したことをとりあげ、「もう少し生きていたら、千年王国の約束がでたらめだったことを自分の目ではっきり見られたにちがいない」（ベール、一九八二年、八〇七頁）という言及で結ばれている。注では、ポーランドの荒廃の原因がコメニウスにあったという指摘が引かれている。

「ポーランドのレシノの町が掠奪され焼き払われたのも、原因はコメニウスにあると非難された。スウェーデン王カール・グスタフがポーランドへ侵入した時、彼が時宜もわきまえずにその称賛演説をしたからである。コメニウスは予言者気取りで、カール・グスタフはカトリックをもうすぐ滅ぼすと予告した。そのため、ポーランドのプロテスタントは国内のカトリック教徒から憎悪の目で見られるようになった。」（同書、八一〇頁）

故郷を追われたコメニウスがポーランドに受け入れられたにもかかわらずポーランドに侵攻したカールを称賛した事実について、コメニウスはポーランドに対する潜在的な反逆者であったという見方がある。しかし、兄弟教団の研究などで知られる歴史家のイェージィ・シリジニスキ（一九二〇—八八年）によれば、コメニウスはカールに忠誠を誓ったレシノの領主の執事からスウェーデン王カール・グスタフ（一六二二—六〇年）を称賛する詩を著すように強いられ、その詩はコメニウスの承諾なしに印刷されたのだという（シリジニスキ、一九七四年、一八七—一八八頁）[2]。

さて、ベールは、厳しいキリスト教・宗教批判をとおして唯物論に道を開いたドイツ一九世紀の哲学者ルートヴィヒ・フォイエルバッハ（一八〇四—七二年）によって、信仰と理性を峻別した合理的な思考態度を高く評価されたこともあり、しばしば啓蒙主義の先駆者と見なされた。しかし、彼は当時の宗教的不寛容を厳しく批判するなど近代的な人権意識も見出される一方、カルヴァン派神学者としての立場を堅持した。

コメニウスは、アムステルダムに暮らした晩年、千年王国論や予言への傾倒に関する論争にかなりの時間を費やした。とくに、カルヴァン派神学者サムエル・マレシウス（一五九九—一六七三年）は、神秘主義・占星術・予言等への傾倒を厳しく批判した。ベールの批判は基本的にそれを受けたものである。この辞典のベーコンをあつかった項目は、例外的といってよいほど好意的な記述だが、コメニウスがイギリスに招かれたのがベーコンの意図を実現するものと見なされたことなどはまったく触れられていない。ベールのコメニウス批判は、啓蒙主義というよりは宗派主義に由来すると見る方が自然だろう。

戦後日本の代表的なコメニウス研究者の鈴木秀勇（のちに琇雄と改名、一九二一―二〇一一年）は、フランス一八世紀を代表する思想家ジャン=ジャック・ルソー（一七一二―七八年）が、「フランス啓蒙主義の先駆ピエール・ベールによるコメニウス評価にさまたげられて、コメニウスを知ることがなかった」（鈴木、一九八二年、下、一五一頁）とする。しかし、ルソーがどれほどベールの評価を受容したか定かでない。コメニウスが一八世紀のフランス思想界に知られなかったのはベールが評価しなかったことが前提とされ、ベールはもっぱら啓蒙主義の先駆者とされている。

実際、ベールあたりから啓蒙主義が花開いていったとされる一八世紀フランスで、コメニウスはまったく触れられなかったわけではない。コメニウスの教授学は一七世紀においてフランスでも高く評価され、著作の翻訳・出版が続いた。その宗教思想をめぐる論争が高まった彼の最晩年、翻訳出版は低調になったことが確認される一方、ラテン語学習法の改革者としてのイメージは存続した。こうした分析から、フランスの教育史研究者イオナ・ウングレアーヌ（一九七八年生）は、「コメニウスの千年王国論を非難した神学者たちからなる読者層があった一方で、コメニウスの教授学著作はコメニウスのラテン語学習法を適用するのに慣れ親しんだ文法学者という読者層に向けられた」とし、そこには「コメニウス著作の二重の受容」があったという（Ungreanu, 2012, 403）。ベールによるコメニウスの批判的記述は、その後に出版された辞典のなかで反復された一方、ベールが意識したカトリック聖職者ルイ・モレリ（一六四三―八〇年）の大著『歴史大辞典』の第二版（一六八三年）では、コメニウスは全ヨーロッパに名の知れた文法家として紹介されたという。一七〇二年版にも、没年齢が誤っているが次のような記述がある。

「コメニウス（アモス）は、チェコのモラヴァ出身で、プロテスタント信仰を奉じたために、彼の国を離れることを余儀なくされた。彼は同志とともにオランダに移り、ルイの息子ラウレンス・ド・イェール（一六一四―一六六年）の保護によって自由を維持された。彼はラテン語に関して著名であり、『開かれた言語の扉』、『開かれた言語の扉の輝ける前庭』、『事物と言語を飾る学校教育の広間』、『教授学』【『大教授学』】等の作品を公衆にもたらした。一七世紀中葉、アムステルダムで八〇歳で死去した。」（Moréri 1702, 224）

二　避難所としてのドイツ

コメニウスとライプニッツの間

コメニウスが、その死後早々に忘れさられたのではないことは、一七世紀末から一八世紀初頭にかけてのドイツを代表する哲学者ゴットフリート・ヴィルヘルム・ライプニッツ（一六四六―一七一六年）がコメニウスに相当の関心を払ったことからも明らかだ。彼以降、ドイツ一八世紀の思想家にはコメニウスに対する一定の関心が見られる。次に見るこの時代のチェコ地域におけるコメニウスへの言及が少ないという事実と対照させるなら、この時代のドイツ思想界はコメニウスの思想の避難所であったといえる。

ライプニッツは微積分法の発見で知られるが、その学問的業績は幅広く、法学や政治学から自然科学にわたる諸学問の統一と体系化をくわだてたほか、ベルリン科学アカデミー（ブランデンブルク科学協会）の創設に携わった。また、ハノーファーで顧問官兼図書館長を務め、さらに神聖ローマ帝国の宮中顧問官に任命されるなど、外交官・政治家としての一面もある。彼は、一六七六年に哲学者バルーフ・デ・スピノザ（一六三二―一七七年）を訪問するなど、同時代の思想の動向に強い関心をもち、膨大な文通を残した。

ゴットフリート・ヴィルヘルム・ライプニッツ

コメニウスとライプニッツが直接に面会した記録はない。しかし、両者の間には共通の知人がいた。ヴュルテンベルクの法律家・顧問官のマグヌス・ハーゼンターラー（一六二一―八一年）である。彼は、バラ十字運動の主唱者とも考えられるヨハン・アンドレーエ（一五八六―一六五四年）とコメニウスの文通をとりついだ人物でもある。ライプニッツはハーゼンターラーの求めに応じて、コメニウスの死後ほどなくして、その著作に対する所見、そしてコメニウスを讃える一四行詩を草した。その詩は、コメニウスの『大教授学』をラテン語原典から日本語に翻訳した鈴木によって紹介されている。古風だが美しい文体に訳されているので、ここに引いておく。

「祝福されし老翁よ。真実の世界の新たなる住人／この世界の姿をば、われらに描き与えしは、なれの心づかい／あるは自由人として、人の世の営みと狂暴なる争いとを見下し／または、にもかかわらず、われらの不幸に心動かす／あるは事物の頂きと、地上には禁ぜられし天空の秘儀とを見るなれに／いま許されし汎知の奥義／なれの希望を捨つるなかれ。なれの予言は死にうちかつ／捲かれし種は、むなしからずに、大地これを受く／後世は、実りをおさめるにおそく、いまだ収穫の時はきたらず／されど、運命は、自らの時を知れり／次第に自然の本性は、至福の者どもにありて、一つなるを明らかにす／もし、われら力をあわせば。そは、なしうるなり／コメニウスよ、心高きもろびとの、なれをあがめ／かつはまた、なれの果たせし事どもと、なれの希望と、さらにまた、なれの願いの心をも、あがめる時の、きたるらん。」

(LS 2-1, 201. 鈴木、一九八二年、上、二七頁)

この詩がつくられたのは、マインツで選帝侯に仕えていたライプニッツが、選帝侯の命を受けてルイ一四世にエジプト遠征を勧めるためにパリに行く少し前である。彼はこのやや前に著した『法学の教授学習の新たな方法』(一六六八年筆)で、コメニウスの『世界図絵』や教会平和論を引用している(LS 6-1, 290, 323)。さらに、コメニウスの事績についての所見の言及は見逃せない。所見は、「コメニウスが目標としたことに関して、また百科全書を完成させようとする輝かしい勧告に関して、私の心に浮かんだこと」(LS 2-1, 201)を記したと結ばれているが、これはライプニッツがコメニウス学問的方法論にかなりの関心を払ったことを示している。

ライプニッツは、コメニウスの考察がより深いものであったらと望みながらも、「私は彼の『教授学』は最高のものであるということにまったく賛成している」とする(同, 199)。そして、「単なる語彙の集積では、たとえいかに秩序づけようと、いかなる光も内在していなければ、いかなる快さも内在してはないと思われる」として、「『言語の扉』も『小百科全書』も同じでなければならないという、コメニウスの意見にまったく賛成だ」と記す(同)。この記述は、教科書が世界と人間に関する哲学的な理解に基づいて構成されるべきだというコメニウスの主張を、ライプニッツがよく理解していたことを示している。

そのあとライプニッツは、「算術、地理、論理学、形而上学のようなものから、道徳や市民的知識や自然法学にまで及ぶ思考の所産の大部分」は、「語彙の定義あるいはさまざまな事柄の明瞭で判然としたイデアに依拠している」として、定義の重要性を指摘する(同, 200)。そして、自身の『結合の技法について』(一六六六年)を引きつつ、「証明とは諸定義の結合以外の何ものでもない」として、「人間の知識の頂点が関連づけられるなら、私がかつて子どもの頃に始めたものの、ルルスの誤りによってねじ曲げられ悪評を立てられた結合術について、何らかの成果をもって実りを得るという効果を期待する」と記す(同)。

カタルーニャのライムンドゥス・ルルス(一二三二―一三一五年)の結合術は、知識の体系化の技法の端緒として一七世紀にあっても依然として議論の俎上にあった。ライプニッツは、「あらゆる事柄は、発見によることもあれば判断によることもあるが、かくも増大している技術によって組み合わされ、かつ分析され、ないしは総合され、かつまた分解されて、それ自身の知能によって補充されるだろう」（同, 201）という。

ライプニッツがコメニウスの方法論のどこに注目しどこに距離を感じたのかを、この所見のみから即断すべきではない。しかし、ニュートンとともに微積分法を発見した彼が、コメニウスのうちに自身の方法論への示唆を見出したという記述は、コメニウス、ライプニッツ両者の思想を再検討するうえでも興味深い(3)。

コメニウスとライプニッツの間には、他にも重要なつながりがある。コメニウスの孫ダニエル・アルノシュト・ヤブロンスキー（一六六〇―一七四一年）である。コメニウスと二番目の妻との間に生まれた娘アルジュビェタ（一六二八―八八年）は、最初はコメニウスの盟友で教会平和運動に関わったデュアリの秘書を務め、次いでコメニウスの秘書となったペトルス・フィグルス（一六一九―七〇年）と結婚した。二人の間に生まれたのがヤブロンスキーである。ちなみに、この家系は現在まで続いている。

ダニエル・アルノシュト・ヤブロンスキー

ヤブロンスキーは、フランクフルト（オーデル）とオックスフォードに学び、ドイツ・マグデブルクで牧師となったのち、コメニウスが指導したポーランド・レシノの兄弟教団ギムナジウムの校長となった。一六九一年にブランデンブルク選帝侯によって現在のロシア領カリーニングラード（当時のケーニヒスベルク）の宮廷牧師に任命されると頭角を現し、翌々年にはベルリンの宮廷牧師となった。ここで彼はルター派とカルヴァン派の和解を進め、ドイツ、イギリス、スイスにわたるプロテスタント共同の教会の創設をもくろんだが、その最大の援助者がライプニッツであった。この計画は実現しなかったが、ヤブロンスキーはプロイセンの教会改革にとりくんだ。神学者としては旧約聖書のヘブライ語版を出版したことで知られる。一七〇〇年のベルリン科学アカデミーの創立にあたっては事務局長となり、一七三一年からその死去まで総裁を務めた。

ライプニッツは、一六八〇年代にコメニウスの著作の入手に関してヤブロンスキーに照会しており、一八世紀に入ると、両者はコメニウスの教会平和論をめぐって意見を交わしている（KK2, 166, 167）。二人がコメニウスのことをかなりの頻度で語っていたことは疑いない。ライプニッツとヤブロンスキーに見られる普遍主義や平和主義的な志向性からして、彼らはコメニウスの衣鉢を継いだといえ、コメニウスの思想は一八世紀ドイツに継承されたといっても差し支えないだろう。ライプニッツは、一九〇〇年に始まったアカデミー版全集の編集が二〇四八年までかかるといわれるほど、膨大な書簡や草稿を残した（酒井・佐々木編、二〇〇九年、一九四頁）。これらの研究が進展するなかで、断絶と見なされてきた一七世紀と一八世紀の間の思想的つながりがさらに明らかにされるかもしれない。コメニウスが忘れさられたというほど、一八世紀前半の思想の織り成す糸は十分にたどられてはいないのである。

コメニウスと敬虔派の間

コメニウスの思想のドイツにおける継承には他の文脈がある。敬虔派との関係である。一八世紀、ドイツ宗教改革の中心であったルター派に儀式化の傾向が見られ、それに対して日常的な共同生活のなかで信仰の復興をめざす敬虔派の運動が興隆した。敬虔派は信仰において心情を重視するゆえに主観主義に陥りがちであるとされた一方、教義の束縛から自由で教育にも積極的に関わり、イマヌエル・カント（一七二四—一八〇四年）の哲学をはじめドイツの啓蒙主義の発展に影響を与えたともいわれる。敬虔主義は、ルター派牧師フィリップ・シュペーナー（一六三五―一七〇五年）によって創始され、その後継者のハレ大学教授アウグスト・フランケ（一六六三―一七二七年）の幅広い活動によって頂点に達した。この宗教的主張はメソジスト派に引き継がれていく。(4)

コメニウスの死後、弟子のクリスチャン・ニグリン（?―一六八五年?）は、託された遺稿を整理し、コメニウスの哲学的見解が集約された『開かれた事柄の扉』と『普遍的三相法』を一六八一年に出版したほか、『総合的熟議』の出版に向けた編集作業を進めた。『総合的熟議』は、最初に一六五七年、次いでおそらく一六六二―六四年にかけて、全体の序文と第一部および第二部が、知識人に回覧する目的でごく少部数印刷されたと考えられる（DK 19-1, 40-41）。しかし、コメニウスの生前、全体の出版は実現しなかった。

フィリップ・シュペーナー

その後の経緯は、コメニウスの孫ヤブロンスキーが一七一五年にライプニッツにあてた書簡にうかがわれる。ヤブロンスキーは、死の床にあったコメニウスから『総合的熟議』の草稿を託された友人が、その草稿を「長く保管していたものの、（一二ないし一四年前のこと）のちに年をとってからハレに旅行をして、その文書を孤児院に依託し、そこでは最初の部分だけは印刷されたものの、売れ行きが振るわなかったと推察され、間もなく中断した」（KK 2, 167）と記している。ここでいわれる「孤児院」とは、フランケ創設のハレの孤児院にほかならない。一七〇二年、ここで『総合的熟議』の総序文と第一、第二部が再び出版された。続

アウグスト・フランケ

刊されることはなく、一九三四年に発見されるまで草稿の存在も忘れられてしまったとはいえ、ここにはコメニウスと敬虔派のつながりが示されている。

　ギリシア語やヘブライ語を学び、ライプツィヒ大学の私講師をしていたフランケは、聖書愛好の集いを設立し、そこでシュペーナーとも出会った。回心体験後の講義は評判を博したが、大学教授らからの批判は訴訟に発展し、ライプツィヒでの教授を禁じられる。その後、ブランデンブルク選帝侯からプロイセン王となるフリードリヒ（一六五七—一七一三年）が新設したハレ大学に招かれると、教授および聖職者として精力的な活動を始めた。一六九五年に開設された孤児院はその規模を次第に拡大し、貧民学校・教員養成所に書店・印刷所・医務室・聖書普及協会・東インド宣教協会が附属した大規模な施設となった。宗教を重視しつつも自然科学や体操をとりいれた教育実践は、ドイツの学校教育の発展に大きな影響を与えた（ヴァルマン、二〇一二年、一一八—一二二頁）。そもそも、フランケの父が仕えたザクセン゠ゴータの宮廷は、「三十年戦争後、コメニウスとラートケの理念に従った教会および学校の改革計画の中心」となっていた（同書、一〇六頁）。ヴォルフガング・ラートケ（一五七一—一六三五年）は、コメニウスに先立って教育の制度から方法に及ぶ改善を訴え、それはドイツのプロテスタント領邦の教育改革に影響を与えた。

　宗教的にみても、信仰の形式よりも実践を重んじるコメニウスの態度は敬虔主義に近い。ドイツの神学史家ヨハネス・ヴァルマン（一九三〇年生）は、コメニウスやその孫のヤブロンスキーを敬虔主義運動の前史に位置づけている。シュペーナーはコメニウスの著作について知っており、その千年王国主義的主張にしても、その程度に差はあっても、信仰の主観性を重視する敬虔派には広く見られる要素である。そればかりではない。帝国自由都市であったフランクフルトのルター派主席牧師であったシュペーナーは、信仰の再生を意図して敬虔の集いと呼ばれる小集会をもち、それこそが敬虔派の萌芽となったが、直接か間接かは別として、ヴァルマンはコメニウスの影響について、「オランダからフランクフルトに流入した神秘的・霊的な書物がこの運動の唱道者の思想形成に影響を与えた可能性は高い。ヨハネス・アモス・コメニウスの思想がこのサークルにある印象をもたらし、おそらく集いをもつ「方法」に影響を及ぼしたと思われるいくつかの徴候もある」（Wallmann, 1986, 283）と記す。

ハレ（ザーレ）のフランケ学院

ヴァルマンによれば、シュペーナーの周辺には信仰をめぐる「必須の一事」とは何かという議論があったが、それはこの時期のシュペーナーの説教には見出されない文言であり、それはコメニウス最晩年の著作『必須の一事』の表題そのものであった[5]。コメニウスは、この著作で、さまざまな事柄に関わってきた自身の人生を振り返り、真に必要なものは何かを問い、それに至るための読書のあり方にも論及しているが、それはフランクフルトでの敬虔の集いとの関連を想像させるものであるという。また、敬虔の集いを開始した時期、シュペーナーはコメニウスの著作について知っており、その千年王国主義的主張には距離をとったものの、基本的な主張には同意したという（同, 284）[6]。シュペーナーは、一般信徒が日常的に聖書を読み、信徒同士が相互に啓発的な関係をもつことを望んだが、その理想として「熟議」（consultatio）を強調した（Meier, 2010）。コメニウスが、パンソフィアの体系的著作に付した表題も「熟議」である。

コメニウスの読者ゲーテ

『世界図絵』をはじめとしたコメニウスの教育著作が一八世紀を通じて普及したのは、もちろんドイツも例外ではない。プロイセンで教師養成とその理論化にとりくんだヨハン・フリードリヒ・ヘーン（一七一三—九七年）は、一七五〇年から五二年にかけて一〇編にわたる『学校要論』を出版したが、その第六編にはコメニウスの『教授学著作全集』からの抜粋とドイツ語訳が収録されている[7]（Hähn, 1752）。その他の雄弁な傍証としては、大文豪ヨハン・ヴォルフガンク・フォン・ゲーテ（一七四九—一八三二年）が、その著作のなかで幾度かコメニウスに言及している事実がある。自伝的著作『わが生涯より——詩と真実』（一八一一年）第一部一編には、ゲーテの幼少時が回想されたなかに次のような言及がある。

「その当時はまだ、子どものための図書というのはもうけられていなかった。大人自身がまだ子どもっぽい考えを持っており、自分たちの教養を後進に伝えるのが便利だぐらいに思っていた。アモス・コメニウスの『世界図絵』のほかに、この種の本は一冊も私たちの手に入らなかった。」（ゲーテ、一九六〇年a、三〇頁）

『世界図絵』は、幼少時のゲーテが親しむことのできた数少ない図書のひとつだった。彼のラテン語とギリシア語の練習ノートに収められた「ヴォルフガングとマクシミリアンとの対話」には、「コメニウスの世界図絵を開いて、いくつかの章をぼくと読み返そう」（Goethe, 1897, 208）と書かれている。ゲーテの作文学習は『世界図絵』を用いて進められたことが裏づけられる（土橋、一九九〇年、一八六—一八七頁）。『世界図絵』の読書や学習の体験が小さくなかったことは、一七八六年から翌年のイタリア旅行について記された『イタリア紀行』（一八一六—一七年）からもうかがえる。

「ローマの謝肉祭は、一度見ればもう二度と見る気のしなくなるものだ。〔…〕この数日は大変な騒ぎであったが、心からの喜びはちっともなかった。限りなく澄んできれいな空のみが、このばか騒ぎを高貴なすがすがしい姿で見おろしていた。／それでも写生はやめることができず、子どもたちのために謝肉祭の仮面やローマ特有の服装を描いておいた。それから色もつけてみたが、それらの絵は愛する子どもたちにとって『世界図絵』に欠けている章を補足するために役立つであろう。」（ゲーテ、一九六〇年c、二三三—二三四頁）

ヨハン・ヴォルフガンク・フォン・ゲーテ

さらに、ゲーテがコメニウスの意図を理解し共感していたのは『わが生涯より——詩と真実』第三部一四編の言及に明らかである。

「かの入門書は、世界観において決して一致するところのないものを、概念の近似性ということのために雑然とならべることによって、それらの部分をまるきりばらばらにしているため、アモス・コメニウスの類似の本に認められるようなあの具体的な方法論的長所を欠いているのだ。」（ゲーテ、一九六〇年b、一五三頁）

ここでいわれている入門書とは、カントもその教育学講義のなかで評価した教育者ヨハン・バゼドウ（一七二四—九〇年）の著した子ども向けの教科書を指す。バゼドウはゲーテらの当時のドイツ知識人とともに、ルソーの

『エミール』に示された自然主義的な教育論の刺激を受けた一人であり、新たな学校の開設への支持を訴え、一七七四年、北ドイツのデッサウに設立された汎愛学舎（フィラントロピヌム）で意欲的な教育実践を始める。いわゆる汎愛派の教育運動である。この学校の開設の年、彼は『家庭の父母と国民のための方法書』という親向けの教育書と『絵による入門書』を著した。後者は、銅版画一〇〇枚の挿絵をとり入れた四巻本で、コメニウスの『世界図絵』に次ぐ教育方法の改革として普及した。

若き日のゲーテは、バゼドウとライン川の船旅に同行する。ゲーテはバゼドウの風貌や態度、そして教育事業への資金援助を求める意図を長々と批判的に書いた一方で、その教育方法が活力と自然性を求めるものであったことは評価した。しかし、『絵による入門書』の構成原理は受け入れられないとした。

「彼の『絵による入門書』の説明が対象そのものよりなおもっと散漫であったのが気にいらなかったが、それというのは、現実の世界ではやはりいつもただ可能なものだけが集合しているので、複雑多岐をきわめ、混乱した外見を呈しているにもかかわらず、つねになおそのあらゆる部分において、ある整然と規整された趣きを持っているからである。」（同書）

『世界図絵』が宗教的・哲学的な世界理解に基づいた学習内容の選択と配列を意図したものであることを理解したゲーテにとって、バゼドウの教科書は雑多な対象の無秩序な寄せ集めに映った。これはライプニッツによるコメニウスの教授学評価と共通する。こうした見方の共有は単なる偶然ではなく、そこにはひとつの思想的なつながりが見てとられるようにも思われる。すぐあとに見るヘルダーと同様に、ゲーテはチェコ文化の興隆をいち早く評価していた（石川、二〇一〇年、二三頁）。

三　暗黒としてのチェコ

チェコ史の「暗黒時代」

前章で引いたチェコの歴史家・作家イラーセクが、三十年戦争後、ドイツ化と再カトリック化が推し進められていくチェコ地域を舞台に描いた小説『暗黒』（一九一五年）は、次章でとりあげるチェコ民族再生運動における歴史的視点をよく示している。チェコ史研究者の浦井康男（一九四七年生）の翻訳によって、この大著に接することができる。その一節を見てみよう。

「燃やせ、異端の迷いを――
その次に直ちに助手の甲高いテノールと生徒たちの若々しい合唱の声が加わった。
――滅ぼせ、地獄の怪物を
焼け、異教の無信仰を――
聖書に続いて第二、第三の本が火に投げ入れられた。古い活字本の頁は炎熱で急に丸まり逆立ち黒くなり、四隅はすぐに赤熱し燃え上がった。〔…〕
次々と本が貪欲な炎の上でひるがえり火の中に落ちていった。先祖の喜びと誇りが、幾世代もの人々が不安と悲しみの時に得た慰めが、燃えて滅んでいった。唯一の慰めが、自分たちの父の信仰を受け継ぐ信者たちの最後の支えと避難所が滅びた。灰となって崩れたのは聖書、フスの説教集、コメニウスの『敬虔の実践』と『平安の中心』、まだ新しいクレイフの『信仰の冠』等々であった。暮れていく空に向かって黒い煙の柔らかな柱が真っ直ぐ伸びていき、それと共に生徒たちの歌声も響いていった。彼らは特別な見ものに魅せられ、大喜びで声を張り上げて、意味も分からないまま恐ろしい呪いの歌を歌っていた。〔…〕

燃えろ、燃えろ、ヤン・フスよ
我らの魂が燃えぬように。」（イラーセク、二〇一六年、上、二五八―二五九頁）

チェコ地域の再カトリック化の先頭に立ったのはイエズス会だった。彼らが宣教ばかりでなく教育の普及にもとりくんだことで、彼らの社会的影響力は相当なものがあった。彼らは、教育というソフトな手法と焚書といったハードな手法を織りまぜながら、フス以来のチェコ宗教改革の伝統の根絶にとりくんだ。ここでは聖書が焚書の対象になっているが、チェコ宗教改革のなかで兄弟教団によって実現されたチェコ語訳聖書は否定されるべき存在であった。そして、ここではコメニウスが信仰の手引書として編集した『敬虔の実践』（一六三〇年）や彼が三十年戦争下の国内逃避行の時期に著した『平安の中心』（一六二六年筆、三三年刊）も焚書の対象として描かれている。ヴァーツラフ・クレイフ（一六七八―一七三七年）は兄弟教団に帰依する出版者であり、亡命先で教養書や信仰書をチェコ語で出版し、それらはチェコ地域に流入したという（同書、下、三二三頁）。

この作品は小説だが、かなりの部分は史実によっている。たとえば、イエズス会の説教師アントニーン・コニアーシュ（一六九一―一七六〇年）は、三万冊にも及ぶというプロテスタント関係の書物を押収して焼却させ、その名は焚書官の代名詞になったという（石川、二〇一〇年、九一頁）。この時代、宗教改革時代の記憶を根絶させることが再カトリック化の課題だったことは事実であり、その一環として、一四世紀の聖職者ヤン・ネポムツキー（一三四〇頃―九三年）が列聖された。ネポムツキーは、神聖ローマ皇帝として名をはせたカール四世（ボヘミア王カレル一世、一三一六―七八年）の息子ヴァーツラフ（一三六一―一四一九年）の逆鱗に触れ、現在は世界的な観光地になっているプラハのヴルタヴァ川にかかるカレル橋から川に投げ込まれて殺された。カトリック側は、ネポムツキーを聖人に列することでフスやその後の宗教改革の意義を引き下げることを意図したと考えられている。現在も、カレル橋をはじめ、チェコ各地にネポムツキー像を見ることができる。

カレル橋に立つネポムツキー像

ところでイラーセクは、暗黒と見られる状況のなかでも生き続けていた何かに光を当てようとしており、そこにこの作品の魅力がある。たとえば、厳しい思想的統制のなかでも、コメニウスが著した『死に逝く母なる兄弟教団の遺言』（一六五〇年）がひそかに読まれている描写がある（イラーセク、二〇一六年、下、二六二頁）。ウェストファリア講和によって、故郷への帰還の夢が断たれるなかで兄弟教団の指導者となったコメニウスは、この著作のなかでチェコ人が自身による統治を取り戻すべきことを書きとどめている。クレイフの著作の焚書も、制度的な規制のなかでも思想は流れ通うのだというメッセージといえる。チェコ地域ではコメニウスの著作は一六三〇年代から禁書目録に載るようになったが、とくに『開かれた言語の扉』はイエズス会が優勢なかでも無視されず、チェコ語のテクストを含めて一七世紀後半から一八世紀前半にかけて何度か再版された。『世界図絵』のチェコ語とラテン語の対訳版も一七七八年に出版されている（井ノ口、二〇一六年、八一頁）。

この時代に与えられた暗黒というイメージが、それ以前の時代の意義を相対的に高めることは否定できない。一八世紀のチェコ地域に宗教的不寛容と民族主義的抑圧があったことは事実だろう。他方、それ以前の宗教改革時代がフス派戦争や三十年戦争に見られるように社会的に大きく混乱した時代であったことも事実である。そのプロセスはともあれ、チェコ地域の一八世紀が、宗派主義やイデオロギーの相克に振り回されることから解放された安定の時代であったという見方もありうる。

イエズス会士バルビーン

チェコ史の暗黒時代という見方が後代の歴史記述からもたらされているとすれば、いったん括弧に入れる必要がある。事実、コメニウスと宗教的には敵対関係にあったはずのカトリック側にも、チェコの言語や文化を評価する動きがあった。イエズス会士の著述家ボフスラフ・バルビーン（一六二一―八八年）は、再カトリック化のなかでもチェコ語の古文書を収集し、生前は出版されなかった『スラヴ語、とくにチェコ語の擁護についての論考』（一六七二―七三年筆、一七七五年刊）は、民族再生運動のなかで高く評価された。こうした事実は、一七世紀後半からのチェコ史を暗黒としてしまう二元論的な理解に修正を迫るものだ[8]。彼は、『ボヘミア王国史雑録』（一〇巻、一六七九―一六八八年筆）のなかで、コメニウスを高く評価している。そう長くないので、全文を引いておこう。

「ヨハネス・アモス・コメニウスは生まれからするとモラヴァ人だが、ボヘミアのわれわれの間で教育を受けた。この男の著した作品のどれもが、母語の優雅さと精神的な学識のゆえに称賛されている。彼は『言語の扉』を一六一六年に最初にラテン語、その後にドイツ語とチェコ語で出版したが、この書物は、コメニウスが読まれないヨーロッパの言語が見出されるということは今日ほとんどないというほどの評判を得た。プラハの勝利の後、つまり異端者がボヘミアでの居住を禁じられた時、彼はオランダに亡命したが、彼はしばしば故郷とボヘミアを外国人として訪れた。彼は非常に多くのものを出版したが、カトリック信仰に反対するものは決してなかった。そして、いかなる宗教であれ、常に非難や批判をしないという流儀で自分の作品を著したように見える。『地上

ボフスラフ・バルビーン

の迷宮と心の楽園』は一六三一年にボヘミアで書かれ、カレル・ゼ・ジェロチーナ伯に捧げられた。彼がいかに偉大な人間であったかは、彼の洗練された表現、言葉の妥当性、心情の気高さ、世界の虚しさの記述、そして最高かつ深遠な学識によって至高の賞賛を得ているという事実が示しており、その作品は読むのに最もふさわしいといえる。」(Balbín, 1776, 314-315)

カレル・ゼ・ジェロチーナ伯(一五六四―一六三六年)はルター派であったが、兄弟教団に理解を示して保護した貴族である。『開かれた言語の扉』の出版年は誤りである。しかし、コメニウスが教会間の宥和を求めつつも、他方で教義論争に関わり、さらに反カトリック、反ハプスブルクの運動を進めたことからすれば、バルビーンの評価はかなり好意的である。とくに『地上の迷宮と心の楽園』に対する評価は高い。再カトリック化の過程でプロテスタント関係文献の焚書が行われていた時期に、指導的立場にあったはずのイエズス会士バルビーンがコメニウスの著作を読むように勧めていたのである。

民族再生の動きが強まった一八世紀末にはチェコ地域はある意味で再カトリック化が完成していたといえ、民族再生運動は、当初はカトリシズムに立脚した愛国主義としてスタートした。二〇世紀チェコの代表的なコメニウス研究者ダグマル・チャプコヴァー(一九二五―二〇一六年)は、バルビーンの評価がコメニウスの位置づけに影響したことはたしかであろうと解釈する。また、カトリック内部の宗教寛容論のなかでコメニウスが評価されていた事例は他にもあるかもしれないと示唆している(ZD, 14-15)。チェコでは、コメニウスの殉教者としての側面が強調されるなかで、彼が対抗したカトリックやハプスブルクにおける言及が十分に検討されてこなかった面がある。

ところで、バルビーンによるコメニウスの評価は一七世紀末に書かれていたものの、出版されたのは今や民族再生運動が始まろうとする一七七六年から一七八〇年にかけてのことだった。宗派主義を超えたバルビーンの評価は、再カトリック化の完成までお蔵入りになっていたことになる。

四　仲介者ヘルダー

コメニウス受容とヘルダー

コメニウスの思想の避難所ともいうべき一八世紀ドイツにおいて、別格にあつかわれるべき思想家がいる。ドイツのシュトゥルム・ウント・ドランク（疾風怒濤）期の指導的な批評家ヨハン・ゴットフリート・フォン・ヘルダー（一七四四—一八〇三年）である。哲学者のカントやヨハン・ハーマン（一七三〇—八八年）を知り、現在のラトヴィアの首都リガで説教師を務めるとともに文筆活動の基礎を築いたヘルダーは、一七六九年にフランスに向かう。船中での考察が記された『旅日記』には、自身の自伝的記述や人類史、文学、教育に関わる構想などが記された。フランスからの帰途の一七七一年、ヘルダーが若きゲーテと邂逅したのはドイツ文学史上のエポックとされる。こののち、言語学史の古典的著作とされる『言語起源論』（一七七二年）を著し、ゲーテの尽力のもとヴァイマルで学者として認められたヘルダーは独自の歴史哲学的思考を深め、『人類歴史哲学考』（一七八四—九一年、未完）が著される。そして、おりからのフランス革命からうけた感慨を『人間性促進のための書簡』（一七九三—九五年）に記した。この第五集書簡五七で、ヘルダーはコメニウスをとりあげている。

多くの領邦にわかれ中央集権的な統一が進まなかった一八世紀のドイツの状況は、とくにイギリスやフランスとの対比において後進性と見なされた。ヘルダーは、ドイツにおける言語や歴史および文化の共有に意義を見出し、そこから「民族」の概念を打ち出した。周知のように、ヘルダーの民族概念は多くの議論を呼んできた。たとえば、彼の民族概念は人民主権としての意味が希薄であり、そのために民族の人種主義的な理解に道を開き、それがナチスのような人種主義につながったという批判もある。たしかに、ヘルダー的な民族のとらえ方が、日本をはじめとした遅れて資本主義化した国々にとり入れられたのは事実である。他方、ヘルダーの考察が民俗学の成立に寄

ヨハン・ゴットフリート・フォン・ヘルダー

与するとともに、世界の時代や地域の異なる民族がそれぞれ歴史の発展に貢献できるという価値相対主義へと展開したことも否定すべきではない。

とくに、コメニウス受容に関して重要なのは、ヘルダーがスラヴ民族主義に大きな影響を与えたということである。『旅日記』には、ロシア人の船乗りの熟練不足や安易に模倣する傾向を指摘しながらも、「私にはむしろ模倣に対する欲求、この子どもらしい好奇心のなかにこそ自己形成、それも正しい方法で形成を行う国民の優れた素質が見てとれる」とし、「一つの独自の民族（Originalvolk）」に完成されるという期待が記されている（ヘルダー、二〇〇二年、一四頁）。そして、主著『人類歴史哲学考』で、彼はスラヴ民族を一民族としてとらえ、その美質を高く評価し、それゆえの隷属状態も克服が可能であると論じた。

「彼らは慈悲深く浪費になるほど客をもてなし、質朴な自由を好むが、屈従的で従順であり、略奪と劫掠を大いに憎んだ。しかし、こうした気質は全体として圧迫に対抗するのには役立たなかった。いや、それは圧政を促した。なぜなら、彼らは決して世界の覇権を獲得しようとせず、好戦的な世襲君主を自らのうちに持たず、ただ自分の国土に落ち着いて住めさえすれば、徴税に服するというようであったがゆえに、多くの民族、しかし主としてドイツ系の民族がスラヴ人に対して酷い罪悪を犯した。／〔…〕かつては幸福だった勤勉なスラヴ民族よ、汝らはついにいつかは長い惰眠から奮起して、汝らの奴隷の鎖から解放され、アドリア海からカルパチア山脈に至るまで、ドン河からムルダ河に至るまでの美しい地方を所有地として利用し、落ち着いた勤勉と商業と汝らの古い祝典をその地方で催してもよいであろう。」（ヘルダー、一九四九年、三九―四〇、四一頁、訳語を改めた）

スラヴ諸語を学んでおらず、スラヴ地域に足を運んだこともなく、二次史料に基づくヘルダーのスラヴ理解は思弁的なものだった。しかし、ある意味で罪悪感をともなった歴史の振り返りも相まって、彼の考察は、とくに「ハプスブルク帝国内に住み、ドイツ化、マジャール化に脅かされた民族」（川村、一九八八年、二七頁）、つまりチェコとスロヴァキア等で積極的にとり入れられることになった。そのヘルダーがコメニウスを重視したことは、チェコの民族再生運動におけるコメニウス言説にも影響を与えていく。

『人間性促進のための書簡』

『人間性促進のための書簡』におけるコメニウスについての言及では、何といっても第五編の書簡五七が引かれる。しかし、ヘルダーはその少し前からコメニウスについて論じている。第五編は、「奇妙な男たちによる自身についての告白が現実になる」という友人の神学者ヨハン・ミュラー（一七五九―一八一九年）の願望から始められるが、そこで教父アウレリウス・アウグスティヌス（三五四―四三〇年）、ルネサンスの文人フランチェスコ・ペトラルカ（一三〇四―七四年）、ライプニッツらとともにあげられている一人がコメニウスであり（Herder, 1991, 283）、そこには、「深く浸みとおってはいないが実に包括的な精神、つまりいたるところに有用な事柄や学問と学校の改革に向けられたセンスが見られる」とし、「その時代にとっては現在のバゼドウより上、いやはるかに上であるといってもよい彼に関して、誰かがもっと語らないものかと望むのだ」との言及がある（同, 284-285）。

ヘルダーのコメニウスへの関心がその普遍主義にあったことは、コメニウスの思想の全体的な構成からしても重要である。『人間性促進のための書簡』第五編最後の書簡六二には、「平和を愛しもっとも公正な心情の持ち主であるエラスムス、グロティウス、コメニウス、ライプニッツらが、同時代人からなぜかくもおびただしい悪評を被るのだろうか」と問われ、「その原因は容易に見つかる。というのは、彼らは党派的でないのに対して、同時代人たちは予見にしばられ偏見だらけで口論好きの党派だったからだ」とし、「彼らの敵は滅びうるが、彼らの勝利は拡大し不滅なのだ」と結ばれる（同，356-357）。ここにあげられている、ルネサンス後期の博識者エラスムス、国際法の祖とされるフーゴー・グロティウス（一五八三―一六四五年）、そしてライプニッツは、ともに宗派や国家の対立の克服と平和の樹立を哲学した思想家であった。コメニウスはそうした思想的系譜に位置づけられている。

書簡五七は後代のコメニウス受容に関係する複数の論点が含まれている点で興味深い。それらは大要、ドイツとチェコ地域の関係、スラヴ民族主義の成立、パンソフィアの意義にくくられるだろう。書簡の冒頭で、ヘルダーは次のように記す。

「われわれの民族（ボヘミアやモラヴァをドイツに数え入れていけないことがあろうか）の人間でかの善きサン=ピエールと比べられるのは、コメニウスであろう。」（同，294）

ここで挙げられているフランスの著述家シャルル・イレーネ・カステル・サン=ピエール（一六五八―一七四三年）は、ルソーやカントに先立って平和を樹立するための国際機関を提唱したことで知られる。ヘルダーは、サン=ピエールを右の思想家群像のうちに包含させるとともにコメニウスと比較しようとする。ただ、コメニウスをドイツ民族の一員とした点は後の論争のもとになった。

ドイツ人にしてみれば、当時は神聖ローマ帝国の時代であり、一五一二年以降のこの帝国の正式名称が「ドイツ人の」神聖ローマ帝国（Heiliges Römisches Reich Deutscher Nation）であったことからすれば、コメニウスをドイツ人と見なしても大きな誤りではないという見方もあるだろう。ウェストファリア講和以降も、チェコ地域はハプスブルク帝国の一部として組み込まれていたし、コメニウスの教養もヘルボルンやハイデルベルクでの修学から培われた。しかし、ヘルダー自身が『人類歴史哲学考』でドイツ人によるスラヴに対する罪悪を認めたかのように記したこともあってか、この短い言及はのちのちまで問題とされた。

しかし、矛盾したことに、この書簡にはスラヴ民族に自覚を促すメッセージがコメニウスをテーマとして記されているのである。ヘルダーは、流浪の人生を送らざるを得なかった兄弟教団の最後の指導者としてコメニウスの人生を同情をもって記すだけではない。チェコ宗教改革が教育や文化の改善に大きな役割を果たし、それをとおしてスラヴはひとつの民族になったのだという。

「自身の言語、習慣と家庭生活の規律や秩序、そして必要性と有用性を考慮した教授と啓蒙に関して、彼らよりも純粋な熱情をもって心を尽くして格闘し悩んだ教団を、私はドイツで聞いたことがない。〔…〕フスとその他の者によって、言語と領土に関わる民族の改革へと展開していく宗教改革の基盤が据えられたが、ドイツにはそのようなものはなかった。コメニウスに至るまで、こうしたスラヴ民族の精神が闘争した。〔…〕こうした活動が一〇世紀から一四世紀にいたって次第に支持を得るようになったと考えるなら、ボヘミアとモラヴァ、そしてドイツの東側のスラヴ諸国は、現在、その元首たちにもたらすことが許されているのとは違った利益を隣人たちにもたらす一つの民族になったのだと言ってほとんど疑いない。」（同, 295-296）

ここで、スラヴの民族的な個性の形成というストーリーは、コメニウスをキーパーソンに据えることによって立論されている。さらに、その個性は一民族にとどまらない普遍的な意義を持つものとされた。そしてコメニウスとサン=ピエールが対照されることで、ベールがその予言信仰を批判したようなコメニウスの非合理な側面は背景に退くことになった。

「われらのサン=ピエールともいうべきコメニウスは異なった姿をしている。なるほど、彼は予言を信じたために誤って迷宮に引き込まれてしまい、ついには悲嘆に暮れることになったし、その教育や生活環境からして、サン=ピエールの政治的計算よりもはるかに荒削りな姿をしているが、人類の福祉という目的において両者は出会うのである。」(同, 295)

ヘルダーは、彼の時代にあっても『世界図絵』にとって代わる教科書はなく、イギリスやスウェーデンに招かれた事実を引いて、コメニウスの教育上の業績を評価する(同, 296)。しかし、その後の記述のほとんどは『総合的熟議』にあてられている。

「彼【コメニウス】は、人間が教育されるための事業が進歩させられない限り、教育改革がその目的を達することはない、と見ていた。ここで彼は、その根から悪を打ったのだ。彼は、『パンエゲルシア』、『人間的事柄の改善に向けての総合的勧告(Aufruf)』を著した。」(同, 297)

この書簡の末尾に、「彼は、死から三〇年もたって印刷された『熟議』(私は彼がこの著書を周囲に送ったかどうかを知らない)を著した。それは若干の全紙からなるのだが、事柄の改善について現在書きならわされているのと当時はいかに違っていたのかという印というだけでも翻訳されたらよいと、私は願っているのだ」(同, 301)とあることから、ヘルダーが読んだのがハレで復刊された『総合的熟議』だったことが分かる。コメニウスの生前に『総合的熟議』の二部までが印刷されたことをヘルダーは知らなかった。ちなみに、ここで彼がラテン語原題のConsultatioをドイツ語でAufrufと訳し、それがドイツ語圏で踏襲されることで、consultatioという概念の理解について一石を投じることになった。Aufrufは、双方向の「熟議」というよりは、「提言」ないしは「勧告」というニュアンスが強い。

「彼【コメニウス】は、病んでいる全身を治癒しないで手足を治療しようというのは無意味であり、社会的な善とは公共の平和であり、公共の危険が社会的な関心を高め、熟議のための手段が提起されると考えた。彼が堕落していると考える人間的な事柄とは、学問と宗教と国家の諸制度である。〔…〕われわれのうちには、学問、権力、幸福という樹木に至る永遠なる根があるのだ。〔…〕政治に関して彼は、正義以外のものが統治することはできず、自身をいかに統治するかを知る者以外の誰も他者を統治できないのだ、と言う。人間の統治は技術のなかの技術であり、その目的は平和である。〔…〕動いている事柄には大きな変化があるということを、あらゆることが示している。われわれなくして、この変化が改善になることはあり得ない。この調和のため、われわれは、まだ試みられたことのない全般的な単一性、単純性、自由な決断（自発性）という道で協力すべきなのだ。〔…〕われわれが統一性、単純性、心の自由という道からそれているとしても、あらゆることに例外を設けず、あらゆる者のためにあらゆる方法で改善すると決心しさえすれば、そこに回帰することは可能であろう。」（同, 297, 298, 299）

コメニウスは、全体観に立たない部分的な取り組みが齟齬をきたすことを指摘する。そして人間の生得的な能力として知性・意志・行動能力を認め、そこから改善すべき人間的事柄とは学問・政治・宗教であるとした。また、社会的調和の実現としての平和は、さまざまな営為が、単一性・単純性・自発性という三つの指標に則って進められるべきであると考えた。ヘルダーは、『総合的熟議』第一部『パンエゲルシア』の趣旨を的確に把握し、「人々がユートピアのような夢と名づけ、そんな夢は役に立たないなどと言っているのを信じてはならない！ そのうちにある真理は役に立たないなどということはないのだ」（同, 300）と強調し、「この種の敬虔なる願いは月に飛びはしない。地に留まり、時を得てまことに目に見えるものとなるのだ」（同, 301）とする。

書簡五七以外でも、ヘルダーが、正邪や真偽の判断を高めるうえでの遊びの意義を論じるなかで、コメニウスが教科書を学校劇向けに脚本化した『遊戯学校』（一六五六年）について引いているのは（同, 350）、コメニウスの思想についての広範な知識を示している。次章で見るように、一九世紀をとおしてコメニウスの教育者としての側面が重視されるようになっていくことからすれば、ヘルダーが、一八世紀末という段階でコメニウスの普遍主義をとらえていたことは重要である。書簡五七にはヘルダー自身による次のような注記がある。

「リーガーは、その著書『チェコ兄弟教団史』で、ハレの孤児院の文書館にはなお多くのコメニウスの草稿が存在するはずであるとしているが、それらのうち若干のものは、現在の政治的・教育的時代にとって印刷に値するものではないだろうか?」(同, 301)

ゲオルク・リーガー(一六八七―一七四三年)はヴュルテンベルクの敬虔派の牧師で、兄弟教団関係の著作がある。ヘルダーは、ハレにコメニウスの遺稿があることを知り、注目を促してもいた。もし、彼の指摘が受けとめられて一世紀以上早く遺稿が発見されていたら、その後のコメニウス受容はかなり異なった道筋をたどったことだろう。

むすび

本章での限られた言及によっても、「一八世紀においてコメニウスは忘れ去られた」などとはいえない。『世界図絵』は、一八世紀にはヨーロッパに広く流布していた。一六八五年には現在のスロヴァキアのレヴォチャで、すでにチェコ語版(井ノ口、二〇一六年、一五八頁)が出版されている。チャプコヴァーは、「対抗宗教改革の困難な時代にもかかわらず、チェコ文学がチェコ民族再生の始まりまでスロヴァキアで守られたことは、一八世紀終わりの革新の過程に助けとなった」(ZD, 16) と強調する。彼女は、ドイツばかりでなくスロヴァキア地域がコメニウスの思想の避難所となっていたというのである。スロヴァキアは、チェコ地域にとどまれなくなった兄弟教団の亡命先のひとつであり、チェコ地域に比べて対抗宗教改革が厳しくなかったため、コメニウスの教授法の影響はある程度持続した (ZD, 17, 18)。一六五〇年代、コメニウスはポーランドのレシノから現ハンガリー(当時のトランシルヴァニア)のシャーロシュ・パタクに赴く際にスロヴァキアに立ち寄っている。

思想の影響関係という点でも、ライプニッツとその周辺、敬虔派とその周辺とコメニウスの関係は十分にフォローされているとは言えない。単純で直線的な関連を想定してはならないが、従来の哲学思想史からは傍流と見なされるとしても、たしかなある流れが見出される可能性はある[9]。

ノスティッツ伯創設のプラハのスタヴォフスケー劇場

さらに、近代的な歴史研究においてチェコ地域の一八世紀に十分な光が当てられてこなかったということも考慮しなければならない。次章で見るように、チェコ民族再生運動のなかで、一四世紀末のフスから一七世紀前半までが民族の歴史の輝かしい時代とされることによって、一八世紀は相対的に暗黒とされた。そして、二〇世紀後半、社会主義政権下では、バロックが反動的な文化と見なされるなかで、一八世紀への関心が払われない状態が続く。チェコ・バロックに本格的に光が当てられるようになったのは冷戦終結後のことである。

さて、一八世紀末、暗黒とされたチェコ地域にも変化の兆しが見られるようになる。啓蒙専制君主ハプスブルク皇帝のヨーゼフ二世(一七四一—一九〇年)による宗教寛容令、農奴解放令、出版・検閲制度の緩和、学校の設置等の一連の政策は、彼の死後の揺り戻しがあったものの、大きな影響を与えた。逆説的なことに、ドイツ化を進めようとする言語統一令への反発が民族再生運動のきっかけとなる。

一七七四年、オーストリア帝国に「一般学校規則」が制定され、六歳から一二歳までの子どもの義務教育が規定された。また、ウィーン大学にチェコ語・チェコ文学講座が開設され、プラハに貴族を中心とした科学者協会が設立された。この前年、帝国内での影響力が過度と見なされたイエズス会が解散させられている。こうした流れは、チェコ地域における啓蒙主義の浸透に有利に働く。翌年、約一世紀忘れ去られていたバルビーンの『スラヴ語、とくにチェコ語の擁護についての論考』が出版された。

モーツァルトのオペラ《ドン・ジョヴァンニ》が初演されたプラハの劇場（現在のスタヴォフスケー劇場）を創設したことで知られるチェコの名門貴族フランツ・アントン・フォン・ノスティッツ―リーネック（ノスティッツ伯爵、一七二五―九四年）はドイツ系であったものの、ウィーンを中心とした集権化に抵抗してチェコ文化を擁護した。彼は四人の息子の教育をチェコ人学者に託したが、そのなかには民族再生運動の端緒を開いた作家・歴史家のフランティシェク・ペルツル（一七三四―一八〇一年）や歴史家で詩人のヨゼフ・ドブロフスキー（一七五三―一八二九年）がいた。二人は伯爵邸の図書室で働き、そこでプラハの啓蒙主義者であるミクラーシュ・フォイクト（一七三三―八七年）らとの交流も生まれ、チェコ史研究とその出版が始まる。バルビーンのチェコ語論を再評価して出版し、この時期にプラハ大学に設けられたチェコ語・チェコ文学講座の最初の教授となったのがペルツルである。

ABBILDUNGEN
BÖHMISCHER
UND
MÄHRISCHER
GELEHRTEN
UND
KÜNSTLER,
NEBST
KURZEN NACHRICHTEN
VON
IHREM LEBEN UND WERKEN.

ERSTER THEIL.

Cum Approbatione Cæsareo-Regiæ Censuræ.

PRAG,
bey Wolfgang Gerle, Buchhändlern. 1773.

『ボヘミア及びモラヴァの学識者と芸術家についての図説』表紙

ペルツルやフォイクトらによる労作のなかに『ボヘミア及びモラヴァの学識者と芸術家についての図説』(ラテン語版二巻、ドイツ語版四巻、一七七三―八二年)があるが、これはチェコ史上の著名人物の事績を肖像入りで紹介したもので、コメニウスの項目もある。それは、啓蒙主義をうけた教育や世俗主義の重視と、その裏返しとしての宗教や非合理性の批判が典型的に示されている点で興味深い。この項目はベールの『歴史批評辞典』を参考にしたと断られており、かなり辛辣な言及で始まる。

「比類なき天与の能力を勤勉によって最高度に形成し、学識の領域で卓越した地位を獲得した人間が、しばしば、教育の欠如、ある種の偏見、あるいは恥ずべき意図による、あまりにも馬鹿げた誤りによって名声を落とし、闇に消えて、意味のはっきりしない煤だけを残したというのは、学問にとって何とも嘆かわしいことだ。コメニウスはこの種の学識者に属している。彼が残した著作を読んだことのある者なら、啓蒙された知性を備え、かくも広大な知識を有して飽くことなく努力したこの男が、迷信やそそられることのない熱狂、そしてまったく馬鹿げた見解の虜になり得たということに誰もが驚くに違いない。」(Pelcl, 1773, 89)

ここでの紹介は、コメニウスの出生地がモラヴァのコムニャと紹介されていたり、没年が一六七二年とされていたりするが、コメニウスの語学教育者としての側面は積極的に評価される。

「われわれがここに引く彼の著作のうちで、彼の『開かれた言語の扉』は賞賛に値する。この作品は、すべてのヨーロッパの言語をはじめ、アラビア語、トルコ語、ペルシア語、モンゴル語にまで翻訳され、これほど何度も出版される書物は、聖書を除いて誰も他に見出すことはないというほどの称賛をもって受け入れられた。」(同, 92)

『開かれた言語の扉』に対する「一七世紀において聖書に次いで普及した書物」という評価は、次章でみるようにチェコ民族の父ともいわれるフランティシェク・パラツキー（一七九八－一八七六年）も述べているが、それはここでの紹介に依拠したものであろう。『世界図絵』についての評価も啓蒙主義的な筆致が明らかに読みとれる。

「感覚的な事物があまり質の良くない木版画で印刷された著作は『世界図絵』と呼ばれている。しかしボヘミアでは、繊細さや表現の正確さにおいてコメニウスの作品を超えるものがないため、この書物はまだチェコ語の学習にとって特によく用いられている。この学者が、神学的な知識という課題に深入りせず、文法的な利点にだけ満足していれば、彼の名声は実際よりもはるかに輝かしいままで維持されたことだろう」（同, 93）。

これに対して、パンソフィアの構想が記された『パンソフィアの先駆け』（一六三九年）についての言及は冷淡であり、さらに予言書『闇からの光』については、ベールに劣らないほどの批判が加えられている。

「コメニウスはこれ【『闇からの光』】でそれまでに得た名声をほとんど失った。神的霊感に由来するあまりにも恥しらずな幻想を全世界に開示するなどという、尋常ではない大胆さを誰もが嫌悪した。ニコラウス・アルノルドは『コメニウスに対決する神学論考』で彼の主張を無意味であると非難し、また、サムエル・マレシウスは、われらのコメニウスが擁護するキリストの千年王国に関する論争で、口を極めて公然と告発した。それにしても、われらのコメニウスにとって不運だったのは、上に述べたように、彼が自分の預言が成就しなかったことを見なければならず、彼の罪に対する最もきつい罰として、全世界の笑い者にされたということだろう。」（同, 94）

アルノルド（一六一八－一八〇年）はポーランド生まれの神学教授であり、その思想はコメニウスが指導した兄弟教団の教義と遠くなかった。ここには、コメニウスの予言への傾倒が、プロテスタント知識人にとっても少なくない失望を招くものであったことが示されている。しかし、この紹介でもっとも特徴的なのは、コメニウス自身が、生涯をとおして完成させたもののポーランドでの戦火で失ったと記したチェコ語辞典についての評価だろう。ここには母語の復興から民族再生がとりくまれた一八世紀末の状況認識が如実に示されている。

「コメニウスのすべての作品のうち、彼によってすでに完成されていたというチェコ語辞書は、おそらくわが国民が持っていたこの種のあらゆる書物を凌駕し、彼に最大の名声をもたらし、われらの祖国の大部分で使用されたことだろう。しかし不運にも！　彼の他の著作ともども、この書物は、レシノの破壊の際に炎に略奪されてしまった。母語を学ぼうとする者を助力する手段がまだ失われたままであり、わが祖国の言語のかくも露わな崩壊に対してほとんど希望を見出しえないことからして、この損失はわれわれにとって極めて明白だ。」(同, 95)

コメニウスを第一義的に教育者あるいは言語学者と見なすという今日にまで流布しているコメニウス像の原型は、すでにこの時期に現れていた。ここで否定された神学者・信仰者としての側面は、次の世紀をとおして次第に看過されていく。

注

(1) コメニウスと同時代のフランスの哲学者・翻訳家サミュエル・ソルビエール（一六一五―七〇年）の『ソルビエール語録』（一六九四年）には、コメニウスのパンソフィアについてのネガティブな評価が記されている（Sorbière, 1694, 46）。ベールはソルビエールの見解を受け入れている。

(2) ここに引いたコメニウスの行動を擁護するような指摘は、一定の事実関係に基づいており、歴史研究におけるひとつの解釈として受け入れられる。とはいえ、ワルシャワ条約機構軍がチェコスロヴァキアに侵攻した一九六八年のプラハの春のあと、いわゆる東側諸国の和解が課題になっていた冷戦時代後期にこの論文が書かれたことも無視できない。ちなみに、シリジニスキはポーランドを拠点に研究したチェコ出身の歴史家である。

（3）ライプニッツは、視点によって変わる都市の眺望からモナド論を着想したといわれる。「モナドには窓がない」というライプニッツのテーゼは、人間存在の開放性をもとに〈生ける印刷術〉として世界を見るコメニウスとの隔たりがあるように思われる。しかし、哲学者の下村寅太郎（一九〇二―九五年）が言うように、「単子〔モナド〕には窓がないというよりはむしろ単子全体、単子自身が、窓であるとも言うべきであろう」（下村、一九八三年、一九三頁）であるとするなら、ライプニッツとコメニウスの距離はそう遠くないといえるかもしれない。

（4）一八世紀前半、フス派や兄弟教団の流れをくむ集団がモラヴァからドイツのザクセンに移住し、敬虔派やアナバプティスト（再洗礼派）とともにモラヴィア兄弟団が形成された。メソジスト派の創始者ジョン・ウェスレー（一七〇三―九一年）は、アメリカに向かうモラヴィア兄弟団と交流し、その後は不和に至ったものの、モラヴィア兄弟団の影響は無視できない（ヴァルマン、二〇一二年、一九五―二〇三頁）。近代的な解釈学の祖とされるフリードリヒ・シュライエルマッハー（一七六八―一八三四年）は、モラヴィア兄弟団の神学校に学んでいる。

（5）ちなみに、コメニウスの『教授学著作全集』や『必須の一事』はオランダの出版者クリストッフェル・クンラドゥス（一六一五―八四年）によって出版されたが、クンラドゥスは、ホッブズの『リヴァイアサン』（一六五一年、タイトルページに熊の絵がある版）やスピノザの『神学政治論』（一六七〇年）の出版に関わったと考えられる（Malcolm, 2002, 372-374）。また、「必須の一事」という表題は、信仰の内面化が強調された一七世紀後半から一八世紀前半において、複数のキリスト教思想家の著作名に用いられた。たとえば、聖アルベルトゥス・マグヌス（一一九三？―一二八〇年）やカトリック神学者ヨハン・フォン・シュタウピッツ（一四六〇―一五二四年）の著述からなる『必須の一事――キリスト者の偉大なる義務』が一六九二年に、イギリス内戦期に活躍した説教師ジェレミー・テイラー（一六一三―六七年）の著作が『必須の一事――悔い改めの原理と実践』として一七〇五年に、ともにロンドンで出版されている。

（6）コメニウスの浩瀚な伝記を著したブレカシュタットは、シュペーナーと彼の義弟はアムステルダムに暮らした晩年のコメニウスとコンタクトをもっているとも記している（MB, 669）。敬虔派とコメニウスの関係をめぐっては多くの検討課題がある。

（7）この点については、ドイツ教育史研究者の山内芳文（一九四三年生）から示唆を得た。

（8）チェコスロヴァキア史研究者の薩摩秀登（一九五九年生）は、チェコ地域がハプスブルクの支配下にあった一六世紀から二〇世紀初頭まで、「この王朝の側には、チェコという国を抑圧しようという意図は全くなかった」とし、この期間が「ドイツ人という異民族の王朝のもとでチェコ人が抑圧された時代であった」という見方は、「一九世紀に、他のヨーロッパの地域同様、チェコにも国民社会が形成されていく過程で、スラヴ系のチェコ語を話す民族としてのチェコ人が、自分たちの国づくりに根拠を与えるために生み出したものである」とする（薩摩　二〇〇六年、序文三―四頁）。薩摩の『物語　チェコの歴史』（二〇〇六年）は国民国家的な歴史記述に再考を求めた意味で重要だが、コメニウスがまったくとりあげられていなかったり、一八世紀末からの民族再生運動の扱いが少なかったりする点は、一般的な歴史書としてどうなのかという違和感を覚える。

（9）コメニウスからヘルダーへの思想的系譜は検討に値する課題であろう（寺川、二〇一五年）。

第三章

湧出する一九世紀

——近代の光と——

プシェロフ市内に立つ最初のコメニウス像（1874年）
子どもを慈しむ姿に教育者としてのイメージが喚起される。

一　チェコ民族再生運動のなかで

民族再生運動の多様性

コメニウスがチェコ地域で公に語られるようになったのが一八世紀末からの民族再生運動の過程であったことは間違いない。この運動の過程は単純ではなく、何冊もの本になるだけの議論がある。それは、この運動がさまざまな対立する課題に対処することを運命づけられていたことによる。この運動がおかれた状況を、宗教、民族、教育（啓蒙）という視点から整理しておこう。

まず、全体としてみると、宗教は民族再生の論点から周到に回避されたと見てよい。たとえば、フランスの近代化においては、ガリカニスム（フランスの民族主義）とウルトラ・モンタニスム（教皇至上主義）の対立に見られるように、宗教は国民統合の障壁と見なされた。そこで伝統や宗教に批判的な啓蒙主義は、国民統合の理念となり得た。しかし、一七世紀の三十年戦争期からの再カトリック化がほぼ完成していたチェコ地域の様相は異なる。マジャール人やスラヴ人といったさまざまな民族が共住し、ドイツ人が支配民族であるオーストリア帝国においては、カトリックにはむしろ帝国の統合原理としての一面があった。民族の独自性を歴史的に主張しようとして、たとえばフスをとりあげるとしても、過去の宗教対立を想起させるような記述をしてしまっては、社会的支持を得るのはむずかしい。

民族主義はこの世紀を通じて高まったが、しかし単純に鼓吹すれば支持を得られるという状況ではなかった。チェコ地域には多くのドイツ人やユダヤ人が入り混じって住んでおり、一民族の意義を強調するだけでは、その民族にとっての一服の清涼剤のような効果はあったとしても独立の展望にはつながらない。さらに問題なことに、一八世紀までのドイツ化によってチェコ語は農民や下層市民の言葉となっていた。民族再生運動がチェコ語の復興からとりくまれたのは象徴的である。

言語の復興が民族再生運動のきっかけであったことによって、この運動は必然的に一種の教育運動とならざるを得なかった。「諸国民の春」の一八四八年、プラハでも急進派が蜂起したが、オーストリア当局の介入によって鎮圧された。帝国内で二割ほどの人口を占めるマジャール人が多く住むハンガリーの独立要求は翌年まで続き、一八六七年にオーストリア＝ハンガリー二重帝国が成立する。人口的・地理的に小規模なチェコ地域では、ハンガリーのような地位の向上はすぐには望めなかった。チェコ民族再生運動は、学問や芸術までが動員された漸進的な社会的啓蒙として展開された点に特徴があった。

もっとも、その過程がただ輝かしかったわけではない。チェコ史には、ＲＫＺと略称される手稿をめぐる不名誉な史実がある。一八一〇年代後半、チェコ地域では続々と古文書の発見が喧伝された。とくに、「ドゥヴール・クラーロヴェーの手稿」と「ゼレナー・ホラの手稿」と題されるスラヴの古文書は、古代チェコ人に高度な言語と文化があったことを証明するものとして重視された。これらの文献は、各国語に翻訳され、美術・文学・音楽の題材ともなり広く流布し、チェコ民族主義の興隆の一因ともなった。しかし、これはドイツ民族の誇りとされる叙事詩「ニーベルンゲンの歌」に比するようなテクストが自民族にもあるべきだという知識人の欲望の所産であった。学者の間には真偽をめぐっての議論もあったが、芸術作品にまで表象されて流布するとその影響力は大きく、「『手稿』を否定する者は民族の敵と見なされるようになった」（石川、一九九五年、一二二頁）。これらの手稿が偽作であることが受け入れられるのは、のちにチェコスロヴァキア初代大統領となるトマーシュ・ガリグ・マサリク（一八五〇—一九三七年）による粘り強い論争まで待たなければならなかった。

さて、チェコ民族再生運動の特質として知的で漸進的なアプローチがあるとして、コメニウスはそうしたアプローチに最も適合的な存在といえた。もちろん、コメニウスの予言信仰への傾倒は啓蒙主義には受け入れがたいだろうし、彼による反ハプスブルクの運動は再カトリック化が完成した保守主義的な風潮とは反していただろう。しかし、コメニウスの幅広い教養や宗教と民族の和解をめざすパンソフィアの理念及び教育改革の実行案は、それらの瑕疵とみられる要素を帳消しにするだけの魅力のあるものだった。もっとも、そこで浮かび上がったコメニウス像が、民族再生という視点から当てられた光によるものだったことは否定できない。

パラツキーとその周辺

一九世紀以降、多くの啓蒙主義者がチェコ民族の再生にとりくみ始めたが、その代表者がパラツキーにほかならない。現在、チェコ共和国では一、〇〇〇コルン紙幣の肖像になり、チェコで二番目に長い伝統を有するモラヴァの古都オロモウツの大学名にも冠されている。彼は、一八四八年、プラハで開催されたスラヴ民族会議の議長となった。ドイツの自由主義的な統一を掲げてフランクフルト（マイン）で開催された同年から翌年の憲法制定ドイツ国民議会への参加は、オーストリアの君主権のもとでの諸民族の連合が現実的な選択と考え参加を辞退したものの、終身貴族として影響力を持った。

フランティシェク・パラツキー

モラヴァ北東部に生まれたパラツキーの家系は、アウグスブルク信仰告白を受け入れてルター派に改宗するまでは兄弟教団に属していた。当時はハンガリーの支配下にあった現在のスロヴァキアの首都ブラチスラヴァのルター派神学校で教育を受け、スラヴ学者で詩人のパヴェル・シャファジーク（一七九五―一八六一年）に学んで頭角を現す。当時、パラツキーはコメニウスの著作をすでに読んでいたと考えられる（ZD, 31）。一八二〇年代にプラハに移ると、民族再生運動を進めていたドブロフスキーと親交を結ぶ。

ドブロフスキーは、王立科学アカデミーの委嘱によって三十年戦争で散逸した文献等の調査を行い、スウェーデンではコメニウスの書簡も発見している（ZD, 25）。パラツキーは、ボヘミア博物館協会の活動を通じて大著『ボヘミアとモラヴァにおけるチェコ国民の歴史』（ドイツ語版一八三六年）を著す。彼のフス派運動についての肯定的な評価は、宗教論争に配慮した慎重なものであったにもかかわらず、カトリック信仰に触れるものとして検閲の対象となり、その出版は思うにまかせなかった。しかし、この大著がチェコ語で出版され始めると、民族再生運動下の学術活動の推進力となった。パラツキーは一八二九年にコメニウスの生涯について執筆したほか、コメニウスが長く滞在したポーランドのレシノで見つかったコメニウス関係の文献が国立博物館に収蔵できるようにとりくむなどした（ZD, 32）。

パラツキーによるコメニウスの紹介は、その後のチェコ地域でのコメニウス受容に大きな影響を及ぼす。コメニウスの出生地をウヘルスキー・ブロト近くのニヴニツェとしたのは現在広く受け入れられている見解である。ドイツ修学中にイギリスにわたっていた可能性を指摘しているのは根拠に乏しいが、イギリスやスウェーデンを訪問した記述は、コメニウスが助手とともに『パンソフィアの二重描写』（一六四三年）の著述にとりくんだことなどまであつかうなど、かなり詳細である。

しかし、パラツキーによるコメニウスの紹介で重要なのは、彼が示したコメニウス理解の基本的な方向性だろう。すでに述べたように、当時のチェコ地域には非チェコ系の多くの民族が共住しており、民族主義を鼓吹するだけでは民族再生の展望は開かれなかった。ゆえに、コメニウスをはじめ、チェコ史の群像を再評価するにしても、民族的個性とともに一民族を超えた普遍性が強調された。そして、前世紀末以来からの啓蒙主義の興隆のもとで、コメニウスの学識者および教育者としての側面に光が当てられることになる。その際、千年王国論や予言への傾倒といったコメニウス晩年の行動に対する批判に対して、何らかの仕方で弁明する解釈が企てられた。「ヤン・アモス・コメニウスの生涯」の冒頭の一節は、コメニウスが民族的伝統の準拠点であるとともに普遍的な価値を有した存在であることを強調している。

「ヤン・アモス・コメニウスは、あらゆる年代のあらゆる国民にとって、ぜひとも記憶すべき人間の一人である。貧しき地に生まれ、生涯をとおして多くの不運を抱え、奇妙なまでに迫害されたが、賞賛や正当な評価を得た時期には、あらゆる教養ある国民から常に最高の賛辞を受けていたのみならず、人類の恩人の一人として喜びをもって記憶されていた。同じく、当時の学校において、彼の名は子ども年代にも押しとどめられることなく伝わっていた。こうした言語学上の普及に対しては、彼がかつてのボヘミアとモラヴァの兄弟教団の最後の監督であったことや、現在に至るわれわれの民族の文学において、激しさと活力という点で彼に並ぶような作家はいないということはそれほど重要でないように見えるが、すでにわれわれには他にもそうしたすぐれた作者がいるにしても記憶すべきである。」(Palacký, 1929, 9-10)

ここには、コメニウスの民族の伝統における重要性を指摘しながらも、それ以上に普遍的な重要性が認められる存在であることが述べられている。「あらゆる年代のあらゆる国民にとって」という意義づけは、一民族にとどまらない「諸国民の教師」というのちに定着する評価を先どりしている。コメニウスの宗教上・文学上の意義が控えめに記されているところには、当時のチェコ地域の状況への配慮が見てとられるだろう。のちに現れるコメニウスの伝記では必ずといっていいほど引用つきで紹介される『死に逝く母なる兄弟教団の遺言』についても簡潔な言及で済まされている。ただし、民族主義に訴えかける表現がないわけではない。たとえば、コメニウスらが神聖ローマ皇帝の布告によって母国を去りポーランドに向かう際の記述がそれである。

「一六二四年、カレル・ゼ・ジェロチーナ伯は皇帝の顧問官から兄弟教団の聖職者を保護しないように厳しく求められた。たとえ伯爵が皇帝に対して無罪と自由を求めたとしても何も益は生まず、コメニウスを含めた多くの聖職者たちはその地から退去し、母国に残された者たちは森や岩に囲まれたなかに隠れ、常に危険と隣り合わせにさらされ、たとえ処刑されることはなかったとしても、多くの者が悲惨な生活を送ることになった。〔…〕他の聖職者たちとともに、一六二八年一月、コメニウスは厳しい冬についに母国を去った。彼らはボヘミアとシレジアを分かつ国境に至ると、皆がひざまずいて泣き、あふれる涙のなかで、愛する母国から神の慈悲がついには消えてしまうことのないように、神の言葉の種が母国にいる抑圧者に与えられないように祈ったのだった。」(同, 23-24, 30-31)

とくに引用の後半は、チェコ人読者に母国と母語を失ったという歴史認識をもたらし、感情にも訴える効果的な表現といえるだろう。ここに描かれた光景は次章で見るように二〇世紀における民族主義の高まりのなかで絵画に表象されることになる(次章の扉参照)。コメニウスの学識者・教育者としての評価は、この紹介の最後で強調されている。

「学校と若者の教育方法の改善というコメニウスの長所は不滅である。彼の浩瀚な教授学書は、一七世紀半ば以降、ヨーロッパ人の学習に大きな変容をもたらしたと感謝されている。〔…〕彼は、国家的な招聘をうけて学識の研究や言語の教育という要求に対応した嚆矢《こうし》であり、新たなヨーロッパの産業的・自然的な精神への道を整えた。」(同, 97)

この評価は間違っていない。しかし、パラツキーの言及には、前世紀末のペルツルやフォイクトを受けながら誇張している点もある。

「友人たちの求めに応じて、一六三一年に『開かれた言語の扉』という表題の書がレシノで出版された。この書物は、ほとんどすべての学識者はもちろん無学な者からも類例のない賞賛を受け、学校に導入されるのみならず諸外国の言語に翻訳されたが、当時の世界中の書物で、聖書を除いてこれほど諸国民に広がり、繰り返し印刷され読まれ学ばれたものは知られていない。」（同, 39–40）

こうした微妙な誇張は、一九世紀を通じて次第に増幅されて通説化するようになる。

さて、ベールの『歴史批評辞典』におけるコメニウス批判が知識界で普及していた現状に対して、パラツキーはそれをあからさまに無視することはできなかっただろう。彼は実際、コメニウスが青年期から予言に傾倒したことを丁寧に説明し、後半生の予言書の編纂やそれに基づいた政治行動もあつかっている。まず、スウェーデンとトランシルヴァニアのポーランド侵攻に関与した挙句、レシノの焼き討ちで一切を失ったとされた件については次のように記している。

「おそらくコメニウスは、信仰のみならず古くからの友情もあって、自国の友人に対してよりもポーランド人に対して好意的であった。とはいえ、彼とその一団が被った不運からして罪深いのだと非難する、個人的で曖昧で不当な敵側の主張を除いて、われわれのもとに信憑性のある証拠はない。」（同, 74–75）

一見して分かるようにコメニウスに同情したかなり苦しい説明になっている。しかし、予言への傾倒については、信仰の主観性を重視する敬虔派的な立場からの擁護が見られる。

「恐ろしい世界と変転を余儀なくされる人生に無残にも投げ込まれ、彼の魂が流れゆく避難先は、神自身と聖書以外にはなかった。ゆえに、不幸に苦しめられるほどに、神秘的な神の摂理に信を寄せたのである。そして、時代の大きな災難のすべてのうちに神の厳しい指を見て驚いた彼が、そうした出来事が他の特別で合理的な考えで現れると考えられただろうか？　深く繊細な魂の感受性はそれ自体として迷信的なところがある。それは人生の知覚的な場面にある単なる理性とは異なる。それに、コメニウスのみが幻視を超自然とみなしたわけでもなかった。〔…〕時代の精神は現在とは逆だったのであり、あまりに多くの信仰や迷信に人間の思想は悲鳴をあげていたのだが、現在では信仰の欠如や不信、乾いた魂や感情ばかりになってしまっている。両極端の間を合理的に選ぶことができれば、われわれは最初から躊躇することなく到達できるのに、と思うのだ。」（同, 83-84, 85）

パラツキーは、最晩年のコメニウスを兄弟教団の信仰の手引きを著した真摯な聖職者として評価する。そして、対立した神学者や啓蒙主義者は、「コメニウスの著作そのものを読まず、理解もしていないと言わねばならない」（同, 99）と逆に批判する。そして、最後に引かれたのが、『必須の一事』に示された、あらゆる運命を受け入れるコメニウスの信仰者としての言葉だった。

「私は私の神に感謝を捧げている。なぜなら、神は私のことを生涯全体にわたって諸々の願望を抱いた人物にしたいと思召《おぼしめ》され、ゆえに私をさまざまの迷宮に巻き込まれるようにされたにしても、それにもかかわらず、たいていの事柄をすでに克服させてくださったり、幸福な安らぎを見通せるようにと自ら御手で導いたりしてくださったからだ。〔…〕私の信仰の創始者であり完成者である主イエスよ、あなたに私は感謝を捧げる。それは、私は不注意な巡礼として自分の旅の目的から何千という分岐路によって逸脱し、何百万という副業と障害とによって遅滞してしまったにもかかわらず、その私をあなたは導かれ、約束された天の祖国の入口にまで差し向けられた私に対して、ここで自分が越えて行くべき死というヨルダン以外には何一つ見ることがないようにさせてくださったからだ。そしてまた、間もなく自分が祝福された祖国の甘美そのものに浸ることになる姿をも見るようにさせてくださったからだ。」（DK 18, 123, 127）

パラツキーの紹介以降、『必須の一事』は好んで引かれるようになる。『必須の一事』が書かれたのと同時期のコメニウスの備忘録『エリアの叫び』には、予言への傾倒やその実現への思索がなおも綴られており、コメニウスの最晩年における宗教的・思想的立場については解釈が分かれる。しかし、『必須の一事』の諦観に満ちた筆致が、非暴力的で内省的なイメージを喚起したことは事実だろう。それは、宗教対立や民族対立を助長しないかたちで民族再生の気運を高めようという意図にとって適合的であったに違いない。なお、この紹介はドイツ語でも出版されたが、チェコ語版との間には微妙な差異がある。(1)

さて、カント哲学の影響を受けたパラツキーは、歴史を人間性の発展の過程ととらえ、その上で民族の独自性を見ようとする。チェコの宗教改革にカトリックとプロテスタントの教義の相互的な浸透を見出し、彼はチェコ兄弟教団に宗教改革の完成を見ようとした。ところで、フス派戦争で幾度もカトリックの軍勢を打ち破り、再カトリック化の過程では狂信者とも見なされていた軍人ヤン・ジシュカ（一三七四—一四二四年）が民族主義的抵抗のシンボルとして認められるようになったのは、パラツキーの再評価によるところが大きい。チェコ兄弟教団の内にカトリックとの親和性を見ようとするのは、宗派対立を和らげる方向性を示唆するものともいえるが、やはり民族主義的な動機がうかがわれるのも事実である。

一九世紀半ばから後半にかけて、チェコ地域では次第にコメニウスへの関心が高まっていく。生理学者ヤン・プルキニェ（一七八七—一八六九年）は、一六三二年に著されたものの生前には出版されなかったチェコ語によるコメニウスの『教授学』を発見し、それは一八四九年に出版され、多くの教師によって読まれるようになる（ZD, 36）。

マサリクと『チェコ問題』

チェコ民族再生運動に参画した知識人によるコメニウスへの言及は数多いが、マサリクの『チェコ問題』（一八九五年）を無視することはできない。ドイツ化という事実に短絡的に反発するのではなく、その事実を主体的に受けとめ実際に独立を実現することが課題に掲げられるなかで、この著作は、歴史解釈という枠を超えて、政策綱領的な意味を持った。

マサリクは、現在のチェコとスロヴァキアの国境に接するモラヴァ南東部ホドニーンで、スロヴァキア人の父とチェコ人の母のもとに生まれた。この出自は、彼がチェコとスロヴァキアの統合の象徴となるのに有利に働いたとされる。ウィーン大学に学び、同じモラヴァ出身の哲学者エドムント・フッサール(一八五九—一九三八年)とも親交を結び、プラハ大学の教授となったのは一八八二年のことである。前述のRKZの真偽をめぐって論陣を張り、当初、チェコ民族主義者からはむしろ敵視される存在だった。彼も他の多くの知識人と同様に、チェコ地域がオーストリアの君主権から独立することを当初は考えていなかったが、第一次世界大戦が勃発すると、チェコとスロヴァキアの独立が妥当な選択肢であると考えるようになった。亡命して世界各地を訪ねながら独立の働きかけを行っていたマサリクは、大戦が終結するとプラハに戻り、チェコスロヴァキア共和国の大統領に選出され、一九三五年までその任にあった。マサリクは、『チェコ問題』に次のように記している。

トマーシュ・ガリグ・マサリク

「われわれの再生には、ドイツの哲学に見られるような基盤と力が必要であった。似たような運命で、ドイツの哲学は、反ドイツ的な民族の努力に哲学的基礎を与えなければならなかった。われわれの再生者たちは、チェコの文化のためにドイツの哲学を用いなければならず、ただドイツ哲学を用いた。〔…〕チェコ、そしてドイツの宗教改革運動は、新しい理念の大地を肥沃なものにし、抑圧された民族のなかで最高の性格を有していたチェコからの出国者たちは、幾千ものドイツ人の血と魂を改善した。——ドイツ哲学はチェコ民族にその負債を返済し、覚醒者たちが数世紀にわたる精神的死を克服するのを助けたのだ。」(SM 6, 15)

マサリクは、ドイツ文化がチェコの民族再生に与えた影響は、ドイツ人によるチェコ支配という罪を償うものであるとする。ドイツ文化がチェコ地域に及ぼした影響は哲学に限られない。たとえば、ベドジフ・スメタナ(一八二四—八四年)やアントニーン・ドヴォジャーク(一八四一—一九〇四年)に代表されるチェコ国民楽派の作品は、ドイツ音楽の巨匠ヨハネス・ブラームス(一八三三—九七年)やリヒャルト・ワーグナー(一八一三—八三年)の影響を抜きには考えられない。スラヴ人としての自覚に立ち、ドイツとの距離をとりながら、ドイツとの共存を志向するマサリクの選択は、チェコスロヴァキアという実験的な国家の基本戦略となる。彼が一九二三年にフランスを訪れた際の講演には、こうした主張がより系譜的に語られている。

「西ヨーロッパの発展から引き出されたレッシング、ヘルダー、ゲーテ、カント、シラーの人間主義の理想は、汎ゲルマン主義的な帝国主義に置き換えられてしまった。ベルリン・バグダード路線は、全ヨーロッパ、さらにはアジアやアフリカの支配を獲得しようとする意図を示すものだ。それはすでに古い理想の世界のうちに自身を見るものであり、ドイツは、何世紀にもわたってそれ自体を率いてきたローマ帝国の理想を、地理的な意味でも追い求め、維持しようとする。〔…〕世界における文化的立場によって、それぞれの国民にとっての細部にわたる発展は特別なものであるが、スラヴの諸国民は、一般的にいえば、古代におけるギリシア人およびローマ人、それ以降はイタリアの一部であるドイツの側にいた。ドイツの影響は大きかったが、それは政治的な従属を意味するわけで、西ヨーロッパに求められた影響によって意識的に麻痺させられたのだった。〔…〕そうして——われわれの友人のドゥニが美しく示しているように——ライプニッツとヘルダーをとおして、ドブロフスキーとコラールのもとでコメニウスがわれわれに語りかけ、彼らのあとで、パラツキー、シャファジーク、ハヴリーチェクが時代の要請にしたがってわれわれ国民の人間主義的な理想を定式化したのだ。」

（SM 34, 467-468）

マサリクは、汎ゲルマン主義への警戒感を示す。一九世紀後半、ベルリン・イスタンブール（当時のビザンチウム）・バグダードを結ぶ鉄道を敷設して、その領域の勢力を拡大しようというドイツの3B政策があった。しかし、彼は、ゴットホルト・エフライム・レッシング（一七二九―八一年）、ヘルダー、ゲーテ、カント、フリードリヒ・フォン・シラー（一七五九―一八〇五年）らのドイツ思想の系譜に人間主義を認め、それはドブロフスキーやスロヴァキアの詩人ヤーン・コラール（一七九三―一八五二年）を経て、パラツキー、シャファジーク、ジャーナリスト・政治家のカレル・ハヴリーチェク・ボロフスキー（一八二一―五六年）らによって民族再生運動へと発展させられたとする。

ここで注目されるのは、当時のフランスにおけるスラヴ研究の権威であったエルネスト・ドゥニ（一八四九―一九二一年）を引きつつ、「ライプニッツとヘルダーをとおして、ドブロフスキーとコラールのもとでコメニウスがわれわれに語りかける」とされていることである。前章で見たように、ライプニッツとヘルダーはコメニウスに注目し、ヘルダーはスラヴ民族主義の興隆に影響を与えた。チェコ地域では消えてしまったと思われていたコメニウスの思想は、支配民族であったドイツ知識人という伏流を経て一八世紀末に再びチェコに帰還したととらえられたのである。この見方は、チェコ民族の思想に一民族を超えた存在感を持たせるとともに、ドイツ人とチェコ人の対立感情を緩和させる効果を持つものであり、大きな影響力をもった。その際コメニウスは、民族の誇りと民族間の和解を象徴する存在として位置づけられた。

ただし、この見解には、ヘルダーがライプニッツをいかに受容したか、さらにドブロフスキーとコラールがヘルダーからどれだけの影響を受けたかなどの事実の論証に課題があり、議論を呼ぶことになる。

二　「近代教育学の祖」の誕生

教員養成の学としての教育学

コメニウスは、一般に「近代教育学の祖」あるいはより限定的に「近代教授学の祖」などと称されている。しかし、前章で見たように、一八世紀のドイツ思想界では、コメニウスの教育者としての側面もさることながら、彼はより広い関心をもった思想家ととらえられていた。それが、もっぱら教育者としてとらえられるようになったのは、一九世紀ドイツにおける教育史テクストの成立が大きく働いている。

多くの領邦に分立し近代化が遅れていたドイツでは、その後進性の克服は学問と教育の普及に求められた。一七七六年、東プロイセンの政令によって、現在のロシア領カリーニングラードのケーニヒスベルク大学で教育学講義が行われた。担当したのは大哲学者カントであり、彼は一七七六―七七年冬学期から断続的に四回の講義を担当した。同大学では、これ以前にも教育者の養成に関する講義が行われていたが、それらは神学者によるものであった（藤井、二〇一二年、一〇七頁）。カントの講義は哲学教授による教育学講義の草分けであったが、これが聴講料をとらない公講義として行われたのは、優れた家庭教師と学校教師の養成が意図されたからであるとされる（同論文、一〇六頁）。一九世紀に入ると教員養成の制度化が進み、同時に教員養成教育の充実が求められた。カントのあとに同じくケーニヒスベルク大学の哲学及び教育学教授となったのが、教育学の学問的確立に貢献したヨハン・フリードリヒ・ヘルバルト（一七七六―一八四一年）であり、彼は二四年間にわたって大学付設の教育学ゼミナールで教師の養成にあたった。

また、一八〇七年にハイデルベルク大学に哲学・教育学ゼミナールを設けたフリードリヒ・ハインリヒ・クリスティアン・シュヴァルツ（一七六六―一八三七年）は、『教育論』（四巻、一八〇二―一三年）を著したが、そのうちの『古代から現代に至る諸民族の連関による教育史』は教育史テクストの嚆矢といわれる。

シュヴァルツ『教育史』

大学における教員養成カリキュラムが整備されていくなかで、教職に就く者にその使命を自覚させる手段として重視されたのが教育史だった。シュヴァルツの『教育史』（ここでは、一八二九年刊の第二版を参照する）の記述は一四世紀以前と以後で大分され、一五世紀半ば以降は、イタリア・ルネサンス、エラスムスやファン・ルイス・ビベス（一四九二―一五四〇年）らによる人文主義の展開、宗教改革、三十年戦争後、敬虔派、汎愛派に大別されている。コメニウスは、三十年戦争後の時代に登場した「方法学者」（Methodiker）の代表者として、ベーコン、ラートケ、時代的にはさかのぼるフランスの文人ミシェル・ド・モンテーニュ（一五三三―九二年）、ロックとともにくくられている。すでにここに、ベーコンとコメニウスを関連づける視点が見られる。

シュヴァルツは、ベールによるコメニウスの宗教思想批判も引く一方で、コメニウスの教育史上の業績を簡潔にまとめている。ただ、コメニウスの出身地や没年だけでなく、イギリス訪問やトランシルヴァニア訪問の年代も間違っており、コメニウスがベーコンの影響を受けたという説明も文献的な根拠を欠いている。コメニウスの著作に関しては、『開かれた言語の扉』と『世界図絵』に注目が払われている一方、『大教授学』は注記のなかで表題の説明があるのみである。パンソフィア関係の著作についての言及はわずかにとどまる。シュヴァルツは、「近代的形態においてコメニウスが宣言したことは、人類の教育者の名声の殿堂における彼の場所を、なるほど保証するものだ」と高く評価するが、それは、事柄の認識と言語の認識を緊密に結びつけるというコメニウスの教育原理が、「文字の音声のうちにある最初の要素から自然にのっとって自然の発展と並行した確実な歩みで進行する」「真の学習」を指し示しているという理解によっている（Schwarz, 1829, 400, 401）。シュヴァルツが、ルソーからバゼドウやスイスの教育家ヨハン・ハインリヒ・ペスタロッチ（一七四六―一八二七年）に認められる系譜の源流をコメニウスに見ていることは明らかだ。ちなみに、彼の『教育史』は、教育思想史上のルソーの位置づけについての定型的な理解をもたらしたといわれる（Tröhler, 2004, 372-373）。また、一七世紀の方法学者として、シュヴァルツはコメニウスよりもロックにページを割いている。

ラウマー『教育学史』

さて、一九世紀半ば以降、教育史テクストが続々と出版されていくが、なかでもカール・フォン・ラウマー（一七八三―一八六五年）の浩瀚な著作は、多くのテクストのいわばネタ本となった。教育の歴史をあつかう教育史自体にも歴史があるが、ラウマーのテクストは、その不可欠の参照対象といえる。

鉱物学の研究を志してパリに学んでいたラウマーは、ナポレオン戦争でベルリンが占領されるなかで行われた哲学者ヨハン・ゴットリープ・フィヒテ（一七六二―一八一四年）の講演『ドイツ国民に告ぐ』（一八〇七―〇八年）に刺激を受ける。とくに、フィヒテによるペスタロッチの評価がラウマーを引きつけ、彼は一八〇九年に教職を志してスイス西部のイヴェルドン・レ・バンのペスタロッチを訪ねた。そこでの滞在は失望的なものであったことがうかがわれるが、その教育思想への傾倒は変わることがなかった。ラウマーは、ドイツのエアランゲン大学の自然誌及び鉱物学の教授となり、そのかたわら貧民児童救済学校を設立するなど教育活動にもとりくんだ（山内、二〇〇七年、八八―九一頁）。彼の『教育学史』三巻（一八四二―五一年、ドイツの大学についてあつかったもの含めて全四巻と見なす場合もある）は、一八二二年にハレで、その後、三八年から四二年までエアランゲンでの講義をまとめたものである（同論文、八七頁）。『教育学史』は、ロックや

カール・フォン・ラウマー

ルソーを視野に入れつつも、「コメニウスからペスタロッチへのみちがその主流的な系譜として構想され」ている（同論文、八八頁）。とすれば、ラウマーのコメニウス理解はペスタロッチをとおしてとらえられることになる。

『教育学史』第一巻は中世から説き起こし、ダンテ・アリギエーリ（一二六五―一三二一年）の誕生からペトラルカとジョヴァンニ・ボッカチオ（一三一三―七五年）を経た古典主義教育の発展、イタリアからドイツへのルネサンスの移入、宗教改革、イエズス会、リアリズムの各項目からなる。そして、「言語的リアリズム」（Verbaler Realismus）に続いてベーコンとモンテーニュがとりあげられて終わる。第二巻はベーコンの死からペスタロッチの死までがあつかわれ、「革新者」（Neuerer）という括りのもとで、ラートケとコメニウスがとりあげられる。ここでは三十年戦争等の当時の状況にも紙幅が割かれ、そのあとロック、フランケ、ルソー、ペスタロッチ等がとりあげられるが、コメニウスについてはペスタロッチ、ルソーに次ぐ分量があてられている。

コメニウスの生涯については、青年期の『地上の迷宮と心の楽園』やデカルトらの知識人の関心を引くことになった『パンソフィアの先駆け』（一六三七年別題で出版、三九年この題で再刊）などもとりあげられているほか、宗教思想の千年王国論的傾向などにも触れている。その後、『大教授学』、『開かれた言語の扉』についての詳細な説明に続いて、「コメニウスのリアリズム」について論じられる。また、『開かれた言語の扉の輝ける前庭』（一六三三年、以下基本的に『前庭』と略記）、『言語の扉』（改訂版、一六四九年）[2]、『事物と言語を飾る学校教育の広間』（一六五九年、以下基本的に『広間』と略記）、古典テクスト、『世界図絵』といったコメニウスが考案した言語教材について紹介され、母の膝に始まり大学《アカデミア》に至る四つの教育段階があつかわれている。さらに、「ラテン語と母国語」についての考察の後、再び『言語の最新の方法』、『必須の一事』等の著作の紹介で終わっている。

「ラテン語と母国語」では、コメニウスが母国語による学習を重視しながらも、当時まだ国際語としての面目を保っていたラテン語の学習を強調したことに触れている。そして、「一六三三年に現れた彼【コメニウス】の『自然学綱要』から、彼がいかに教育学的リアリズム（pädagogischer Realismus）に依っていたかをわれわれは見ることができる」（Raumer, 1842-51, 2, 54）という記述がある。

コメニウスはポーランドのレシノに移ったのち、『開かれた言語の扉』や『大教授学』の原型であるチェコ語で書かれた『教授学』を著すが、そのややあとに出たのが『自然学綱要』であった。この序文でコメニウスは、自身がスペインのビベス、カンパネッラ、ベーコンの影響を受けたことを記し、感覚を通した観察の重要性を強調した（『自然学綱要』DK12, 75-76）[3]。それをうけてラウマーは次のように記す。

「ベーコンと同様に、コメニウスが言語的なリアリズムではなく、真のリアリズムを意図したのは明らかである。それは他者の説明や記述ではなく、感覚による事物の直接的な観察によって遂行されるのである。」（Raumer, 1842-51, 2, 55）

なお、ラウマーは『教育学史』で二人だけ非ドイツ人をあつかったとしているが、それはロックとルソーのことであり、コメニウスは広義のドイツ人としてあつかわれていた。こうした認識はヘルダーにも見られたものだが、やはりのちの議論の元となった。

シュミット『教育学史』

ラウマーの浩瀚な『教育学史』とともに影響力をもったのが、カール・シュミット（一八一九―六四年）の『教育学史』である。この時代、ドイツの教育史に関しては、もう一人のシュミットがいる。『教育制度事典』全一一巻（一八五九―七八年）、『教育史』全五巻（一八八四―一九〇二年）の編者カール・アドルフ・シュミット（一八〇四―八七年）（名前の綴りから、本書ではシュミトと区別して表記する）である。ここでとりあげるシュミットは、ハレ大学で神学を修めたのち、神学者・哲学者のシュライエルマッハーのもとで研究を進めるなかでゲオルク・ヴィルヘルム・フリードリヒ・ヘーゲル（一七七〇―一八三一年）の強い影響を受けた。聖職を退いて教職にあたり、多くの教育著作を発表したが、とくに全四巻の『教育学史』（一八七三—七六年）の編纂で知られる。彼は教育学の基礎を当時一般的であった心理学ではなく人間学に求めるべきであると主張した。

シュミットは、世界史の中心点をキリストにみるという立場をとり、キリスト以前とキリスト以後を大別する。また、世界の諸民族を歴史なき民族、半歴史的民族、歴史的民族に分類するなど、ヘーゲル的な歴史観の強い影響がうかがわれる。それを反映するように、キリスト以前の時代の対象として、中国、インド、ペルシア、エジプト等のオリエントがあつかわれたのちに、古代ギリシア、ローマ、そしてイスラエルの教育について言及される。プラトンやアリストテレスには三〇頁近い紙数が割かれている。キリスト以後の時代は、キリスト教世界の構成に続く時代がさらに宗教改革以前と以後に区分される。宗教改革以後は、キリスト教神学に基づいた教育が、人文主義とリアリズムへと展開していったという趣旨で記述される。

シュミットのコメニウスについての記述は第三巻にあり二九頁にわたる。ラウマーの記述がやや雑然としているのに対して、シュミットはコメニウスの生涯から説き起こし、「教育の理念と人間の使命」といった教育の本質論、そして教育方法の原理と学校制度論を概説し、「コメニウスの教育学の本質と価値」と題した項目で総括している。ラウマーが一七世紀における教育学の発展として強調したリアリズムについて、シュミットは次のように記している。

「彼に教育学的リアリズムのきっかけを与えたのは、異教の哲学者ではなくキリスト者の哲学者であり、論争をするのではなく、黙って自然を観察することを求めたビベスであった。また、カンパネッラも彼に刺激を与えた。とはいえ、彼に自然という真理の鍵を最初に伝えたのはベーコンの『大革新』であり、それからというもの彼は、単に言語によるのではなく、感覚的・直接的に事物を観察することに努めた。この真のリアリズムを学校に導入したことは、コメニウスの偉大な功績である。」（Schmidt, 1860, 3, 351）

他方でシュミットは、コメニウスが母国語による教育を重視したことを認めつつも、「学校から異教的な書物をすべて禁止するか、その時代の水準よりは少なくとも注意深い取りあつかいを要求した」結果、「古典古代の真の教育的価値を認識し損ねてしまった」とも記し、ルネサンスの人文主義とコメニウスとの差異を強調した。ただ、学習者への道徳的・宗教的影響を考慮して、テクストを選択したり削除版を用いたりすることは、デカルトが『方法序説』（一六三七年）で自らが学んだイエズス会学院の人文主義教育を批判したように、宗教改革後の学校教育においては宗派にかかわらず見られる点である。

ドイツ教育史研究のインパクト

一九世紀後半、学校教育制度が導入されていくヨーロッパ各国、アメリカそして日本では、翻訳を含め多くの教育史テクストが流布した。そのなかで、ラウマーとシュミットの『教育学史』は大きな影響を持った。ラウマーの『教育学史』は、アメリカの教育理論家で合衆国の初代教育局長を務めたヘンリー・バーナード（一八一一―一九〇〇年）が創刊した『アメリカ教育ジャーナル』にその英訳が掲載され、六〇〇頁に及ぶ『一四世紀から一九世紀にわたる教育史に貢献したドイツにおける傑出した教師及び教育者の回想』として出版されている。

この時代の教育史テクストには構成や記述にさまざまな工夫があって興味深い。たとえば次に見るように、シュミットに見られるようなヘーゲル的歴史観がイギリスやフランスでそのまま受容されることにはならなかった。しかし、「リアリズム」は教育の歴史的な過程を理解する枠組みとして多くの教育史テクストに取り入れられた。次節との関連で、この点に絞ってラウマーの影響力を当時の日本語訳をもとに確認しよう。

イギリスの歴史家・教育家で大学における教員養成に先鞭をつけたオスカー・ブラウニング（一八三七―一九二三年）が一八八一年に著した教育史テクストは、一八八七年には『教育原論沿革史』として日本語翻訳された。ここでコメニウスは、ルネサンスの人文主義者のあとでラートケとともにリアリストとして位置づけられている。そして、教育思想の分類概念としてリアリズムという用語を積極的に導入しているのが、アメリカの教育史家ポール・モンロー（一八六九―一九四七年）（前述のモンローとは別人）、同じくアメリカの教育史家で教育行政学の確立に貢献したことで知られるエルウッド・カバリー（一八六八―一九四一年）である。

モンローの『世界教育史要』（一九〇七年）は、原著出版の三年後には日本語訳が出ている。モンローによるコメニウスの紹介は訳本六四四頁中の一四頁であり、ラートケが二頁であるのと比べると、かなり紙幅が割かれている。ラートケに「人格上の欠点」（モンロー、一九一〇年、三五七頁）があったといった思わず微笑んでしまいそうな記述はさておき、当時のコメニウス研究の進展を反映したと思われる記述がある。たとえば、コメニウス思想形成の過程についての「アルシュテット及びカンパネッラのコメニウスを動かしたるはベーコン以上なり」（同書、三六一頁）という言及、および『大教授学』についての「この著の大主義は先天【先験的】のものなりと而して全巻中ベーコンに言及することなし」（同書、三六三頁）といった正しい言及がある。コメニウスがベーコンを評価したのは事実だが、決して傾倒したのがベーコンだけだったわけではない。これは、突きつめていけば「ベーコンの徒としてのコメニウス」という位置づけを再考させる視点となり得るものだった。彼は、『前庭』や『広間』といった語学教科書の発展（同書、三六七頁）についても論じている。

しかし、モンローは教育史における「リアリズム」を重視する。当時、リアリズムは「実学主義」と日本語訳された。彼は、全一四章の第八章で「実学的教育」をあつかい、実学主義を「言語文学よりはむしろ自然の現象、実社会の制度をもって研究の主要題目とせる教育主義の名称」（同書、三二〇頁）と定義したうえで、さらに人文的実学主義、社会的実学主義、感官実学主義に区分した（「感官」は現代的には「感覚」と訳すのが一般的だろう）。コメニウスは、このうちの感覚実学主義の代表者として位置づけられた。そして、「教育は単に記憶的活動の訓練にあらずして感覚の訓練に基かざるべからず」という考えから「教材の上に多大の変更」をもたらしたがゆえに、「この教育思想を以て「科学的運動の開始」と称するは最も適当なるが如し」（同書、三四一頁）という。感覚実学主義は近代教育思想の萌芽と見なされたのである。

この視点は、カバリーの『教育史』（一九二〇年）にも基本的に引き継がれた。このテクストの日本語訳が出たのは一九八五年のことだが、浩瀚なテクストながら各章に学習課題をおくといった構成上の工夫もあり、教員養成教育において長く参照された。彼は、人文主義的、社会的、感覚的というモンローのリアリズムの区分を受け入れ、コメニウスを「一八世紀後半以前の感覚的実学主義の理論と実践の両面における最もすぐれた代表」（カバリー、一九八五年、二九二頁）と見なした。カバリーは、モンローほどはベーコンやその帰納法の影響をとりあげてはいない。また、コメニウスが「心理学の助けをもたず、もっぱら自然からの類推によって考えを進めた」（同書、二九四頁）と記し、ベーコン的な帰納法とは相容れないコメニウスの方法論にも言及している。このほか、コメニウスの教育実践の頂点というべきハンガリーのシャーロシュ・パタクでの学校事業については、「もしそうした学校が普及するようになっていたら、一九世紀にようやく起こってきたヨーロッパの中等教育は一世紀は早められていたであろう」（同書、二九五頁）と評価するなど、モンローにはない言及がみられる。また、モンローがロックを独立の一章であつかっているのに対して、カバリーはロックをモンテーニュとともに社会的実学主義にくくっているなど若干の違いはある。しかし、感覚的実学主義者コメニウスという位置づけはそのままで、コメニウス的なリアリズムが、母語による中等教育の普及、敬虔派のフランケの教育事業、大学での新興科学の採用等につながっていったという流れも同じなのである。

コメニウスが、言語ばかりでなく事物による学習を重視したのは事実である。しかし、第一章で見たように、彼は感覚ばかりでなく理性と意志との調和的な訓練を重視していた。この意味で、コメニウスと一八世紀の感覚主義との間には大きな断絶がある。ラウマーの視点がコメニウスの一面に光を当てたのは事実だが、それによって背景に退いてしまった側面があるのは否定できない。また、リアリズムという用語が、福澤諭吉（一八三五―一九〇一年）が『学問のすゝめ』（一八七二―七六年）で強調したような実用的な学問というニュアンスが強い「実学主義」

と訳されたことは、教育史認識に影響を与えたと考えられる。

コメニウスの没後二〇〇年と考えられていた一八七一年、ドイツの哲学者オイゲン・パッペンハイム（一八三一―一九〇一年）が『近代的教育学の祖アモス・コメニウス』を著した。この書は、教育学の通説として流布するコメニウス理解が端的に示されている点で重要である。彼は、コメニウスの思想の宗教的性格はルターやフランケとも共通するが、「教育学に関する興味、研究、洞察力によって、彼は、この分野において注目され、もっとも独立し、先駆的とされるそうした思想家のはるか上に位置づけられる」（Pappenheim, 1871, 9）とする。そして、一八世紀の感覚主義やペスタロッチの直観教授に連なると見なされる要素を強調する。ただし、それらはいずれも先駆的であるゆえに発展途上の思想であるとも見られていた。たとえば、コメニウスがアリストテレス的な「あらかじめ感覚のなかになかったもので知性のうちにあるようなものは何もない」という見解をとり、『開かれた言語の扉』が経験的世界から内容をとったことを評価しつつも、「おおよそ一二歳の児童に与えられるとされたこの書には、今日でいう教育学的直観に応じた素材として、時期尚早ないしは不適切であると見なされるものがあるだろう」（同、11）と指摘する（ちなみにコメニウスは、『開かれた言語の扉』の内容が難しすぎるという指摘を受けて、入門編として『開かれた言語の扉の輝ける前庭』を出版し、さらにのちには図版をとり入れた『世界図絵』を送り出している）。また、アリストテレス的な見解を維持したことについても、「コメニウスがアリストテレスの教育学に直接結びつけられるにしても、少なくとも児童期初期の繊細な形成に関しては、そのうちに承認できない点をわずかでも見つけることができたらと思われる」（同、14）とした。こうした限定的評価はありながらも、パッペンハイムはコメニウスの自然主義的な教育思想を科学革命の時代における教育の革新と見なし、近代的な教育学の起源として位置づけたのだった。

「自然に尋ね自然に聴くことがその時代の決定的な特徴となった時代をわれわれは近代（neu）と呼ぶが、この原理が生じて理論と実践のほとんどすべての領域において新紀元が始まった時に、教育の思想圏にもこの原理が近づいてきたということは認めざるを得ない。これこそまさに近代の教育学（neue Pädagogik）なのであり、それはまだふらふらとしか立つことができず、その理解と実現はまだ部分的にわれわれの課題であるとしても、その時代に起源を有し、現在のわれわれに通じるものなのだ。教育において「自然の福音」を教えるという最初の偉大な一歩をしるしたのはルソーでもペスタロッチでもなく、コメニウス以外の誰でもないと、われわれは断言できよう。」（同, 14）

三　日本における受容

コメニウスを知った最初の日本人

コメニウスが日本で広く知られるようになったのは、明治維新以後の近代化のなかで西洋の教育学が導入され、西洋教育史上の主要な人物としてとりあげられたことによる。しかし、コメニウスのテクストと日本人の接触は実は江戸時代にさかのぼられる。一七二八年、現在の鹿児島（当時の薩摩）から大阪（大坂）に向けて航海に出た一七名が、難破の末にカムチャッカ東岸に漂着した。しかし、一五名は殺害され、生き残ったソウザ（一六九三―一七三六年）とゴンザ（一七一八―三九年）はロシア人の手によってサンクトペテルブルク（当時のペテルブルク）に移送された。ゴンザはロシア科学アカデミーの司書補のアンドレイ・ボクダーノフ（一六九二―一七六六年）の指導のもと日本語教師となり、日本語教科書の作成にあたった。ゴンザの業績のなかに、コメニウスの『世界図絵』をもとにしたロシア語と日本語（当時の薩摩方言）の対訳教科書がある（井ノ口、二〇一六年、第一章）。

この種の話としては、井上靖（一九〇七―九一年）の小説『おろしや国酔夢譚』（一九六八年）が有名だが、ゴンザの事例はそれよりも五〇年以上も前のことである。『おろしや国酔夢譚』の主人公である大黒屋光太夫（一七五一—一八二八年）は、ゴンザの教科書で学んだロシア人の話す日本語を理解できなかったとされる。帰国し外国事情を日本に伝えた大黒屋光太夫と比べると、ゴンザはロシアで死に、資料も限られるせいか、あまり注目されないのは残念なことである。ゴンザの残した教科書は、江戸時代の鹿児島方言の発音を伝える貴重な資料であり、ロシアのサンクトペテルブルクにある東洋学研究所に所蔵されている。

流入する西洋教育史テクスト

日本が西洋の近代教育を導入した一九世紀後半、言うまでもなく、一般的な学問研究のプロセスはまだ育っておらず、一八八〇年代から九〇年代前半にかけて、アメリカ、イギリス、ドイツ、フランスで出版された教育史テクストが続々と翻訳されて流入した。その嚆矢は、一八七五年に出版されたヒロブリアス著『教育史』（出版者不明）である。(4) これは、アメリカで一八六〇年に発行されたライナス・ブロケット（一八二〇—九三年）による『教育の歴史と進歩』の翻訳で、訳者は、東京学士会院会員、貴族院議員、宮中顧問官などを務め、道徳啓蒙団体の日本弘道会（当時は修身学社と称した）を設立した西村茂樹（一八二八—一九〇二年）である。当時、西村は文部省で教科書の編集にあたっていた。この下巻にコメニウスの生涯と教育活動が四頁弱にわたって紹介されたのが、コメニウスの日本語における最初の紹介と考えられる。コメニウスは「約翰《ジョーン》亞摩《アモス》哥《コ》米紐《メニュース》」と表記されていた（ヒロビブリアス、一八八一年、下、五四頁）。

以後、続々と現れる教育史テクストで、コメニウスはすでに特別な扱いを受けていた。たとえば、フランスの教育理論家であり政治家でもあったガブリエル・コンペレ（一八四三—一九一三年）の『教育史』は、英訳からの重訳として一八九二年に出版されたが、コメニウスについては、「当時の教育家中の領袖と称して可なり。ペスタロッチの如きはその次に位するものなり」、「初等教育の何者なりやを判然と悟暁《ごぎょう》せるは氏をもって嚆矢となす」といった記述がある（コンペレ、一八九二年、上、二一三—二一四頁）。ここでコンペレが依拠しているのはフランス一九世紀の大歴史家ジュール・ミシュレ（一七九八―一八七四年）である。ミシュレは『私たちの息子（教育について）』（一八六九年）でヨーロッパ一七世紀の危機的状況を論じたのち、コメニウスを教育学のガリレイと位置づけた。こうした分かりやすい評価は、のちの教育思想史テクストに引き継がれていく。

「教育におけるガリレイともいうべき光輝ある天才、力強い発明家が出現することは疑いの余地のないことだった。／この美しき天才は、のちのライプニッツと同じように偉大で優しく多作な普遍的学識者であり、半分はスラヴ民族が占め、戦争やオーストリアの圧政によって常に対立しているモーツァルトの国の生まれである。その名をコメニウスという、凶悪なスペイン人によってモラヴァから追放されて故郷を失ったが、逆に世界を手にした。私は彼から普遍性のユニークなセンスを聞く。巨大な心と精神によって、彼はあらゆる学問と民族を受け入れた。ポーランド、ハンガリー、スウェーデン、イングランド、オランダの各国で、彼は第一に平和を、第二に平和の手段である友愛的な普遍性を説いた。」(Michelet, 1877, 146–147)(5)

翻訳は日本文化を特徴づける営みのひとつだが、この得失はさまざまに指摘されてきた。西洋教育の導入に限ったことではなく、仏教の経典の移入などにも見られることだが、文化の受容はそれが生みだされた順序で進むわけではない。また、何が受容に値するのかという検討を十分に踏まえたうえで受容されるわけでもない。そこで、ひとつの対象をめぐってさまざまな見方が提示されることになる。視線の交錯は混迷と見なすこともできるが、異なった視線をとる自由を示唆することもある。この点で、欧米各国が自国語の教育思想史テクストを出版し、民族主義的な視線を固定化しつつあったなかで、各国のテクストを横並びに比較できる状況がもたらされたのは興味深い。

ここでは、アメリカのブロケットの『教育史』（西村茂樹訳、一八七五年）、アメリカのフランクリン・ペインター（一八五二―一九三一年）による『教育全史』（一八八六年、杉浦重剛訳、教育書専売所普及舎、六分冊、一八八七―八八年）、イギリスのブラウニングによる『教育原論沿革史』（杉浦重剛訳、金港堂書店、一八八七年）、フランスのコンペレによる『教育史』（松島剛・橋本武訳、教育書専売所普及舎、上・下、一八九二年）、アメリカのモンローの『世界教育史要』（大日本文明協会訳、一九一〇年）という六つのテクストをとりあげ、①ベーコンとコメニウスの関係、②ルネサンス人文主義の位置づけ、③コメニウスの著作のうちで何を重視したかに注目して整理してみよう。

　コメニウスがベーコンの方法論を教育に応用した人物であるという位置づけは、多くのテクストに共通している。「勞徳爾《ロールド》【卿】倍根《ベーコン》が観導法【帰納法】をもってこれを教学に用うるの利益を称し、又学校の課業書に図書を挿入すべき事を考案し出せり」（ヒロビブリアス、一八八一年、下、三五―三六頁）、「当時最良の教育書を読みしが、ラートケ及びベーコンの書のごときはことにこれを熟読した」（ペインター、一八八六年、四三二頁）、「吾輩はまさに評して近世教育社会のベーコンなりといわんと欲するなり」、「はじめてベーコンの科学的推理法をもってこれを教育上に応用したる人」（コンペレ、一八九二年、上、二二四頁、二二七頁）、「ベーコンの主義に従って人智の組織を根本より改め、かつこの知識を拡張し、人間の力と幸福とを増進せんとする」（モンロー、一九一〇年、三六一頁）等々、コメニウスをベーコンの徒として位置づける言及をいくつも挙げることができる。ベーコンは、デカルトらに対して一七世紀哲学を二分する経験論の祖とされる一方、ルネサンス人文主義の掉尾にも位置づけられる存在である。すでに見たように、コメニウスは、ベーコンと同時にカンパネッラからの影響を強調している。一般的にルネサンス思想家とされるカンパネッラの受容に触れず、ベーコンとの結びつきを強調する記述は、コメニウスが近代に引き寄せて捉えられた要因の一つと考えられる（なお、当時は「近代」ではなく「近世」という表記が多くみられるが、産業革命に直結した一九世紀にとって、近世（近代）とは一七世紀における世界観の転換などに代表されるいわゆる初期近代のことであった）。

　ここであげたテクストに、コメニウスとルネサンス人文主義との距離を際立たせるような記述が見られることからすれば、こうした見方はそう外れていないと思われる。ペインターは、「語字章句を教ふるにありて事物の理にあらず。事物を教へずしてこれに付着せる語名をもってす」（ペインター、一八八六年、三七九頁）と人文主義教育の言語主義を指摘する。ブラウニングのテクストの翻訳では、人文主義には「人道主義」という訳語があてられているが、「人道教育の趣旨は語学の研究に過ぎざる」（ブラウニング、一八八七年、一二六頁）という位置づけが示されるなど、人文主義教育へのネガティブな表現が見られる。リアリズムという概念の導入によって、コメニウスをはじめとした教育思想は、ルネサンスとの距離を際立たせられるのと同時に、そののちの教育思想との密接な関連が強調されることになる。そこでコメニウスの教育思想を説明するために導入されているのが、自然ないし合自然の原理である。とくにペインターは、緒言でコメニウスの合自然の主張を近代教育の先駆として明確に位置づけている。

「およそ教育の方法を管理すべき原理はこれを人情に求むべきものとす。けだしこの事たる久しく世人の注目せざりし所にして世間にその実用もなかりしに、近世の教育改正家は盛んにこれを主張するに至れり。すなわち万事皆な天然の順序に従うべしといえるはコメニウス氏の格言の一にしてペスタロッチ氏にもまた金言あり」（ペインター、一八八六年、一頁）

ここで、人間本性（human nature）は「人情」と訳されている。このほかペインターは、コメニウスについて「すべて自然の法則に従ってその法規を立て完全なる人を得たるをもって教育の目的となせり」（同書、四四四頁）とも記述した。

コメニウスのテクストについては、『大教授学』と『世界図絵』が重視されていることが明らかに確認される。『大教授学』については、「人に万事を教ふるに最も容易に、かつ最も確実なる法を述べたる」（同書、四三二頁）、

「教育に関し定形ある書を著したる嚆矢」(ブラウニング、一八八七年、一四一頁)といった評価が見られる。また、『世界図絵』については、ペインターが「重要なる事物及び職業の図書と名称とを記載し、巧みに言語と事物とを同時に学ぶべき主義を応用」(ペインター、一八八六年、四四〇頁)したものと紹介した。コンペレはさらに徹底しており、コメニウスの著書を紹介するにあたって、「著書中教育家の注意を惹くに足るべき者はせいぜいただ二、三に過ぎずして、自余の著書はおおむね哲理上の幻想に馳せ、奥妙高遠にして、もっぱら宇宙万物の理を索《さぐ》るを主とせり」(コンペレ、一八九二年、上、二一九頁)としてパンソフィア関係の著作を除き、とくに『大教授学』、『開かれた言語の扉』、『世界図絵』に焦点をあてた。『大教授学』については、「教育上に関する主義理論及び学校の組織上に関する意見とを載せたるものなり。この書はロックの(ソート)【『教育に関する考察』(一六九三年)】、ルソーの『エミール』【(一七六二年)】と並び称すべきものなり。ただ恨む仏語訳書のいまだ世に公にせる者なきを」(同書)とまで評した。

コメニウスをルネサンス人文主義から隔て、感覚経験を重視するリアリズムの系譜に含めるという位置づけ、そして『大教授学』と『世界図絵』をコメニウスの主著と見なすという評価は、この時代の教育思想史のテクストにおいて共有された視点といえる。

なお、その記述の大半が外国語の二次文献の引き写しであると考えられるものの、日本人自身の手になるコメニウスについての最初の言及が、一八八二年に発刊された『千葉教育会雑誌』に現れている。千葉教育会は、「全国で最も早い時期に設立された地方教育会の一つ」(三浦、一九七〇年、四四頁)であり、第一、二号にペスタロッチ、第六—八号でベーコンを紹介し、第八号—第一〇号で「コメニアス氏略伝」と題してコメニウスをとりあげた。著者名は記載されていないが、冒頭でバゼドウやペスタロッチに先立つ「近世教育の一大家」(八、三二頁)と位置づけ、その生涯の紹介とともに、道具的言語観、母語主義、性別によらない教育の必要性、身体教育の意義、自然主義、事物主義、学習の順序の重視、感覚の重視、四段階の学校体系といったコメニウスの教育思想の特質に言及している。言語教科書『開かれた言語の扉』の表題が『闢鑰ヲ下サザル舌門』と訳されているのは微笑みを誘うが、他方、コメニウスがイギリスを訪問した際に著した『光の道』で論じた、普遍的知識を学ぶためのパンソフィア、パンヒストリア、パンドグマティア（同誌ではユニヴァルサルドグマナチックと記載）の三領域が詳述されているなど（同、九、一五頁）、この時代に訳出されて普及した教育史教科書にはない記述も見られる。『世界図絵』は「庶物指教の嚆矢なり」（同、九、一六頁）と位置づけられている。このややのちにはオブジェクト・レッスンの訳語としては「実物教授」あるいは「直覚的教授法」が定着していくが、当時はノーマン・カルキンズ（一八二三―九五年）やエドワード・シェルドン（一八二三―九七年）といったペスタロッチ主義者の教授法教科書が『加爾均氏庶物指教』（一八七八年）、『塞児敦氏庶物指教』（一八七九年）として文部省から出版されていた。『千葉教育会雑誌』におけるコメニウスの紹介は、没後二〇〇年を経たコメニウスの再評価で結ばれているが、そこにはコメニウスが初めてラテン語を学び、のちにそこで教職に就いたモラヴァのプシェロフに、「教師社中は一大石碑を建て、氏が名声を不朽に伝えんことを謀り」（同、一〇、一六頁）と、コメニウスの最初の像が建立されたことが作者や石材に至るまで言及されている。一八七五年に建立されたというのは一八七四年の誤りだが、この紹介からわずか八年前の海外の出来事が地方教育会の雑誌であつかわれているのは驚くべきことだろう(6)。

多様なテクストのなかから

通史として歴史を記述しようとするとき、いかなる時代区分をとるかは避けて通れない。個別の歴史事象はある程度は客観的・実証的に論ずることができても、そこにどのような流れを見るかを示そうとするとき、否応なく歴史家の視点が介在する。この時代に流入した教育史テクストでは、歴史記述の可能性が模索されていた時代相を反映してか、さまざまな時代区分が提示されている。多様な視点の提示は、西洋近代に接した当時の読者たちの困惑を招いたことだろう。しかし、それは視点の相対性を把握させるものでもあったといえる。

ペインター（アメリカ）は、コメニウスを「形而上神学教育に反対する反動」という項目であつかう。ここでコメニウスは、ルターとそれを支えたフィリップ・メランヒトン（一四九七―一五六〇年）らの宗教改革家とは切り離され、モンテーニュ、ベーコン、イギリスのジョン・ミルトン（一六〇八―七四年）、ラートケ、ロック、フランス一七世紀中葉に活動したジャンセニストやフランソワ・フェヌロン（一六五一―一七一五年）、フランケらのドイツ敬虔派の一群に位置づけられた。

ブラウニング（イギリス）は、コメニウスをラートケとともにリアリストとして位置づけるが、そのあとに時代的には遡るフランスの作家フランソワ・ラブレー（一四九四頃―一五五三年頃）とモンテーニュ、イギリスの作家ロジャー・アスカム（一五一五―六八年）を置きミルトンとつなぐという独特な構成をとっている。ちなみにコメニウスのあとにはロックが独立の章であつかわれている。

コンペレ（フランス）は、古代から説き起こしルネサンス以降に紙幅を割いているが、この構成も独特である。一六世紀の教育説としてエラスムス、ラブレー、モンテーニュがあつかわれたのち、プロテスタントおよび初歩の教授としてルターとコメニウスがとりあげられる。そして、イエズス会とジャンセニスム、フェヌロンがあつかわれたあとに、一七世紀の哲学者としてデカルトとニコラ・ド・マルブランシュ（一六三八―一七一五年）がくる。言うまでもなくルソーが詳述され、それ以後は、ペスタロッチや幼児教育の祖とされるフリードリヒ・フレーベル（一七八二―一八五二年）がとりあげられているが、エティエンヌ・ボノ・ドゥ・コンディヤック（一七一四―八〇年）、ディドロ、クロード＝アドリアン・エルヴェシウス（一七一五―七一年）らの一八世紀のフランス感覚主義者、さらには、フランス革命期のシャルル＝モーリス・ド・タレーラン＝ペリゴール（一七五四―一八三八年）、ニコラ・ド・コンドルセ（一七四三―九四年）に相当な分量があてられている。

モンロー（アメリカ）の教育史テクストは一四章構成で非ヨーロッパ文化圏も対象としている。コメニウスは、ルネサンス、宗教改革に続き、第八章の実学的教育のなかで扱われる。その後、ロックとルソーでそれぞれ一章が割かれ、それ以降は、教育学が心理学的傾向、科学的傾向、社会学的傾向を強めて発展し、最終的に折衷主義的な展開に至っているという流れにまとめられる。

これらの記述は思考実験にすぎないともいえるが、各国の歴史的な特質が反映されており、教育思想の比較に示唆を与える。コメニウスに後期スコラ哲学的傾向が見られるのは否定できないが、アメリカのペインターには近代教育をスコラ主義的教育からの脱却として描こうという意図が読みとれる。イギリスのブラウニングはコメニウスのイギリス訪問やその後の教科書の改良についてかなり詳細にとりあげているほか、パブリック・スクールにページを割く。リアリズムのあとに文学者があつかわれるという構成がとられた背景には、文学の教育的価値に対する認識があったのだろうか。フランスのコンペレの記述は、その歴史区分からしてもフランス一七世紀における合理主義哲学の興隆や一八世紀の啓蒙主義が重視されているのに見られるように、自国史に特有の文脈が強調されている。たとえば、「人民のためにはじめて初等学校を建築せし名誉はこれを二人の新教改革者、すなわち第一六世紀のルターと第一七世紀のコメニウスの二人にはかえせざるを得ず」（コンペレ、一八九二年、上、一九五―一九六頁）との記述があるが、コンペレは他の著者と異なり、コメニウスの学校制度論に紙幅を割いている。ここには、一八世紀のコンドルセに至る国民皆学の教育制度構想の歴史的起点を尋ねようという意識をうかがうことができるかもしれない。また、特徴的なのは、「コメニウスはベーコンの主義を執りて無限感覚教を主とするが故に、教育は一にして感覚を通して施すべしとするの一方に偏して、かえって内省と称する智識の他源あるとを忘れたるものの如し」（同書、二三一頁）という評価である。コンペレがコメニウスの合理主義的視点はなお不十分であると見ていたのには、フランスの主知主義的伝統がうかがわれる。なお、これらのテクストには、第二次世界大戦後の日本の教育思想史テクストに広く見られる市民革命との関連づけは見られない。

さて、ヨーロッパ各国で現れた教育思想史のテクストをもとに、日本人によるコメニウスの紹介が行われるようになる。東京高等女学校（現在のお茶の水女子大学）の校長等を務めた教育学者・教育行政官の能勢榮（一八五二―九五年）による『内外教育史』（一八九四年）は日本人自身による最初期の教育思想史教科書だが、このなかでコメニウスは二七頁にわたって言及された。このページ数は、ルソーに費やされたものよりも多く、一八世紀日本の儒学者・貝原益軒（一六三〇―一七一四年）に費やされたものと同じである。現在からすれば、こうした詳細に過ぎる扱いがどのくらい読者に受け入れられたのかと想像してしまうが、当時の教師養成教科書はすべて文部省の検定を経ねばならなかった。当時、検定制度によって思想・学問の自由が著しく制限されていたのは事実だが、裏を返せば、いったん検定を経た言説は公衆に対して無条件に影響力を持ったということでもある。コメニウスの事績と思想は学校教師の卵たちに記憶されることになった。

一八八〇年代から流入した西洋の教育史テクストを前に、黎明期の日本の教育学者にはいかなる歴史記述をとるかの選択肢があった。しかし、主として依拠されたのはやはりドイツの教育史家たちであった。たとえば日本の西洋教育史研究者の草分けとされ東京文理科大学（現在の筑波大学）学長を務めた大瀬甚太郎（一八六六―一九四四年）は、『歐洲教育史』（一九〇六年）で、「教育は、氏【コメニウス】に由り初めて科学的に取り扱われたりというもあえて失当の言にあらざるべし」（大瀬、一九〇六年、二四九頁）と記しているが、コメニウスの教育原則の紹介は『教育制度事典』を編纂したシュミトからの引き写しであり、「一七世紀の教育界に於ける実学的傾向の影響」という指摘もラウマーをそのまま引用してまとめられている。また、東京帝国大学教授を務め新教育の指導者でもあった入澤宗壽（一八八五―一九四五年）の『近代教育思想史』（一九一四年）は、「一七世紀は教育史上最も注目すべき時期で教育理論の成立はそれ以後といっても宜しい」（入澤、一九一四年、一〇頁）として一七世紀から説き起こし、「科学及びベーコンの経験的思潮が、ラートケとコメニウスとの教育思想を生み、ロックにも影響し」（同書、一七頁）と位置づけ、「キリスト教中心からして、中世的の思想もコメニウスには認められるが、しかし教授の方法においては全然近代的でラートケを大に発展し、『大教授学』の系統的教育書を遺したことは、実に教育思想史上最も著しき地位を与えてしかるべきである」（同書、五六―五七頁）とした。入澤はこの書で学問としての教育史の成立について論じているが、ここで参照すべきとされたのは、やはりラウマーとシュミットであった（同書、一―三頁）。

コメニウスをさえぎったチェコ人

この時代、コメニウスは教育史上の不可欠の人物としてあつかわれ、彼が示した教育方法の原則などは自然に受け入れられたといえるが、その教育理論に基づいた実践がなされるというところまでには至らなかった。それは無理もない話であり、日本に西洋教育が導入された時点で教育界を風靡したのは、まずペスタロッチの影響による実物教授（オブジェクト・レッスン）、次いでヘルバルトとその支持者（ヘルバルト主義者）を中心とした教育理論であった。いわばコメニウスは、教育思想史上の屹立する偉大な塔とは見なされたものの、当時の社会とは隔たりのある歴史的存在として、ある意味で敬遠されたのだった。

この背景のひとつと考えられるのが、教育勅語の発布以前の一八八七年にはすでに邦訳が世に出ていた『麟氏教授学』（『倫氏教育学』）というテクストの存在である。『麟氏教授学』（有賀長雄訳、牧野善兵衛発行）は重版や改訂が繰り返され、さらにこれとは別に東京音楽学校（現在の東京藝術大学）及び東京女子高等師範学校校長を務めた湯原元一（一八六三―一九三一年）による訳で一八九三年には『倫氏教授学』としても出版されており、明治中期の教育界では相当に普及した。

グスタフ・アドルフ・リンドネル

ここで麟氏または倫氏と紹介されているのはチェコ（当時はオーストリア＝ハンガリー帝国）の教育学者グスタフ・アドルフ・リンドネル（一八二八―八七年）である。リンドネルはヘルバルト派教育学の理論家・実践家として多くの著書を残し、最後にはプラハ大学教授を務め、一九世紀チェコ地域を代表する教育学者であった。リンドネルの著書は、この他にも『倫氏教育学』、『麟氏実験心理学』、『麟氏普通教育学』が翻訳・出版されて普及した（山本、一九八五年、七〇頁）。『麟氏実験心理学』はドイツ語のほか、チェコ語、英語、ギリシア語、ポーランド語、ハンガリー語、イタリア語、そして日本語に翻訳されている。

リンドネルは、一八七六年にはコメニウスの伝記を付して『大教授学』のドイツ語訳を出版した（一八七八年にはチェコ語版を刊行）。ゆえに、彼の著書にはコメニウスからの引用が多くみられ、教授の原則などはほぼそのまま受容されている。しかし、リンドネルが教育理論の構築にあたって主として参照したのは、第一にヘルバルト、次いでフランス啓蒙主義者エルヴェシウス、そしてイギリス一九世紀の哲学者ハーバート・スペンサー（一八二〇—一九〇三年）であった[7]。ここでリンドネルの邦訳著作からコメニウスへの言及をいくつかひろってみよう。

「ルソーの教義のコメニウスの教義といささか異なれる点は、ルソーは、内界の自然を主とし、コメニウスは、外界の自然を主とするにあり。」（『倫氏教育学』、一八九三年、二二七頁）

「コメニウスがいわゆる合自然主義は、教授の作用と自然の営為とは同一轍に出づべきものとなすにあり。氏はこれをもって、その教授論の最高主義となして、細かにこれを敷衍《ふえん》せり。氏は自然の中において教授の規則として適用すべき模範を求め、人間外の自然と人間の発達との相一致符合するところを取り、これをもって教授の方針を示すものと定めたり。」（『倫氏教授学』、二〇一—二〇二頁）

「教授の歴史を按ずるに、コメニウス及びペスタロッチはむしろ理想の方向を代表し、これに反してロックとバゼドウはむしろ実地の方向を代表するものなり。しかして現今の状態は、理想の方向よりもむしろ多く実地の方向に向かうがごとし。」（同書、二三六頁）

「近世の教授法においては、教授をして直覚的すなわち実物的ならしむるをもって第一の要点となし、指斥及び実験の及ばん限りはことごとくこれを用うることは、実に当を得たるものというべし。（この傾向の発点たりしものはアモス・コメニウス著「帯線図形」【『世界図絵』】なり）」（『麟氏実験心理学』増訂第二版、一一三頁）

「今日の小学教育を創建せる二大偉人をコメニウス及びペスタロッチの二氏とす。二氏につき、前者は主として教授の客観的側面、後者はおもにその主観的側面を代表す。詳言すれば、前者は人間を知識の方面に向って陶治し、後者はこれを実力の方面に向って陶治せんことを主張せり。したがってコメニウスが主として注目せしは、実質的諸学科にしてペスタロッチが主として注目せしは形式的諸学科なりき。すなわち彼【コメニウス】にありては教授の目的は知識の実質的増加にして、これ【ペスタロッチ】にありては心意及び技能の形式的発達なりしなり。西洋中古の教育は、僅少なる知識の材料を授け、主として演説法、論理法（三段論法）等を研究して、心意の形式陶治を事とせり。しかるに、今日に至りては、博物諸学科の進歩とともに普通教育もあまたの事実に根拠する実質陶治を施す傾向を有するに至れり。」（『倫氏教授学』、一〇頁）

リンドネルのコメニウスについての言及は、その自然観と陶治観（形成観）にかかわっている。まず自然観については、ルソーらが主観的自然主義者とされたのに比してコメニウスは客観的自然主義者とされた。その根拠は、コメニウスが外的自然から類比的に教授の原則を導き出そうとしているところに求められた。こうした自然観についての評価は陶治観の評価にも関連する。人間の内的自然を重視したペスタロッチが知識の獲得よりも知識の獲得の過程で形成される心的能力を重視する形式陶治論者として位置づけられたのに対して、コメニウスは知識の教え込みを重視する実質陶治論者と見なされることになる。引用に見られるように、リンドネル自身は教育内容の多様化のなかで普通教育では実質陶治が主流となりつつあるとし、コメニウスを実質陶治の先駆者として位置づけた。

リンドネルによるコメニウスについてのこれらの言及は、日本の教育学界におけるコメニウス評価に影響を与えたと考えられる。たとえば、明治から昭和にかけての代表的な教育学者である谷本富（一八六七―一九四六年）が

谷本　富

一八九四年に著した『実用教育学及教授法』は相当に普及した啓蒙書だが、一見するとコメニウスに関して、「モンテーニュ、ペスタロッチの比にもあらず、直にヘルバルトに相接して、真に科学的教育学の遠祖と称するに足れり」（谷本、一八九四年、一四頁）という教育史上の高い評価が示されている。しかし、谷本は、教育の目的を来生の準備とするコメニウスの視点を「中世耶蘇教育の旧臭を脱せず」と批判し、そのままでは「科学的教育学と称するとは未たし」とした（同書、一七、一八頁）。谷本の批判は、コメニウスがペスタロッチのように「外界自然の顕象理法に準拠することを求めずして、内界自然の理法に則らむと力《つと》め」なかったと見なされるところに向けられた（同書、一八頁）。これがリンドネルの評価を受け入れたものであることは明らかだ。そして、こうした理解は日本の教育学界の通説となっていく。たとえば、戦前を代表する教育哲学者の篠原助市（一八七六―一九五七年）は、その主著『理論的教育学』（一九二九年）で次のように記している。

「実質陶冶の極端な主張は、おのずから、我々の精神を受動的に、すなわち与えられたものをさながらに受け容れる倉庫の如くに考え、その結果、記憶偏重主義に陥り、結局は認識論上、模写説の上に立たねばならぬこととなる。このことはコメニウスの汎智主義が彼の感覚主義及び模写説と必然の関係を有するによっても立証せられる。〔…〕しかし、彼【ペスタロッチ】の直観はコメニウス及び汎愛派の直観が教授の方法であるに反して、教育の根本原理であり、コメニウスの「世界図解」【『世界図絵』】が認識論上、模写説に立てるに反し、彼の「直観のＡＢＣ」【ペスタロッチの学習方法論「基礎陶冶」】は、直観の論理的構成要素を見究め、この要素すなわち論理的礎石の上に構成せられる直観である。」（篠原、一九四九年、二八〇、二九一頁）

一九世紀後半以降に普及した学校教育に対する批判から新教育運動が展開された欧米各国の流れは日本にもほぼ同時に反映した。そのなかで、既存の学校教育の問題点のひとつは、その実質陶冶的な性格に求められた。ここで、その自然観の主観的な傾向と教育観の形式陶冶的な性格が認められるとされたルソーおよびペスタロッチは、近代教育思想の画期として位置づけられることになった。他方、コメニウスは、ペインターの評価などに見られるように、その合自然の主張が近代を先駆するものと見なされていたにもかかわらず、とくに自然観と教育観の評価において、当時の教育理論の要請からは隔たった存在と見なされた。ここに引いた篠原のテクストは戦後に出た改訂版だが、彼の認識は変わっていない。

日本の教育学界におけるこうしたコメニウス理解の背景には、リンドネルのテクストの普及があったと思われる。一七世紀チェコのコメニウスは、いわば一九世紀のチェコ人リンドネルにさえぎられてしまったわけである。リンドネルの教科書の普及によって専門的な学術研究が影響を受けたのは、テクストの照らしあいが生み出したひとつのエピソードといえる。ちなみに、当時の教育界におけるキャリアアップの登竜門として文部省師範学校中学校高等女学校教員検定試験（文検）が行われていたが、毎回数千人にのぼる受験者の参考書は大きな影響力があった。その一冊の『統合西洋教育史綱要』（一九三五年）では、コメニウスは客観的自然主義者として位置づけられている（會田、一九三五年、一七二頁）。

文化的フィルタリングとしての和魂洋才

一九世紀後半以降の日本における西洋文化の移入の過程における盛んな翻訳活動は、しばしば「横のものを縦にする」と表現された。そこには、横書きのものを縦書きに直しただけでオリジナリティーに欠けるというネガティブな含意がある。しかし、翻訳文化は、架橋と眺望の営みであるといえ、コメニウスに限らず、さまざまな対象のさまざまな見え方を示したのは事実である。そこにはさまざまな価値観の対話が生ずる可能性も認められる。他方、脱亜入欧と和魂洋才という観念が西洋文化の移入におけるフィルターとして機能するなかで、西洋文化のうちでも、とくに宗教的・道徳的側面が注意深く避けられたことは指摘せざるを得ない。何という偶然か、リンドネルの翻訳書はその典型的な実例となっている。

『麟氏実験心理学』の末尾には、「宗教道徳のことは東西大に趣を異にするをもって、彼の状態を起点として論述せるものの、我に適せざるはもとより免れざるところなり。〔…〕決して余等の賛同するところにもあらずといえども、今敢えて変改を加えず、一々原本のままに存して参考に資することとなせり」とわざわざ記されている（跋言三則、一頁）。しかし、『倫氏教育学』では過激な方針がとられる。本文に先立って「訳例七則」が掲げられているが、「道徳の大本に至りては耶蘇教国ならざる我国の教育においては、いまだついに、西洋学者の議論を採用すべからざるなり」として、原書中のキリスト教的な言及や引用は省略され、「本邦固有の道徳談」が挿入されるのである（七則二頁）。一例として、同書の第二章「教育の一般的前提、教育の概念」の一節の湯原訳補をあげてみよう。

湯原元一（お茶の水女子大学）

「これ目的は如何、初より各自将来の希望に応じて、一々之に適応する感化を施すは、もとよりその煩に堪へざる所なれば、この目的は人類普通の職分、詳言すれば、心身上すべての能力を、彼此偏頗なく発達し、ついに道徳的品性を完成するをもってその終局となさざるべからず。謹みて按ずるに、勅語に、

爾臣民、父母ニ孝ニ、兄弟ニ友ニ、〔…〕、一旦緩急アレハ義勇公ニ奉シ、以て天壌無窮の皇運ヲ扶翼スヘシ。

とあるも、またこの意に外ならざるなり。訳者云く、原書はここに新約聖書の語を引けり、しかれども吾が　天皇陛下の勅語の優渥《ゆうあく》なるにしかざるをもって、今此をもって彼に代う。以上陳ぶるところにより、教育の定義を下すときは、教育とは独立の教師が一定の方案に準い、未だ独立せざる子弟にあたうるところの感化にして、これによりて子弟をして、人類普通の職分に相応するため、人類固有の能力をなるべく完全に、(彼此平等整斉に)発達せしめ、もってすべて少年陶冶の最高の目的たる、道徳的品性を涵養するにあり。(ただし道徳的品性は、すべての他の目的、既に己に達し得たる後に、始めて陶冶の功をおわるものと知るべし)。」(リンドネル、一八九三年、七―八頁)

湯原の訳補とリンドネルの原文(一八九〇年、第七版)を比べると、教育勅語と入れ替えられている部分には、「神の人がすべてのよき働きにふさわしく完全な者となるように」(新約聖書『テモテへの手紙』第二、三―一七)、「すべての真実なこと、すべての誉れあること、すべての正しいこと、すべての清いこと、すべての愛すべきこと、すべての評判の良いこと、そのほか徳と言われること、称賛に値することがあるならば、そのようなことに心を留めなさい」(新約聖書『ピリピ人への手紙』四―八)が引かれている。また、引用後の教育の定義について述べた部分の「宗教的に表現すれば、神の意志にしたがって生を形づくることである」(Lindner 1890, 3-4)という一節は翻訳にはない。

湯原は、お雇い外国人教師として来日したエミール・ハウスクネヒト(一八五三―一九二七年)からヘルバルト派教育学を学んでおり、谷本らとともにその普及にとりくんだ一人であり、ドイツ教育学の基本的な概念のBildungに「陶冶」という訳語を与えたのは湯原である。湯原がハウスクネヒトからリンドネルの著書を渡された際、「もしこれが日本に紹介さるれば、日本の教育界は必ず一変するといはれた」という(山本、一九八五年、七〇頁)。

湯原の訳補では、新約聖書からの引用を教育勅語と入れ替えたことが明記されており、これは訳補であって、テクストの改竄とはいえない。当時第一級のドイツ学者であった湯原は、和漢の典籍への造詣も深い愛国主義者であった（上村、二〇〇五年、七七―八〇頁）。彼の訳業には、和魂洋才という観念が西洋文化の移入におけるフィルターとして機能するなかで、西洋文化のうちでもとくに宗教的・道徳的側面が注意深く除去され、西洋の「歴史的近代化」が図られたことが示されている。

四　照らしあい広がる言説

コメニウス研究の萌芽とテクストの流布

日本が西洋教育の導入にとりくみ始めた頃、チェコ民族再生運動は一八四八年のプラハ蜂起後の揺り戻しを乗り越えてさらに展開していた。コメニウスをめぐる言説は増加の一途をたどる。この過程では、大学教授はもとよりギムナジウム教師らがコメニウスの思想の流布にとりくんだ。当時はコメニウスの没年が一六七一年と考えられていたが、中等学校教員で歴史家のフランティシェク・ゾウベク（一八三二―九〇年）は、没後二〇〇年を記念し、『コメニウスの生涯』（一八七一年）を出版した。これはコメニウスについての最初のチェコ語による単行本である。序文には、この時代のチェコ地域、とくに教育界にコメニウスの名がかなり浸透し、教育者の模範として位置づけられていたことがうかがわれる。

「国民が若者の指導を託しているわれわれ全員に対して心から望みたいのは、コメニウスに対するわれわれの敬意を言葉よりももっと行為に向け、とくにことを成すための彼の思想や努力を継承することによって、われわれの営為や性格を彼に似せてほしいということだ。」（Zoubek, 1871, II）

コメニウスの生地モラヴァでは、やはり学校教師のフランティシェク・スラムニェニーク（一八四五―一九一九年）がコメニウスの普及にとりくみ、一八七三年には教育雑誌『コメニウス』を創刊した。

ドイツでは、当時の代表的な哲学者ヴィルヘルム・ディルタイ（一八三三―一九一一年）がコメニウスに論及するなど、学術レベルにおけるコメニウスへの関心の高まりがみられるようになる。ディルタイは、『精神科学序説』第一巻（一八八三年）で、コメニウスは「諸真理の相互依存という原理をとおして、諸科学の適切な分類を準備するに至った」（ディルタイ、二〇〇六年、三二一頁）とし、パンソフィアの方法論を精神科学の歴史のなかに位置づけた[8]。彼は、一八八四年から九四年にかけて行われた教育学史の講義でコメニウスについて詳述し（ディルタイ、二〇〇八年、三八六―三九一頁）、コメニウスを教育的天才の一人に数えている（同書、四九七頁）。このほか、神学者ヨーゼフ・ミュラー（一八五四―一九四六年）、古典学者ヨーゼフ・レーバー（一八三八―一九二四年）らのドイツの学者がチェコの学者と協働して手堅い業績をあげた。近代的なコメニウス研究を確立するスロヴァキア人の神学史家ヤン・クヴァチャラ（一八六二―一九三四年）も、コメニウスの自然哲学についての研究で一八八六年にライプツィヒで学位を得ている（ZD, 65）。彼が一八九二年に出版した『コメニウス――その生涯と著作』は、一九世紀におけるコメニウス研究の到達点と見なされる。

フランティシェク・ゾウベク

学術研究の進展と並行して、コメニウスの著作の翻訳と出版も盛んになる。生誕三〇〇年の一八九二年までの間にチェコ地域では、『地上の迷宮と心の楽園』は六回、『死に逝く母なる兄弟教団の遺言』が四回、刊行されている。『世界図絵』は何度も再版され、その他『言語の最新の方法』、『遊戯学校』といった教育関係の著作から、『パンソフィアの先駆け』、『光の道』、『パンエゲルシア』、『パンアウギア』、『開かれた事柄の扉』といったパンソフィア関係の著作の翻訳までが続々と世に出た。

チェコ地域やドイツ以外でのコメニウスに関する出版物も、この時代の教育と歴史への関心を反映して顕著になる。イギリス一九世紀の公教育成立期に活躍し、エジンバラ大学の教育学教授として多くの理論書を著したサイモン・ローリー（一八二九―一九〇九年）は英語の伝記『モラヴァの牧師ジョン・アモス・コメニウス――その人生と教育著作』（一八八一年）を著し、この伝記は短期間に版を重ねた。前章の冒頭でとりあげた『コメニウスと教育改革の始まり』（一九〇〇年）を著したアメリカのモンローは、一八九六年にコメニウスの幼児教育論『母親学校の指針』（一六三三年）を英訳出版している。

このほか、各種の教育史テクストや辞典類には、当時の著名な研究者がコメニウスについて書くようになる。前述のように、アメリカのバーナードはラウマー『教育学史』を英訳したし、フランスのミシュレやコンペレもコメニウスに論及した。フランス第三共和制下で国民教育制度の確立にあたった教育学者フェルディナン・ビュイッソン（一八四一―一九三二年）の編集になる『教育学及び初等教育辞典』では、コメニウスの生涯と『大教授学』、『開かれた言語の扉』、『世界図絵』について長文の紹介がある。もっとも、そのラテン語教育改善の意図は時代に逆行したものとされ、「その仕事が次の世紀の教育者によって反復され、継続され、改善され」ることになる「傑出した先駆者」とされた。また、コメニウスは死後に忘れさられたため、コメニウスの足跡をたどったかに見なせるルソーとペスタロッチらも彼を知らなかったことは疑いないとした[9]。時期はやや後のことになるが、教育学者としてアカデミックなキャリアを積んだ実証主義的な社会学の泰斗であるエミール・デュルケーム（一八五八―一九一七）も、フランスにおける中等教育の歴史的展開を講ずるなかで、コメニウスを人文主義的伝統に対抗して現実主義的（リアリズム）の教育論を提案した「近代の偉大な教育学者」として位置づけている（デュルケーム、一九八一年、五六九頁）。デュルケームは、コメニウスの提案がライプニッツに継承され、一八世紀中葉の実科学校

（Realschule）に至ったと評価している。[10]

コメニウスの主著と見なされ現在まで引き合いに出されることおびただしい『大教授学』は、リンドネルのドイツ語訳に続いて、教育史家モーリス・キーティング（一八六八―一九三五年）による英語訳が一八九六年に出て、長く普及する。このほか、オーストリア＝ハンガリー帝国の影響下ではチェコ地域以外でもコメニウスのテクストの翻訳が現れた。『大教授学』のセルビア語訳が一八七五年、クロアチア語訳が一九〇〇年、ブルガリア語訳が一九〇五年に現れているのは、まだそれらがスラヴ系言語であることからして頷けるとしても、ラテン系言語であるルーマニア語による『大教授学』の翻訳がすでに一八九三年に出版されているのは、この時代のコメニウス普及熱を示しているだろう。

プラハの国民劇場

コメニウス生誕三〇〇年

コメニウスがチェコ地域で広く認められたのは、この時期の積極的な社会啓蒙の結果である。そこで時間的な伝播で目標とされたのは記念年であり、空間的な伝播の拠点と見なされたのが博物館だった。

前述のように、当時はコメニウスの没年が一六七一年と考えられていたため、一八七一年に、ボヘミア、モラヴァ、スロヴァキア、ハンガリーで没後二〇〇年の記念行事が行われた（ZD, 62）。そして、生誕三〇〇年の一八九二年という目標が早い時点で意識された。前述のテクストの普及はそうした過程の産物である。

現在、チェコ共和国には、首都プラハ、コメニウスがラテン語を学び、のちにそこで教師となったモラヴァのプシェロフ、コメニウスの生地のひとつと考えられている南モラヴァのウヘルスキー・ブロトと、コメニウスの名を冠する博物館が三つある。最初の博物館は前述のスラムニェニークによって一八八八年にプシェロフに創設された。そののち、プラハ（一八九二年）、ウヘルスキー・ブロト（一八九八年）が続く（ウヘルスキー・ブロトの博物館がコメニウスの名を冠したのは第二次世界大戦後のこと）。

そして、コメニウスへの関心の高まりの頂点が一八九二年であった。コメニウスの誕生日の三月二八日は月曜日であったが、この日は学校を休業にという声を政府は認めず、相当の抵抗が起こったという（ZD, 67-68）。三月二六日土曜日の式典はヴルタヴァ川沿いの国民劇場で挙行された。国民劇場には、一八八一年の竣工直後の火災で焼け落ちたものの、チェコ人の寄附によって二年で再建されたという逸話があるが、式典がこの劇場で行われたのは象徴的と言える。そこでは、スメタナやドヴォジャークと並ぶチェコの国民楽派を代表する作曲家ズデニェク・フィビフ（一八五〇―一九〇〇年）による《祝典序曲コメニウス》が演奏された。また、プラハ新市街のヴァーツラフ広場に移転新築されたばかりの国立博物館では、記念式典とともに展覧会が開会し、七週間ほどの間に一万二、〇〇〇人以上が訪れた（ZD, 70）。記念行事は、チェコ地域の各地はもとより、イギリス、アメリカ、ブルガリア、フィンランド、フランス、オランダ（チェコの代表団も参加してコメニウスの墓地のあるナールデンで開催）、クロアチア、ラウジッツ（現在のドイツ・ブランデンブルク州南部からザクセン州東部にかけての地域）、ドイ

ドイツ・コメニウス協会の標章

プラハの国立博物館

ツ、ポーランド、オーストリア、ロシア、セルビア、スウェーデン、ハンガリーでも開催された（ZD, 71）。

こうした社会的認知とともに、コメニウス研究の成果を発信する体制も整い始める。この時期に設立された教育関係の出版協会「コメニウスの後継者」は一九五一年まで存続したが、会員は一万人に達したという（ZD, 70）。ドイツで結成された「コメニウス協会」は一六か国から団体加盟を含めて一、二〇〇名以上の会員を集め、ライプツィヒで発刊された『月報』は一九〇〇年までほぼ隔月のペースで発行され、重要な研究成果が収められた（ZD, 71）。一八九一年、王立科学アカデミー言語学部門がコメニウス研究にあたることが決定し、国立博物館に収められた資料をもとに、歴史学者・言語学者のアドルフ・パテラ（一八三六―一九一二年）がコメニウスの書簡集を編纂した。

諸国民の教師

コメニウスは、日本では近代教育学あるいは近代教授学の祖（あるいは「父」「母」）と呼ばれてきたが、欧米では「諸国民の教師」（英語では、The Teacher of Nations、チェコ語では učitel národů）という呼称が一般的である。とくにチェコでは現在でも人口に膾炙している。こうした呼び習わしはそれほど厳密に論証されたものではないことが多いが、簡潔なメッセージ性のために普及しやすく、認識における暗黙の前提ともなる。

コメニウスの生誕三〇〇年の際、前述のリンドネルの教えを受けた教育学者のヨゼフ・クリカ（一八五七―一九〇六年）が『ヤン・アモス・コメニウス――チェコ人、諸国民の教師、キリスト者、人格者』（一八九二年）と題した記念誌を刊行した。これは、チェコ語で娯楽と教養を提供する雑誌『母国の友』の一巻だが、コメニウスの人生、主要業績、主要著作の抜粋からなる充実したものである。序言には、コメニウスの位置づけを高めようとする意図がはっきり見てとれる。

「われわれ国民は、チェコ人が生んだ最も聡明にして誠実な一人であるヤン・アモス・コメニウスの記憶に威厳を持たせようとしている。あらゆる学校を高め強化するために多くのことを成し、まさに諸国民の教師と聞こえるほどに卓越したこのチェコ人を祝おうと、あらゆる学校が準備している。あらゆるキリスト教徒にとってその人生と行動をもってますます輝いている、われわれの卓越した先人であり著名な諸国民の教師を、全世界が記憶するであろう。しかし、単に精神が崇高であるというだけでなく、意志が堅固で粘り強く一貫していることこそ、高貴な人格者として屹立しているわれわれのヤンの真骨頂なのである。彼の生涯は、われわれにとって単に豊かな教訓の源であるだけでなく、励みになる実例なのだ。コメニウス自身の言葉によれば、安息の地も故郷もなかったという真に変転に富んだ人生を描き、主な運命、著作、そして可能な限りわがコメニウスの言葉について知り、なるほどまさに十代の若者がいかにして誠実なチェコ人、卓越したキリスト教徒、純粋な本性をそなえた風貌をもつに至り、そしてなぜ何のために誰もが知っている諸国民の教師となったのかを説明することが、以下の小論の課題である。」(Klika, 1892, 5-6)

ヨゼフ・クリカ

この「諸国民の教師」という表現は、ゾウベクの一八七一年出版の伝記にはないが、このクリカの伝記と同じ一八九二年に再編集された伝記には一箇所記載がある。また、一八九二年に再刊されたリンドネル編の伝記には、「人類にとっての聖職者にして教師」(Priester und Lehrer der Menschheit)という記述がある(Lindner, 1892, V)。ここからして、「諸国民の教師」という表現が一般化したのは、コメニウス生誕三〇〇年を契機としたクリカの啓蒙的テクストの影響力が大きかったと思われる。このキャッチフレーズは、のちに見るようにマサリクが英語版のコメニウスの伝記の序文で用い、第二次世界大戦中、多分に政治的な意図を含んで行われたイギリスでの国際会議で用いられることによって国際的に浸透した。

造形されるコメニウス

チェコの民族再生運動は、言語の復興を起点とし、それが思想や歴史等の研究に広がり、さらに文学・美術・音楽へと転移していった。これは、コメニウスのいう〈生ける印刷術〉の顕著な現れといえるだろう。そのなかでコメニウスもさまざまに造形されていった。

現在、チェコには多くのコメニウスに関するモニュメントがあるが、その最初のものは、一八六五年に作家と教員の運動によってブランディース・ナド・オルリツィーに造られた記念碑である。ここには、神聖ローマ皇帝軍の追跡のなかでコメニウスが身を隠し、『地上の迷宮と心の楽園』を著すのに用いたと伝えられる洞窟があり、記念碑はその脇に立っている。最初の銅像は、一八七四年、コメニウスが初等教育を受け、のちにそこで教師を務めたプシェロフに設置された（本章の扉参照）。これを進めたのは前述のスラムニェニークである。生誕三〇〇年の一八九二年には、コメニウスの生地と考えられているウヘルスキー・ブロトにコメニウス像が設置された（この像は、現在はやはりコメニウスの生地と考えられているニヴニツェに移設されている）。

ブランディース・ナド・オルリツィーにある最初のコメニウス記念碑

コメニウスは絵画の対象にもなるが、この時代においてとくに重要な役割を果たしたのはリアリズムの画家ヴァーツラフ・ブロジーク（一八五一―一九〇一年）であろう。苦学ののちにオランダに学び、フランス及びチェコのアカデミー会員となった彼は、チェコ史に題材をとった作品を多く発表した。コメニ

ブロジーク作《アムステルダムで執筆にとりくむコメニウス》（チェコ共和国科学アカデミー）

ブロジーク作《ジェロチーン伯に別れを告げるコメニウス》（オストラヴァ美術館）

ブロジーク作《コメニウスが 1657 年にアムステルダムで市参事会に教授学著作を付託する》（プラハ、チェコ国立博物館）

ウス関係では、《ジェロチーン伯に別れを告げるコメニウス》（一八七三年）、《アムステルダムで執筆にとりくむコメニウス》（一八九一年）を制作しているが、とくに有名なのが国立博物館の半月壁に描かれた《コメニウスが一六五七年にアムステルダムで市参事会に教授学著作を付託する》（一八九八年）である。一八九一年、ネオ・ルネサンス様式の国立博物館が開館するが、そこにはチェコ史を彩る群像を顕彰するパンテオン（偉人廟）がある。このバルコニーの上の壁面に、メトディオス（八一五―八八五年）による聖書のスラヴ語訳完成やカール四世によるプラハ大学創設といった事績と並んで描かれているのがコメニウスの教育活動なのである。この絵画は複製され、学校教育用の掛図として広く用いられた。ちなみに一八九九年にパンテオンに設置されたアントニーン・ポップ（一八五〇―一九一五年）によるコメニウス像（一八九七年作）は、教育者という枠を超えた民族史の代表者というイメージを喚起させるものだ。

ポップ作《コメニウス像》（プラハ、チェコ国立博物館）

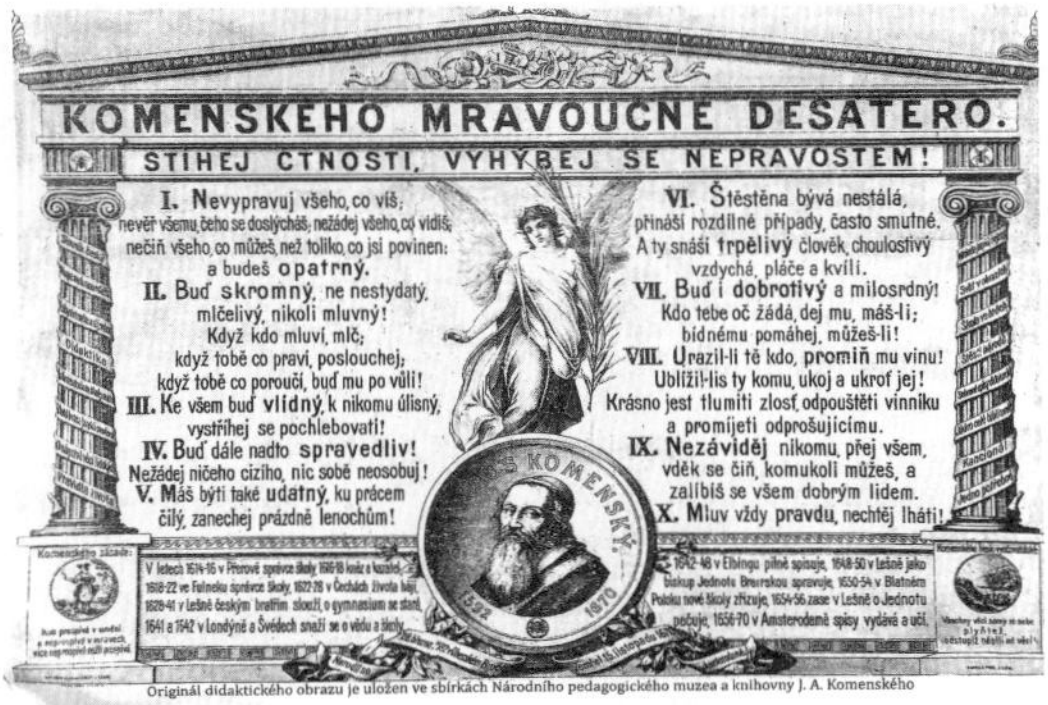

Originál didaktického obrazu je uložen ve sbírkách Národního pedagogického muzea a knihovny J. A. Komenského

クリカ作「コメニウス道徳十訓」

コメニウスが造形されたのは、こうした「高度」な文化においてばかりではない。学校用の掛図「コメニウス道徳十訓」（八〇センチ×一〇〇センチ）もこの時代の産物である。これは前述の教育学者クリカによるもので、コメニウス生誕三〇〇年の前年に発表された。中央下の肖像の左右には簡単な年譜が付され、ギリシア寺院を思わせる左右の柱には一六の主要な著作があげられ、中央の左右に次のような一〇の教訓が示されている。

「美徳をとらえ、不正を避けよ！
一、知っていることでも何でも口にしてはならぬ。聞いたことを何でも信じてはならぬ。見たことを何でも望んではならぬ。できることのすべてではなく、せねばならぬことをせよ。そして用心せよ。
二、恥を忘れず謙虚に、そして饒舌を避け静粛であれ！　誰かが話すときは静かにし、話をされるときは聴くのだ。何かをするように命じられたなら、目上の者の意志に従って行え！
三、誰にでも親切に、誰にもへつらわず、おべっかに気づくことだ！
四、何よりもまず正義であれ！　他人のものをあてにして、自分のものになどしてはならぬ。
五、また勇気を持ち生き生きと働き、怠惰とは無縁であれ！
六、幸運は気まぐれで、時に思うのと違う悲しい結果をもたらす。ため息や悲嘆の少ない忍耐強い人間であるように努めよ。
七、愛情と慈悲をもて！　何かを求められ、持っているなら与えよ。できるのならば、惨めな者を助けよ。
八、気分を害されてもその罪を赦せ！　傷つけられても、傷を癒し和解せよ！　怒りを和らげ、罪を赦し、許しを求めるものを受け入れることこそ美しいのだ。
九、人を羨むのではなく、皆が最善となるように願うのだ。できるなら人の助けとなれ。そうすれば、よき人々にとってよき印象となろう。
十、常に真実を述べ、嘘をつくな！」

クリカがここでコメニウスの社会的普及にとった徳目の列挙という手法を批判することは容易である。しかし、前世紀のチェコ地域ではその著作が焚書の対象であったコメニウスが、道徳教育のシンボルにまで復権したのは象徴的な事実だろう。

むすび

一九世紀から二〇世紀にかけてのアメリカの代表的な知識人の一人に、コロンビア大学学長を長く務めたニコラス・バトラー（一八六二—一九四七年）がいる。彼の学問的バックグラウンドはカントだが、とても哲学者という枠に収まらない大立者であり、一九二八年に米仏の不戦条約が締結された際には大きな役割を果たし、ノーベル平和賞を受賞した。彼はコロンビア大学で哲学とともに教育学の教授職も担ったが、一八九二年二月、コメニウスの生誕三〇〇年を記念する全米教育協会（ＮＥＡ）の会合が開かれた際、「教育史におけるコメニウスの位置」と題して講演した。その一節を引いてみる。

ニコラス・バトラー

「遠い国を行く旅行者が、砂漠に吸収されてしまったように見える川を記述したとしよう。それらの川は消え、背後にはほとんど、あるいはまったく痕跡が残っていない。ところが、少し時間をおいて、おそらく何マイルも離れたところに来ると、流れがまた現れる。その流れは力と水量を集めながら流れ、周囲の土地を肥沃にする力を分け与える。視界からは隠されていたとしても、その流れは存在することをやめてはいないのだ。〔…〕人類の歴史には、こうした自然現象に類似したことが多くあるのであって、コメニウスに関する教育の歴史もその例である。その生涯において、彼は宗教的信念のために迫害された一方、その教育思想のために注目を集めた。その死によって、彼は友ばかりか敵からも見過ごされ忘れられていた。〔…〕しかし、われわれの世紀、とくにわれわれの世代における教育の偉大なる復活によって、どんな暗がりにも学術調査のまばゆい光が当てられている。そして、彼の生誕から三〇〇年を記念する今日、モラヴァの卓越した老牧師は、教師が集い、教育が話題になるところではどこでも尊敬の的となっている。われわれは、コメニウスのうちにわれわれの新教育を鼓舞し導く源泉と前ぶれを多く見出している。」(Butler, 1893, 723)

この言及は、一九世紀をとおしたコメニウス言説の湧出を象徴するものだといってよいだろう。アメリカでコメニウス生誕三〇〇年の記念行事が開かれたという意味で、この言及はコメニウスの国際的な受容をも示している。そればかりではない。ここで、コメニウスは新教育の源泉と見なされている。コメニウスは、国民国家の形成と呼応して確立された学校教育制度を支える知のひとつとしての教育史のなかで、近代教育の源泉として語られた。しかし、この教育が教育機会を拡大した一方で、その画一性は間もなく批判の対象となり、欧米各国とほぼ同時に日本でも新教育運動（改革教育学、大正自由教育）が展開される。前述のように、教育史の一般的な記述において、コメニウスの自然観や陶冶観が前近代的と見なされたことからすれば、新教育運動においてコメニウスが過去に追いやられる可能性もあった。新教育の立場から教育の歴史的展望を試みたバトラーの言及が、ひとつの通史として記されることはなかった。しかし、こうした視点が提示されたことは興味深い。さらに、バトラーの言及では、伏流という自然現象を比喩にして、一八世紀を経た一九世紀におけるコメニウスの湧出が自覚的に語られている。

しばしば述べているように、一八世紀においてもコメニウスが忘れられたわけではないことからすれば、こうした見方は、新たな歴史を綴りたいという歴史家の欲望の所産である。こうした見立ては、二〇世紀においても、さまざまな文脈で語られていく。

注

（1）パラツキーによるコメニウスの伝記は何度か再版されているが、一八六六年のドイツ語版と比べると、ドイツ語版には、『開かれた言語の扉』が一七世紀においては聖書に次いで普及したといった記述はなく、コメニウスの予言への傾倒についてのパラツキーによる弁明的な解釈もほとんど削られており、ベールによるコメニウス批判についても触れられていない。そして、末尾の学校教育と教育方法の改革者という記述が削られ、チェコ語版では『必須の一事』の長い引用が続くのに代えて、『死に逝く母なる兄弟教団の遺言』のドイツ語訳が付せられている（Palacký, 1866）。

（2）『開かれた言語の扉』の改訂については、井ノ口の分析にしたがっている（井ノ口、一九九八年、一六八頁）。

（3）ラウマーは、コメニウスが『自然学綱要』のややあとに著した『パンソフィアの先駆け』で再びベーコンについて言及していることも注記している。

（4）この書のヒロビブリアスはブロケットのペンネームである。同書は一八八三年に小笠原書房から発売された。出版者は不明だが、それ以前の一八七五年に出版が確認される。

（5）ミシュレのコメニウス評価がどのようにして得られたのかは興味深い問題である。

（6）『千葉教育会雑誌』の「コメニアス略伝」が誰によって何を典拠に著されたか興味深い問題である。典拠は英文であると考えられるが、本書でとりあげた欧米の教育史テクストとの比較の限りでは特定できない。

（7）リンドネルがスペンサーにも関心を払ったことは、単純にヘルバルト主義者としてくくられない側面があったことをうかがわせる。

（8）ここでディルタイは、コメニウスが「形式陶冶という誤った概念に反対して、将来の教育制度の根本思想を発見」したと指摘している（同頁）。

（9）http://www.inrp.fr/edition-electronique/lodel/dictionnaire-ferdinand-buisson/document.php?id=2383

（10）このリアリズムという歴史認識は、おそらくラウマーらによるドイツの教育思想史を受容してのものと思われる。デュルケームは教養における科学の重要性を論じようという意図からリアリズムの教育思想に講を割いたと考えられるが、前章であつかったようにコメニウスの思想がフランスの教育界に与えた影響は限定的である。

第四章

眩惑する二〇世紀

——イデオロギーの光と——

ストゥシーブルニー作《祖国に別れを告げるコメニウス》(1924年)(プシェロフ、コメニウス博物館)

一　二つの戦争の時代

コメニウス研究の進展

コメニウス生誕三〇〇年を経て、コメニウス研究はとくにチェコ地域における社会的な支持を得るようになる。コメニウス研究の近代的な確立者といわれるのが、前述のクヴァチャラである。彼はコメニウス生誕三〇〇年ののちも研究を進展させ、一八九七年から一九〇二年にかけて王立科学アカデミーから刊行されたコメニウスの選集に関わった。そのうちには、パテラ編纂のものと並ぶ『コメニウス書簡集』二巻がある。このほか彼は、『一七世紀末までのドイツでのコメニウスによる教育改革』（一九〇三年）やそれまでの書簡集等に収録されなかったコメニウス文献を収めた『アナレクタ・コメニアナ』（一九〇九年）を世に出した。コメニウスの教育活動についてドイツ語で著した伝記『コメニウス』（一九一四年）は、チェコ語やスロヴァキア語の版を含めて何度か再刊された。

Dr. Th. a Ph. Jan Kvačala.

ヤン・クヴァチャラ

クヴァチャラの最大の貢献は、『コメニウス全集』とコメニウス研究誌『コメニウスの生涯と著作についての研究のための記録』の編纂と出版である。彼は、モラヴァの教師たちの支持のもと、一九一〇年から一五年計画で八部構成三〇巻にわたる全集の出版を開始した。一九一四年には五巻目までが出たが、第一次世界大戦の勃発により出版は滞り、一九三八年に第四部第二巻が出たところで途絶えた。コメニウス研究誌も、一九四〇年に第一五巻が発行されたところで中断した。しかし、こうした研究活動のなかで、前述のレーバーや、チェコ語で書かれたものとしては現在まで最も長大な伝記である『コメニウス──その生涯と著作』（一九二〇年）を著した言語学者・歴史家のヤン・ノヴァーク（一八五三─一九二〇年）、プラハ大学で学部長も務めた教育学者のヨゼフ・ヘンドリヒ（一八八八─一九五〇年）、歴史学者・言語学者でブルノのマサリク大学学長を務めたスタニスラフ・ソウチェク（一八七〇─一九三五年）といった研究者の流れが作られた。

また、一九三〇年代前半には、コメニウス関係の草稿等が続々と発見された。まず、一九三一年、現ロシアのサンクトペテルブルク（当時のソ連のレニングラード）の公立図書館でラテン語とチェコ語で書かれたコメニウスの形而上学や自伝的記録に関する文献が発見された（ZD, 92）。続いて、一九三三年、イギリス・シェフィールド大学の教育学教授ジョージ・ターンブル（一八九九─一九六一年）が、コメニウスの協働者で知識人の文通を仲介したハートリブの残した膨大な書簡等を発見した。ターンブルが戦後に出版した『ハートリブ、デュアリ、コメニウス──ハートリブ文書からの収穫』（一九四七年）は、長く参照された。そして、ウクライナ生まれの言語学者ドミトリー・チジェフスキー（一八九四─一九七七年）が、二世紀以上も行方不明になっていた『総合的熟議』の草稿を発見したのが一九三四年のことだった。チジェフスキーはのちにハーバード大学やハイデルベルク大学でも教鞭をとった碩学だが、コメニウスの草稿を発見したのは、ドイツ・ハレでロシア文学の神秘主義について研究していたときのことだった（千野、一九九九年、一三五頁）。第二次世界大戦後にお

ハレのフランケ学院の文書館

いても、コメニウスが晩年に記した『エリアの叫び』の断簡が編纂出版されるなど、コメニウス研究の資料的前提は拡張したが、基本的なテクストはこの時期にもたらされたといえる。

チジェフスキーは、『総合的熟議』の草稿をタイプライターでトランスクリプトして研究を進めた。オリジナルの草稿は、第二次世界大戦末期におそらくソ連の手によってハレから持ち出され、プラハにもたらされたと考えられる。戦後、この草稿をチェコスロヴァキアが保有することを東ドイツ政府が認め、この草稿はプラハの国立図書館に所蔵されている。ヘンドリヒは、戦後すぐに『総合的熟議』の第四部『パンパイデイア』と第六部『パンオルトシア』のチェコ語訳を発刊している。

民族主義の高まりのなかで

二〇世紀に入ると、オーストリア=ハンガリー帝国内における地位の拡充ではなく、チェコ民族としての独立が求められるようになる。コメニウスは、民族の歴史的アイデンティティのシンボルとして、さらにさまざまなかたちに表象されていく。

フス火刑五〇〇年にあたる一九一五年、プラハ旧市街広場にフスを中心とした群像の巨大なモニュメントが設置された。制作したのは象徴主義とアール・ヌーヴォーの代表者であるラディスラフ・シャロウン（一八七〇―一九一九年）である。三十年戦争終結後の一六五〇年、旧市街広場にはカトリックの勝利を象徴する聖母マリアの巨大な柱像が建立されていた。さらに、前章で触れたように、再カトリック化の過程では、ネポムツキーの列聖などが行われた。シャロウン作のモニュメントの建立に、フスを民族の歴史的シンボルとして示そうという意図があったことは明らかである。このモニュメントの台座には、「おおチェコ人よ、汝の事柄の統治は再び汝の手に戻るであろうと信ずる」、「神に捧げられた民族よ、生きていよ、死ぬことなかれ」というコメニウスが『死に逝く母なる兄弟教団の遺言』に綴った言葉が刻まれている（DK 3, 604, 602）。そして、チェコスロヴァキアが独立を果たした一

プラハ旧市街のフス像に刻まれているコメニウスの言葉「おおチェコ人よ、汝の事柄の統治は再び汝の手に戻るであろうと信ずる」

九一八年、マリアの柱像は撤去された（石川、二〇〇四年、一五六―一五七頁）。

このほか、シャロウンとともにこの時代の芸術を代表するフランティシェク・ビーレク（一八七二―一九四一年）も、プラハの自邸の前に《祖国に別れを告げるコメニウス》（一九一五年）を制作した（同書、一〇七頁）。そして、ここにアルフォンス・ムハ（フランス語読みのミュシャとしても知られる、一八六〇―一九三九年）を外すことはできない。彼は、アール・ヌーヴォー様式建築の傑作として知られ、毎年五月の「プラハの春国際音楽祭」が開催されるプラハの市民会館（一九一二年開館）二階の市長広間の壁画を制作したが、「忠誠」のシンボルとして描かれたのがコメニウスである（同書、一七一頁）。また、スメタナの連作交響詩《わが祖国》を聴いて祖国を題材とした大作にとりくむことを決意し、一九一一年から制作を開始した連作絵画《スラヴ叙事詩》の一作にも《コメニウスのナールデンにおける最後の日々》（一九一八年、四・〇五メートル×六・二メートル）がある。亡命の人生を歩み、故郷を思

ビーレク作《祖国に別れを告げるコメニウス》

ムハ《コメニウスのナールデンにおける最後の日々》（首都プラハ美術館）

いながら逝くコメニウスを描いたこの作品の中央には、消えることのない希望がカンテラの灯りとして描かれている。

第一次世界大戦の休戦協定が結ばれる二週間ほど前の一九一八年一〇月二八日、チェコスロヴァキアの独立をめざす国民委員会が独立を宣言し、プラハの政庁を占拠した。同年一二月二一日にチェコスロヴァキア共和国大統領に選出されたマサリクは、宣誓に続いて行われたプラハ城での最初の演説を次のように始めた。

「「私はまた、（私たちの罪により私たちの上に吹き荒れた）怒りの嵐が過ぎ去ったのちには、汝が汝の事柄の統治を再び取り戻すとされる神の言葉を信じている。おお、チェコ人よ、この希望ゆえに、私は汝を、私が先祖から受け継ぎ、苦難の時代を通じて守ってきたすべてのものの相続人に、いやそれどころか、私の息子たちの仕事と神の祝福によって豊かに受け入れたすべての富の相続人に指定しよう。」

コメニウスの予言的な祈りは、その言葉の通りとなった。われら民族は自由で独立しており、普遍的な評価と支持のもとヨーロッパ諸民族の社会に加わるのだ[1]。」

チェコスロヴァキアの独立は、コメニウスが『死に逝く母なる兄弟教団の遺言』のなかで記したチェコ人による統治の回復という願望の実現としてとらえられた。独立したチェコスロヴァキアの首都プラハの街を天から見下ろすコメニウスが描かれたボフミル・コズィナ（一八八一―一九四九年）による絵画は、マサリクの演説を表したものといえよう。一九一九年、チェコスロヴァキアの通貨制度が始まるが、コメニウスは一九二一年に五コルン紙幣の肖像画に現れた。以来、体制の変動のなかで紙幣に現れたり消え去ったりする群像がいたなかで、コメニウスは現在も紙幣の肖像に用いられている。現在でも、子どもたちが野球選手などのカードのついたスナックを買ってカードを集める趣味があるが、一九二〇年代のチェコスロヴァキアでは、石鹸の箱に歴史的人物のカードがおまけでついており、コメニウスのカードもそのなかに入っていた。コメニウスの名はついにコマーシャリズムを通じても浸透するようになった。

さて、マサリクは大統領になる以前から頻繁にコメニウスに言及しているが、そこには一貫した視点がある。一九〇二年、アメリカに招かれてシカゴ大学で行った三週間の集中講義のなかで、彼はコメニウスに論及した。これは公開講義として開催されたがゆえに、その内容は啓蒙的である。しかし、それだけにマサリクの視点が端的に示されている。

「コメニウス自身のうちに私たちは、兄弟教団が神学から哲学に移行せざるをえなかったことを見るのです。コメニウスは神学者ではなく、哲学者でした。はじめは一般民衆の教会組織であった兄弟教団も、しだいに国内の知識階級を吸収していきました。〔…〕彼は兄弟教団を信じ、人類の統合を――すべての民族の統合を信じたのでした。それゆえに彼は、人類を統合する哲学を提示しようといたしました。人類を同胞として統合しようという理念の中から、他の諸理念とともに、コメニウスの教育理念のすべてが派生しているのです。」（マサリク、一九九四年、八〇―八一頁）

ボフミル・コズィナの絵画による絵葉書
裏面には、「プラハ上空の雲の中で、見失われていたコメニウスが巨大な姿で立ち現れ、華麗に呼びかける。「今日、汝の事柄の統治は、人々よ、汝らに返ったのだ。」」と記されている。

マサリクは、特殊個別的な存在が普遍性を志向したところにコメニウスの思想史的意義を見ようとする。そこには、神学から哲学へという流れと一民族から人類へという流れがあるとする。コメニウスが神学者ではなく哲学者であったという規定は、コメニウスに近代的な装いをまとわせようとする啓蒙主義的な見方であるといえなくもない。しかし、前述のように、チェコ地域において宗教は民族の分断を深刻化させる不安因子であった。また、兄弟

コメニウスの肖像が用いられた紙幣
上：1921 年発行のチェコスロヴァキア 5 コルン紙幣
中：1988〜93 年に通用したチェコスロヴァキア 20 コルン紙幣
下：1993 年から通用しているチェコ 200 コルン紙幣（デザインの微修正等が 3 度施されている）

チェコスロヴァキアの偉人のカードが景品についた石鹸の包装紙
（右端の群像の下から 2 人目がコメニウス）

教団の活動に一宗派を超えた文化的・教育的影響力があったことも否定できない。コメニウス及び兄弟教団に民族主義が見られるのは間違いないが、それが必ずしも排他的でなかったことは、コメニウスが宗教や民族の宥和をめざしてパンソフィアを構想したことからも認められる。マサリクは、コメニウスの教育方法論なども人類の普遍的な統合という理念の分肢であると見なした。

特殊個別的な存在は普遍性を志向することによって存在意義を勝ち得ることができるという理念は、小民族としてのチェコ人の独立を実現しようとするマサリクの選択肢そのものだった。彼はコメニウスという具体の内にその原型を見たのである。この見解が大統領就任後も貫かれ、さらに展開されたことは、一九二八年、コメニウスがポーランドに亡命して三〇〇年を記念して出版された英語の伝記『ヨハネス・アモス・コメニウス』にマサリクが寄せた序文にもうかがわれる。

マサリクは、序文が哲学者及び政治家という立場としてのものだと断りつつ、「プラトンは彼の理想の国家を論ずるなかで、すでに大衆教育の概要を示したが、それもコメニウスの意図であった」とし、「それは今日いたるところでなされている教育ではないのではないか」と問う（Masaryk, 1928, 3）。コメニウスをプラトンにまで遡った流れにおいてとらえるという発想も興味深いが、当時広く普及していた国民学校教育はプラトンやコメニウスの理想に沿ったものではないとマサリクが批判的に見ていることが目を引く。マサリクは、「コメニウスは、現代の表現を用いれば、言葉の真の意味での教育・文化政策を要求した最初の一人なのだ」とする（同, 3）。教育は社会全体の改革なしには改善の緒に就かないがゆえに、教育とは高度な意味での政治でなければならないと、マサリクは考えたのだろう。

パラツキーと同様にチェコ宗教改革のユニークな意義を強調しながらも、「コメニウスは、民族性と国際的な感覚をいかに調和させることができるかという壮大な実例を自らもたらしている」（同, 5）とし、特殊と普遍の相即によって、「チェコ兄弟教団の牧師はあらゆる民族の教師あるいは教育学者になったのだ」（同, 6）と、マサリクは言う。そして、デカルトが、哲学と神学を混同したとしてコメニウスのパンソフィアを批判したのを引き、コメニウスの意図は「コメニウスは神学から哲学へのある段階を提示したのだ」(同、6)とし、コメニウスを哲学者としてとらえる見方を再説している。こうした普遍性のゆえに、コメニウスの著作のうちには、「コメニウスの個人的なものばかりではなく、人種的・民族的な性格が見られるのであり、われわれは自覚的で確信に満ちた労働者としての民族であり、そうあらねばならない」(同、7)と述べ、コメニウスに民族の理想を見ようとする。そして、この序文は、「戦時中の世界への政治旅行で、私が兄弟教団の聖書である『クラリツェ聖書』とともに肌身離さなかったのは、コメニウスの『遺言』であった」(同、7)と結ばれている。マサリクは、兄弟教団の後継たることをめざし、チェコ地域のプロテスタントが合同して成立したチェコ兄弟教団福音教会に帰依した。

　この時代にコメニウスが描かれた絵画に、画家のヴラディミール・ストゥシーブルニー（一九〇五―七〇年）による《祖国に別れを告げるコメニウス》（一九二四年）がある（本章の扉参照）。学校教育用の掛図として普及したこの絵画は、パラツキーによるコメニウスの伝記の記述を反映しているように思われるが、宗教と民族の対立によって亡命を強いられたコメニウスらの姿を痛々しく描き出している。表象の民族主義的傾向は明らかである。

カレル・チャペック

　しかし、同化を受け入れるというのでもない限り、民族主義を完全に放棄するわけにはいかない。他方、民族主義の次元で対抗しても、小民族がその存在意義を見出すことは難しく、時として存在を維持することさえ容易ではない。何に民族の個性を見るかはチェコ人にとって常に問題であり、コメニウスはひとつの参照枠であった。チェコ語作家として著名なカレル・チャペック（一八九〇―一九三八年）は、一九二九年から三五年にかけて行われたマサリクとの対談で、コメニウスに代表されるチェコの哲学者は、「思想のための思想という贅沢を許されない」小民族に属するゆえに、「自分の思想を生の実際的な問題、民族の生活の問題に絶えず向けていた」とし、そこにチェコ的プラグマティズムともいうべき個性が認められるのではないかとし、マサリクに、「あなたもまたその伝統に属するように思えるのです」と問う（チャペック、一九九三年、一七四頁）。これに対してマサリクは、ドイツ的教養をわがものとし、一民族にとどまらない影響を与えたコメニウスに、むしろ民族主義を相対化する一面を見ようとする。

「彼【コメニウス】は人間性の使徒であり、あらゆる事柄における、至るところにおける、調和の宣言者であり、全世界のための仕事によって民族のために働き、世界を経巡《へめぐ》りました。諸民族に認められた教師であり、真の、そして最初の

コメニウスの遺骨調査の模様（1927 年、ナールデン）

コメニウスの墓碑完成の式典（1937 年 5 月、ナールデン）

自覚的な汎ヨーロッパ人です。」（同書、一七五頁）

マサリクの死の四か月ほど前の一九三七年五月、オランダのナールデンにあるコメニウスの墓所が整備された。コメニウスはこの地の改革派教会に埋葬されたが、その管理・保存の状態は劣悪であった。遺骨の発掘等の調査の後、チェコスロヴァキア政府はオランダ政府から名目的な賃貸料年間一ギルダーで土地の永代使用権を得て墓所は完成した。現在は、墓所や庭園のほかチェコ共和国以外では唯一のコメニウス博物館がある。

戦前における日本のコメニウス研究

西洋教育の受容期を経た日本では、コメニウスはもっぱら教員養成のための教育学、とくに教育史において語られた。当時の代表的な教育史家の小西重直（一八七五―一九四八年）と髙橋俊乗（一八九二―一九四八年）による師範学校教育科教科書『新制準拠　統合近世教育史』（一九三八年）における記述を見てみよう。「第十七世紀の教育」の項目は、ルネサンスの三大発明から説き起こし、科学革命の進展のなかで「実科主義」の教育が芽生えたと記述される。ここで「リアリズム」は「実科主義」と訳されている。その先駆者としてラートケが挙げられ、その完成者がコメニウスであると記される。『世界図絵』の挿絵やコメニウスの肖像もとり入れられ、事績や思想の説明は六頁に及ぶ。これは、ルソーの四頁を上回りペスタロッチやヘルバルトの八頁に次ぐ扱いである。そこでの記述からは、日本の教育学研究が次第に自立しつつあった様子が垣間見える。

「自然は神と相応じ、神の啓示として存する。この自然界の生成発展はよく調和している。よって、コメニウスは自然に倣って教育せよと言った。ただしその自然とは主として客観的自然界の意味であるが、心理的法則に従うこともあわせて認めておった。」（小西・髙橋、一九三八年、一四一頁）

前章で見たように、リンドネルの影響のもと、コメニウスの自然観は客観的であるという見解が日本では支配的であった。しかし、ここで若干の見直しが加えられている背景には、次に見るような教育学者たちの議論があったであろう。他方、コメニウスの教育学説の紹介は『大教授学』に依拠しており、当時の硬教育志向を反映したような言及もある。

「太陽は常に光と温を与えるが、時として風雨の威を示し、稀には雷電を加えるが如くに、教師は常に温情をもって児童を導くべきであるが、不良な児童に対しては時に烈しい矯正を施さなければならないと説いた。」（同書、一四三頁）

当時、一五歳から一九歳を対象とした師範学校で行われた教育史教育は、現在の大学における教員養成課程のカリキュラムよりもはるかに濃密だったといえる。そのなかでコメニウスにはかなり高い位置が与えられていた。教師のキャリアアップの登竜門であった文検でも、大正二年の本試験（四時間）の六問のうちに「自然教育説に関してコメニウスとルソーとの意見を比較論評せよ」、大正六年の予備試験（四時間半）の八問のうちに「コメニウスとペスタロッチの教育説の異同を論ぜよ」といった問題が出題されている（松田、一九三二年、附録四、六頁）。文検の合格者には、創価教育学会を創設した牧口常三郎（一八七一―一九四四年）、分団的動的教育論を提唱した及川平治（一八七五―一九三九年）、平凡社創業者の下中弥三郎（一八七八―一九六一年）らがいた。この時代、コメニウスの思想は指導的な教育者が身につけるべき教養の一部となっていた。

明治から大正に移る頃になると、西洋の研究書や啓蒙書の単なる紹介という域を脱した研究が現れ始める。一方には、教育史家の藤原喜代藏（一八八三―一九五九年）が、「文芸復興期以降、約五百年間に出現したる欧米の教育思想は、僅々四十年の明治年間に於て、皆悉《ことごと》く之を摂り且つ消化して、今や殆んど彼此対等の状態にあり」（藤原、一九〇九年、二頁）と記したような西洋の移入からの脱却の主張もあったが、他方、「何でもかでも新しいものに好尚の趣き、新しきものはただ新しきが故に歓迎せられ、古きものはただ古きが故に廃棄せられるのは啓蒙主義の影響を未だ充分脱却しない現代の一傾向」（辻、一九二四年、三頁）を指摘し、西洋思想の受容のあり方を問い直そうとする立場もあった。とくに、経験科学が拡大するなかで、「生物進化論が確定して人間の位置の明かになった今日では単に思考力のみに依頼して考え出した説は先ず根拠の無い空論と見なすの外はない」（同書、一〇―一一頁重引）といった哲学的思考の意義を軽視する風潮の高まりのなかで、思想や歴史の意義の弁明が試みられた。

一九二四年、東京の目黒書店が刊行を始めたシリーズ『教育思想精華選』はそうした試みの現れである。これは、「テキストから先覚を理解し、この歴史的人格的理解より教育生活の意義と精神を体得するように進む」という趣旨から「著名なる教育古典を本邦教育界に紹介」しようとするものだった（同書、五頁）。教育学者の辻幸三郎（一八八八―一九六五年）は、この第三巻でコメニウスの『大教授学』を訳出した。前述のキーティングによる英訳からの重訳であり、これがコメニウスのテクストの最初の邦訳である。

ここで引いている辻の序文が、「コメニウスの為の弁明」と題されているのは興味深い。現世は来生への準備であるというコメニウスの主張は、世俗主義的立場からすれば無意味に映る。しかし辻は、進化論が生物の起源や発生を説明するとしても、「起源の起源や始めの始め」は何らかの仮定によらざるを得ないとして、「世界全体、人生全体従ってまた教育を神聖の相に於いて眺めて居る」コメニウスから何かを学ぶべきだと言う（同書、七―八頁）。そして、この翻訳は教育方法の各論ではなく教育の前提について考察した『大教授学』の前半の第一三章までで構成され、表題も『聖の世界と教育』となっているのである。辻は、明治期の教育史テクストが十分に原典に当たっていないことを批判して、「コメニウスのいわゆる自然はいわば主観的自然も客観的自然も共に含んでいる」と指摘し、「余は断乎として従来の教育史家の見解を訂正しなければならない」とする（同書、一四、一五頁）。さらに、自然科学においては「目的論（テレオロヂー）を排して自然を考察すべきであろうが、具体的な人生観、世界観としてはテレオロビ《ママ》ーを離れることが出来ない」（同書、一六頁）と強調する。辻の指摘は篠原助市には届かなかったようだが、師範学校の教育史教科書の記述を見る限り、一定の効果はあったといえるかもしれない。

また、この翻訳が教育実践に影響を与えた形跡もうかがわれる。この翻訳が出たのと同年、「民衆が労働しつつ生涯学ぶ民衆大学」のひとつとして長野県に信南自由大学が設立されたが、コメニウス研究者の井ノ口淳三（一九四七年生）が指摘するように、その設立趣意書ではコメニウスの教育理念が高く評価された（井ノ口、一九九八年、九〇頁）。この趣意書では、「各国で制定された学校系統」が「個人の稟賦《ひんぷ》を何処《どこ》までも完全に伸張」するという「趣旨を忘れ、其の創建した学校系統の形式だけを無批判に踏襲する傾向を示した」という当時の教育政策への批判と自生的な生涯学習運動の必要性が強調されていた（同書、同頁）。

第二次世界大戦前の日本におけるコメニウス研究の頂点を築いたのは、戦後は新教育運動にも携わった教育史家の梅根悟（一九〇三―八〇年）であろう。彼は東京文理科大学の卒業論文「近世教育思想史における自然概念及び合自然原理の発展（コメニウス、ルソー、ペスタロッチ）」（一九三三年）で、コメニウスをとりあげている。梅根は、『自然学綱要』や『総合的熟議』第一部『パンエゲルシア』等のコメニウスの哲学的な著作も検討し、「コメニウスを単なる実学主義者Realistとなすことは不当となされるであろう」という結論を導いていた（梅根、一九六六年、五九頁）。その後、梅根が自身の師であった東京高等師範学校教授の佐佐木秀一（一八七四―一九四五年）の名前で出版した『コメニウス』（一九三九年）では、コメニウスを単に教授方法の改革者ではなく、社会改良家と見なすべきであるという主張が明確に示された。

「我が国の教育者の大多数が、彼【コメニウス】を単なる教授法改良の大家として見ていることは、すこぶる狭きに過ぎるきらいがある。かくて本書は、彼が、広い深い社会改良の思想体系の持ち主で、しかもまた、無類の強靭な祖国愛の闘士であったことを明らかにし、そして教育の部面における彼の思想も活動も、ことごとくそこから出たものであり、決して単なる教授法の革新のみに専念された結果でないことを伝えようとしたものである。」（佐佐木、一九三九年、序）

梅根は、コメニウスの社会改良思想を論じ、教育史テクストではとりあげられなかったコメニウスの予言信仰についても相当に紙幅を割いたほか、コメニウスの位置づけについての問題点を次のように指摘した。

「コメニウスは、教育史上、縷々《るる》いわゆる実学主義の範疇に属せしめられるが、陶冶の理想に関しては、人生の究極の目的を彼岸に求め、現世の生活を来世への単なる準備期と見る、いわば中世的な観点に立っていた。」（同書、七九頁）

「多くの人は、コメニウスの直観の概念を受動的であるという。それがペスタロッチに至って発動的であることをその特質とするようになったという。〔…〕けれども、コメニウスの思想は、決して単に受動的と評し去ることが出来ない。」（同書、一六六頁）

こうした認識から梅根は、「今日、いわゆる新教育を説くものは、歴史的には、多くペスタロッチをその先駆者として挙げるのみで、いまだ我がコメニウスに及ばないのは、すこぶる公平を欠いているといっていい」（同書、一六五頁）と結論する。この理解は、前章のむすびに引いたバトラーと基本的に同じであり、この時代にはコメニウスと新教育との間に線を引くという歴史的視線があったことがうかがえる。しかし、梅根自身もこうした教育史理解をさらに展開することはせず、戦前戦後の日本の教育界の一般的な見解を覆すまでには至らなかった。

ところで、戦前の日本のコメニウス解釈においてその民族主義的側面があつかわれることはそう多くなかった。しかし、その数少ない事例が見られるのがこの著作である。梅根はコメニウスの祖国愛に注目し、次のような実に微妙な記述をしていた。

「【第一次】世界大戦後、民族意識――祖国意識が各国に熾烈に勃興してきた。今日その昂揚の潮がまさに絶頂に達している。さて、この意識この感情が、今後果たしていかなる方向に発展していくであろうか。またそもそもいかに発展させていくべきであろうか。これは実に各国の国策に重大関係を有するところで、為政家も教育家も深く深く考えなければならぬ大問題であろうと思われる。」（同書、一六一頁）。

戦後、梅根が再び自身の名において著した版では、コメニウスが「民衆の解放のための民衆の組織的な知的啓蒙」（梅根、一九五六年、一四九頁）にとりくんだ側面が強調され、このような記述は見られない。

全体主義のなかで

一九三七年にマサリクが死去した時、ナチス・ドイツではチェコスロヴァキアを消滅させる「緑作戦」が立案されつつあった。一九一八年の独立時、チェコスロヴァキアはズデーテン（現在のチェコ共和国の外縁部）に進出して領有を認められ、スロヴァキアをめぐってもハンガリーと争った。とくにドイツ系住民が多く住むズデーテンには軍需工場も多く、ナチス・ドイツはこの奪回を狙う。一九三八年九月のミュンヘン会談の結果、イギリスとフランスも、ドイツがこれ以上の領土要求を求めないという条件でズデーテンの割譲を認める。この過程で、チェコスロヴァキアは、ズデーテンだけではなくポーランドやハンガリーとの係争地域も失った。

一九三八年は、チェコスロヴァキア共和国の建国二〇周年だった。記念の絵葉書は、国家の存続が危ぶまれていた時期であったことからしても、きわめて象徴的だ。チェコの守護聖人とされる

チェコスロヴァキア共和国20周年記念の絵葉書（右から2人目がコメニウス）

ヴァーツラフ（九〇七―九三五年）、宗教改革者フス、共和国大統領マサリクと並んで描かれているのはコメニウスである。四人を並べることで、民族の歴史的連続性やその独自性という物語が直観できるように表象されている。翌一九三九年、ナチス・ドイツはチェコスロヴァキア国内の独立運動をあおり、その結果、スロヴァキア共和国とカルパト・ウクライナ（スロヴァキア東部）が独立した。ナチス・ドイツはそれをまってチェコに進駐する。カルパト・ウクライナと南部スロヴァキアもハンガリーの支配下に入る。同年九月、チェコはベーメン＝メーレン保護領（第二共和国）となり、チェコスロヴァキアは消滅した。マサリクのあとをうけた大統領ベネシュはロンドンに亡命し、一九四〇年に亡命政府の大統領となる。

ナチス・ドイツがモスクワにまで迫り、イギリスがヨーロッパの孤塁となっていた一九四一年九月は、コメニウスがイギリスを訪問してから三〇〇年にあたっていた。同年九月二〇日のイギリスの代表的新聞『タイムズ』には、コメニウスが登場する。

「チェコの教育家コメニウスのロンドン到着から三〇〇年となるのを記念して、チェコスロヴァキア広報部は、ヨーク大主教が九月二九日にロンドンで開催される集会を主催すると発表した。同集会はカクストン・ホールで開催され、主要な登壇者にはオランダ首相とチェコスロヴァキア外務大臣が予定されている。一〇月二四日には、特別の会合がケンブリッジ大学のセネートハウスで開催される。」（*The Times*：49036）

この予告記事に続いて、九月二五日付では次のようなコメニウスの箴言が掲載された。

「戦火がキリスト教世界をなおも災害と荒廃に脅かすとき、ついに闇は退散させられるという、至高で最終的な光に関した神の古来の約束に見出される慰めより大きなものは何もないことに、私は気づいた。そして、このために何らかの人間的な助けが必要であるなら、地上の迷宮から脱出するべきである限り、それは、最も基本的なものにおいても根本的なものにおいても万事、若者へのより良い教授のみにかかっていると、私は考えた。」(同巻：49040)

当時のイギリスがおかれた状況にあって、危機の世紀とされるヨーロッパ一七世紀に対するコメニウスの洞察が実感をもって受けとめられたことが読みとれよう。そして、九月二九日の集会については、次のように報じられた。

「コメニウスの三〇〇年
チェコの改革者のイギリス訪問を記念
チェコスロヴァキアの教育改革者でありヨーロッパの平和連盟の提唱者であるジョン・アモス・コメニウスがイギリスに到着して三〇〇年を記念する集会が、昨夜、ウェストミンスターのカクストン・ホールにおいて、英チェコおよび英蘭キリスト教会の共催で開催された。

同集会を主催したヨーク大主教は、コメニウスの国とわれわれの国との結びつきは断続的であったかもしれないが、現在は特に近しく、かつてこれほど接近したことはなかったと語った。この記念式典において、コメニウスの祖国、彼が後半生を暮らしたオランダ、そして彼がそのメッセージを伝えに訪れたわが国の三か国が特別な関係にあるのは当然のことであり、現在わが国はチェコスロヴァキアとオランダの政府を客分として迎えている。

コメニウスの全人生の主な源、その英雄的な忍耐力の主な霊感は、敬虔と自由と真実の追求の結合にあった。これら三点は、彼の心中で密接に連動していた。彼は、人間の尊厳は主として神との関係において存在するという確信を継承したのである。これらは、現在のヨーロッパにおける野蛮の拡大によって新たな挑戦を受けている。

オランダ首相のペーター・シュールド・ヘルブランディー博士は、コメニウスは偉大なヨーロッパ人であると敬意を表した。ヤン・マサリク博士は、コメニウスは自身の民族と国への激しい愛と世界市民としてのまれな能力とを結合した人間として何世紀にもわたって輝いていると述べた。そうしたなかで、彼はその時代のみならず、世界が狭量な民族主義によって再び憎悪と争乱で引き裂かれている現在に先駆していたのだ。
大勢の聴衆のなかにはベネシュ博士とM・マイスキーもいた。」(同紙：49044)

オランダ亡命政府首相のヘルブランディー（一八八五―一九六一年）、チェコスロヴァキア亡命政府大統領ベネシュ、同外相で初代大統領の子息のヤン・マサリク（一八八六―一九四八年）、そして当時は駐英ソ連大使であった歴史家・政治家のイヴァン・ミハイロヴィッチ・マイスキー（一八八四―一九七五年）らの主要な政治家がコメニウスのイギリス訪問三〇〇年を記念する場に居合わせたのは、政治的理由なしには考えられない。

そして、一〇月二四日、ケンブリッジ大学では、「諸国民の教師」コメニウスのイギリス訪問三〇〇年を記念する国際会議が開催され、そこにはイギリス、アメリカ、フランスの学者や文化人が顔を見せた。ベネシュは「よきヨーロッパ人としてのコメニウスの歴史的位置」と題して次のように述べた。

「チェコスロヴァキア出身者のうちで最も有名な人民であるコメニウスは、国の滅亡前夜の一六二八年に国を去り、四〇年以上にわたってヨーロッパ中を渡り歩き、その民族の救済とともに彼の学問的・教育的計画のために休みなく働いた。同じ運命がわれわれに襲いかかり、彼が三世紀前に戦ったのと同じ人間的理想と道徳的価値のためにわれわれが戦っている今、彼は全チェコスロヴァキア人から深く崇拝されている。」(Needham, 1942, 1)

ベネシュは、コメニウスが亡命の人生を通して「ドイツ帝国と戦った」こ

エドヴァルド・ベネシュ

とを強調し、コメニウスとマサリクがともにチェコとスロヴァキアの国境付近に生まれたことに言及しつつ、二人の示した道を進むべきことを論ずる。ベネシュは、チェコの地政学的な重要性を指摘したうえで、「チェコスロヴァキアをドイツに引き渡したミュンヘン協定はヨーロッパと世界の双方にとって重大な誤りである」(同,7)とし、ヨーロッパがチェコスロヴァキアを見捨てた事実を強調する。他方、ヘルチツキーや一五世紀のフス派のボヘミア王イジー・ス・ポジェブラト(一四二〇―七一年)といったチェコの平和主義者をあげ、「われわれは、平和のため、国際連盟のため、自由のため、民主主義のため、宗教的・道徳的進歩のためにある」(同,8)として、チェコスロヴァキアはヨーロッパの側にあると訴える。そして、「われわれとドイツとのあいだの政治において立ちふさがっている今日の大きく深刻な相違」は、「一方におけるビスマルクとヒトラー、他方におけるコメニウスとマサリクの名において示されよう」(同,9)と述べて、支持を訴えた。ドイツの統一をもたらした鉄血宰相オットー・フォン・ビスマルク(一八一五―九八年)やアドルフ・ヒトラー(一八八九―一九四五年)の名が対立的に引き合いに出されているように、ベネシュによるコメニウスのとりあげ方はきわめて政治的である。

「今日われわれは、イギリスの民主主義、アメリカの偉大な自由の共和国、そしてソヴィエト連邦の勇敢に抵抗する軍隊と人民の助けにより一致結束してナチズムと戦っている。かくしてこのたび、われわれは、三〇〇年前にコメニウスによって初めて世界に掲げられた自由と平和という理想を、いかなる代償を払ってでも守るであろう。」(同,9)

この集いを支配する反ドイツ、反全体主義のトーンのなかで、異彩を放つ寄稿を残しているのが、画家のオスカル・ココシュカ(一八八六―一九八〇年)である。チェコ人を父に生まれた彼は、大作曲家グスタフ・マーラー(一八六〇―一九一一年)の未亡人アルマ・マーラー(一八七九―一九六四年)と恋に落ち、その破局後は、アルマをかたどった人形を連れ歩いたといった奇行で知られるが、ケンブリッジでの講演「コメニウス、イギリス革命、そし

ココシュカ作《マサリク大統領の肖像》（1935〜36 年）（ピッツバーグ、カーネギー美術館）（右上にプラハ城、マサリクの左横にコメニウスが描かれている）
Foundation Oskar Kokoschka/JASPAR, Tokyo, 2018 C2039

オスカル・ココシュカ

てわれわれの現在の苦境」は、きわめて冷静かつ文明論的な格調を備えている。ナチスの台頭するドイツでドレスデン美術大学の教授を務めていた彼は、その芸術を退廃的であると見なすナチス政権を嫌ってプラハに身を寄せ、戦時下にはロンドンに移っていた。ヨーロッパに戦火が迫るなかで戯曲『コメニウス』（一九三六―三八年）を著したほか[2]、一九三五年から翌年にかけて制作されたマサリクの肖像の背後にはコメニウスが描かれているように、彼はコメニウスについて専門的と言ってよい学識を有していた。

　ココシュカは、ピューリタン革命の意義を評価する一方、その後の二世紀は革命の理想と離反した時代だったと指摘する。古典的な階級闘争史観の枠組みに基づきながらも、彼は、革命のなかで合理的説得が顧みられなくなり、暴力的専制に陥ったことを問題視する。そして当時の封建制に対抗した宗教運動を重視し、フスに影響を与えたジョン・ウィクリフ（一三二〇―八四年）、フス、ルター、カルヴァンには宗派の分断や暴力的な対立をもたらした面があるのに対し、評価に値する存在として兄弟教団の始祖ヘルチツキーをあげ、コメニウスをその系譜に位置づける。そして、第二次世界大戦に陥ったヨーロッパの本質的な問題は大衆教育の失敗にあるとして、次のように述べる。

「ファシズムに対抗するこの聖戦が勝利のパレードのなかで再びかすんでしまうのではなく、恒久平和によって継承されていくのだという民主的な人民の決意は、おそらく人民を束縛している第一の原因、つまりは国家的な目標に向けた教育を取り除くことによって、いかにして個人を解放するかという問題に関心を集中させることによって促進されるということだ。」（同, 66）

ココシュカは、第一次世界大戦では少数民族の解放がめざされたが、「教育制度によって国家の抑圧的な制御のもとにおかれた多数者を解放する必要性については考えられなかった」（同, 66）と言う。彼は、「国家を志向した教育は、そのドグマを批判し生きることよりも、そのドグマのために進んで死のうという人間を生産物としてなお も送り出している」として、民族主義に奉仕する教育を批判し、「近代の工業文明に必要なのは、国籍、民族、肌の色に関係なく、あらゆる人間が共に生き協力しなければ滅亡するということを学ぶことだ」と言う（同, 67）。彼は、「悪魔に対する民主主義の戦い」といった善悪二元論的な言説にも懐疑を示し、技術の独走の中で世界の破壊が進行しているにもかかわらず、「民主主義は自己満足の増大とその背後における大衆の絶望を過小評価している」とし、それは「バリケードの両側」で起きている問題だと洞察する（同, 68-69）。技術主義の背理にイデオロギー対立を通底する問題を見ようとした彼の視点は、一九六〇年代末に哲学者ヤン・パトチカ（一九〇七―七七年）があつかった論点を先取りしている。ココシュカは、コメニウスが『光の道』やこの頃にはまだその内容が知られていなかったはずの『総合的熟議』の『パンオルトシア』で論じた国際的な教育・文化政策の重要性を力説して講演を結んでいる。

「今日われわれは、人間の生来の才能に対するコメニウスの信念を以前にもまして必要としている。彼の教育構想の本質的原理を近代的な言葉に翻訳するなら、それは国際的な精神を持った教育の専門家や学者の会議によって大衆教育の国際的で科学的な管理を世界の民主主義に要求することだ。」(同, 69)

ココシュカの戯曲『コメニウス』には、民族主義や反ユダヤ主義への批判と危機意識が強く反映されている。ココシュカは、アムステルダムで過ごす晩年のコメニウスに次のように語らせている。

「現在、人々は、読み書きを少し、そして計算を習い始めたが、にもかかわらず、世界はますます野蛮へと深く沈んでいるように見えるのは認めざるを得ない。〔…〕われわれが理性に至らない限り、先史時代の巨人や恐竜と同じように、人類は死に絶えると思うのだ。(Kokoschka, 1999, 237)

この会議の記録はケンブリッジ大学から出版されたが、編集にあたったのはイギリスの生化学者で著名な科学史家でもあるジョゼフ・ニーダム（一九〇〇—九五年）である。ニーダムは、コメニウスが「女性教育に賛意を示し、学校における階級差別に反対し、当時はどこでも暗記によって学ばれていたラテン語文法に代えて、科学や音楽や手工をとり入れようとし、学校が青年の拷問所というよりは（彼自身の言葉によれば）人間性の幸福なる工房となるように熱望した」と称賛した上で、チェコ地域とイギリスが封建制の打倒に向かう歴史的・思想的つながりを共有していたと強調し、「一五世紀のボヘミアも一七世紀のイギリスも変わることなく維持することはできなかった公共の福利が、水が陸を覆うように、あらゆる人間をひとつにする時のただちに来たらんことを」と結んでいる(Needham, 1942, v, vii)。

この年の暮れ、ヒトラーの腹心でベーメン=メーレン保護領の事実上の支配者であったラインハルト・ハイドリヒ（一九〇四―四二年）を暗殺する計画「エンスラポイド作戦」が着手され、翌一九四二年五月、イギリスで訓練を受け、パラシュートでプラハに降り立った作戦部隊によってハイドリヒは殺害された。チェコではそれに対する粛清の嵐が吹き荒れ、暗殺計画に関係しているとの断定を受けたプラハ北方の村リジツェでは、成人男性は全員殺害され、女性と子どもは収容所に送られ、村は跡形もなく破壊された。この年は、コメニウス再受容の頂点ともいうべき一八九二年から半世紀を経た生誕三五〇年だった。ナチスの占領下という困難な状況であったが、チェコではこの年に向けてコメニウスを題材とした大衆的な作品のコンテストが行われた。しかし、同年にチェコで出版された『世界図絵』では全一五〇章のうちの「第一四六章　ユダヤ教」の章が丸ごと削除されていた（井ノ口、二〇一六年、九頁）。

リジツェの眺望

コメニウス言説への批判

ナチス支配下、プラハ大学の閉鎖によって大学での職を失うなかで、コメニウスについて論じた哲学者がいた。オイゲン・フィンク（一九〇五―七五年）とともにフッサールの教えを受け、現象学のユニークな展開にとりくんだパトチカである。彼は、一九三三年にはフライブルクでのハイデガーのゼミナールに参加し、一九三四年のクリスマスにはフッサールのもとを訪れている。この時、フッサールは同じモラヴァ出身の親友マサリクから贈られた書見台をパトチカに贈り、大統領となっていたマサリクへの書簡をパトチカに託した。プラハ哲学サークルの書記を務めていたパトチカは、ユダヤ系であるためにドイツでの活動が制限されつつあったフッサールに、プラハへの訪問と講演を招請し、それによって実現した講演をもとにフッサールが著したのが、『ヨーロッパ諸学の危機と超越論的現象学』（二部、一九三六年）であった。その後、パトチカはプラハ大学に職を得たが、ナチス・ドイツの侵攻によって大学が閉鎖されると、大学での職を失ってしまう。彼は、コメニウスの生誕三五〇年を記念した大衆的な作品の募集という出版者協会の意図を認めながらも、その内容は挑戦的である。

左からパトチカ、フッサール、フィンク（1934年、フライブルク）

「コメニウスの教育学的なリアリズムについてのお決まりのフレーズは、決してコメニウスではなく、彼の営為でも理念でもない。また、コメニウスの平和主義的で百科全書主義的な啓蒙的キャッチフレーズは、もはや正しいとはいえないものもある。彼の姿は一義的ではなく、一本調子の聖人伝を手本にしてコメニウスを描くことはできない。」（パトチカ、二〇一四年、三八頁）

教育学の枠組みにとらわれたコメニウス理解に対しては、マサリクも批判的に論及していた。こうした視点は、ディルタイ以来、ドイツの哲学者にも見られる。ベルリン大学総長を務めた文化哲学者のエドワルド・シュプランガー（一八八二－一九六三年）は、コメニウスの取り組みが「新プラトン主義的世界像の枠内で始《ママ》めて一つの統一体として理解される」ことを強調し、「彼は教科書風の教育学が仕立てあげているような単なる直観と経験の使徒ではなかった」と論じている（シュプランガー、一九五六年、四九、四五―四六頁）。パトチカは、一九世紀を通して広く社会に流布したコメニウス言説の再検討を促したのだった。

加えてパトチカは、長大な伝記を著したノヴァークによる研究手法を「古い見方」（パトチカ、二〇一四年、三七頁）とした。ここでパトチカが古い見方と呼んだ方法論とは客観主義的・実証主義的なアプローチを指す。彼は、クヴァチャラのアプローチを評価し、「ルネサンスという言葉に関連づけるという一般的な先入観の影響のもとに長くおかれてきたために、西ヨーロッパの合理主義の一種の前段階であると見なされてきた」（同書、四〇頁）一七世紀思想を、異なった文脈から読む可能性を探求しようとする。

こうしたアプローチはパトチカのみがとったのではない。ドイツの哲学者・数学史家ディートリヒ・マーンケ（一八八四―一九三九年）は、ライプニッツ研究にとりくむとともに、フッサール門下として数学的自然学と精神科学の総合をくわだてた。マーンケは、「コメニウスのバロック普遍主義」（一九三一―三二年）という論文で、コメニウスとデカルトの関係について検討し、コメニウスの普遍主義志向にデカルトとの共通性を見ようとした。

パトチカはマーンケの着想を評価しながらも、「カンパネッラ、ベーコン、コメニウス、デカルトそしてライプニッツをバロック哲学の名のもとにひとまとめにするのは、（純粋に哲学という相から見るなら）、カンパネッラとコメニウスを一方に、デカルトとライプニッツをもう一方に位置づけたり、奇妙なことにライプニッツのうちにルネサンス的な要素が残っていることを強調しようとするのと比べると、たしかに乱暴である」（同書、四一頁）と記す。そしてパトチカは、コメニウスの思想形成におけるドイツのニコラウス・クザーヌス（一四〇一―六四年）やヤーコプ・ベーメ（一五七五―一六二四年）の影響を指摘するとともに、コメニウスの用いたアナロジー、対応関係、三相法等の技法は神秘主義的な起源を有するのであり、「近代的な意味での方法〔…〕でコメニウスに近づこうとする試みは、どういうものであっても挫折せざるを得ない」（同書、四三頁）とした。

こうした記述のみに引きずられると、パトチカは学問的な歴史研究の枠内で通説的な解釈の相対化を狙っているだけだと見られてしまう。しかし、実証主義を批判していることから明らかなように、彼が神秘主義の思想史的文脈に注目するのは、思想史的洞察を豊かにするためであった。この論文では簡潔な記述に過ぎないが、パトチカは、「近代科学のいかなる権威も、世界についての思考の方法を思考そのものの本質とすることはできない」（同書、四三頁）と記して近代科学の方法に批判的距離を示し、「コメニウスは、われわれに非常に近く、非常に疎遠である」（同書、五〇頁）と論文を結んだ。フッサールは、パトチカの招請によって実現したプラハ講演で、ヨーロッパが生んだ科学技術がその偉大な成果の一方で人間の生の意味の喪失をもたらしたという危機を指摘していた。フッサールと問題意識を共有するパトチカの視点は、戦後に本格的に展開される彼のコメニウス研究に反映されることになる。

二　東西冷戦のなかで

コメニウスの近代化

一九四五年、第二次世界大戦が終結し、チェコスロヴァキアは主権を回復した。第三共和国の大統領として復帰したベネシュは、ドイツ系及びハンガリー系住民の国籍を剝奪し私有財産を没収する一連の布告を出す（ベネシュ布告）。この結果、多くのドイツ系住民が追放された。また、ナチス・ドイツの支配下で多くのユダヤ系住民が虐殺されたことで、戦前の多民族国家という様相は一変した。他方、ミュンヘン協定でイギリス、フランスから見放された経緯もあり、チェコスロヴァキアのロンドン亡命政府は戦中からソ連との関係を強化していた。戦後、ソ連の影響力は強まり、一九四六年には共産党首班の内閣が成立し、一九四八年二月の政変によって社会主義体制が成立する。東西両陣営のいずれに属するかが不透明だったチェコスロヴァキアの政変は西側にとって大きな衝撃となった。

どの程度チェコスロヴァキアにおける戦後のコメニウス研究に影響を与えたかは立ち入った分析が必要なものの、当時の文化政策においてコメニウス研究に求められた方向性をうかがわせる言及がある。それは、戦後、教育文化大臣等を務めたズデニェク・ネイェドリー（一八七八―一九六二年）によるものである。彼は、音楽学者としてキャリアをスタートし、二〇世紀前半の音楽界で、スメタナとドヴォジャークのいずれが真にチェコ的かという論争に火をつけたことで知られる。彼は、《スラヴ舞曲》に代表される民謡から国民音楽を創造するというドヴォジャークの立場を保守的であると攻撃し、ドイツのワーグナーの標題性をとりいれたスメタナの方が進歩的であるとした。現在では、スメタナとドヴォジャークのどちらが是かなどは議論のテーマにならないと思われるが、彼はモラヴァ民謡を創作の源としたレオシュ・ヤナーチェク（一八五四―一九二八年）も激しく攻撃した。戦前から共産党に加わり、戦中はソ連にいた彼は、戦後チェコスロヴァキアに帰国すると教育文化大臣等を務め、学校カリキュラム等の確立に力を注ぐ一方、多くの学者や芸術家の追放にもかかわった。一九五四年に出版された『共産主義者――チェコ国民の偉大な伝統の継承者』には、次のような言及がある。

ズデニェク・ネイェドリー

「いかに真に人民が状況を認識するかをわれわれが考慮するべきであるならば、兄弟教団のうちにある者が、フスあるいはジシュカといったわが民族の伝統的な英雄たちの序列に属さないということに驚くべきではない。そう、偉大なコメニウスですらもそうである。〔…〕兄弟教団は、フスやジシュカのようには革命的では決してなかった。〔…〕なるがゆえに、フスやジシュカはその人民の記憶に生き続けたのだが、ヘルチツキーやコメニウスはそうではなかった。」(Nejedlý,

プラハ市街を見下ろすヤン・ジシュカ像

1954, 53–54）

ヘルチツキーは、原始キリスト教への回帰を志向し、フス派戦争のような暴力的な手段を批判した。ここでネイェドリーが、革命的か進歩的かという観点から、チェコ史上の群像を評価しようとしたことは明らかだ。戦時中にココシュカがヘルチツキーを評価したのとは正反対のことが言われている。現在、プラハ市街を見下ろす丘には、人物の銅像としてはヨーロッパで最大というジシュカの騎馬像が据えられているが、これは社会主義時代に建立されたものである。ジシュカは、戦後、チェコスロヴァキアの紙幣のデザインにも採用された。ジシュカは、チェコ人とスロヴァキア人が圧倒的多数派となり、スラヴの領袖であるソ連の影響下におかれたチェコスロヴァキアにおいて、ドイツ（特に西ドイツ）への対抗のシンボルとして用いられたといえるだろう。

　こうしたチェコ史記述の方向づけにあって、コメニウスは、その「諸国民の教師」という評価が、すでに国際的にも受け入れられていたものの、兄弟教団の監督という宗教的・平和的な属性はネガティブに評価された。オーラルヒストリーの手法をとりいれ、社会主義時代のチェコスロヴァキアの学術研究の歴史を研究するドウブラフカ・オルシャーコヴァー（一九七七年生）は、「社会主義体制がその『輸出産品』のうちでコメニウスをいかにどの程度まで変容させられるかが、さらなる詳細な研究に向けた問題、むしろ課題となったのだ」（DO, 19）と総括している。また、これと並行してコメニウス研究に対するソ連からの一定の圧力があったこともうかがわれる。長くコメニウス研究に携わったマルタ・ベチュコヴァー（一九三〇年生）は次のように回想している。

「一九五三年のゴンチャロフ教授に率いられたソ連の代表団があった際、マカレンコらも含めてすべてをあつかっていた研究所を訪問した。そこで代表団は、コメニウスの研究部門もあるのかを尋ねたが、一九四五年からブランボラ博士がそこに勤務し、コメニウス研究にあたっているにもかかわらず、コメニウス研究部門が存在しないことに気づいた。そして、この訪問団の来訪のあと、教育学図書館がコメニウス部門を設けた。それは一九五四年一〇月一日のことで、チャプコヴァー博士が運営したが、その後、彼女がアカデミーに移ることになった一九五六年に私が引き継いだ。」（DO, 19–20）

ここに名前の出てくるニコライ・ゴンチャロフ（一九〇二―七八年）はソ連で指導的立場にあった教育学者、アントン・マカレンコ（一八八八―一九三九年）はソ連の集団主義教育の代表的な思想家、ヨゼフ・ブランボラ（一九〇三―七八年）は戦前から戦後のチェコスロヴァキアにおける代表的なコメニウス研究者である。ベチュコヴァーの回想は、ソ連の学者の来訪が戦後チェコスロヴァキアのコメニウス研究の体制強化に影響を与えたことをうかがわせる。オルシャーコヴァーは、「チェコ史上の主要で進歩的な群像のパンテオンにコメニウスを含めることについて、戦後チェコの歴史学における彼の位置が何であれ、外的な環境からの刺激がまさに決定的であったように思われる」（DO, 20）と記している。

一九五四年、チェコスロヴァキア科学アカデミーに教育学研究部門が設置された。一九五六年三月、共産党と政府の決定により、コメニウスの著作の収集・編纂・翻訳等の推進が決まり、その翌年、教育学研究部門はJ・A・コメニウス教育学研究所に改組された。初代所長にはオトカル・フルップ（一八七五―一九六五年）が就いた。これによって、チェコスロヴァキアにおけるコメニウス研究は、国家の支持のもとに進められ、質量ともに膨大な研究が生み出され、独立した学問分野としてのコメニオロギエと呼ばれるようになる。チェコスロヴァキアの『教育学事典』（一九六五年）で、ブランボラは次のように定義している。

「コメニオロギエとはヤン・アモス・コメニウスの生涯、活動、著作、影響に関する学問的探求である。ヤン・クヴァチャラの時代以来、時代の推移とともに、強固な基盤と組織的支持を与える文学歴史的で歴史教育学的な補助科学に由来し、多くの学問分野の利点を活用し、再びこれらの学問を支える隣接科学となった。これは、歴史、文学、教育学、哲学、経済学などに関連している。徐々に自然科学の問題を含めてコメニウスの関心が見出されるなかで、コメニオロギエは、これらの学問、技法、技術の歴史の歩みをも追跡するべく拡張されている。」（Brambora, 1965, 214-215）

ここには、パラツキー以来のコメニウス研究の歴史もあつかわれているが、末尾には、「社会主義諸国の方法論的基礎はマルクス=レーニン主義である。この視点に立ち、コメニオロギエ的研究の主な分野は、教育者としてのコメニウス研究に加え、社会改革者としての評価である」（同）と記されている。ベチュコヴァーによれば、戦前のこの種の事典類では独立した学問分野としてコメニオロギエという用語が用いられた形跡はない（Bečková, 2000, 9）。このことは、戦後チェコスロヴァキアのコメニウス研究が強い国家的要請のもとで成立したことを示している。

「教師の日」

チェコ共和国ではコメニウスの誕生日である三月二八日が「教師の日」（Den učitelů）とされているが、それが定められたのはこの時代である。その経緯はこの時代のコメニウス理解の特質をよく表している。一九五五年三月二七日布告の法には次のように記された。

「今年、われわれは、教育の歴史において初めて教師の日を祝賀する。われわれの人民民主主義社会は、この祝日を設けることによって、新たなる文化的で社会主義的な世代の青年が、愛国心に魅了され、その建設者としての使命に向けて十分に準備されるようにと教育する人々に尊敬と名誉を表明する。〔…〕ソヴィエト軍によってわれわれの祖国が解放された記念年であるまさに今年、われわれが初めて教師の日を祝賀するのは偶然ではない。過去一〇年のすべての成功を評価すれば、社会主義の建設における学校と教師の寄与を無視することはできない。そして、今年とこれからの未来の教師の日の目的は、社会主義建設への学校と教師の寄与を最大限にすることにあり、教師の日が「社会主義の基礎の上に新たな人生を建設している労働者の大軍団の最中枢の一部門こそ人民の教師の隊列なのだ」（J・V・スターリン）という事実を表現することにある。〔…〕教師の日は、われわれの民族の最も偉大な教育者であり、その世界的な重要性があらゆる文化国家において認識されているJ・A・コメニウスの誕生日である三月二八日が選ばれた。」

ソ連の指導者ヨシフ・スターリン（一八七八―一九五三年）の死去後に始まる批判はこの翌年からのことだが、チェコスロヴァキアはコミンフォルムの解散の後も独自の社会主義路線を進め、それによってもたらされた社会のいきづまりは一九六八年のプラハの春につながっていく。

一九五五年三月二八日土曜日、プラハではチェコスロヴァキア全体で七二名の最優秀の教師と学校職員に教育大臣から名誉称号が授与された。この日の祝辞は、「われわれは、偉大なる諸国民の教師J・A・コメニウスの誕生日である三月二八日を記念して初めて「教師の日」を祝う。党と政府は、新しい社会主義学校において若者を教育する教師の労苦に感謝する」であった。(3)

アルトとその周辺

この時代のコメニウス研究にはひとつのモデルがある。東ドイツの教育学者・政治家でフンボルト大学の教育史教授を務めたローベルト・アルト（一九〇五―七八年）による『コメニウス教育学の進歩的性格』（一九五三年）である。一九五五年にはチェコ語訳が出版された同書は、①階級観ないしは平等主義、②労働と教育の結合、③唯物論に代表される科学的性格を研究対象のうちに検証しようとするもので、マルクス主義的な教育思想研究のモデルとなった。日本では、一九五九年に西洋教育史研究者の江藤恭二（一九二八―二〇一三年）の訳で『コメニウスの教育学』（明治図書出版）の表題で邦訳された。

アルトは、コメニウスの見解と実践は、「封建制度にたいして闘った階級の関心と努力の中に深く根ざしていた」（アルト、一九五九年、一一頁）とした。ここでは、教皇を頂点とした教会統治のヒエラルヒーをとるカトリック教会ばかりでなく、救済予定説によって人間を二分し資本主義の成立に適合的な倫理をもたらしたとされるカルヴァン派も批判された。これらとは対照的に、兄弟教団はその民主的・平等的な特性が評価されることになった。また、コメニウスの階級観をうかがわせるテクストとしてとりあげられたのが、『天への手紙』（一六一九年）である。宗教改革以降の宗派対立のなかでカトリック化の圧力が強まり、チェコでは神聖ローマ皇帝側への反感が高まっていた。にもかかわらず、三十年戦争の緒戦であるビーラー・ホラの戦いでチェコ貴族はあえなく敗退してしまう。その一因としては、チェコ地域で農奴制がしかれ、階層間格差による不満があったことが指摘される。この頃、兄弟教団の牧師となっていたコメニウスは、当時の農奴制に起因する社会的不平等を糾弾し、天上の神に訴え、それに対して神が答えるという往復書簡形式の書を著した。それが『天への手紙』であった。アルトによる階級観や平等主義への注目は、他の一七世紀の思想への評価にも現れている。イギリス内戦期についての言及では、徹底した教育機会の均等を訴えたディガーズにとくに注目が払われた。

労働と教育の結合は社会主義教育思想の本質と見なされるが、アルトはコメニウスをこの系列のうちに位置づけようとした。イギリス一七世紀においては、古典派経済学の先駆者とされるウィリアム・ペティ（一六二三―八七年）とクェーカー教徒の社会改革家ジョン・ベラーズ（一六五四―一七二五年）が手工業的訓練を行う教育施設を構想したが、科学的社会主義の祖カール・マルクス（一八一八―八三年）は『資本論』（一八六七―九四年）で彼らを高く評価した。コメニウスの盟友であるハートリブとペティの間には密接な交流があったが、コメニウスとペティとの間に親近性を認めてよいかどうかは疑問が残る。しかし、アルトは歴史の推移を次のように概観した。

「初期の進歩的市民階級に属する教育学者の、学校における学習と社会的に必要な労働とを総合し、さらに手の労働を強調しはじめるという不明確な、――コメニウスやイギリスにいる彼の仲間たちが既に抱いてはいたが未だ不確かな、――教授のなかで頭脳と手の労働を統合するという企図、これらの模索や企図はハートリブ、ペティ、ベラーズ、オウエンを超えて、この問題をはじめて科学的に取扱い、その解決の方途を指示したマルクスにまで伸びていった」（同書、一八五頁）

社会主義的な教育思想史の初期の試みとしてナデジダ・クルプスカヤ（一八六九―一九三九年）の『国民教育と民主主義』（一九一七年）がある。ここでコメニウスは教育における個性を重視した先駆者として描かれているが（クルプスカヤ、一九五四年、一三二―一三三頁）、労働と教育の結合というこの書物の主題ではあつかわれていない。アルトは、コメニウスを空想的社会主義者ロバート・オウエン（一七七一―一八五八年）からマルクスに至る社会主義思想の前史にコメニウスを位置づけようとした。

アルトが検証を試みた科学性とは、具体的には唯物論的傾向の有無である。彼は、「コメニウスは人間生活の全領域で、事物と現象との内に住まう関係と合法則性とを認識しようとして努力した。かかる骨折りの先駆的行動が純粋に唯物論的な性向を示している」（アルト、一九五九年、四四頁）とした。たとえば、コメニウスがさまざまな技術の観察から教授の原則を導き出そうとしたことに対しては、「聖書の言葉や教会の権威の上にあぐらをかくのではなく、その教育的行為を自然や人間をめぐって進行する実生活に根ざさしめ、それらの合法則性を支柱として、そこから教育学上の規準を探求していった」（同書、五〇頁）と解釈した。また、『大教授学』の「事物はそれ自体で独立に、理性や言語がそれに対して何ら関係しないにしても、存在している。しかし、理性と言語とはただ事物次第であり、事物に依存している」（DK15-1, 194）との言及から、「人間の意識から独立に存在する物質的世界というこうした唯物論的見解が、コメニウスの全教授学の基礎である」（アルト、一九五九年、八四頁）とした。

さらにアルトは、「新しい自然科学、数学からの影響を受けて科学的問題を取扱う方法が切り拓かれていた」という一七世紀の状況のなかで、コメニウスが「教育と教授の目的を先ず最初に定立し、一般的目的から特別の課題を導き出し、この課題から再び、教授の方法と内容とをひきだしていること」は、「発達する自然科学の方法を教育学に応用したものであり、「幾何学的方法」での教育問題の取扱いであった」とし、コメニウスの営為を一七世紀科学革命の潮流のうちに見ようとした（同書、一五一頁）。ちなみに彼は、ベーコンやカンパネッラらの感覚主義的な傾向に「唯物論的兆候」を見た（同書、一五四頁）。こうした解釈をとる彼は、「新しい教育学の課題や規範を、これまで妥当してきた宗教的目標から導き出すことは、新しい革命的なものを自己自身や社会の前に正当化してみせるための手段なのである」（同書、五七頁）と記し、コメニウスが生の目的を来生への準備とし、その教育目的論が現世外的（彼岸的）であることに対しては、それはコメニウスの思想の本質なのではなく、当時の歴史的社会的制約のためにとらざるをえなかった方便なのだとした。

アルトはこのようにコメニウスに見られる進歩的性格を強調したが、無前提的にコメニウスを評価したわけではない。「自然の諸過程に対するかなり強引な比較がなされねばならなかった」（同書、八一頁）、「唯物論的立場はコメニウスにあって首尾一貫して守られてはいない」（同書、八六頁）等とし、コメニウスの「限界」を指摘した。とくに「コメニウスの努力は、それが意識の形成によってのみ社会状態の変化をもたらそうとしたり、あるいはさらに何れにしても意識の改造を人間活動の一切の領域との密接な触れあいや相互作用の中でとらえなかった限りにおいて、ユートピア的なものとしてとどまらざるをえなかった」（同書、四〇頁）という言及は、「ユートピアから科学へ」という唯物史観の発展系列において、コメニウスがやはり前者にとどまることを指摘したものであった。その上で彼は、コメニウスに見られる進歩的性格を実現するための現代の可能性を強調した。

「彼の多くの有益な教育思想は、市民社会においては浅薄にされ、歪曲され、あるいは一般には目もくれられなかった。しかし、今やはじめて、彼の教育学の深遠な民主主義的・人道主義的内容は完全な評価と具体化とを見出すことが出来たのである。社会主義秩序の確立をめざして移行しつつある社会にあっては、至るところで教育はコメニウス教育学の重要な原理と結びつくにいたった。コメニウスの進歩的な教育上の遺言を完璧に成就するために、社会主義においてはじめて現実的な基盤が与えられたといえよう。」（同書、一八八—一八九頁）

アルトが後に送り出した『世界図絵の起源と意味——教科書の歴史への寄与』（一九七〇年）は、実証主義的な手法が功を奏した研究と見なすことができる（Alt, 1970）。このほか、戦後の東ドイツやチェコスロヴァキアにおいて、研究の科学化を志向した手堅い研究が安定した研究環境から生み出されたのは事実である。しかし、ここに見たようなイデオロギー的に結論が先取されたような研究が支配的であったのも否定できない。

たとえば、チェコスロヴァキアのコメニウス教育学研究所の初代所長フルップは、一九五二年に『輝けるソヴィエト教育学におけるヤン・アモス・コメニウス』を著している。フルップは戦前から教育学者として知られ、戦後は再開されたプラハ大学の最初の教育学部長となった。彼は体制側からはもてはやされたが、実証主義に距離をおく研究者からはもちろん、実証主義的な研究を精緻なものにしようとする側からも批判された。

チェコスロヴァキアでアルトと同一歩調をとった研究者の代表格にあげられるのは、イジナ・ポペロヴァー—オターハロヴァー（一九〇四—八五年）であろう。彼女は、戦後、四六歳でオロモウツのパラツキー大学学長に就任した。チェコ史上最初の女性学長である。その後、プラハに移った彼女は、一九五八年に『コメニウスにおける汎改革への道』を発表し、唯物史観の方法論に基づき、歴史と文化概念の弁証法というシェマからコメニウスの思想を分析した。

マサリク・テーゼ批判

社会主義体制のもと、陰に陽にコメニウス評価の方向性の変更が求められたことがうかがわれる。そのなかで、その存在意義が否定された思想家もいた。その典型はマサリクであろう。科学アカデミー傘下のマサリク研究所は一九五三年に閉鎖され、マサリクの書物は禁書扱いとなり、書店から姿を消し、図書館でも配架されなくなった。学生がマサリクの著作を読むには、教授から許可状を得て、特別な閲覧室に入らなければならなかった。チェコスロヴァキア各地に建立されたマサリクの銅像は撤去され、チェコ第二の都市ブルノに開設されたマサリク大学もプルキニェ大学に改称された。

そうしたなか、マサリクが『チェコ問題』で論じたようなドイツ民族との宥和の可能性を示唆するような歴史理解も再検討された。それはコメニウス研究のうちにも見出すことができる。たとえば、チャプコヴァーは、「ヘルダーによるコメニウスの評価が、チェコ地域に影響を与えたのは一九世紀になってからのことである」と指摘し、さらにヘルダーがコメニウスを「「われわれの民族の人間」と呼び、〔…〕コメニウスの著作をドイツ文化から育まれたと見なし、コメニウスをドイツ人とさえ見なした」ことを問題として指摘した（ZD, 28）。また、一九世紀後半になってコメニウスが多くの国々で受容された一方、そこには「コメニウスをドイツ人としてあつかうというショービニズム」が見られ、「そうした位置づけへの批判はチェコの民族主義的なブルジョア意識の高まりのなかで批判」されるようになったと記す（ZD, 53）。彼女は、ドイツ哲学を通してコメニウスが帰還したというマサリクの解釈を直接は引いていないが、批判的な見解をとったのは明らかである。

ドイツを経たコメニウスの帰還というマサリクの視点に対して、チャプコヴァーが強調するのがスロヴァキアの役割である。実際、この見立てを支えるいくつかの事実がある。たとえば、神聖ローマ皇帝フェルディナント二世の布告によって兄弟教団の信徒がチェコ地域にとどまれなくなった際の亡命先のひとつはスロヴァキアであったし、コメニウス自身、ポーランドのレシノから現ハンガリー（当時のトランシルヴァニア）のシャーロシュ・パタクに赴く際にスロヴァキアに立ち寄った。また、トランシルヴァニアとスロヴァキアの間には継続的な関係があり、コメニウスの文献が読まれていたという。こうしたことから、チャプコヴァーは、「対抗宗教改革の困難な時代にもかかわらず、チェコ文学がチェコ民族再生の始まりまでスロヴァキアで守られたことは、一八世紀終わりの革新の過程における助けとなった」（ZD, 16）とする。そして、一八世紀末、啓蒙主義が浸透したスロヴァキアは教育の黄金の世紀を迎えるが、「この時代のスロヴァキアにおいて、コメニウスの刺激を受けて教育学が最高に自己発展したのは疑いがなく」、「コラールの著作のなかでスロヴァキアのコメニウス的伝統は発展させられた」と強調する（ZD, 40, 41）。前述のように、スロヴァキア地域は長くハンガリーの支配下にあり、チェコとの連携のもとでスロヴァキアのアイデンティティが自覚される際、コメニウスの存在が大きかったというのである。

チャプコヴァーの解釈は、マサリクのテーゼを再考させる点で重要な貢献である。それは、社会主義政権下で実証主義的な研究がなされた成果の一つともいえるだろう。とはいえ、チャプコヴァーが、「その人間主義の精神が説かれた教育著作の諸目的を実現するうえで、コメニウスはチェコ人とスロヴァキア人を内面的につなぐ輪であったといえる」（ZD, 61）と述べたとき、それはマサリク・テーゼの再考だけでなく、チェコスロヴァキアの国民統合という課題がまったく意識されていなかったとはいえないだろう。実際、一九九三年のチェコとスロヴァキアの分離後、一八世紀末からの民族再生運動は、チェコとスロヴァキアでは別々の文脈でとらえられるようになっている。ヘルダーのスラヴ民族評価からとくに影響を受けたのはコラールだが、コラールはスロヴァキアにあって民族再生運動を進めていたのであり、マサリクの『チェコ問題』における立論は、「スロヴァキア民族再生運動とチェコ民族再生運動の知的内実を混同」したものとされている（David, 2007, 5）。民族再生運動は、チェコスロヴァキア時代に国家的前提として記述されることで研究対象となってきた。パラツキーとマサリクがモラヴァのなかでもチェコとスロヴァキアの国境付近に生まれたことや、パラツキーがスロヴァキアで教育を受けたことなどが強調されてきたのも、そうした背景と無縁ではない。

『教授学著作全集』三〇〇年

ソ連が人類初の人工衛星の打ち上げに成功した一九五七年は、コメニウスがアムステルダムで『教授学著作全集』を発刊してから三〇〇年にあたっていた。前年の一一月、チェコスロヴァキアはインドのニューデリーで行われたユネスコの会議に代表団を送り、コメニウスが『教授学著作全集』を出版してから三〇〇年となる一九五七年の記念行事をユネスコが共催するように提案し、決議は満場一致で可決された。

『ユネスコ・クーリエ』1957年11月号表紙

ユネスコによるコメニウスのとりあげ方は異例ともいえる。ユネスコ発刊の雑誌『ユネスコ・クーリエ』一九五七年一一月号は「近代教育と世界理解の使徒、コメニウス」を特集した。同誌の巻頭言では、『大教授学』と『総合的熟議』第四部『パンパイディア』の一節が引用され、人生の全段階を学校ととらえ、読み書き能力の獲得にとりくみ、性・経済状態・思想信条・社会的出自にかかわらない義務教育の実現を訴え、国際的な教育文化機関としての「光の協会」を提唱したコメニウスを、「ユネスコの精神的な始祖」として紹介し、次のように結ばれている。

「ユネスコが、チェコスロヴァキア人民によって表明された願いに応え、コメニウスをよりよく知らせ評価しようとするのは、彼【コメニウス】のメッセージがなおも時宜を得ているからだ。今回のユネスコによる特集は、精神的な始祖と認識している人物に対する敬意と謝意のオマージュとして企画されている。」(Thomas, 1957, 3)

ここで目を引くのは、コメニウスの晩年の著作『パンパイデイア』が引用されていることである。『大教授学』は一九世紀末には英訳されて普及していたが、『パンパイデイア』は一九三四年に発見され、戦後になってようやくその研究が始まったところだった。『パンパイデイア』における「光の協会」の提案がここで紹介されているのは、チェコスロヴァキアでの研究成果がいち早く反映されたことを示している。実際、特集記事には「プラハのコメニウス研究所」の取り組みが言及され、チジェフスキーによる『総合的熟議』の草稿の発見も紹介されている。

また、ユネスコは、学校教育用のフィルムストリップ「コメニウス」とコメニウス著作の抜粋から構成され、英語やフランス語に翻訳された論文集『コメニウスの教育論』(一九五七年)を送り出した。フィルムストリップは、ロール状のフィルムにコメニウスの事績や現代的意義を示す画像を収めたもので、投影して見せられるようになっていた。論文集の編者は、当時、ユネスコの国際教育局長を務めていた心理学者のジャン・ピアジェ(一八九六―一九八〇年)である。彼は、一九二九年に民間団体として設立された国際教育局の局長に就いたが、この組織は第二次世界大戦後にユネスコのもとに位置づけられ、彼は一九六八年まで局長職にあった。

『総合的熟議』の発見によって新たに見出されたコメニウスの思想が創設一〇年目のユネスコにとって意義深いものであったことは間違いないだろう。しかし、チェコスロヴァキア政府がコメニウスの文化的な価値を強くアピールしなければ、これほどの扱いが実現することはなかっただろう。『ユネスコ・クーリエ』は、コメニウスの特集のほか、スプートニク一号の打ち上げ成功などを伝えている。

そして、チェコスロヴァキアでの記念行事は、一八九二年の生誕三〇〇年以来の規模となった。まず、『教授学著作全集』の復刻出版がなされた。オリジナルの四巻は復刻版では二巻にまとめられ、それに加えられた第三巻は全集の紹介や注解にあてられている。そして、二〇年近い休刊をはさんで『コメニウスの生涯と著作についての研究のための記録』が復刊され、「アクタ・コメニアナ」という副題がついた。同誌は一九六三年までは一年間に二号のペースで出版された（同誌が正式に『アクタ・コメニアナ』となるのは後述のように一九七〇年からだが、以後、『アクタ・コメニアナ』と略称する）。「コメニウスの生涯と業績に関する国際会議」は、チェコスロヴァキア科学アカデミーとユネスコの共催で九月にプラハで開催され、二一か国からの参加者を得た。記念行事は、チェコスロヴァキアの各地で行われたほか、スウェーデン、ポーランド、ソ連、東ドイツ、西ドイツ、ハンガリー、ブルガリア、ルーマニア、オランダ、そして翌年に日本でも開催された。国際会議では、研究の国際協力が重視され、『総合的熟議』の出版をめざすことが確認された。一九五八年には、教育学研究所による『コメニウス選集』の出版が開始され、これは一九七八年に完結した。

当時のイデオロギー的支配のもとでも、研究者間で活発な批判が展開されていたことはおさえておくべきだろう。戦後、プラハ大学に私講師として復帰した哲学者のパトチカは、一九四八年の社会主義政権成立後、体制に与しなかったことから一九四九年に再び大学での地位を失い、マサリク研究所に移ったもののそこも閉鎖され、一九五四年から教育学研究所に所属し、復刊されたばかりの『アクタ・コメニアナ』の編集に携わっていた。前述のポペロヴァーの研究をめぐっては、パトチカをはじめとした研究者からの批判があった。『アクタ・コメニアナ』には、チェコスロヴァキア以外の研究者も寄稿するようになるが、イデオロギーをめぐる軋轢も生じた。アルトとともに東ドイツを代表するコメニウス研究者であったフランツ・ホフマン（一九二二－二〇〇三年）は、ドイツのコメニウス研究を概観する論文を寄稿したが、そこにはコメニウスの『総合的熟議』の草稿を発見したチジェフスキーに対するイデオロギー的批判が含まれていた。パトチカはこの出版に強く抗議し、編集委員辞任を迫られたが、次号にチジェフスキーからの反論を掲載することで解決したという（Urbánek, 2012, 52）。

こうした活動は厳しい検閲のなかで行われていた。ロシア生まれの著名な言語学者ローマン・ヤーコブソン（一八九六―一九八二年）の例をあげておこう。ロシア革命の動乱から学位論文の執筆をプラハで進めた彼は、プラハ言語学サークルの中心人物となるが、ナチスの侵攻を前にプラハを去り、アメリカに移った。一九五八年、ヤーコブソンがスラヴの歴史に関するコメニウスの見解について記したレポートはチェコスロヴァキア国家保安庁（秘密警察／StB）に押収された。コメニウスを「偉大な人文主義者」と見なすヤーコブソンの見解はマルクス主義的解釈に疑義を呈するものとして危険視されたのである。当時、多くの国外の学者からの文通は開封されていた（同、54）。

世界を教育の相のもとに

ユネスコによる記念出版『コメニウスの教育論』の巻頭を飾ったピアジェの「ヤン・アモス・コメニウスの現在的意義」は、発生的認識論者ならではの視点からコメニウスの教育思想の解釈が試みられている点で興味深い。一九六三年には明治図書出版の『世界教育学選集』に邦訳が収録された。この論考は「現在的意義」というアクチュアルな表題が掲げられているが、彼は、コメニウス研究の課題は、「コメニウスの著作のなかに、現代の諸傾向との比較に都合のいいものを探し出して他は無視してしまうということではなくて、チェコの偉大な理論家であり実践家であった人の思想の生きた統一を構成しているものを探究して、この統一そのものをわれわれが今日知っており、欲しているものと比較すること」であると強調する（ピアジェ、一九六三年、一二一頁）。そのうえで彼は、コメニウスの思想が「子どもが自然法則にしたがって成長するということ、教育はこの成長を考慮に入れなければならぬということ、人間社会もまたある法則にしたがって進化するということ、そして教育もやはりそれらの社会構造の機能である」という認識に基づいているととらえ、「コメニウスは、近代化するために訂正したり、事実上否定したりする必要がなく、ただ翻訳し、ひきのばすだけでいいような著作家に属している」とした（同書、一四八頁）。ピアジェがとくに重視したのは、「人間の発展を自然の発展と連帯したものとして把握する」（同書、一二七頁）というコメニウスの視点とそれを可能にする人間と自然の平行性というコメニウスの哲学であった。

しかし、そこで気になるのは、早熟な天才であり、少年期には哲学思想に多大な関心をもっていたとはいえ、コメニウス・プロパーの研究者ではないピアジェが、どのようにしてこうしたコメニウス理解に至ったのかということである。この疑問の答えは明快であり、彼がこの論考の執筆にあたって依拠したのがパトチカのコメニウス研究であった。ピアジェの論考には、コメニウスの哲学思想史上の位置づけについて次のような言及がある。

「誰もが彼【コメニウス】の哲学とベーコンの哲学との血縁関係を特筆してきたが、この系譜を経験論の方向に誇張してはならないであろう。けれども、ベーコン哲学のうち、とりわけ自然への復帰と大革新をとどめておくのがよろしい。」（同書、一二四頁）

ここにはピアジェ自身の哲学思想上のスタンスが含意されているようでもあり興味深い。そして、このあと、「コメニウスには頻繁に新プラトン主義の反響が見出されるのであって、ヤン・パトチカがこの影響とカンパネッラの影響とを強調したのは疑いもなく正しい」（同書、同頁）という言及がある。ここで彼が引用しているのは、同年にチェコ語で発表されたパトチカの論文「コメニウス教育学の哲学的基礎づけ」である。

ピアジェは一九五七年五月にプラハを訪れ、チェコスロヴァキアのコメニウス研究者とユネスコによる同年の記念出版の編集過程で生じた諸問題の協議を行った。チェコスロヴァキア科学アカデミー発行の雑誌『ペダゴギカ』の一九五七年第七巻四号には、ピアジェがプラハを訪問した小レポートが掲載されているが、これはパトチカによるものである。このレポートによれば、ピアジェはワルシャワで児童心理学についての講義を行った後にプラハを訪れ、そこでは認知心理学についての講義も行われた。レポートの最後には、ピアジェが心理学研究を踏まえた教育の理論や実践についての論文を著すことを約束したと報告されている（SP 12, 568-570）。パリ留学の経験があり、フランス語も堪能なパトチカは、ピアジェとやりとりのできる数少ないメンバーの一人だったであろう。

パトチカはこの年まで教育学研究所の司書を務め、その後は、哲学研究所の司書、のちに研究員となったが（一九五七—六八年）、コメニウスの『教授学著作全集』の編集委員を務めるかたわら、思想史的アプローチに基づいたコメニウス研究で多くの業績をあげた。彼は、復刊された『教授学著作全集』の解説も執筆している。プラハでパトチカと会ったピアジェが、パトチカのコメニウス解釈を受け入れたことは次の記述に示されている。

「コメニウスによれば、教育は学校または家庭における子どもの形成であるばかりではない。それは人間の全生涯および人間の多面的な社会的適応にかかわる過程なのである。全体としての社会はコメニウスによって sub specie educationis〔教育の相のもとに〕把握されている。」（ピアジェ、一九六三年、一二三—一二四頁）

コメニウスにおいて世界が「教育の相のもとに」把握されているという理解は、パトチカが一九五六年に発表したチェコ語論文「コメニウスと一七世紀の主要な哲学思想」に示されている。ここで彼は、一七世紀のヨーロッパ思想の特質を「合理化」としてくくり、そこには大きく四つの問題領域があり、大思想家の営為はそれぞれの問題に対処しようとするものであったとした。その第一は数学的自然科学の樹立であり、ガリレイ、ケプラー、デカルトからニュートン、ライプニッツに至る思想家の営為が位置づけられる。第二はホッブズらによる国家学の理論の誕生であり、第三はイタリアの哲学者ジャンバッティスタ・ヴィーコ（一六六八—一七四四年）によって考察された歴史学的方法論である。そしてパトチカが一七世紀の合理主義の第四の問題領域としてあげるのが、体系的な教育学の成立であり、コメニウスの営為はここに位置づけられる。

一七世紀ヨーロッパ思想に対するパトチカのこうした理解は、コメニウスを重視したがゆえの、また自国の生んだ思想家であるがゆえの贔屓ではないのかと見る向きがあるかもしれない。実際、コメニウス研究においては、コメニウスが世界と人間精神の平行性を前提にアナロジーを通して世界を理解しようという新プラトン主義的な見解をとったことは、コメニウスの哲学思想史上の「後進性」と見なされるのが一般的であった。そうした見方からすれば、彼の見解に疑問が寄せられるのもうなずける。

しかし、パトチカは、思想史の一般的な理解において認められている数学的自然科学、国家学理論、歴史的方法論の横に、遮二無二コメニウスによる教育学の誕生を割り込ませようとしてはいない。彼は、「近代的な教育学の誕生は、これらすべての概念から隔たっている」（パトチカ、二〇一四年、五九頁）と明記している。にもかかわらず、一七世紀の合理化の思潮に四つの領域を認めようとするのは、合理的な「概念のいずれも、最も奥にあり基礎をなす概念の相のもとに（sub specie）世界という全体を見ている」（同書、五九頁）からであるとした。

「数学的な自然科学は、あらゆる現象に関する法則やその正当性の問題をもたらした。近代的なあらゆる国家学説は、福利と権力闘争についての概念のもとにあらゆることを考察した。歴史は、創造と連続的な結合という概念のもとに、近代的な教育学は教育という概念のもとに、あらゆることを考察したのである。」（同書、同頁）

また、コメニウスがアナロジー的な理解をとったのは、「調和の思想が、教授と教育の合理化において真の力を示すことを理解した」からであり、ゆえにコメニウスは「最初の近代的な思想家」と見なされるのであるという（同書、六三頁）。コメニウスが新プラトン主義者であるがゆえにアナロジー的な世界理解をとったというよりは、教育という営為の特質を深く考察したが故にアナロジー的な世界理解をとらざるを得なかったのだというのである。[4] 教育を視点に定めて世界に向かうとき、「あらゆる構成要素によって世界は統一され展望できる体系をなすのであり、あらゆるものが相互に指摘し合い、あらゆるものがあらゆるものに教える」（同書、六四頁）という様相が現れることになる。その実践において平行関係や調和が要請される教育にとっては、平行関係や調和を基礎づける哲学が必要である。パトチカはそれこそがコメニウスによるパンソフィアの研究であったとみる。その哲学は、「デカルトやライプニッツのように人間を分離された精神的実体としてとらえたのではな」く、「自然的・社会的環境との生き生きとした相互作用において人間をとらえた」（同書、六九頁）ものであったという。

「われわれが『人間的な事柄の改善についての総合的熟議』のうちに見出すのは、コメニウスがもうひとつの形式で全面的な教育にとりくんだということである。彼の努力の一方〔である汎知学研究〕は、宇宙全体を教育の相のもとに（sub specie educationis）解釈し、教育によって人間の生全体を合理化し照らし計画化するということである。コメニウスにおける教授学的な営為と全面的改善の営為は互いが互いを含んでいるのである。〔…〕教育は単に生の特定の部分を領域とするのではなく、教育者、成人、集団および諸制度に適用されるのである。教育が不可欠なもの、すなわち普遍的なものであると解釈されるのならば、いかなる社会の構成要素も教育と無縁ではなく、教育はすべてに関わるものだ。〔…〕社会は普遍的で人間らしい社会にならなければならず、教育は全面的な教育でなければならない。」（同書、七三頁）

パトチカは、この「教育の相のもとに」という視点をコメニウス研究において一貫して維持した。冷戦の緊張がやや緩和した一九六五年、ベルギーのルーヴァン大学を訪れた際の講演を、彼は次のように締めくくっている。

「われわれがコメニウスの書物【『総合的熟議』】についての深い論議をとおして示したいのは、現実に世界が問題となっており、世界が「教育の相のもとに」見られ、教育とは普遍的な計画であるということであり、この計画はわれわれの著者とともに近代世界において生じているということである。〔…〕彼の普遍的教育学という計画は、純粋に神学的な基盤に由来しているにもかかわらず、高いレベルにおいて哲学的なのである。」(Patočka, 2001, 97-98)

三　戦後日本の教育学のなかで

教育史記述の変化

一九四七年に制定された「教育基本法」(旧法)の前文には、次のようにうたわれた。

「われらは、さきに、日本国憲法を確定し、民主的で文化的な国家を建設して、世界の平和と人類の福祉に貢献しようとする決意を示した。この理想の実現は、根本において教育の力にまつべきものである。」

戦後の民主化のなかで、教育は民主主義の理想を実現する根本的な手段として期待された。この年の暮れ、用紙の流通も統制下にあった出版事情のなかで、梅根悟は『新教育への道』を著している。これは、学校教師を中心とした読者に新教育に至る歴史を解説するという意図で書かれた。戦前、コメニウスに新教育の源泉を見出した梅根だが、この書物では、「コメニウスのやった仕事は結局、教授法の改善の外に出なかったのです」(梅根、一九四七年、四四頁)と記されている。かわって梅根が重視したのはルソーだった。彼は、教育史の流れの内に、「「高く広い教養」を主とする教育と、「低く狭い実用」を主とする教育」という二つの立場があったが、その統一が現代の課題であり、その本質は、「二兎を追わせるのでなくて、一匹《ママ》の兎で、この二つの要求を満足させ、貴族的であって庶民的、教養的であって実用的、百科全書的であってしかも実生活的、大学的であってしかも庶民学校的であるような、そんな兎を見つけ出すことにある」と記す（同書、二六八、二七三頁）。そして、この問題の発見者こそルソーであり、「新教育史上の名誉は永久に彼の頭上に輝くでありましょう」（同書、二八一頁）と結んだ。この翌年、梅根はコア・カリキュラム連盟（のちの日本生活教育連盟）を結成した。ここで重視されたのはルソーからデューイへという流れであっただろう。『新教育への道』でも、「実生活の中で問題にぶつかって、それを解決するというところまで行かなければならない」という理想のもとでは、「知育は「教授」の旧道と手を切って、新しい道にふみ出さねばならなくなります」と記している（同書、八八頁）[5]。

梅根がこの書物でとったような大思想家の言説を紀伝体に編纂したテクストは、その後も現れている。しかし、この時代の特質は何といっても、マルクス主義の唯物史観の方法をとり入れた教育史記述が模索されたことだろう。唯物史観は歴史の発展段階説に基づいており、そこでは近代を前近代なるものの超克としてとらえる見方が前面に現れる。とはいえ、最初からそうした見方があからさまに前提とされていたわけではない。第二次世界大戦後の日本の教育史研究の端緒と見なされる『近代教育史』（三巻、一九五一—五六年）は、自覚的に近代を重層的・複合的にとらえる姿勢をとっている。編者の一人である海後勝雄（一九〇五—七二年）には、「一定のイデオロギーから出発して恣意的に資料をえらびだし、主観的に歴史を構成することなのではない」という禁欲的な言及が見られる（海後等、一九五一年、六頁）。また、安易な経済還元主義的な歴史記述を戒め、「教育は、文化をも含めて、社会的・経済的構造の総体にたいして、それの成立を可能にする重要な側面をなすところの、人間的条件の形成を問題にするものである」という教育の概念に対する幅広いとらえ方も見られる（同書、六頁）。しかし、『近代教育史』の基調は、「教育史のうえで指導的な役割を果たした人々の業績」が「社会と教育の発展の進行がつくりだした条件のもとで創造」されたものと見なす限りにおいて、歴史的事実をひとつの発展の物語に回収しようとするものであったことは否定できない（同書、九頁）。実際、当時の資料的制限からすればやむを得ないが、近代を重層的にとらえようという姿勢が各論の記述において徹底されたとはいえなかった。『近代教育史』を全体としてみると、絶対主義の興隆と衰退、市民社会の成立と成熟、市民社会の危機（帝国主義）という時代区分が内容の記述に先行している。

こうした区分は『近代教育史』ばかりではなく、この時代の教育史や教育思想史の記述に広く見られるようになる。梅根悟の『世界教育史』（一九五五年）では、コメニウスは、その死後のフランスのルイ一四世下の教育政策のあとという奇妙な位置に「絶対主義国家の教育」としてくくられている。ちなみに、この著作の記述は民衆教育のアンシャン・レジーム、産業革命と教育、近代的普通教育制度への歩み、帝国主義と教育、革新勢力の成長と教育、ファシズムの教育と続いている。こうした社会科学的な視点をとり入れた教育思想史の記述は、長く引き継がれた[6]。

ここに見られる歴史記述が、実証主義的・科学的であることを標榜した一方で、米ソ冷戦による国内の政治対立を反映し、さらにそれを積極的に引き受けたものであることは明らかだ。そこでは、自らと前代とに一線を画そうとする前衛的な意識が顕著に現れている。その例は枚挙にいとまがないほどだが、東ドイツ教育史研究者集団の研究成果が当時の新進気鋭の研究者たちによって翻訳された『現代教育史』（一九六二年）はかなりの影響力をもった。編訳者のまえがきには、「現代教育史における進歩勢力と反動勢力との絶えざる相剋・闘争が明らかにされ、それと同時に現代社会における教育の未来への展望の志向が示されている」（東ドイツ教育史研究者集団、一九六二年、三―四頁）と書かれている。同書では二〇世紀初頭のドイツは「帝国主義ドイツ」という規定のもとに位置づけられ、コメニウスに関連しては次のような記述がある。

「修正主義者たちは、帝国主義時代の初期に生まれたあの市民的教育学説を無批判に採用した。これに反し左派のひとたちは、帝国主義時代の教育学をするどく批判した。しかしその場合、かれらは、かつて市民階級が封建的な教会の教育に反対する戦いのなかで発展していた教育学思想を守ることを忘れなかった。かれらは、ラートケ、コメニウス、ルソー、ペスタロッチなどの真実な教育学を成立させていたその民主主義的な精神を継承した。「あらゆる人にすべてのことを教える」という、ヒューマニスティックでコメニウス的な要求――ブルジョア教育はつとにそれを放棄してしまったが――は社会主義的社会の体制を求める戦いのなかでのみ実現されることができたのである。」（同書、一四七頁）

この記述を独断的であるというのは簡単だが、こうした記述が情熱と誠実から生まれていることまで否定すべきではないだろう。また、当時の論者たちに、歴史は過去の遺物ではなく生きた知識と見なされていたことは否定できない。日本国内でも、すでに一九五三年から翌年にかけて、教育方針をめぐるイデオロギー対立が激化した京都市立旭丘中学校では生徒を二分して授業が行われる事態が起きていたが、冷戦構造の教育現場への反映はおおよそ七〇年代まで続いていく。

広島での記念祭

一九五八年四月二六日、コメニウスの『教授学著作全集』出版三〇〇年を受けた「コメニウス三〇〇年記念祭」が、広島大学で開催された。この記念祭には、駐日チェコスロヴァキア大使も出席してコメニウスの金メダルを贈呈したほか、終戦直後に文部大臣を務め日本ユネスコ国内委員会会長であった前田多門（一八八四―一九六二年）、片山内閣で文部大臣を務め当時は広島大学学長であった森戸辰男（一八八八―一九八四年）、そして広島文理科大学学長や日本教育学会会長を務め、ペスタロッチ研究の大家である長田新（一八八七―一九六一年）が祝辞を寄せた。チェコスロヴァキアのコメニウス研究誌『アクタ・コメニアナ』（通巻一八―一）には、森戸の祝辞と謝辞が英語で、次号（通巻一八―二）には長田の祝辞がチェコ語で掲載されている。当時は、一九六〇年の日米安全保障条約改定をめぐる国論を二分した対立の前夜であり、一九五八年には学習指導要領の改訂によって道徳が特設化されるなど、民主的知識人にとっては、文教政策は「逆コース」に映っていた。この記念祭の記録『国際理解の教育』

（一九五九年）を手にとると、そうした世相が色濃く反映されているのがわかる。

この記念祭では、前述した東ドイツのアルトのコメニウス解釈が高く評価された。戦後を代表する教育方法学者である吉本均（一九二四―九六年）は、アルトの研究を「東ドイツ教育界において、現在のところ、最高の学問的水準を占めるもの」（長田編、一九五九年、一八七頁）として紹介し、この研究に依拠してコメニウス教授学の近代性を論じている。

「史的マテリアリスム【唯物史観】の立場は、「経験論」とか「合理論」とか、「神秘主義」とかいう文化的・理念的な立場に反抗し、さらに、それらの精神的世界を支え動かしていると考えられる社会の「物質的生活諸条件」との関連をもっとも強く強調いたします。そこから、あらゆる時代の教育学現象を、それぞれの時代の、一定の、社会的・経済的諸関係、とくに生産様式による制約性、関連性のもとで把握するという歴史的立場が出てくるのであります。」（同書、一九〇―一九一頁）

唯物史観の方法論をこのように概括したうえで、吉本は、アルトのコメニウス研究の特質は、「「感覚的実学主義者」として把えたモンローとも、また、「新プラトン主義神秘主義者」として理解したシュプランガーとも異なって、「上昇する資本主義時代」の教育思想家として把握している点に最大の特色がみられ」るとした（同書、一九〇頁）。こうした視点は、この時期の研究者にかなり受け入れられていた。たとえば、梅根悟は、この記念祭の記録のなかで、コメニウスの教育印刷術を上昇する資本主義の時代における生産様式に応える必然的な創案とした。

「統一的教科書によって、大衆のすべてを効果的に教育するのにふさわしい、合理的な教育組織、教育編成、教授方法が確立されなければならない。そのような普遍妥当の教授技術、彼の使った比喩によれば、印刷技術に匹敵するような、正確で量産的な教育技術、「教授印刷術」didacographia が発明されなければならない。いわば前近代的な家内工業、手工業式の教授術から、機械工業方式、工場制生産方式への変革に比較すべき教育方法の変革がもたらされなければならない。」（同書、三四―三五頁）

記念祭の記録に収められた長田の論文「コメニウスの新生――自由解放の教育学――」と日本教育学会紀要『教育学研究』に収められた長田の論文「自由解放の教育学――コメニュース教育学をどうみるか――」は、『アクタ・コメニアナ』に掲載された同じ表題のドイツ語論文（AC19-2, 75-101）の抜粋である。(7)

長田は、戦前はおおむねディルタイらにみられる精神科学的立場をとり、新カント派の哲学者パウル・ナトルプ（一八五四―一九二四年）の影響のもとにペスタロッチ研究を進めていたが、この時期には、「われわれは教育学の発展を単に個々の偉大な思想家の仕事とし、従って彼等の知性や観念から説明してはならない」とし、「何よりもまず社会史・経済史の全過程と密接不離の関係にあるものとして教育を把握しなくてはならない」と明言し、唯物史観のアプローチに期待を示した（長田編、一九五九年、一二―一三頁）。それとともに彼は、「コメニウスを今日の世界に生かすこと、それがコメニウス研究の目的であるということを忘れてはならない」（同書、二〇頁）と記し、思想の実践的意味を重視した。そして、コメニウスの思想に、被抑圧民族の解放、被抑圧階級の解放、女性の解放、児童の大人からの解放、宗教的不寛容からの解放という五つの解放的契機を認め、「この予言者の意図が後に或《ある》いはルソーによって、或いはペスタロッチによって、或いはまたフレーベルによって展開され実現された」と位置づける（同書、一〇頁）。他方、「コメニウスがマルクス＝レーニン主義の意味での真の科学としての教育学の創始者ではないことはいうまでもないが、しかし新時代初期の教育学の形成と発展に寄与した彼の功績は十分に高く評価されなくてはならない」（長田、一九五九年、一七頁）と限定的な評価を下した。

この論文は『アクタ・コメニアナ』への日本人による最初の寄稿であるが、その内容は当時のアジア、アフリカ、中東諸国の独立や民族自決主義の高まりを反映している。長田はそれらの動きを具体的に指摘し、「コメニウスが正しくかつ高く評価されずに今日に至ったのは」、自由解放を旨とするコメニウスの教育学が、ドイツが「世界学術の王座を占めていた」なかで、「ドイツの侵略主義とは相容れないからだ」とし（長田編、一九五九年、一一頁）、自らの学問的基盤であったドイツ文化に偏重した受容に再考さえ促した。そして、記念祭の日本教育学会会長としての祝辞には、当時の日本の政治・社会状況を反映した激しい発言がある。

「今日のわが国の教育学者や教育者が中立性という自衛旗を立てて、時の政権にみずから触れず、人にも触れさせまいとする企図によって、実はひそかに時の政権に媚《こ》び諂《へつ》らい、そうすることによってわが身を護り、わが身の立身出世の資にしようとたくらむ現代の日本に動め《ママ》く無数の醜類にとって、コメニウスは全く一人の救世主といっていい。」（同書、一五九―一六〇頁）

ここには、みずからも被爆し、被爆した児童の作文集『原爆の子』（一九五一年）の編纂に携わり、核廃絶運動にとりくんだ長田の強い使命感と危機感が反映されているだろう。前章でみたように、政治の時代の潮流のなかで、警世的なメッセージを含むコメニウスのテクストは、教育学を単なる理論や観照の学問とは見なさない研究者を突き動かさずにはおかなかった。長田はこの記念祭の一か月ほど前の三月二九日には梅根とともに参議院文教委員会の公聴会に参考人として出席し、自民党参議院議員の大谷贇雄（一九〇〇―七〇年）から戦時中の発言との齟齬を

コメニウス記念祭で講演する長田新（広島大学）

あげつらわれながら、道徳の特設化に反対する論陣を張った(8)。ただ、この時期の長田に、ソ連や中国の教育への過剰な傾倒が見られるのも事実である。長田は、一九五五年五月、ソ連科学アカデミーの招待を受けて、ソ連と中国の教育視察を行った。帰国後の広島大学附属小学校での講演には次のような言及がある(9)。

> 「吾々は古代においてはプラトンによって（『理想国』【『国家』（紀元前三七五年頃筆）】）、近世においてはペスタロッチによって（『リーンハルトとゲルトルート』【（一七八一年―八七年）】）、現代においてはナトルプによって（『社会理想主義』【（一九二〇年）】）主張された教育立国が世界史上第二十世紀に至って初めてソヴィエトにおいて、次いで中国において、実現の緒に着き《ママ》つつあるのを知ることができる。〔…〕一九三八年スターリンはソ連の学生に対してこう呼びかけた。「建設のためには知識をもたなくてはならない、科学を理解しなくてはならない。しかも知識を把握するためには学習しなくてはならない、じっくりと忍耐強く学習しなくてはならない。」今日のソ連と、更には中国をみると、誰でもスターリンの教えがそのまま実現しつつあるのに気附くであろう。」（長田、一九五五年、六―七頁）

記念祭の翌年、アルトのコメニウス研究が出版された。訳者の江藤恭二による解説には、当時の日本の教育思想史研究における東側の影響の大きさがよく現れている。

> 「アンドレアス・フリットナーが試みているような、本書を目して、その社会的接近の意義を認めながら、「神や宗教的信条などを無視した、マルクス主義ないしソヴィエト学説の一方的教理に則った、偏った見方の著作」と批評することは、西ドイツの敬虔なるコメニウス学者として当然の指摘とは思えながら、現代的観点から、より科学的にコメニウスを研究しようとしているわれわれにとっては、そこに樹を見て森を見ざる視野の狭さがひしひしと感じとられるのである。」（アルト、一九五九年、二一五頁）

ここで江藤が批判しているアンドレアス・フリットナー（一九二二―二〇一六年）は、その父とともにドイツの精神科学派教育学の代表者だが、近代意識が先行するなかで、思想の歴史的な遠さが強調されるような解釈は概して遠ざけられた。辻による抄訳のあと、コメニウスの『大教授学』の全体をはじめて邦訳した教育哲学者の稲富栄二郎（一八九七―一九七五年）は、コメニウスの思想の性格について、「カントの批判哲学の関門をくぐった後の近代哲学が、体系的であるというのとは、大いにその趣を異にする」（コメニウス、一九五六年、一頁）と記したが、こうした解釈がこの時代に広く共有されることはなかった。

戦後日本におけるコメニウス研究の展開

戦後日本のコメニウス研究に新局面を開いたのは、一橋大学社会学部教授を長く務めた鈴木秀勇（琇雄）である。鈴木はコメニウス研究にとりくむようになったのは、中世ヨーロッパ史の泰斗であり一橋大学学長として教育学部門を含む社会学部の設立を進めた上原専祿（一八九九―一九七五年）の示唆によるものであったと記している（鈴木、一九八二年、下、一四八―一四九頁）。

「上原先生は、太平洋侵略戦争によって、他民族と自民族との上に、この上もない悲惨をもたらした日本国民の戦争責任の自覚と、それへの償いとして、以降、人類のために平和を創造する国民への・再生、自己変革とを、国民教育にかけておられたのであって、そこに、先生が、人類平和のために教育に思いを凝らしたコメニウスに共鳴された理由があったであろう」（同書、一四九頁）。

上原は、一九六〇年安保闘争にとりくみ、日本教育職員組合（日教組）が設立した国民教育研究所（民研）の運営委員長として教育についても積極的に発言したが、一九六〇年に一橋大学教授を辞職し、一九六四年には民研を離れ、妻の死ののちは宇治に隠棲し、日蓮（一二二二―八二年）の研究等に専心した。一九六〇年に発表した「国民形成の教育」には、独自の教育史解釈が示されている。

「チェコスロヴァキアのコメニウス、イギリスのロック、フランスのルソー、コンドルセ、スイスのペスタロッチなどの各々において、またそれらの人びとの思索と実践を通じて明らかにされ、かつ、確立された教育の理念と思想は、大きくとらえていうなら、「人間教育」という一語に要約されるであろう。〔…〕ここに挙げられたどの思想家の場合にも、およそ「人間」というものへの愛と信仰が観念的なものではなくて、現実のものであること、また、およそ「教育」というものへの期待と信頼が任意的なものではなくて、抜き差しならぬ必要性において意欲されていること、さらに、「人間」について考えられる場合にも、「教育」について考えられる場合にも、常に張りつめた責任の意識において思惟されていること、およそそれらの事態に基づいて、「人間教育」の理念は、常に現実的・具体的、必然的・客観的、かつ主体的・実際的な生きた教育原理を形づくっていた、と言いうる。」（上原、一九八九年、一一、一二―一三頁）

そして上原は、「「人間教育」のおちいりがちな欠点として掲げた抽象性、恣意性、遊戯性は、もとより、コメニウスなどの場合には、存在しないのである」（同書、一三頁）として、人間教育の系譜においてもとくにコメニウスを評価した[10]。

さて鈴木は、一九六〇年代、コメニウス研究に多くの業績を残した。一九六一年に発表した「コメニウス教授学の方法――その社会史的規定のために――」は大学紀要論文としては異例な二〇〇頁に及ぶ。鈴木はここで『大教授学』の検討はもちろん、コメニウスによる『開かれた言語の扉』のテクストの改訂を入念に考察し、「コメニウスの全思想像を支える二本の柱教授学と汎知学」は「相互透入の関係で結ばれている」と結論した（鈴木、一九六一年、二二六―二二七頁）。そして、翌年、『大教授学』のラテン語原典からの初の邦訳を送り出した。鈴木はそのままでは引用しにくい独特の表記法をとったが、訳文中にもラテン語表記を加え、第二巻の半分近くに及ぶ詳細な訳注と索引がついたこの翻訳は長く普及した。この年、一九七〇年代にかけてコメニウス研究を進めた教育学者の堀内守（一九三一—二〇一三年）が「コメニウス学会」の設立を呼びかけ、数年ほど研究大会が開催された。[11]

鈴木は一九六三年にプラハに研究滞在する。彼は、帰国後に著した論文で、アルトの研究をうけてチェコスロヴァキアのコメニウス研究を強く批判したということである。ここで触れておくべきなのは、彼がチェコスロヴァキアのコメニウスの『天への手紙』を解釈したポペロヴァーの解釈が、コメニウスを「最後の審判への裁決延期によって封建的身分分裂の擁護を企てるイデオローグ」に貶めているのではないかと疑義を示した（鈴木、一九六六年、一八二頁）。神の前に平等であるはずの人間の社会に現実に不平等が存在するという事実を前に、神学においては現世における苦難を神が与えた試練として解釈したり、あるいは最後の審判の必然性を説いたりすることでこの矛盾が説明される。ポペロヴァーは、大要において、若き日のコメニウスにおける階級制度の矛盾に対する見解はまだ従来の神学的な枠にとどまっていたと見た。これに対して鈴木は、アルトやポペロヴァーが、マルクスが主として西ヨーロッパを対象にして行った分析を東ヨーロッパに安易に適用しているのではないかと指摘し、一七世紀当時の東ヨーロッパの社会経済的状況からして、両者の解釈はあたらないと論じた（同論文、一九〇—一九六頁）。ここには戦後日本において社会経済史の研究が進展し、唯物史観のアプローチによる精緻な検証が行われたことが反映していよう。

こうした問題提起を行う鈴木は、「〈科学性〉があれこそ、コメニウスは、例えば技術メカニズムの生産力に驚倒されて、国民的学校教育をかかるメカニズムとして組織することを志向しえたのであり、また自然物と諸工作技術とへの精密な観察と分析とから彼固有の「自然」概念を創造しえたのである」（同論文、一八三—一八四頁）とし、コメニウスの科学的態度は青年期から一貫していたととらえた。コメニウスのヘルボルン修学後の著作に『事柄の普遍的世界の劇場』があるが、彼はこの著作の評価をめぐってポペロヴァーの理解を次のように批判した。

「いったい、「史的唯物論」の方法論をとると宣言するポペロヴァー教授にして、なぜ、『事柄の普遍的世界の劇場』の中に訴えられている啓蒙がチェコにたいして持った社会史的意味を、問わなかったのであるか。〔…〕「全世界の労働人民が平和と国民間の協力のために闘っている時代に、私はこの著作で、一七世紀におけるこの闘争の前史の中から特筆すべき一ページを解明したい」と述べている教授にして、なぜコメニウスのこの作品が持つ現代にたいする意味を、問わなかったのであるか。ここでコメニウスが提示した理念をほかでもなく現在において生きているはずの社会主義国のしかもマルクス主義》学識者の責任感と社会的使命感《は、どこへ行ったのであるか。コメニウスは、ひとごとではないのである。」（鈴木、一九六五年、二二九—二三〇頁）

コメニウス当時のチェコ地域は「工場制成立直前の段階」（同論文、二二八頁）にあったとする鈴木は、ポペロヴァーが、「エンゲルスやレーニンによる「ユートピア社会主義」の評価を顧みながら、コメニウスをユートピア思想の系譜の中に組み入れてしまった」とし、そこには「「史的唯物論」の方法の理解の仕方と、その方法論を〈第一期〉にも貫こうとしなかった方法論に対するオポチュニズムと、そしてチェコ固有の思想に対する顧慮の欠如」があったと指摘する（同論文、二三〇頁）。彼は、コメニウスの科学性は青年期（第一期）から一貫したものであり、コメニウスに歴史的限界を見るアルトらの解釈を批判した。マルクスと並ぶ科学的社会主義の祖フリードリヒ・エンゲルス（一八二〇—一九五年）からロシア革命の指導者ウラジーミル・イリイチ・レーニン（本名はウリアノフ、一八七〇—一九二四年）に至るまで、ユートピア概念はその思想の科学性を評価する基準を意味した。

鈴木は、「アルトが史的唯物論の立場からコメニウス教育学を資本主義興隆期のそれとする規定はまだ全く超越的であり、われわれはこの規定の内在的根拠として『扉』の意義を強調したい」（鈴木、一九六〇年b、一九三頁）として、『開かれた言語の扉』の入念なテクスト分析をとおしてコメニウスの世界観と社会観を考察し、アルトの研究においてはやや結論先取にも映る唯物論的解釈を精緻なものにしようとしていた。東ドイツやチェコスロヴァキアの研究者を向こうに回すような研究が現れたことは、この時代の日本におけるコメニウス研究の水準の高さを示している。とはいえ、彼のアプローチは、東西冷戦下における東側の方法論を貫徹させようとするものであった。こうした解釈によって、たとえば、ラテン語の“officina”という語には「製作場」という訳語があてられ、『大教授学』の一節は、「学校は人間性をつくる製作場である」（コメニュウス、一九六二年、1、一〇四頁）などと訳された。これは、コメニウスの思想が必要以上に近代的にとらえられる一つの要因となったと思われる。

さて、鈴木にはコメニウスの唯物論的解釈の徹底という志向が見られ、そこで東側研究者との論争が起きたのだが、論争の対象とは見なされなかった研究があった。たとえば、パトチカの研究がそれである。前述のように、パトチカは、『教授学著作全集』の一九五七年復刻版第三巻の解説を担当した。鈴木は、収められたパトチカの論考を引き、コメニウスが「自己の著作を完結した結実としてではなく、発展のなかにあるものとして提示しようとした」というパトチカの解釈を受け入れている（鈴木、一九六〇年a、七六—七八頁）。また、鈴木が、コメニウスにおけるパンソフィアと教授学という二つの系列が相互透入的関係にあるという解釈も、前節で引いたパトチカの一九五六年の論文に示されていた視点である。「世界を教育の相のもとに見る」というパトチカのコメニウス解釈が反映したピアジェの論文は明治図書出版の『世界教育学選集』にも収められたが、それ以降の鈴木の論文にはパトチカへの言及は見られない。

前述の堀内守は、コメニウス研究による日本で最初の博士号を取得したが、鈴木の研究を受けて、『コメニウス研究』（一九七〇年）で、「汎知学と教授学の相互透入関係あるいは相互包摂関係に焦点をあてることを中心的な課題」とした（堀内、一九七〇年、i頁）。堀内は、コメニウスの青年期の著作についての検討を通して、「コメニウスの社会意識を示している諸作品は、実は彼の汎知学とも教授学とも別のものであると見ることはできない」とし、「このことは、「すべてを教育の相のもとに(sub specie educationis)」見るというコメニウスの思惟の特性をよく示しているといえる」（同書、三〇頁）と記したが、やはりパトチカへの言及はない[12]。

教育学テクストのなかのコメニウス

第二次世界大戦後から高度経済成長が一段落する時期にかけての日本社会は、大括りにいえば「政治の時代」と見なすことができるだろう。戦後の民主化政策のもと、よりよい制度の構築によってよりよい政治や経済や教育が実現されるという期待は社会のなかで広く共有されていた。そこで教育政策に発言する教育学者の主要な関心は、教育に関わる自由権と社会権を認めさせることにあった。前者に関しては、教育を政治的支配から独立させ、教師が教育の内容や方法を選ぶ権利を最大化することが求められた。後者に関しては、国民が等しく教育を受ける権利を国家が保障することが求められた。

この時代、言論・出版の自由がかつてなく認められ、出版文化は未曾有の隆盛をみた。パレスチナ系アメリカ人の文学研究者エドワード・サイード（一九三五―二〇〇三年）は、一九六〇年代までのフランスでは、出版社と知識人の連携が一定の社会的影響を有していたと指摘する（サイード、一九九八年、一一二頁）。似たようなことは、ある程度は日本についてもいえるかもしれない。

この時代の教育界をみると、学校教師が主導し一部の教育学者も関与した民間教育運動が盛んに行われ、教育に関する歴史的・哲学的考察も、教育系出版社を巻き込んで、現在よりもはるかに濃密に行われていた。たとえば、教育史や教育思想史に関しては、明治図書出版による『世界教育学選集』全一〇〇巻（一九六〇―八三年）、『世界新教育運動選書』全三〇巻及び別巻三巻（一九八三―八八年）は、とくに西洋の教育思想に関する多くのテクストを日本語の読者にもたらした。また、四〇巻にわたる講談社『世界教育史大系』（一九七四―七八年）のような出版企画は、それ以降現在に至るまで現れていない。『世界教育史大系』では、ヨーロッパ一七世紀があつかわれる各所でコメニウスについての言及が見られるが、ドイツ教育史以外、たとえば『北欧教育史』における言及は詳細にわたるものである（松崎、一九七六年、九七―一〇五頁）[13]。

戦後の高等教育改革によって教員養成は大学の教育課程に位置づけられ、開放性の原則のもとで、教員養成学部以外の大学でも教員養成が積極的に行われるようになり、教育思想史テクストは専門家を越えて読まれるものとなった。鈴木によるラテン語原典からの『大教授学』の翻訳も、『世界教育学選集』に収められて版を重ねた。鈴木は、それから二〇年後に『コメニュウス「大教授学」入門』も出版している。この書物も「入門」という題名とは裏腹に、きわめて専門的な内容を含んでいる。さらに驚かされるのは、この書物が川崎市の家庭婦人の教育思想研究サークル「紫苑会」に捧げられていることである。このことは、たとえ数は少なくとも、大学や専門学会の外部にも教育思想の読者が存在したことを示している。

この時代の教育思想史テクストのスタンダードとしては、梅根による『西洋教育思想史』（三巻、一九六八―六九年）があげられよう。上原らと同様に、梅根もアカデミックな活動とともに日教組の教育制度検討委員会の委員長を務めるなど、政治と教育の関係に参画した。しかし、学校教育現場でのキャリアもあってか、教育をもっぱら政治のコロラリー（系）としてみるのではなく、教育の目的・内容・方法といった内的な論理により注目した点に梅根の特質があった。梅根は、一九六〇年一二月にソ連とチェコスロヴァキアを訪問し[14]、一九六九年にはコメニウス研究の功績によりチェコスロヴァキア国際文化協会から功労章を授与されている。

戦後の新教育を指導した梅根にとって、近代教育は、教育の歴史的発展の一段階であり、新教育によって克服されるべき対象であった。彼は、コメニウスのうちに、新教育につながる要素、新教育が批判した旧教育としての近代教育的要素、これらのいずれにも至らない前近代的要素を見る。ラートケらとともに「御用教授学者」として位置づけられるコメニウスの教育内容論については、「コメニウスの見解は必ずしも完全に近代的ではなかった」（梅根、一九六八年、第一巻、二三〇頁）とし、戦前からは後退した評価を与えた。コメニウスの教育印刷術については、「今日の人びとに反発を感じさせるひびきを持っている」とし、「コメニウスの教育論はあまりに機械的で、あまりに合理主義的であるとの非難を受けるであろう」としながらも、「近代学校成立の必須条件としての学校量産化の技術学（それが教授学であった）として、記念すべきものである」と言う（同書、二三二―二三三頁）。梅根がとくに高く評価するのは、コメニウスが一六五〇年から五四年に現在のハンガリーのシャーロシュ・パタクに滞在して行った学校教育のとりくみである。

「日課表をみるとまず最初の時間は、宗教的な集いの時間であり、いわば今日のホーム・ルーム的な時間である。そしてそのあとに二時間つづきの、パンソフィアを内容とする中心教科書による学習がつづく、これは今日のコア・コースにほかならない。それで午前中が終わり、午後はこのコア・コースを補うための諸教科が教えられる。〔…〕このように解釈するならば、コメニウスの立てたこの日課計画は、きわめて近代的なカリキュラム全体計画であるということができる。東欧ハンガリーの一隅に試みられた新学校シャーロシュ・パタク学校は、近代新学校史上またカリキュラム改革史上まことに注目すべき先駆的記念塔であると言うべきものである。」（同書、二二三―二二四頁）

このほか梅根は、コメニウスの「あらゆる者があらゆることを」の原則を「日本の〝小学校令〟が多年その第一条にかかげてきた〝生活に必須なる普通（共通普遍といってもいい）の知識、技能を授ける〟という普通教育の理念の、史上最初の宣言であると言っていい」（同書、二三二頁）とし、他の論者と同様に近代を先駆する理念として評価した。梅根の記述は、読者の多くを占めたであろう教育関係者を意識してのことであろうが、過去と現在は短絡的ではないにしても密接に関連づけられて記述された。鈴木のコメニウス解釈を対象の理論的近代化だとすれば、梅根の記述スタイルは対象の教育的近代化といえるだろう。[15]

アルトのコメニウス研究を邦訳した江藤がこの時期に著した『西洋教育史叙説――近代教育思想の形成――』（一九六七年）は、自らが「学術的でもなく、テキスト的でもない」（江藤、一九六七年、二二六頁）と記すように、やや専門研究に立ち入った概説書というべき体裁の書だが、コメニウスを「近代教育思想の定礎者」として位置づけることで締めくくられている（同書、二二〇頁）。アルトの研究の邦訳から一〇年近くを経て、江藤は「歴史の唯物論的・社会経済史的な現象側面と観念的・精神的側面との間の絶え間なき絡み合いに対する分析方法」（同書、二二四頁）の必要性を強調し、「神学思想と汎知学思想を抜きにして、コメニウスの教育思想を論ずることは、舵なき船で大洋に船出すること」（同書、二一四頁）としながらも、『大教授学』を「それのみでコメニウスの教育思想をうかがうに足る秀れた体系的著作」（同書、一三三頁）と見なし、教育思想の哲学的・宗教的基盤を分析することはなかった。彼は、モンローらの教育史家の見解（すでに見たようにラウマーまでは遡られる）を受け入れ、コメニウスの教育思想の実学主義的性格を強調した。

さて、政治の時代の反映ということでいえば、この時代のコメニウスに関する言説で目を引くのは、「あらゆる者に・あらゆることを・あらゆる側面から」というコメニウスの普遍主義のうち、とくに「あらゆる者」の側面が強調されたということである。これは、明治期から流布した教育史テクストでコメニウスが何よりも教育方法の革新者として位置づけられているのとは対照的である。戦後日本の教育学を代表する堀尾輝久（一九三三年生）の著書『現代教育の思想と構造——国民の教育権と教育の自由の確立のために』（一九七一年）は、教科書裁判の理論的基礎を与えたとされ広く読まれたが、冒頭には次のような記述がある。

「近代（教育）思想は、自然法的・普遍的性格をその主要な特色としている。人間の権利とは、子どもをふくみ、あらゆる種類の人間をふくんだ人類すべてに共通する権利である。教育の権利についてもこのことはいえる。「すべてのものにすべてのことを教えねばならない」という普遍的理念をかかげたコメニウスの願いは、近代をつらぬく思想であった。そしてこの願いを各家庭にゆだねて安心するには、近代の現実、資本主義の展開のもたらす現実は、あまりにきびしい。家庭が正常適切な教育を十分におこないえないばあいには、教育の機能は、そのための機関に委託されなくてはならない。こうして学校はまず、家庭の延長、ないし、家庭の機能を委託された機関として成立する。」（堀尾、一九七一年、一〇頁）

余談になるが、この時代、日本社会にコメニウスの名がかなり浸透していたエピソードとして、衆議院文教委員会でコメニウスの名が言及されたという事実をあげておこう。「プラハの春」の一九六八年は、日本を含めた世界各地で学生運動が高まりを見せた年であった。翌一九六九年、衆議院文教委員会では、それまでは困難であった大学構内への警察の立ち入りを認める「大学の運営に関する臨時措置法」（同年八月七日公布、二〇〇一年廃止）の審議が行われた。六月一一日の議題は「著作権法案及び著作権法の施行に伴う関係法律の整理等に関する法律案」についてであったが、大学紛争をめぐる与野党の駆け引きのなかで質問に立った日本社会党の帆足計（一九〇五―八九年）は、衆議院議長や文部大臣を務めた灘尾弘吉（一八九九―一九九四年）を揶揄して次のように発言している。

「灘尾先生といわれる前の文部大臣は、教育学についてはほとんど何の御造詣もない方と、かねて尊敬いたしておりましたが、そのことを率直にこの文教委員会において、予算分科会においても述べられましたから、率直な方であるということだけに私は敬意を持っておりまして、ペスタロッチとはどういう方であるかと一言聞きましたところが、そういう方はよく知らないということでありまして、まことに愛らしい純真な方であると思いました。しかし、ジャン・ジャック・ルソーもペスタロッチもコメニウスも知らない文部大臣とはまことに愛らしい文部大臣であります。」（第〇六一回国会、文教委員会、第二二号）[16]

第二次世界大戦中、帆足計は、近衛文麿（一八九一―一九四五年）のシンクタンクであった昭和研究会に関与した商工省の官僚であった。マルクス主義に基づく計画経済を上からの改革によって実現しようとした彼は、戦後は、経済安定本部の参与を務め、一九五二年から衆議院議員を七期務めた。同年、第三国経由でソ連に入国し、その帰路に成立直後の中華人民共和国を訪問して日中民間貿易協定を締結した行為は、この訪問のための旅券申請が政府に拒否されたことに対する訴訟とともに注目を浴びた。彼の国会での発言は、当時の日本にあっても、ルソーやペスタロッチと並んでコメニウスの名を知っているか否かが教育学的教養の有無の判断基準と見なされていたことを示すものだろう。

四　プラハの春前後

『総合的熟議』の出版と没後三〇〇年

一九六〇年代半ばになると、チェコスロヴァキアでは五〇年代のスターリニズムが緩和し、あくまでも社会主義を前提としたものではあったが、キリスト教、実存主義、現象学等の受容が見られた。パトチカは、一九六四年に発刊した『アリストテレス、その先駆者と後継者』でコメニウスをあつかい、一九六五年にはベルギーのルーヴァン大学で講演を行い、コメニウス解釈を披露している。この他、チャプコヴァーの『コメニウスの著作における就学前教育――その先駆者と後継者』（一九六八年）、ヤロミール・チェルヴェンカ（一九〇三―八三年）の『コメニウスの自然哲学』（一九七〇年）、パヴェル・フロス（一九四〇年生）による『コメニウス――事物の劇場から人間のドラマへ――』（一九七〇年）等の研究が現れた。チリやアメリカでも教鞭をとった歴史学者のヨゼフ・ポリシェンスキー（一九一五―二〇〇一年）は、この時期の『アクタ・コメニアナ』に多くの重要な論文を寄稿した。

コメニウス研究の実りはチェコ以外でも多く見られた。オランダのヴィルヘルムス・ルード（一九二五―九三年）やニコレット・モウト（一九四五年生）はオランダでのコメニウスの足跡を論じた。プラハ生まれでノルウェーにわたったミラダ・ブレカシュタット（一九一七―二〇〇三年）が著した『コメニウス――ヤン・アモス・コメンスキーの人生・活動・運命の概括の試み――』（一九六九年）は、現在に至るまでコメニウスのもっとも詳細な伝記的研究である。イギリスの科学史家チャールズ・ウェブスター（一九三六年生）は、ハートリブ文書の研究に基づいた、『サミュエル・ハートリブと学問の進歩』（一九七二年）、『大革新』（一九七五年）を著した。また、ルネサンス期の新プラトン主義研究で知られる思想史家フランセス・イェイツ（一八九九―一九八一年）は『バラ十字啓蒙』（一九七二年、邦訳、『薔薇十字の覚醒』山下知夫訳、工作舎、一九八六年）で、コメニウスをバラ十字思想の系譜に位置づけた。しかし、チェコスロヴァキア国外で最も顕著な研究を進めたのは、ドイツ（西ドイツ）の教育学者クラウス・シャラー（一九二五―二〇一五年）であろう。戦後、コメニウス研究を開始したシャラーは、一九六〇年に『総合的熟議』第四部『パンパイデイア』のラテン語ドイツ語対訳版を刊行し、『コメニウスの教育学と一七世紀における教育学的リアリズムの誕生』（一九六七年）を著した。シャラーは、コメニウスの思想に示唆を得た「コミュニケーションの教育学」の構想でも知られる。

こうした一九五七年以後の研究の蓄積のなかで、一九六六年、チェコスロヴァキア科学アカデミー教育学研究所から、『総合的熟議』（全二巻）が発刊された。同書は、コメニウスが一六五七年に発刊した『教授学著作全集』を模してか、同じ版型の二折り判の書籍で、二、六〇〇頁にも及ぶ。それを受けて、一九六七年九月、モラヴァの古都オロモウツのパラツキー大学で記念の国際学会が開催された。学会の記録を見ると、オロモウツでの学会には、翌年のプラハの春を予感させるような自由闊達な雰囲気が読みとられる。

プラハのコメニウス教育学研究所の設立を働きかけたと思われるソ連の教育学者のゴンチャロフが英語で行った「偉大な人間主義者、ヤン・アモス・コメニウス」と題された講演には、コメニウスの近代的解釈と実践志向がよく現れている。

「われわれは、コメニウスが生き、その思想を創造し、その思想を事実へと具現化した歴史的な時代からは三世紀も離れている。コメニウスは、理性と学識、学問と技術における進歩、人間的関係の価値を信じていた。それだけでなく、彼はその実現のために戦った。とくに強調されなければならないのは、人民の集団としての力を彼が信じたことである。彼が理論と教育制度を定式化し、啓蒙と生活との結合を現実のものにしたのは大衆のためであった。彼は諸国民の平等な権利と友情のために戦った。戦争と暴力に抗して戦った。こうしたことはすべて彼の思想をわれわれにとって受け入れやすく身近にするものだ。

彼の人間主義は抽象的なものではなく、経験に基づいている。ルネサンス時代（一四―一六世紀）の人間主義は、勃興しつつあった中流階級（ブルジョア）の精神世界の概念を反映したものであり、古代世界の芸術、哲学、その他の作品のうちにルネサンスの思想の根拠を求めた。それに対してコメニウスの人間主義は、彼の生きた時代の社会の政治・経済的条件を分析した結果なのである。それは、彼の民主的な思想と信念に結合している。彼の人間主義はアクティブなものであり、全人類の統一と人間に関する事柄の改革に向けられている。」（AC 25, 23）

この会議では、コメニウス研究誌『コメニウスの生涯と著作についての研究の記録』をヨーロッパ初期近代の思想史を広くあつかう国際学術誌とすることが決定され、一九五七年の復刊から副題であった『アクタ・コメニアナ』が表題とされることになった。また、クヴァチャラによって試みられながらも果たされなかった全集の発刊が、『コメニウス著作集』として一九六九年から開始された。

パトチカのコメニウス批判？

オロモウツでの国際会議は戦後コメニウス研究の頂点であり、慶祝的な雰囲気があった。しかし、そこで聴衆に当惑を与えた講演を行った人物がいた。パトチカである。彼は、「コメニウスにおけるユートピアと人間性の目的の体系」と題したドイツ語による講演で、コメニウスが『総合的熟議』で展開した構想を基本的に「おとぎ話」(Märchen）であると断じた。この講演は、一見するとコメニウスの思想の意義を全否定したように読める。また、当時のコメニウス研究の一般的傾向を厳しく批判しており、このため、パトチカはコメニウスへの関心を失ってしまったのではないかとも受けとられた。まず、当時のコメニウス研究への批判から見よう。

「コメニウスの著作が一体何であるのかという問いを立てるなら、あらかじめはっきりと強調され、概括されるべきなのは、コメニウスとわれわれを隔て、思想史におけるその方向づけが自明である距離である。この距離を見落としてコメニウスを取り扱うのでは、最初から学問的には希望がないことになる。」（AC 25, 67）

パトチカはこう述べて、「本を読む技法、討論、そして学校の改革等といった教授学的な細目について」は顧慮しないと明言する（同, 67）。コメニウスがとりあげた個々のトピックへの着目は個別的な研究として十分に成り立つように思われる。しかし、たとえば、コメニウスの幼児教育論をとりあげるという場合、その視点はすでに構築されている教育学や幼児教育学の概念によって規制されることから免れない。無自覚に現代の学問的な概念からコメニウスのテクストをとらえるということになれば、それはパトチカが警鐘を鳴らしたような「コメニウスの著作から近代的な精神衛生学、心理学、言語学及びその他の学説を読みとろうとするまったくアマチュア的な企て」（同, 67）に陥るおそれがある。パトチカは、教育学的なコメニウス研究における「教育制度の始祖という烙印を押そうという常に繰り返されている企て」も同じであるとし、こう述べる。

「コメニウスのもとに近代的な教授学の教えや規則を新たに見出そうというのは、コメニウスを根拠にしてではなく、他の類の根拠に基づいてわれわれがすでに知っていることからコメニウスを読みとろうということにすぎない。」（同, 67）

こうした批判は、一九世紀以来、自国出身のコメニウスを「諸国民の教師」であると見なしてきたチェコスロヴァキアの民族の誇りにも触れかねないものだった。もちろんパトチカは、コメニウスにはもはや研究する価値がないなどとしたわけではない。むしろ歴史的な距離に積極的な意義を認めたのだと考えられる。ゆえに、コメニウスを安易に現代的課題と結びつける解釈を問題視したのである。

「コメニウスを〈救い出す〉という大変人気のある手法、つまり、当時の神学的、神智学的・自然学的、歴史哲学的なファンタジーという藪のただ中にあった彼の教育学的な才能を強調するという手法も、やはり近代化の変種であり、問題のすり替えにすぎない。つまり、コメニウスの教育学的・教授学的な熟達は近代的な知のひとつとして分類されるのとはまったく異なった全体的な文脈にあるのであって、その文脈こそがコメニウスを基礎づける真の文脈と見なされるのだ。」(同, 67)

ある歴史的な対象にアプローチするとき、そのアプローチがとくに現代的な関心や実践的な関心に発するほど、研究者はしばしば、研究対象がおかれている文脈的拘束を解除した解釈ができないかという誘惑にかられる。教育学においては、その学問的な成り立ちから実践的要請や社会的ニーズへの対応が常に問題になるが、しばしばそれは一種の強迫観念ともなる。それが教育思想研究に影を落とすとき、意識するしないにかかわらず、その研究はパトチカのいう研究対象の「近代化」となってしまうことは認めなければならないだろう。

次に、パトチカがここで示したコメニウス解釈についてみよう。彼は、コメニウスが『総合的熟議』第六部の『パンオルトシア』で論じた「千年王国論的な意味で解釈された著述や予言についての壮大な贅言、年代的な類比、神秘的な数についての思弁」を「いかなる狂信のなかでももっとも悪評の高いもの」と述べる(同, 68-69)。とくに彼は、コメニウスがこうした主張を展開した背景にあると思われる、懐疑的思考の弱さとそれと表裏の関係にある感覚と理性と信仰の統合への楽観的な信頼を問題とした。

「光の統合は、周知の通り感覚と理性と信仰の一致を示すものであり、もっとも独創的なものでもあるが、この光の統合という目標への道は、懐疑の目覚めを抑えるものではない。ベーコン、デカルト、ガリレイといった近代科学の偉人たちの誰もが何をおいてもとりくんだのは、それらを可能な限り正確に分離し、それらが向き合う境界を定め、この意味で〈批判的に〉区別してあつかうということだった。」（同、68）

そしてパトチカは、こうした認識から、「パンソフィアは、新プラトン主義の形而上学の図式の上に築かれた神学的・神秘的な物語であり、選ばれたファンタジー的な質料をもっとも不毛な図式主義によって形式に組み込もうとする唖然とするような単純化の衝動の産物である」（同、68）と断ずる。『総合的熟議』第六部『パンオルトシア』で提案された、世界平和を樹立するための国際的な機構の設立についても、「富の再編やその分配といった人間がもっとも懸念することについては検討に加えられていないのであり、全体として非常に霊的で彼岸的なのである」（同、69）と、パトチカの批評は容赦がない。『総合的熟議』を締めくくる『パンヌテシア』では改革の着手への勧めが述べられているが、パトチカは、それを「特殊な神学的な視点のもとで終末論的な思考を直接に経験的な現実に移し替えようとした」（同、70）ものであると指摘した。神の国と地上の国という二世界論にあって、コメニウスは明らかに神の国の視点から地上の国を見ているというのがパトチカの見立てであり、彼は、「コメニウスにおける現実性の見方のナイーヴさは、信仰深いキリスト教徒が現実性をキリスト教的に解釈し、キリスト教的なるものを学問的であると解釈することを、まだ躊躇なく断行することのできた時代の遺産なのである」（同、71）と言う。コメニウスは、「言葉のもっとも強い意味においてユートピア的であり、場所を持たぬ者として位置づけられる」（同、71）。こうしてパトチカは、パンソフィアは「歴史的には時代遅れで、もはや今日には妥当しない前提を基礎として築かれた異なったひとつの学問なのではないだろうか」（同、70）と言う。そして、コメニウスの思想の遠さは「おとぎ話」という言葉で表現された。

「コメニウス的な世界は、われわれの世界にあって、依然として周縁的な世界であり、世界の限界なのであり、子どもっぽく純真なおとぎ話であり、われわれの冷めた世界の黄金時代なのであり、同時に彼が約束し彼の望んだ世界なのである。」（同, 74）

もっとも、パトチカはおとぎ話であるからコメニウスの思想に意味がないとは言っていない。むしろ逆であり、「人間についての解釈や、人間が望み、そこに向かって努力する人間の目標の解釈、あるいは人間がそうした目標に着手する際の批判を解釈するためにかけがえのないものなのだ」（同, 74）と講演を結んでいる。これは、彼の講演にかなりの違和感を覚えたであろう聴衆へのリップサービスととれなくもない。しかし、このくらいでは、コメニウスにこだわりをもって研究している参加者の違和感は拭えなかったに違いない。この学会のあと、ドイツから出席したシャラーにパトチカが送った書簡には、彼の講演への反応の大きさがうかがわれる。

「『アクタ・コメニアナ』の編集委員会が、オロモウツでの講演を出版したがっています。私の講演で多くの聴衆がまさに不快感で苛立たせられ、実際のところあなたを大変失望させてしまったということは分かっています。講演と何か違うようなことを書いて、「改竄」などしたくないのはもちろんのことです。〔…〕私はあのあとでチェコ語での講演をプラハで行い、それをめぐってカリヴォダと公に議論したのですが、彼の異論や指摘から何も学ぶことはできませんでした。〔…〕私は学会事務局からのたっての要望で講演を引き受けただけであり、もう長いことこのテーマをあつかっていなかったので、ずいぶん渋ったのはご存知のとおりです。とはいっても、出版のことで『アクタ・コメニアナ』に迷惑をかけたくないのです。」（一九六七年一一月二五日付）（PS, 51）

ここに名前の出てくるロベルト・カリヴォダ（一九二三―八九年）は、当時のチェコスロヴァキアを代表するマルクス主義の哲学者・歴史家であった。オロモウツ講演と同じ内容のチェコ語での報告を求められ、カリヴォダと公の場で議論をしたという内容からして、コメニウス研究誌『アクタ・コメニアナ』の編集委員会が、学会記録の収録にあたって、かなり強くリライトを要求したことがうかがわれる。パトチカが、こうしたリスクを抱えてまで講演を行った意図は、この書簡の中略部分から読み取れる。翌年のプラハの春が予感されていたのか、彼の講演は意識された挑発的なものだった。

「私の講演はコメニウスと対立したように見えうるものだったかもしれませんが、私の意図はそこにはありません。以前にプラハでお話したように、講演をコメニウスと対立させたのは、アイロニー的な意味でのことです。私の意図は正反対であり、科学信仰という先入見から生じてくる異論はどんなものでもあらかじめ跳ねつけておくことにありました。また、私はコメニウスのユートピア概念を論じましたが、それをマルクス主義的なユートピア概念からは切り離すことを意図していました。」（同, 51）

プラハの春のなかで

一九六八年の「プラハの春」に関しては多くのことが語られているが、すでにその前年から作家による体制批判や学生の抗議行動がなされていたことは見逃せない。一九六八年一月、改革派のアレクサンデル・ドゥプチェク（一九二一―九二年）がチェコスロヴァキア共産党第一書記に就任し、四月には「人間の顔をした社会主義」に向けての「行動綱領」が採択される。しかし、これらの取り組みはソ連を始めとした東側の体制からは反社会主義的であるとされ、ついに同年八月、チェコスロヴァキアはワルシャワ条約機構軍の軍事介入を受け、改革運動は抑え込まれた。翌年一月、プラハ大学の学生ヤン・パラフ（一九四八―六九年）が軍事介入と改革の後退に抗議して焼身

ヤン・パラフが焼身自殺した国立博物館前

自殺した。国立博物館前のその場所には、焼け焦げた十字架が埋め込まれている。四月には、かつては終身刑まで言い渡されていたグスターフ・フサーク（一九一三—九一年）がドゥプチェクに代わって党第一書記に就任した。これ以降、「正常化」の名のもとに、言論の自由が著しく制限され、改革勢力や反体制勢力への弾圧が強まった。

この時代の反体制文化人の代表的存在であるヴァーツラフ・ハヴェル（一九三六—二〇一一年）の戯曲に『ジェブラーツカー・オペラ』（一九七二年筆）がある。これは、イギリスの劇作家ジョン・ゲイ（一六八五—一七三二年）の代表作『ベガーズ・オペラ』（一七二八年）を翻案したものだが、そこには密告が奨励され、人々がいくつもの仮面をつけかえることを強いられ、しまいにはアイデンティティの危機に陥っていく社会への鋭い分析と風刺が読みとられる。戯曲の末尾は、「奉仕していることに気付かない者こそが、一番良く奉仕しているのだよ」と結ばれている（ハヴェル、二〇〇二年、一二六頁）。

一九六八年、パトチカは三たびプラハ大学に復帰した。改革への期待が膨らんだ四月には論文「学問的良心の原理について」を発表している。直接にコメニウスに言及されているわけではないが、彼の晩年の主著『歴史哲学についての異端的論考』（地下出版、一九七五年、以下、基本的に『異端的論考』と略記）での考察や彼のコメニウス解釈の文脈を理解する意味でも、ここでおさえておくことにする。

パトチカは、二〇世紀後半の状況を、「もっとも進歩した専門的知識がすべての個人に影響している」時代であると見る（SP 12, 250）。科学は社会一般の関心事となり、「学問のマネージメント」という外的な制御形態が制度化されるようになる。この結果、「学問の内的な原理」、つまり批判や理解を欠いた制御が一般化する。「学問の過程とは意識的で能動的な客観化」だが、自然科学と比べて歴史や社会科学においては客観化の限界がある（同、251）。しかし、そこで重要なのは「繰り返し繰り返し批判に属する過程」なのであり、それを支えるのが「学問的良心の原理」だと、パトチカは言う（同、252）。

「学者がその判断を定式化するときに敬意を払うに値し敬意を払わなければならない唯一の判定者は、事実性以外にはなく、「実践する学者」による議論のみである。」（同、252）

パトチカは、「学問的良心は、学問の自由が研究成果を自由に広める等の主観的な事柄を自由に個人的に主張する可能性を含んでいる限りにおいて、学問の自由の原理とは異なる」と述べる（同、252）。そして、この原理は、学問の分野にかかわらず妥当するのであり、この原理を踏まえない者は学者とはいえないと強調する。そして、この原理を「実践する科学者」は、「学問的良心の原理が分割できないということへの自覚」をもち、「学問的な個性の基礎であるが、同時に学問的な連帯を構築する」ことが求められるとする（同、253）。

そして、パトチカの批判の矛先は、研究機関の指導的な立場に居つづけようとする「学問的な官僚」に向けられる。一方には、学問分野間の分断がある。他方には、科学のマネージメントの名のもとに外的要求によって研究が進められている現実がある。ゆえにパトチカは、学者が学問的良心を守り発展させるためには、「学者たちの共同体が、学者に人格として連携する可能性を保証しなければならない」と言う（同、253）。

意識するとしないとにかかわらず、時の体制に迎合することで知識人の社会的な存在が評価される状況にあって、パトチカの批判は根本的であるとともに多くの知識人にとって耳の痛いものだっただろう。知識人に厳しい自己批判を求める主張は、『異端的論考』における「普遍的回心」というテーマに結びついていく。他方、学問の無条件な自律性の要求はやや現実離れしたアカデミズムに映らなくもない。そして、パトチカの期待は短い間に消えさった。

コメニウス没後三〇〇年にあたる一九七〇年は、こうした状況のなかでめぐってきた。正常化政策がチェコスロヴァキアを覆いつつあるなかで行われたプラハでの記念行事は盛大ななかにも政治的圧力がそこここに感じられるものにならざるを得なかった。しかし、コメニウス研究の水脈は途絶えなかった。この時代で注目されるのは、西ドイツとモラヴァの博物館を中心とした取り組みである。

シャラーは、一九七〇年、勤務先のルール大学（ボーフム）にコメニウス研究所を設け、いっそう精力的な活動を開始した。この年には、没後三〇〇年を記念し、西ドイツの二つのテレビ局がコメニウスについての特集を放映した（PS. 80）。また、彼は、『コメニウス研究誌』の刊行も開始した。そこには研究論文のみならず、コメニウス関連の未公刊の書簡やコメニウス最晩年の手稿『エリアの叫び』も収められた。またこの年、シャラーはチェコスロヴァキアや東ドイツを含む研究者にコメニウス没後三〇〇年記念誌『ヤン・アモス・コメニウス――三世紀後における その著作の作用』（一九七〇年）への寄稿を促した。パトチカがそれに応えて著したのが、「コメニウスと開けた魂」（一九七〇年）である。また、パトチカがコメニウスについて著した唯一の単著『コメニウスの教育の哲学』（一九七一年）もシャラーの斡旋で出版が実現したものである。シャラーはそののちもコメニウス晩年の宗教論争のパンフレットを収めた『コメニウス選集』（五巻）の発刊などを手掛けた。彼は、「コメニウス研究を通じた東西交流の場」（佐藤、一九九一年、六〇頁）を提供したのである。

この時代のチェコスロヴァキア国内のコメニウス研究の場として評価されているのは、一九七一年から始まったウヘルスキー・ブロトのコメニウス博物館が主催するコロキウムと同博物館発行の雑誌『コメニウスと歴史の研究』である。中心者のフロスは、プシェロフとウヘルスキー・ブロトのコメニウス博物館に勤務するかたわら、一九六〇年代末から自宅アパート等を提供し、研究者間の交流や対話にとりくんだが、ウヘルスキー・ブロトのコロ

ウヘルスキー・ブロトでの第1回コメニウス・コロキウム（1971年、左端にフロス、中央にポリシェンスキーが写っている）

キウムはそこから発展したものである。彼は回想のなかで、コロキウムの意図は、「六〇年代終わりからの正常化政策による窒息させられるような雰囲気のなかで、対話の精神から与えられる可能性を育てることにあった」(Floss, 2012, 314) と記している。

オルシャーコヴァーによれば、プラハでの学術研究が硬直化したこの時代、フス派戦争の拠点となったターボル、ビールの醸造で有名なプルゼニュ、そしてウヘルスキー・ブロトにある地方の博物館が、体制から締め出された研究者にも自由な思考の場を提供したという。(17) もちろん、政治的圧力は相当なもので、フロスは一九七二年から一九八一年まで秘密警察の監視下におかれた (DO, 38)。

パトチカのプラハ大学での教授在任はわずか四年で終わった。一九七一年には、ドイツのアーヘン工科音楽大学から名誉博士号を授与されることになったが、チェコスロヴァキア政府は出国を認めなかった。一九七三年にブルガリアのヴァルナで開催された学会には出席が認められたが、哲学者の今道友信（一九二二―二〇一二年）らから亡命を勧められたのはこのときである（今道、二〇〇七年、三三―三四頁）。これに前後して彼は、プラハ六区の自宅やブルノ等で、いわゆる地下大学と称されるセミナーや講義を行っていた。パトチカは、みずからの思索を母語で公にできる機会を奪われた。当時、検閲を逃れての印刷物の発行と複製、そして所持は厳しくとりしまられたが、考察が伝えられる手段はサミズダト（地下出版）しかなかった。それとともに重要だったのが書簡であった。厳しい検閲制度のもとでは、公的な出版物は思想の表象とはいえない。そこで、検閲を免れることのできた書簡は重要なテクストであった。もっとも、官憲に目をつけられてしまうと書簡も開封されてしまったのであり、自由に「本音」が書けたとはいえない。それでも、ことに外国人との文通はこの時代のチェコスロヴァキアで思考が自由に表明される機会であった。

ところで、いわゆる体制側とされた研究者に何の問題もなかったわけでもない。前述のポペロヴァーは明らかに体制寄りの研究者といってよいが、プラハの春後の共産党の方針を受け入れられず、党除名を経てプラハ大学を辞職に追い込まれている。また、パトチカのオロモウツ講演を批判したカリヴォダも政治的理由から一九七四年に教育学研究所を早期退職している。人事等の不遇を受けた者は少なくなかった。

開けた魂

シャラーの度重なる促しによってパトチカが著した論文「コメニウスと開けた魂」には次のような一節がある。

「コメニウスの著作は今日われわれに何を語りかけてくるのだろうか。技術の時代、また、技術と結びつき技術によって支配された科学の時代が、その根本的概念に基づいた成功をますます目の当たりにしているにもかかわらず、閉じた魂だけに支配されていては、ポスト・ヨーロッパ時代が突きつけてくるさまざまな要求に応えるにはもはや十分ではないという徴候が増大している。〔…〕――それゆえ新しい精神性がぜひとも必要である。〈精神的な〉回心が必要であり、夜明けを迎えようとしている日が問題をかかえていれば、その積極的な解

ヤン・パトチカ（1971年、インドジフ・プシビーク撮影）

決が試みられねばならない。科学と技術だけでそれをなし遂げることはできない。」（パトチカ、二〇一四年、一四四―一四六頁）

ここで言われる「閉じた魂」とは、理性を事象の上位に置き、世界を自身が自己展開したものと見なす、それ自体で完結した魂をいう。この論文は、「閉鎖性の時代の始まりに生まれたコメニウスは、この時代を生き抜き、この時代の終焉において新たに姿を現している」（同書、一四八頁）と結ばれている。パトチカは、一七世紀に「力としての知」の時代の端緒を認め、ここではそれを「閉じた魂」の時代、または閉鎖性の時代として位置づけた。彼は、「絶滅の技術は、あるいは閉じた魂の核心に属するのかもしれない」（同書、一四六頁）と記し、核兵器をも生み出してしまった「閉じた魂」の時代に対して、「開けた魂」にその超克の可能性を見ようとした。そして、コメニウスの思想は自己の外なる存在へと向き直る可能性としての開けた魂に向けられているとした。魂の外部を予感させる超越的な何かが想定されるとき、自己完結した魂という観念は揺るがされ、魂が開ける端緒が生じるのであり、そうした精神性が求められると、パトチカはいう。

パトチカが一九五〇年代からとりくんだ思想史研究は、「もっとも硬直したスターリニズムの年月にも出版され得た」（Kohák, 1989, 4）と評される客観的なものだったが、そこではここに見られるような見解は示されていなかった。彼のコメニウス解釈が、一九六〇年代末に大きく変容したのは明らかだ。その要因として考えられるのが、パトチカのフーコー読解である。パトチカは、一九六七年、人文科学書としては異例な反響を呼んだフーコーの『言葉と物』についての長文の書評を著した。フーコーは、同書において、一七世紀後半を類比による認識から秩序に基づく認識への転換点として位置づけている。コメニウスは、『総合的熟議』第二部『パンアウギア』でその学問論を要約しているが、アリストテレス以来の総合の方法、コメニウス当時にとくにデカルトらによって隆盛した分析の方法それぞれの得失を踏まえたうえで、やはり類比の方法を重視することを明言した。物議をかもしたオロモウツでのパトチカの講演には次のように記されている。

「フランスの著名な文学史家が数年前に示したことを思い起こすことで、われわれはうまくあつかうことができよう。つまり、一六七〇年から一六九〇年という期間（コメニウスの死後二〇年間）は近代思想史の決定的な転換点を意味し、〔…〕その期間において近代的な年代学、聖書批判、人間世界の問題についての自然法的な見方が普及したのである。」（AC 25, 70）

フーコーの解釈にしたがえば、パンソフィアは「歴史的には時代遅れで、もはや今日には妥当しない前提を基礎として築かれた異なったひとつの学問」（同, 70）と見なされてしまう。コメニウスは、類比的な方法論が廃れつつあった時代に、それに固執した時代遅れの思想家だというわけである。『言葉と物』への批評には次のような言及がある。

「コメニウスの自然的で改革的でもある思想は、全体としてこの認識論的な場で動いていた。ここで指摘せざるを得ないのは、もしコメニウスが一七世紀の七〇年代にはすでに忘却のなかにあったというなら、それは【コメニウス】とは歩調のずれた認識論的な場の変容と関係しているということだ。——つまり、一七世紀と一八世紀にはまったく異なった基礎的な関係構造があるということだ。」（SP 7, 533）

パトチカは、コメニウスの思想史的な位置づけの低下という問題をフーコーの図式にあてはめて考えている。そこから、「パトチカのコメニウスに対する評価の変化を引き起こしたのは一九六六年に出版されたフーコーの『言葉と物』という書物であった」という見方も出てくる（Floss, 2012, 378）。パトチカは、フーコーの視点を受け入れて、コメニウスの思想にもはやアクチュアルな可能性を見なくなったと考えられるというのである。しかし、プラハの春前後のパトチカの思索を振り返ると、彼は当時のコメニウス研究を批判するとともに自らの解釈をも相対化しようとしたと考えられる。パトチカは、一七世紀後半をエピステーメーの第一の転換期であるというフーコーの歴史的展望に対して、それは「閉鎖性の時代の始まり」であったとする。閉鎖性はフーコーの用語に対応させるなら人間学主義といえる。『言葉と物』の眼目は人間学主義の終焉を宣言するところにあった。この意味で、パトチカとフーコーの論じようとするところはそれほど隔たっていない。

そのうえでパトチカは、フーコーと平行した歴史的展望をとりながら、コメニウスの思想の意義を再検討しようとする。彼は、「コメニウスの根本的な目論見は繰り返し人間学的に読まれてきた」が、そのような解釈が可能であるにもかかわらず、コメニウスの教育論のもつ「普遍的性格は、単なる人間中心主義からはまったく基礎づけられ」ず、「コメニウスが企図したことは全体として神中心的なものを目標として」いるとした（パトチカ、二〇一四年、一四三―一四四頁）。この言及は、一見すると、近代的にとらえられてきたコメニウスを今度は逆に前近代に遠ざけるだけのように思われるかもしれない。しかし、ここにはもっぱら人間学主義的に読まれてきたコメニウスをそうした読みから隔てるという積極的な意図がある。コメニウスを認識論的に過去のものとしてしまうような歴史解釈の登場を受けとめ、パトチカはコメニウスをいかに理解できるかを考察したに違いない。パトチカによれば、コメニウスが、その教育者としての名声にもかかわらず、その死後の早い段階で忘れられたのは、コメニウスが閉鎖性の時代の潮流から逸れていたことを示すことになる。そしてパトチカは、彼が直面した閉鎖性の時代のいきづまりに「開けた魂」の思想のリバイバルを予感したのである。

パンソフィアをおとぎ話であるとしたパトチカの講演は反発を招いた。しかし、彼が講演の終わりに、おとぎ話を「人間についての解釈や、人間が望み、そこに向かって努力する人間の目標の解釈、あるいは人間がそうした目標に着手する際の批判を解釈するためにかけがえのないものなのだ」（AC 25, 74）と述べたのは、コメニウスへの新たなアプローチを示唆するものであっただろう。
この前年に妻を亡くしたパトチカは、この時期に死や神話といったテーマを考察している。この講演の半年前、プラハの国民劇場で上演された演劇に対して、パトチカはある評論を発表した。演劇は、ヘーゲルが『精神現象学』（一八〇七年）でとりあげたテーバイの王女アンティゴネーをめぐるギリシア神話にヒントを得たものだった。神話の意義に論及していくパトチカの評論には、パンソフィアをおとぎ話と述べた真意をうかがわせる以上の意味が読みとれるのではないだろうか。

「それを超えればあらゆる人間的な意味が失われてしまう、確実にわたしたちの境界であるものから出発しよう。その境界とは死である。死を超えたところには、人間的な意味が到達しない夜がある。神話的展望は、しかしそこにこそ存在する。〔…〕人間には理解しがたいが、しかし、極めて明白かつ根源的な死という事実が示すのは、このノモスにはその終わりがあり、究極的に、昼によって夜を把握することはできないが、夜は昼によってこそ把握できるということである。夜は、昼を全方位から囲むところのものである。そればかりか、夜は、昼を通じて秘密裏に侵食しさえするので、それゆえわたしたちの昼の掟は夜の力からのみ生じている。このことがまさしく意味するのは、ほかでもなく、世界が人間の世界ではなく、むしろ神々の世界だということだ。神々とは、「人間に似せてつくられた」力ではない。それは世界の力であるが、まったくの彼岸からやってくる、わたしたちには測り知ることのできない支配的なもので、そういう点で「より高位」のものである。」(SP 4. 393)(18)

さて、パトチカは、コメニウス解釈をとおして教育の本質的な問題を魂の転回にあると考え、「コメニウスと開けた魂」の末尾で「転回の教育学」の可能性を示唆した（パトチカ、二〇一四年、一四七頁）。直接間接は別として、コメニウスがプラトンの『国家』第七巻の洞窟の比喩を読み、そこから聖書に説かれる「諸民族の普遍的な回心」

という課題がいかにして実現できるかを考察したことは、『光の道』その他の著作から確かに読みとれる（相馬、二〇一七年a、一四〇―一四四頁）。洞窟の比喩は、ハイデガーによってフライブルク大学での講義（一九三一―三二年冬学期）でとりあげられたが、パトチカはそのやや後の一九三三年の夏学期、フライブルクでハイデガーに学んでいる。ともすれば、宗教的意味に限局してとらえられる回心や転回は、コメニウスとパトチカの哲学的関心の共有のもとで新たな意味でとらえられるようになった。

ところで、この観点に立つとき、コメニウスがその普及をめざした教育制度が、開けた魂の指し示す方向からそれていることが露呈する。啓蒙主義時代以来、教育制度は、閉鎖性の時代の社会目標を実現する手段として位置づけられ、職業生活への準備の場として拡張されていった。そこにコメニウスが示そうとした意図との断絶を見るパトチカは、「コメニウスの根本思想を甦らせようとするならば、おそらくはまず脱学校化（Entschulung）から始めなければならないだろう」と書きとどめた（同書、二四三頁）。ちなみに、脱学校論で名を馳せた思想家イヴァン・イリッチ（一九二六―二〇〇二年）が『脱学校の社会』を発表したのはパトチカが最後のコメニウス論を著した翌年のことである。パトチカは、近代教育学の祖とされてきたコメニウスの再解釈をとおして近代教育を批判したのだった。このパトチカは、「地下大学」の取り組みのなかで贈与・犠牲・回心といったテーマを深め、その思索はフランスのポストモダニズムの代表的哲学者ジャック・デリダ（一九三〇―二〇〇四年）にも影響を与えた。

「閉じた魂」と聞くと、直観的には、人間関係にオープンでなくコミュニケーションがとりにくかったり、特定のことにしか関心を持たなかったりする人間がイメージされるかもしれない。パトチカの分析はそうしたイメージとまったく無関係ではないにしても、その分析はより深いところから発している。彼が言う閉じた魂とは、「何らかの仕方で絶対的なものと同一視されるもの」、つまり、「自らの内部にある力や手段だけで解決しなくてもよいような問題や、解決することができないような問題」がなくなることを志向する魂である（同書、一一七頁）。ゆえに、この無限性を志向する魂は、みずからの「課題を、本質的に、それを克服し支配し併呑するという観点から見る」（同書、一二七頁）。閉じた魂が世界のあらゆる問題を受け入れようとする限り、それは何ら閉鎖的ではないように思われる。しかし、世界を受容するにせよ、それを自身の観点から統治しようとする限り、その魂は、「ただそれ自身にしか出会うことがないため、自分自身だけで完結している」（同書、一二七頁）。彼が言う閉鎖性はここにある。そして彼は、デカルトやガリレイに代表される一七世紀科学革命の群像に閉じた魂の典型を見た。彼は、この魂と近代的な世界像を短絡させないように注意を促しつつも、その後の歴史的な流れを次のように概括している。

「近代的な世界像には近代自然科学と技術が属し、またその支柱として近代科学的な哲学が属していた。近代科学は人間精神の英雄的行為の一つであり、人間の精神はそれに基づいて物理的自然を操作し始め、ついには自らの本性をも操作しようと望むようになった。」（同書、一二九頁）

こうして導かれた科学と技術の時代へのパトチカの批判は、フッサールやハイデガーに見られるものであり、彼は基本的に両者の問題意識を引き継いでいる。周知のように、ハイデガーは、技術の本質があらゆる存在をその目的のために調達・補給しようとするところにあるととらえ、それを「総駆り立て体制」（Gestell）と呼んだ。ハイデガーによれば、それは抗いがたい時代の運命として現れる。

「技術の時代、また、技術と結びつき技術によって支配された科学の時代が、その根本的概念に基づいた成功をますます目の当たりにしているにもかかわらず、閉じた魂だけに支配されていては、ポスト・ヨーロッパ時代が突きつけてくるさまざまな要求に応えるにはもはや十分ではないという徴候が増大している。〔…〕ヨーロッパ時代は、歴史や精神について、主体が自らの力を備えていることを述べるような、固有の見方を発達させ、また、同じ基礎に基づく国家哲学を発達させた。〔…〕閉じた魂の兵器庫には、諸力の結合のもとに物事を考え、それを力づくで取り押さえて所有し、併呑して分割するといったことが収められている。〔…〕閉じた魂を備えたヨーロッパが崩壊したあと、ポスト・ヨーロッパ時代には、さらにずっと険しいものが待ち受けていた。それは、絶滅の技術が整えられ生の実体そのものに向けられるという点で、致命的となりうるほど険しいものであった。絶滅の技術は、あるいは閉じた魂の核心に属するのかもしれない。」(同書、一四五―一四六頁)

パトチカは、一七世紀の科学革命による思考様式の転換が、近代的な国家観に基礎を与えたと見立てる。そのもとでの技術がもたらす危機とは、技術による駆り立てが技術からもたらされる以外の予感や徴候を許容しない視野狭窄に陥ってしまうところにある。こうして、当初は、あらゆるものを受け入れるべく出発し、その限りにおいて普遍的であったはずの閉じた魂は、やはりその閉鎖性を露呈せざるを得ない。その結果、閉じた魂は、当初の理念の高邁さとは正反対に、私たちが閉じた魂という言葉から想像するナイーヴな偏狭さとそう遠くない状態に陥ってしまう。

「普遍的回心」と「無のための犠牲」

パトチカのコメニウス研究は、過去の思想の生きた意味を汲みだそうとするものだった。しかし、実践へと展開されることなくして意味は具現化しない。そして、具現化しない意味は生きた意味とはいえない。さらに、コメニウスが理論にとどまらず、理論から実践、実践から応用への展開を求める思想の持ち主であったことを真摯に受けとめるならば、その研究は時代や社会の現実と無縁であり続けることはできない。シャラーの肝いりで『コメニウスの教育の哲学』をドイツ語で著したのち、パトチカは直接的にコメニウスについて書いていない。しかし、彼の思索と実践には、コメニウス研究のテーマが反映している。ここでは、『異端的論考』とその後の「憲章七七」の活動が、コメニウス研究との関係でどのようにとらえられるかを見ておきたい。

コメニウスは、『光の道』で彼なりの時代診断と歴史的展望を示した。彼は、後代からも危機の世紀と見なされるその時代の奥深い危機を深く認識し、自身の生きた時代を闇と見なした。そこで、当時の印刷術や航海術の発展を踏まえ、技術の現れとしての光の道を増強させることによって、とりわけ無知という闇を払うことを課題として引きうけた。その筆致は思いのほか明るい。パトチカの『異端的論考』はコメニウスにおける『光の道』に比せられるだろう。しかし、『光の道』がポジであるならば、『異端的論考』はネガといえるほどその筆致は重く暗い。そこには、パトチカの深刻な時代診断がある。

コメニウスが光と闇を対比させたのに対して、パトチカは昼と夜という対比を用いる。パトチカは、「生は昼の観点から、単なる生存、受容された生の観点から理解してはならず、闘争、夜の観点、ポレモス(闘争)の観点からも理解しなければならない」(パトチカ、二〇〇七年、九一頁)という。彼は、第一次世界大戦に関するさまざまな分析が、「暗い夜の側面を除外して、平和と昼と生の観点から戦争を見ている」(同書、一八八頁)と指摘する。そして、「夜と戦争と死の時代」である二〇世紀を一九世紀の「昼の理念、昼の利害と平和の理念」で解釈する無効性を強調する(同書、一八八頁)。人類史的次元からしても、二〇世紀はたしかに戦争の世紀である。しかし、そう言われるとき、私たちは戦争が行われている期間や地域にのみ目を奪われがちであり、戦争がなければその状態を平和であり昼であると見なしてしまう。しかし、パトチカによれば、実は昼の力が夜と永遠に属したものを昼のために利用しているのだという。その結果、「平和はそれ自体戦争の一部」となる(同書、一九七頁)。この段階で、昼と生と平和は、その外観とは裏腹に夜と死と戦争になる。自身が安全地帯にいると信じている者にとっては、世界は昼であり平和に映る。そこが夜と戦争であると見てとるのは、危機に震撼せざるを得ない「前線」に置かれた者たちである。二〇世紀前半までは、昼と夜、平和と戦争を分ける前線と銃後があった。しかし、戦争の技術の発展、とりわけ核兵器の開発によって、二〇世紀後半においては、「前線と銃後の区別は取り払われた」(同書、二〇二頁）と言う。「核兵器と全面的破壊の絶えざる脅威という新たな状況から、戦争は熱いものから冷たいもの、あるいはくすぶるもの」（同書、二〇三頁）へと移行する。そして地上は「「平和的」手段によって永続的に確立される戦争」（同書、二〇四頁）の前線となる。パトチカは、一九世紀の達成を引き継ぎ、技術の浸透による駆り立てが極まっていく二〇世紀の生と平和が、昼の装いをとって欺くという奥深い危機を見ている。ゆえにここでは、もはや単純に昼の観点に期待することはできないという。

「多くの者は、発展というものをこのように思い描いている。即ち、技術的世界は、原子爆弾のようなそれ自身の産物によって不条理にまで至らしめられるであろう、と。あるいはまた、広島の経験は、一般化されれば、技術的世界の「諸原理」からの全般的な転換（Abkehr）に至るはずである、と。だが転換はまだ、いかなる新たな世界、存在へのいかなる解放的で救済的な開けをも作り出しはしない。」（同書、二四四頁）

私たちの多くは、技術の進歩がもたらすリスクについては自覚している。しかし、技術主義の転換は図られないままである。技術はそれほどまでに深く私たちの生に浸透している。

「数学的自然科学は、その有用性とその現実的有効性によって、実に様々な生活分野において今日の人類の現実の不可欠の一部となり、それなしでは我々が生きられない現実となった。しかしながら、それなしで生きること、物理的な意味で生きることができないとしても、我々がそれと共にそれだけに基づいて生きることができるということにはまだならない。」（同書、一二四頁）

パトチカは、科学と技術による達成を否定する反文明主義をとるわけではもちろんない。そこで、現代が科学と技術の時代であることを引きうけながら、そこですり減らされている生の意味の復興が課題となる。

「工業文明は、〔…〕人間の大きくて主要な――そして人間自身の――内的問題、即ち単に生きることだけではなく歴史がその可能性を示したように人間的に真実に生きるという問題を、それは解決しなかったばかりか、その可能性の概念の中に自分自身に対する人間の関係が入っておらず、そのことによってまた全体としての世界とその本質的な神秘性に対する人間の関係が入っていないことによって、その解決を困難にした。」(同書、一八二頁)

科学的・実証主義的前提において、神秘性はあらかじめ視界から除外される。パトチカの対比でいえば、夜は排除される。しかし、夜を排除する昼は、昼の装いをとりながら人間に生きながらの死を与えているかもしれない。

「人間存在は、存在を理解することによって、しかも存在と関わりを持ち存在に対して振る舞う(その関係である)ことによって、他のすべての存在者から異なる。このようにしてのみ、人間存在は存在者(存在が属しているもの)に「開かれている」ということになりうる。〔…〕人間はその本質においてこの「開放性」なのであり、それ以外の何物でもない。」(同書、四四頁)

哲学者としてのパトチカは、このように人間を「開放性」と見なし、その現実化のためには、人間が閉じた魂の時代に対する異なった眺望を持つように転回することが求められると考える。彼は、「有意味な実存を実現する可能性」の条件は、「大転換、前代未聞のメタノイア(回心)」であるという(同書、一二九頁)。ここで、コメニウスが『光の道』で課題としてあげた「普遍的回心」が、パトチカにおいても歴史的課題として引きうけられているのが見てとれる。パトチカにおける回心が何を意味するのかが問題であるが、彼は、直接的には「戦争状態を永続化させる動員措置に「否」と言うこと」をあげる（同書、二〇六頁）。実は戦争状態の継続にほかならない昼の装いをとった世界のなかで、私たちの多くは、昼であることを自明視させる教育や宣伝、そして一定の心地よさによって一種の不感症に陥り、危機を危機として認識できない。この状態から回心するために、彼は二つの課題をあげる。ひとつの課題は、「危機を危機として見ることを学ばねばならず、即ち技術の本質を考えることを始めねばならない」（同書、二四六頁）と述べているように、学習である。それは、危機の源泉について考えることによって、受動性への埋没を防ぐという。いまひとつは、ニヒリズムとの対峙である。

「神は死んだが、法則的な必然性をもって人類とその進歩を生み出す物質的な自然というのも、それに劣らず虚構であり、次のような特別な弱点を持つ。即ちそこには、ささやかな昼の悦びとささやかな夜の悦びを持つ最後の人間（末人）のように逃避して偶然の世界に腰を落ち着けようとする個人の努力に対して、個人を制御するいかなる審級もないということである。」（同書、一五一頁）

技術が浸透した世界には人間をより意味のある高次な何かに向かわせる根拠はない。危機を学ぶことによって昼の世界の虚構性を認識できたとしても、それがただちに回心の駆動力になるわけではない。この危機に対峙することの困難さを知れば知るほど、個々の人間は無力感を痛感するだけで終わってしまわないとも限らない。そこでニヒリズムとの対峙が課題となるが、パトチカが重視したのが夜の経験であった。昼の装いをとった世界には、実は至るところに夜の前線がある。本来、前線とは対峙する者が敵同士として向き合う場だが、前線と銃後の区別がなくなった世界にあっては、あらゆる者が「昼や平和や生の震撼」にさらされており、ゆえに「同じ状況の共同参加者であり、絶対的自由の共同発見者であり、対立において一致が可能な者」であるという認識が生じ得ると、彼は言う（同書、二〇一頁）。こうして彼は、回心の可能性は、「震撼させられた者たちの連帯」（同書、二〇六頁）にかかっているとする。

パトチカは、こうした回心を誰に求め、どのような展望を抱いたのだろうか。前線は至るところにある。この意味では、回心はあらゆる者にとっての課題である。しかし、技術主義の危機に直面しては、「何よりもまず研究者と応用者、発明者と技術者たちの「技術的知性」が、この連帯の息吹を感じて、それに従って行動するようにすること」（同書、二〇七頁）が課題となる、と彼は考えた。彼の主張は知識人の社会的役割を重視する意味ではアカデミズムでありながら、知識人の実態評価においては痛烈なアカデミズム批判である。ここには、「プラハの春」の年に書かれた「学問的良心の原理について」で示された問題意識が読みとられる。

とはいえ、「プラハの春」の挫折、そしてその後の正常化時代は、知識人の回心への期待を裏切るものであったに違いない。同時に、その状況は学習をとおした回心への期待も懐疑に付すものであったに違いない。そうした状況において、人間の回心を強く促すのは、「震憾させられた者たちの前線における犠牲である」というのが、パトチカの結論であった。たしかに、あらゆる犠牲は私たちをたじろがせる。それは教育や訓戒、あるいは懲罰に比しても圧倒的である。ゆえに昼の世界は技術の動員によって犠牲を最少化し隠蔽しようとする。


「犠牲の経験は今や、我々の時代の最も圧倒的な経験の一つである。それは非常に強くて決定的なものであるので、人類はそれをほとんど克服することができず、その前からまさに技術的な存在理解へと逃れているのである。」（同書、二六四頁）

犠牲の経験への恐れからその技術的な回収が図られていることは、たしかに犠牲の経験のインパクトを裏づけている。しかし、犠牲は多くの場合、あまりにも皮肉なことに人間を駆り立てるための手段として語られる。その犠牲が特定の民族、思想、階層等の個別的な利害のためであると見なされるなら、その犠牲を向けられた技術が行うのと同じように人間を駆り立てる。ゆえに、自発的に生じるべき回心が外的に統御されることになる。また、個別的利害のための犠牲による駆り立ては、利害対立による犠牲の連鎖を生む。こうしたジレンマを見据えてのことであろう、パトチカは、犠牲とは、「すべての物とすべての人のための犠牲であるにもかかわらず」、「ある本質的な意味で無のための犠牲である」という（同書、二六七頁）[19]。

パトチカの死は、彼の思索の実践であった。正常化体制下、フサーク政権は、一方で私的な経済取引を黙認しながら、他方で言論の自由への抑圧を強めていった。そうしたなかで地下文化はむしろ活性化していた。一九七六年、実験的なロック音楽を展開するバンド、プラスティック・ピープル・オブ・ザ・ユニヴァースが「平和の組織的な妨害」に関わっているとして当局の弾圧を受けた。政治とは無関係なロック・バンドに対する共産党政権の過度に神経質な反応は、昼の装いをとった「正常化」という言葉とは正反対のものになりつつあった。一九七七年、当時のチェコスロヴァキア政府も批准していた人権擁護に関するヘルシンキ宣言の条項の遵守を求める「憲章七七」の運動が起こされた。この運動のスポークスマンとなったのがパトチカだった。世間からは学問一筋の研究者と見なされていた彼が政治活動の先頭に立ったことは、大きな波紋を呼び起こした。この運動は、憲章への賛同者に署名を求めるかたちで進められたが、体制側はこれに対抗する「反・憲章七七」の運動を起こした。

日本の新聞各紙は、「憲章七七」の全文がドイツ（当時の西ドイツ）のフランクフルター・アルゲマイネ紙やフランスのル・モンド紙で報道された一月上旬以降、この運動がポーランド、ハンガリー、ブルガリアで共感を呼び起こしたことをはじめ、中国や日本の共産党がチェコスロヴァキア政府の対応を批判したことなどを断続的に報道した。『朝日新聞』は一月二〇日に「天声人語」でとりあげ、二月には「人権・東と西　憲章七七の波紋」を連載している。二月三日付の『朝日新聞』では、チェコスロヴァキア当局が批判を中断したと報じられたが、一八日付では、反・憲章七七への署名を拒否した教師が解雇されたことが報じられた。こうしたなかで、パトチカは国家保安庁に拘束され、長時間の尋問を強いられるなかで、三月一三日に脳内出血のため死去した。体制側は、国外からの弔問客の入国を拒否し、葬儀も厳しい監視下におかれた。翌日の日本の各紙での報道は、パトチカの死の背景を十分に伝えているとはいえない。

「服従するな　理念に生きよ

チェコ「憲章七七」代表　パトチカ教授が遺言

「憲章七七」に代表されるチェコスロヴァキアの反体制運動は、「殉教に値する理念があるということ、そしてその理念のゆえに生きることには価値があること」を教えてくれた――一三日死去した「憲章七七」グループのスポークスマン役ヤン・パトチカ教授は死の床でこのような声明を著した。

同教授はこの声明で、チェコスロヴァキアにおける人権要求はかえって新たな抑圧をもたらすのではないかと考える人々に答えて、「服従していては決して状況は改善されない。反対に悪くなるばかりだ。恐れ、権勢に黙従すればするほど、それだけ専横的支配は強まる」と強調した。」（『毎日新聞』、一九七七年三月一四日付夕刊）

プラハ6区ブジェフノフにあるパトチカの墓碑（命日の3月13日、科学アカデミーからの花束が手向けられていた）

パトチカに学んだ学生たちは出版に至らなかった草稿を守り、それらはオーストリアのウィーンに届けられ、ドイツ語の選集等が発行された。コメニウス研究に関する草稿は、プラハではサミズダトで出版され、それは発信者不明のままドイツのシャラーのもとにも届けられ、シャラーはそれらをファクシミリ版で公刊した。パトチカの草稿は民主化後にプラハに帰還し、チェコでもその再評価が始まることになる。パトチカは、自宅のあったプラハ六区のブジェフノフ修道院に隣接する墓地に眠っている。彼は『異端的論考』に次のように記していた。

「重要なのは、犠牲の経験を反復し、そしてそれによって犠牲を忘却から引き出そうと企てた人々が存在するということである。」（同書、二六五頁）

むすび

二〇世紀を特徴づけるイデオロギーの光は、どこまでが意図的でどこからが偶然の帰結なのかは別として、歴史的対象の近代化とその尺度にあてはまらない要素の隠蔽を図ってきた。コメニウスをめぐる言説には、それらの様相が如実に現れている。

一九七一年にウヘルスキー・ブロトで開催された第一回コロキウムのテーマは「コメニウスの先駆者ヤン・ブラホスラフ」であった。ブラホスラフ（一五二三―七一年）は、コメニウスが学校教育を受け、のちにそこで教師となるプシェロフに生まれ、ドイツ地域の宗教改革にも広く学んでチェコ兄弟教団の監督となり、新約聖書のチェコ語訳にとりくんだほか、チェコ語の文法研究にも貢献した。先に、フスやジシュカに革命的・進歩的な性格を見出し、そののちのチェコ兄弟教団の温和な傾向性を批判したネイェドリーの見解を見たが、ブラホスラフをとりあげることは、当時の体制側に挑戦的と受けとられたことは想像に難くない。プラハの教育学研究所の所長は、研究所員にウヘルスキー・ブロトでのコロキウムへの出席を禁じることもあったという（DO, 41）。

それ以上に、チェコスロヴァキアの体制側を苛立たせたのは、プラハの春後の自国での研究の停滞に比して西ド

ヤン・ブラホスラフ像（プシェロフ、コメニウス博物館正面）

イツの研究が進展したことだろう。コメニウス最晩年の手記『エリアの叫び』は、チェコスロヴァキアの研究者ユリア・ノヴァーコヴァー（一九〇九―九一年）の編集によって一九七七年に西ドイツのシャラー編集の『コメニウス研究誌』の第七巻に収められ、翌年にはそれに基づいた研究が『『エリアの叫び』の教育学』（同誌第八巻）として発行されている。『エリアの叫び』がチェコスロヴァキア科学アカデミーの『コメニウス著作集』に収められたのは冷戦後の一九九二年になってのことであり、研究の量的な格差と研究の志向性は、体制側には看過できない事態に映ったに違いない[20]。

こうした状況への焦りが如実にうかがわれるのが、正常化体制下で教育学研究所長となったヤルミラ・スカルコヴァー（一九二四―二〇〇九年）が、一九八二年六月一五日のチェコスロヴァキア科学アカデミー第四六回幹部会に提出した「一九九二年のコメニウス生誕四〇〇年という視点からみたコメニウス研究の学問的、政治イデオロギー的重要性」という報告である。

「近年、資本主義諸国におけるコメニウス研究への専門的および政治的関心がきわめて強くなっていることは看過し得ないことである。とくにクラウス・シャラーによって率いられたボーフムの教育学研究所にあるドイツ連邦共和国のコメニウス研究部のような海外の研究センターに見られる重要な活動がそれである。同研究部は編集や出版に関して顕著な体制をとっており、それはわれわれのもっとも重要な優位性を脅かすのみならず、イデオロギー的闘争の分野において、憂慮すべきレベルで非マルクス主義的なコメニウス解釈をもたらそうとするものである。〔…〕守勢でとりくんでいては社会主義者のイデオロギー的政治的学問の地位を自国においても外国においても弱めてしまうのであり、このことは、現在にあって必要とされるのは、積極的でイデオロギー的な専門家による道をとることだということを示唆している。」(DO, 26-27)

しかし、イデオロギー統制のもとで体制側が満足するようなコメニウス研究の進展は見られなかった。たとえば、コメニウス研究の国際誌『アクタ・コメニアナ』は、コメニウス没後三〇〇年の国際会議の内容を収録した第三号(通巻二七号)が一九七二年に出版されたが、次号の第四号一巻(通巻二八号一)が出たのは一九七九年で、発行に七年を要した。執筆者たちのあいだでは編集の圧力に相当の不満があったという。

パトチカのコメニウス研究を集成した科学アカデミー哲学研究所のヴィエラ・シフェロヴァー(一九五九年生)は、冷戦下のコメニウス研究に向けられた暗黙の要求は、「コメニウスを唯物論者にして弁証法的唯物論に適合させられないのなら、少なくとも弁証論者にしろ」というものだったという。言うまでもなく、正(テーゼ)と反(アンチテーゼ)の相克から合(ジンテーゼ)が生ずるという弁証法(ディアレクティーク)の図式は、階級闘争による歴史の発展を裏づける論理であった。コメニウスには、さまざまな事象を三つの相からとらえる三相法(トリコトミー)の発想があり、ディアレクティークという語も用いている。しかし、それは現在の用法とは異なり、存在論的な意味で用いられていた。具体的にはクザーヌスからの影響が大きい。しかし、そうした思想史的文脈はほとんど顧慮されず、コメニウスの著作のうちに弁証法的な要素があることを指摘し、それによって「進歩的」であることを強調するような研究が求められた(Schifferová, 2008, 54, 51-70)。次のフロスの回想は、それを裏づけるものであろう。

「正常化のイデオロギーは、宗教一般、およびとりわけキリスト教的な精神性の形態をとったものに対しては何であれ、攻撃を強化するということを明言した。〔…〕当時のイデオローグのなかには、キリスト者との対話、そしてキリスト者とマルクス主義者との対話の積極的な実りを隠蔽しようとする者がいた。〔…〕イジナ・ポペロヴァーは、コメニウスの三相法を愚かで無意味な熱狂であると見なし、コメニウス学者がコメニウスの三相法に関心を持つのを打ち砕こうとした。それは、コメニウスの三相法をとりあげることが、コメニウス学者、歴史家、哲学者を導き、ヨーロッパの三相的な思弁の歴史に関する哲学者の深い研究につながり、弁証法的で歴史的な唯物論のイデオロギー的な源泉がとりわけキリスト教的な新プラトン主義の神学的な三元論の思弁にあることを今一度明らかにするということへの懸念から発したものだった。」(Floss, 2012, 313-314)

こうした解釈の多様性の欠如は、チェコスロヴァキアだけのことではなかった。前述の東ドイツの代表的なコメニウス研究者であったホフマンは、コメニウスの『総合的熟議』のドイツ語訳を進めたほか綿密な文献批判に基づいた研究を進めたが、広く読まれた概説書『ヤン・アモス・コメニウス――諸国民の教師』(一九七四年)の末尾は、東西冷戦という状況を強く反映した記述となっている。彼は、コメニウス研究の歴史を振り返り、第一次世界大戦に向かうなかでドイツの民族主義が強まり、「ブルジョワ教育者」のゲオルク・ケルシェンシュタイナー(一八五四―一九三二年)らも戦意高揚を煽るなかで、ドイツにおけるコメニウス研究の平和的な伝統は衰退したと指摘する(Hofmann, 1974, 80-81)。そして、この状態を克服したのが社会主義であると強調した。

「ヒトラーのファシズムがチェコスロヴァキア共和国に侵攻して以降、チェコとスロヴァキアの自由と独立の証人であるコメニウスの学問的研究にはまさにリスクがともなうことになった。コメニウス研究は、弁証法的な史的唯物論の基礎に立ってこそ、はじめてそれまでの学問的努力を豊かな実りへと引き上げることができたのであり、彼の生涯と著作についての真に包括的で学問的にも洗練された像を創造することができたのである。」(同, 81-82)

さらに、こうした状況が単に東側だけのことだったと言い切れるかどうかは微妙である。コメニウス研究で日本初の博士号を取得した堀内守は、一九七二年から翌年にかけてプラハに研究滞在した。正常化政策が強化された困難な時期のことである。帰国後、彼がコメニウスについて書いた文章には微妙な表現が見られる。彼は、コメニウスにおいては原罪の考え方が希薄であるといった近代主義的な見方を維持したが、ここでは、「弁神論を前面に立てたコメニウス」が「人間界の行動面に視野を広げていったのに対し、デカルトが物理学や数学を研究する道を開きながら生存の問題について実存的不安に陥った」（堀内、一九八一年、四四頁）と記している。デカルトが実存的不安に陥ったという指摘は、裏を返せば、コメニウスはその宗教的考察をとおして人間の実存の問題に接近した、と堀内が見たことを示唆している。この文章の末尾に、「よき師に恵まれたから、読み方が変わってきたとしかいえない」（同、四九頁）とあることからすれば、彼がここで示した見解には相当な思い入れがあったと考えられる。ここで言われている「師」が誰なのかだが、「「師」も一人だけではない」、「現代人であっても、異国の人であるかもしれない」、「その多くの「師」とは直接会えない」（同、同頁）と書かれ、はっきりしないままに文章は終わっており、彼が誰からいかなる見解を受容したのかは断定できない。しかし、この文章の前半に、彼が科学アカデミー関連の会合で「公職追放を受けた」パトチカと同席したと記していることからして（同、三一頁）、彼がパトチカやその周辺のコメニウス研究に影響を受けたことは確かだと思われる。この文章全体からうかがわれる婉曲なトーンは、コメニウスの思想への実存主義的なアプローチを直截に語ることがはばかられる程度に、近代主義的なコメニウス解釈が当時の教育学界にあって優勢であったことを想像させる。[21]

注

（1）http://www.ceskenarodnilisty.cz/clanky/prvni-poselstvi-t-g-masaryka-narodnimu-shromazdeni-22-12-1918.html
（2）戯曲『コメニウス』は、ウィーンのハプスブルクの宮廷、コメニウスが青年期を過ごしたモラヴァのフルネック、ストックホルムの王宮、アムステルダムのレンブラントの工房を舞台とした四幕一〇場の歴史劇である。一九三八年の完成後は一九五三年まで未発表のままだった。その後、一九七二年に第四幕が改稿された。

（3）http://www.ptejteseknihovny.cz/uloziste/aba001/2011/den-ucitelu

（4）堀内は、『コメニウス研究』で、コメニウスが用いた類比の方法が「社会的分業の生産性・偶然にうち勝つ経験的知識・人力をこえたメカニズムが生産性を高め、労力の軽減をもたらしている等の事実の発見」を可能にしたと論じている（堀内、一九七〇年、八〇頁）。これは、当時の日本の研究動向のなかでユニークな見解であったといえる。

（5）コメニウスは、『光の道』で人間の人生全体が学校であると記し、『総合的熟議』第四部『パンパイデイア』で人生を八段階にとらえる生涯学習論的な視点を提示した。梅根が『新教育への道』を著した時点で、『パンパイデイア』の存在は日本の学界に知られていなかった。

（6）たとえば、教育史家の長尾十三二（一九二四年生）による『西洋教育史』（第二版、一九九一年）では、イギリス内戦期の教育思想を総括して、「ピューリタン革命期をその両極において代表する教育改革論といえば、一方ではミルトン、他方ではペティおよびウィンスタンリを挙げておくべきであろう」という言及がある（長尾　一九九一年、七五頁）。周知のように、イギリス内戦期には王党派、長老派、独立派等のさまざまな宗教的・政治的党派が対立したが、戦後の社会思想史研究においては、人民主権の徹底を求めた水平派やディガーズが近代に先駆する存在として評価された。ミルトンは膨大な文筆活動によって政治的自由を強調し、ジェラルド・ウィンスタンリ（一六〇九―七六年）はディガーズの指導者として労働と学習の結合を説いたとされた。ちなみに長尾は、王党派、長老派、独立派のいずれとも関わりをもったコメニウスとその盟友のハートリブとデュアリを「漸進的改良主義」（同書、七四頁）と位置づけている。しかし、ミルトンやウィンスタンリの教育論は、教育の内容・方法・制度にわたって全般的に展開されているとは言いがたい。

（7）『アクタ・コメニアナ』（通巻一九―二）に掲載の長田論文は二六頁に及ぶ長編で、「コメニウスの新生」、「チェコの独立と教育」、「人類の解放と世界平和」、「子どもの解放としての教育学」、「コメニウスと時代精神」、「コメニウス教育学の歴史的条件とその限界」、「コメニウスから何を学ぶべきか」の七節からなり（節番号に誤植がある）、最初の三節の内容が二つの日本語論文で紹介された。なお、同誌の巻末には、肖像写真付きで長田の経歴が紹介されている。これは教育哲学者で長田の娘婿にあたる村井実（一九二二年生）が提供した情報をブランボラがチェコ語に翻訳したものである（AC 19-2, 162-163）。

（8）http://kokkai.ndl.go.jp/SENTAKU/sangiin/028/0462/02803290462012a.html

（9）教育哲学者で長田の教えを受けた小笠原道雄（一九三六年生）は、ソ連・東ヨーロッパの社会主義圏の崩壊やグローバル化のもとでの民族問題の噴出等の状況からして、戦後における長田の教育学的視点の変化を「時代の先取り」とみるか「転向」とみるかに関しては、「なお相当の時間が必要ではなかろうか」と記している（小笠原、二〇一四年、二七八頁）。

(10) 上原は、一九五九年、政治学者の丸山眞男（一九一四―九六年）との対談で、政治的主体の形成をめぐって、ペスタロッチとコメニウスを比較しながら論じている。ここで上原は、教育の可能性から説き起こし、「絶体絶命の問題として教育の問題を考えている」コメニウスやペスタロッチのような「教育意識を今日の平凡な教師が持ちうるでしょうか」と問うている（丸山眞男手帖の会編、二〇一四年、四二五頁）。

(11) この時期における日本でのコメニウスへの関心の高まりは、チェコスロヴァキアでも注目されていた。チャプコヴァーは、『アクタ・コメニアナ』（通巻一九―二、一九六〇年）で東京大学教育学部教授の教育方法学者・細谷俊夫（一九〇九―二〇〇五年）がチェコスロヴァキア科学アカデミーに送った書簡（英文）を紹介している。

「近年、若い研究者たちが日本のコメニウス研究にますます情熱をもつようになっている。日本のコメニウス研究は、大学の教育史のコースでとりあげられてきた。進歩的な教師によって組織された日本教職員組合も貴国その他のコメニウス研究に関心を払っている。われわれの学部は教育の歴史的・理論的研究において指導的な地位にある。われわれはこの分野で多くの有能な研究者たちを訓練している。」（AC 19-2, 162）

(12) 堀内守の『コメニウス研究』には、「註のことですが、これは最少限にとどめました」（まえがき、iii頁）とある。

(13) ただし、『世界教育史大系』には、ポーランドやチェコスロヴァキアがあつかわれた巻はない。

(14) プラハで梅根を出迎えて通訳をしたのは、言語学者の千野栄一（一九三二―二〇〇二年）であった。当時のプラハの学校の授業を見学した梅根は、絵画や工作の授業に芸術教育的側面や創造性が欠けているのではないかと指摘している（梅根、一九六二年、二、一一一頁）。ここには、学校教育に携わった梅根ならではの実践的な批判眼がうかがえる。

(15) コメニウス研究者の北詰裕子（一九七五年生）は、梅根悟の論考が「今日に続く「近代教育の祖」としてのコメニウス解釈を定着させた」（北詰、二〇一五年、一四頁）としているが、近代教育の祖コメニウスという位置づけは、日本でもすでに明治時代から定着している。前章及び本章で論じているように、「近代」をとらえようとする多様な視点が絡み合っている様相を見る必要がある。

(16) http://kokkai.ndl.go.jp/SENTAKU/syugin/061/0170/06106110170022a.html

(17) ただし、この時代のウヘルスキー・ブロトのコロキウムについては辛口の評価もある。哲学者のスタニスラフ・ソウセヂーク（一九三二年生）はパトチカに宛てた書簡で、ウヘルスキー・ブロトのコロキウムがタブーを設けない議論をしていることは認めつつも、常識的な学問的基礎が蔑《ないがし》ろにされているのではないかと指摘している（SP 21, 335）。

(18) 中井杏奈氏（中央ヨーロッパ大学大学院、一九八五年生）の訳文による。

(19) パトチカの死が「無のための犠牲」であっても、それが残された者たちにほとんど強制力といってよい影響を与えたことは否定できないだろう。しかし、それは残された者の創造の力となったことも指摘できる。ハヴェルが正常化時代に創作した劇作品「誘惑」は、「憲章七七の失敗による犠牲への良心の呵責」のなかで「絶望を振り払うための試み」であったと考えられる（野田、二〇一二年、二一二頁）。

(20) 当時のチェコスロヴァキアでシャラーの旺盛な研究活動が警戒されたことは確認できるが、では、シャラーの活動が経済的・人的にいかなる基盤によって可能であったのかは別途に考察されてよい課題であろう。

(21) 堀内は、一九八四年に『コメニウスとその時代』（玉川大学出版部）を刊行したが、その内容は一九七〇年刊の『コメニウス研究』とほとんど同じで、プラハ滞在時の思索が反映されているとはいえない。堀内の『コメニウス研究』については、「一〇〇を越えるラテン語表記の誤り」が指摘されているが（高橋、二〇一五年、二一一頁）、『コメニウスとその時代』でも訂正されていない。

第五章

模索する二一世紀へ

——思想史問題としてのコメニウス——

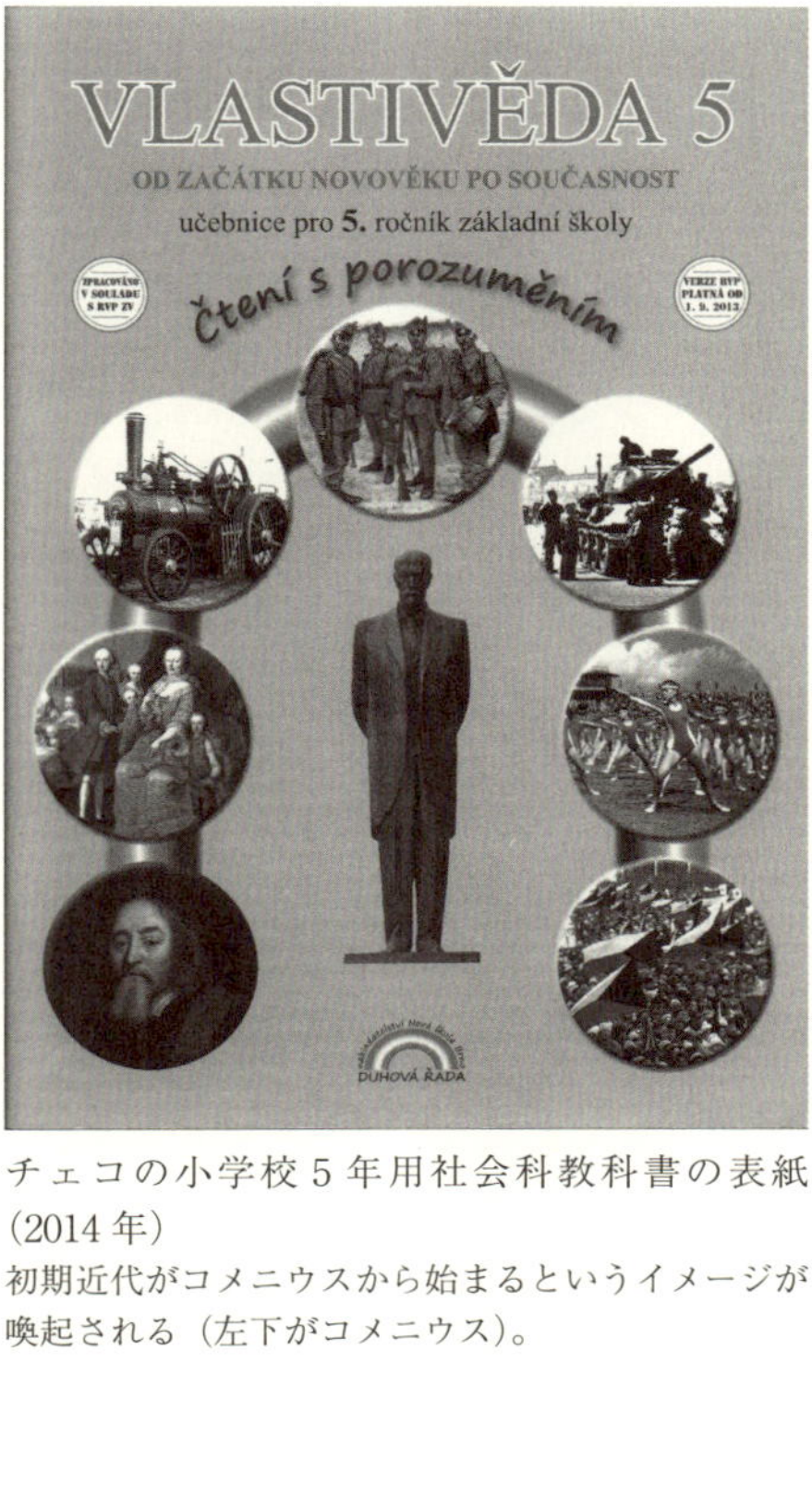

チェコの小学校５年用社会科教科書の表紙（2014 年）
初期近代がコメニウスから始まるというイメージが喚起される（左下がコメニウス）。

一　冷戦終結と近代の再考

生誕四〇〇年前後

一九八九年、パトチカとともに「憲章七七」の運動を進めたハヴェルらによっていわゆるビロード革命が実現する。大統領就任を前に、ハヴェルは体制転換を実現した学生を中心にした抗議行動が平和裏に行われたことに触れ、「文化的な社会は、平和の理想と結びついた私たちの最高の伝統の上にこそ築くことができる」と述べ、その伝統を代表する存在として、イジー・ス・ポジェブラト、コメニウス、マサリク、パトチカらをあげた。[1]翌年の元旦には、大統領となったハヴェルの最初の演説がプラハ城からテレビ放映された。

ハヴェルは、社会主義時代をとおして人々が道徳的に堕落した環境を生きざるを得なくなったことを指摘し、程度の差はあっても、皆が「全体主義的な体制の歩みに責任があり、誰一人として、ただその犠牲者であったばかりではなく、すべての人が同時にその協創者（spolutvůrci）だったのです」（ハヴェル、一九九〇年、二五頁、一部訳語を改めた）と指摘した。ここには、情報を独占した体制がそれとは矛盾した協創という――それ自体としては否定しがたい――理念で社会を駆り立てることで、全体主義がむしろ強化されていったというハヴェルの洞察があるだろう。そして、マサリクが「カエサルではなくイエスを」と記し、それによって「ヘルチツキーやコメニウスへとつなげた」として、国際関係の再構築にあたって、道徳性の上に政治を打ち立てようとしたマサリクの理想を新たな時代に新たな方法で試そうと呼びかけた（同書、三〇―三一頁）。ハヴェルの演説にはコメニウスの人間的事柄の改善という理想との共鳴が読みとれるが、はたして演説は次のように結ばれている。

「どのような共和国を望んでいるのかと、たずねられるかもしれません。お答えします。独立した、自由で、民主的な

ヴァーツラフ・ハヴェル（1990 年 1 月 1 日撮影）Czech News Agency – Photo 2018

共和国、経済的に繁栄し、同時に社会的正義のある、要するに人間的な、すなわち、人に奉仕し、それだから人も共和国に奉仕する共和国を。普遍的な教育を受けた人々の共和国を望んでいますが、それは、そうした人々なくしては私たちの抱えるいかなる課題も解決できないからです。人間的、経済的、生態学的、社会的、そして政治的問題のいずれをも。

私のもっとも輝かしい前任者【マサリク】は、彼の最初の演説をコメニウスからの引用で始めました。私の最初の演説を、その宣言の自分なりのパラフレーズで結ぶことをお許しください。

汝の政府が、人びと、汝に戻ってきたのだ！」（同、三五頁、一部訳語を改めた）

しかし、この演説でハヴェルが言及したチェコとスロヴァキアの関係の再構築は功を奏さず、一九九三年に連邦制の解消（ビロード離婚）というかたちに帰着するなど、チェコ地域では政治や国家の枠組みのめまぐるしい変化が続いた。コメニウスの没後三〇〇年は一九六八年のプラハの春の二年後という困難な時期であったが、コメニウスの生誕四〇〇年の一九九二年もこうした激動のなかでやってきた。

コメニウス研究の体制にも大きな変化が見られた。革命後の財政難から科学アカデミーの研究所の統合と再編が図られ、戦後のチェコスロヴァキアのコメニウス研究の拠点であったコメニウスの名を冠する教育学研究所は廃止となり、コメニウス研究にとりくんでいた大半の研究員は哲学研究所に移り、そこに「コメニウス及び初期近代思想史研究科」が設けられた。一九九〇年のことである。この年には、パトチカの文書を収集・編纂するアルヒフ（文書館）も科学アカデミー哲学研究所に設けられている。研究体制の変化によって、テーマ設定や方法論の自由度は高まった。他方、全集等の出版への国庫補助が広く認められていた時代は終わった。同年、国際教育史学会の第一二回大会がプラハで開催され、「宗教改革と啓蒙主義の間の教育改革」というテーマのもと、コメニウス関係の分科会も設けられた（太田、一九九〇年、五一―五六頁）。

一九九二年、チェコスロヴァキア国内では、コメニウスゆかりの地の博物館や記念館の模様替え等が行われ、大統領となったハヴェルが各地を訪れた。そして、生誕四〇〇年の国際会議が「コメニウスの遺産と二一世紀のための人間の教育」というテーマのもとプラハで開催された（太田、一九九三年、一二―一四頁）。記念の出版物も多く出たが、ラテン語で書かれたコメニウス後半生の大著『総合的熟議』の全体が初めてチェコ語に翻訳された。それまでも『総合的熟議』の一部はチェコ語に訳されたことがあった。しかし、全体が世に出ると社会的インパクトも違う。コメニウスについては平和的で民主的なイメージが定着している。しかし、そのテクストの部分部分には当然そうしたイメージにそぐわない内容も散見される。実際、『総合的熟議』の第六部『パンオルトシア』には、出版の自由を制限し、全体主義的な思想統制が必要であるとコメニウスが考えていたように思わせる記述がある。すでに触れたように、この草稿はナチスが台頭しつつあった時期に言語学者チジェフスキーによってドイツのハレで発見された。チジェフスキーは、戦中もドイツに留まった知識人である。そこから、コメニウスの民主的な思想に一種の改変が加えられたのではないかという新聞記事が出た。当然、これには研究者が対応した（Urbánek, 2014, 245）。

コメニウスの生誕四〇〇年の記念行事は日本を含め世界各地で持たれた。日本では、一九七〇年代からコメニウス研究にとりくんできた藤田輝夫（一九四一―二〇〇四年）、佐藤令子（一九三五年生）、貴島正秋（一九四〇年生）、井ノ口淳三、太田光一（一九四九年生）らによって、一九八七年の日本教育学会の年次大会の折りにコメニウス研究者の集いが持たれるようになり、日本コメニウス研究会が生まれた。そのなかで数度にわたって科学研究費補助金が採択され、年報『日本のコメニウス』（第一号、一九九一年―第二〇号、二〇一〇年）や『コメニウスの教育思想』（法律文化社、一九九二年）が発刊された。これはゆるやかな研究組織であったが、当時はまだ入手が容易ではなかった資料や研究情報および私家版の翻訳等の共有がなされたことで、日本では、一九九〇年代以降、コメニウスについての論文、研究書、翻訳が継続的に出版されるようになった。

ただし、こうした研究活動においても、コメニウスをもっぱら教育改革者として位置づける明治以来の基調に十分な変化がもたらされたとはいえない。序章で見たように、コメニウスは自身を神学者あるいは哲学者と見なしていたが、日本においては、とくにコメニウスの宗教者としての側面に十分に光が当てられてきたとはいえない。ここには、汎神論を背景とした宗教的多元性を認める伝統、江戸期の幕藩体制以降の宗教的権威の相対的低下、あるいは明治以降の近代化によって、日本が世界的に見ても特異な世俗社会となっていることが影響しているのかもしれない。そうしたなかで、創価学会の池田大作（一九二八年生）によるコメニウスへの言及は目を引く。

創価学会は日蓮に依拠するが、創立者の牧口常三郎による『創価教育学体系』（一九三〇―三四年）の発刊で知られるように、当初から教育をはじめとした社会的課題への関与を目的に掲げていた。牧口は尋常小学校の教師・校長を務めるかたわら、『人生地理学』（一九〇三年）や『郷土科研究』（一九一二年）を著した在野の教育研究者として知られるが、一九二八年に日蓮仏法に帰依して活発な布教を進め、一九四三年に治安維持法違反の容疑で逮捕され、翌年獄死した。戦後、再建された創価学会は、一九六〇年に会長となった池田のもとで本格的に政界に進出したのをはじめ、創価学園や創価大学といった教育機関の設置や平和・文化運動を進めた。その池田が、一九九一年九月に教師や学生に対する講演で引いたのがコメニウスだった。

池田は、『地上の迷宮と心の楽園』に記された当時の宗教界の腐敗に対するコメニウスの批判を引きつつ、宗教から教育に至ったコメニウスと教育から宗教に至った牧口との間に「教育即宗教」という問題意識の共有が見られると指摘し、「教育の革新があってこそ、「学問」も「政治」も「宗教」も光を放つ」と述べている（池田、一九九八年、二〇一頁）。コメニウスは『大教授学』で学校に学識・政治・教会の苗床という地位を認めるとともに、パンソフィアの体系『総合的熟議』では、哲学・政治・教育といった人間的事柄は信仰に包摂されることなくしては不完全であると論じた。一九九〇年代に入ると、コメニウスの宗教思想には原罪意識がないといった鈴木や堀内らによる極端な近代的解釈にも疑問が呈されるようになったが（吉岡、一九九二年、一三一―一三三頁）、コメニウスにおいて宗教と教育が相即の関係にあるという認識は当時の日本の学界では明確には論じられていなかった。[2] 先に見たように、鈴木にコメニウス研究を勧めた上原は熱烈な日蓮信徒であったが、日本思想のなかでひときわ強い社会志向性を有する日蓮の信奉者がコメニウスへの共鳴を語っているのは興味深い事実といえよう。

一九九二年の他の諸国におけるコメニウスをめぐるイベントをあげておこう。ドイツでは、この年にコメニウス学会が設立された。兄弟教団の移住先のひとつであった現在のベルリンのノイケルン区にはコメニウス庭園がオープンし、チェコスロヴァキアから贈られたコメニウス像の除幕式はチェコスロヴァキア国会議長に復帰したドゥプチェクを迎えて行われた。また、イギリスのシェフィールド大学では、同大学図書館が所蔵し、コメニウスを含む一七世紀知識人の膨大な文通からなる「ハートリブ文書」がデジタル・データ化され、同年に国際会議が開催された（相馬、一九九二年）。

コメニウス庭園（ベルリン、ノイケルン区）のコメニウス像

こうしたなかで、社会主義体制のもとでは発表の場を奪われていた研究者が再び業績を発表しはじめ、それまでは避けられていたテーマも積極的にあつかわれるようになった。その代表格としてあげられるのがラヂム・パロウシュ（一九二四―二〇一五年）だろう。パトチカに学んだ彼はコメニウスについても研究し、ドイツのシャラーの論文をチェコ語に翻訳している。これにはパトチカが序文を付して出版する予定だったが、世に出たのは民主化後のことだった（PS, 49）。パ

ロウシュは憲章七七の最初の署名者の一人でもあり、パトチカの死後、ドイツのシャラーにパトチカのコメニウス研究の草稿のコピーを秘密裏に送ったのは彼である。パロウシュは、パトチカ晩年のコメニウス解釈を引き継ぎ、コメニウスの思想の宗教性やそれに基づいた近代批判的な性格を強調する。一九七八年、サミズダトから『コメニウスの神の世界』（正式の出版は一九九二年）を出版した。ビロード革命後の一九九〇年にプラハ大学の学長となり、コメニウスが「普遍」とは「一に向かうこと」（ad unum vertere）であると述べたのを引いて、大学（univerzita）の改革にとりくんだ（Prázný, 2014, 170）。この過程では、社会主義時代に権勢を振るった教授陣の大胆な入れ替えがあった。一般的に世俗主義は民主主義の前提とされるが、パロウシュはそこからは中立的な教育を受けた知識人しか生み出されず、他者とともに歴史に参画する人間を育成するには宗教的基盤が必要であり、コメニウスの思想に民主主義を見出すことができるのは、その宗教的基盤によるとした（同, 172）。こうした視点に立って、『異端的学校』（二〇〇八年）では、パトチカと同様に一九世紀以来の学校化を批判し、コメニウスの精神における学校とは、単に実用主義的で利那的な目的によって管理されるべきではなく、非実用主義的な生活領域にも適用されるべきであるとした（同, 174）。哲学者のアレシュ・プラーズニー（一九七四年生）は、「コメニウスはパロウシュの解釈において、人間がその存在の意味をもう一度語ることのできる『学問外的な』地平に向けて教育学を解放する」とその可能性を評価する（同, 176）。

こうした流れのなかで、パトチカのコメニウス研究の再評価も本格化した。一九九二年のプラハでの国際会議には日本の研究者も出席したが、佐藤令子は次のように印象を綴っている。

「彼【パトチカ】の名は今学会の発表の中で幾度も語られ、また彼のコメニウス研究ならびに教育哲学を拠り所とし、それを更に継承発展させようとする若い研究者たちの発表が注意を引いた。〔…〕パトチカ的意味でのコメニウスの現代的意義は大きい。今回の学会でも、広島の原爆被害を例として、「閉じられた魂」的教育の反省が語られていた。」（佐藤一九九二年、七三、七八頁）[3]。

パトチカのコメニウス研究の基本的なテクストは、一九九六年から刊行が開始された『ヤン・パトチカ選集』の第九、一〇、一一巻に収められた。『教授学著作全集』の出版から三五〇年となる二〇〇七年はパトチカ生誕一〇〇年、没後三〇年であったこともあり、プラハで開催されたコメニウス研究国際会議でも、パトチカのコメニウス解釈への言及が多く見られた（相馬、二〇〇八年、一〇一―一〇二頁）。日本でも、同年、パトチカの『歴史哲学についての異端的論考』が出版され、岩波書店の『思想』誌がパトチカの特集号を編んでいる。

プラハでの『教授学著作全集』出版 350 年記念国際会議
（2007 年 11 月）

　プラハの哲学研究所のコメニウス及び初期近代思想史研究科長を務めるヴラディミール・ウルバーネク（一九六三年生）によれば、一九八九年からの一〇年ほどは、チェコのコメニウス研究においてもとくにさまざまなアイディアが次々にとり入れられた時期だったという。ベチュコヴァーは、一九九九年に開催されたウヘルスキー・ブロトでのコメニウス研究コロキウムで、「自由な社会においては、かつての時代にこの会合や他のさまざまな研究機関で見られたように、その時代に望まれなかった（バロックのような）トピックや望まれなかったような群像をコメニオロギエの背後に隠す必要はない」（Bečková, 2000, 14）と述べている。

　しかし、研究の多様化が進む一方で研究の総合化がますます困難になっているのは、とくに人文社会科学における深刻な問題だろう。コメニウス・プロパーの研究者間でパトチカのコメニウス解釈が注目されたとはいっても、チェコ地域に次いでコメニウス研究が盛んで教育学大国といえるドイツで、パトチカ的な解釈が一般的であるわけではない。二〇世紀末以降のドイツ教育学におけるコメニウス解釈に影響力を与えたのは、批判的教育学の理論家として知られるクラウス・モレンハウアー（一九二八―九八年）であった。彼は、『世界図絵』において図像をとり入れた創案を「直接的な感覚的知覚」と知覚が「意味を受け取る秩序との間を媒介する」ものであると指摘し、『世界図絵』は「近代教育学の誕生の時を象徴している」と位置づけた（モレンハウアー、一九八七年、六六、七七頁）。日本の教育思想史テクストでも、彼の解釈に影響を受けた言及が多く見られる。モレンハウアーが、『世界図絵』の解釈から「形式化された模写という枠内での「もう一度」の世界」（同書、五九頁）を構想せざるを得ないという教育学が抱える問題とその歴史的発生を指摘したのは重要な貢献であろう。とはいえ、コメニウスの思想は言うまでもなく『世界図絵』の解釈からすべて理解されるわけではない。コメニウスが教授学の研究と改善にとりくんだのは事実だが、それは学問・政治・宗教の改善というパンソフィア的な課題と並行して進められた。パトチカが言うように、コメニウスが世界を教育の相のもとに見た哲学者であったとするなら、そこで展望されていた教育学の対象は単に「もう一度」の世界にはとどまらなかっただろう。

さて、現在のチェコでのコメニウス研究は、一九世紀の民族再生、二〇世紀前半の国民国家形成、戦後冷戦期の社会主義国家としての自覚といった目的意識を改めて顧慮しない、冷めた客観的な歴史記述が基調になっている。たとえば、国際交流の活性化のなかで二〇〇九年から始まった知識人の文通の国際的なネットワークに関する研究は、その代表例といえるだろう。これは、アンドリュー・メロン財団の肝いりでオックスフォード大学を中心にプラハの哲学研究所も参画するプロジェクトで、デジタル・ヒューマニティーズの手法を用い、文通の広がりや頻度等の分析をコンピュータ技術の導入によって網羅的に行おうというものである。

コメニウスの生きた時代は、宗教的不寛容に発する三十年戦争といった悲劇の一方で、知識人たちが文通によっ

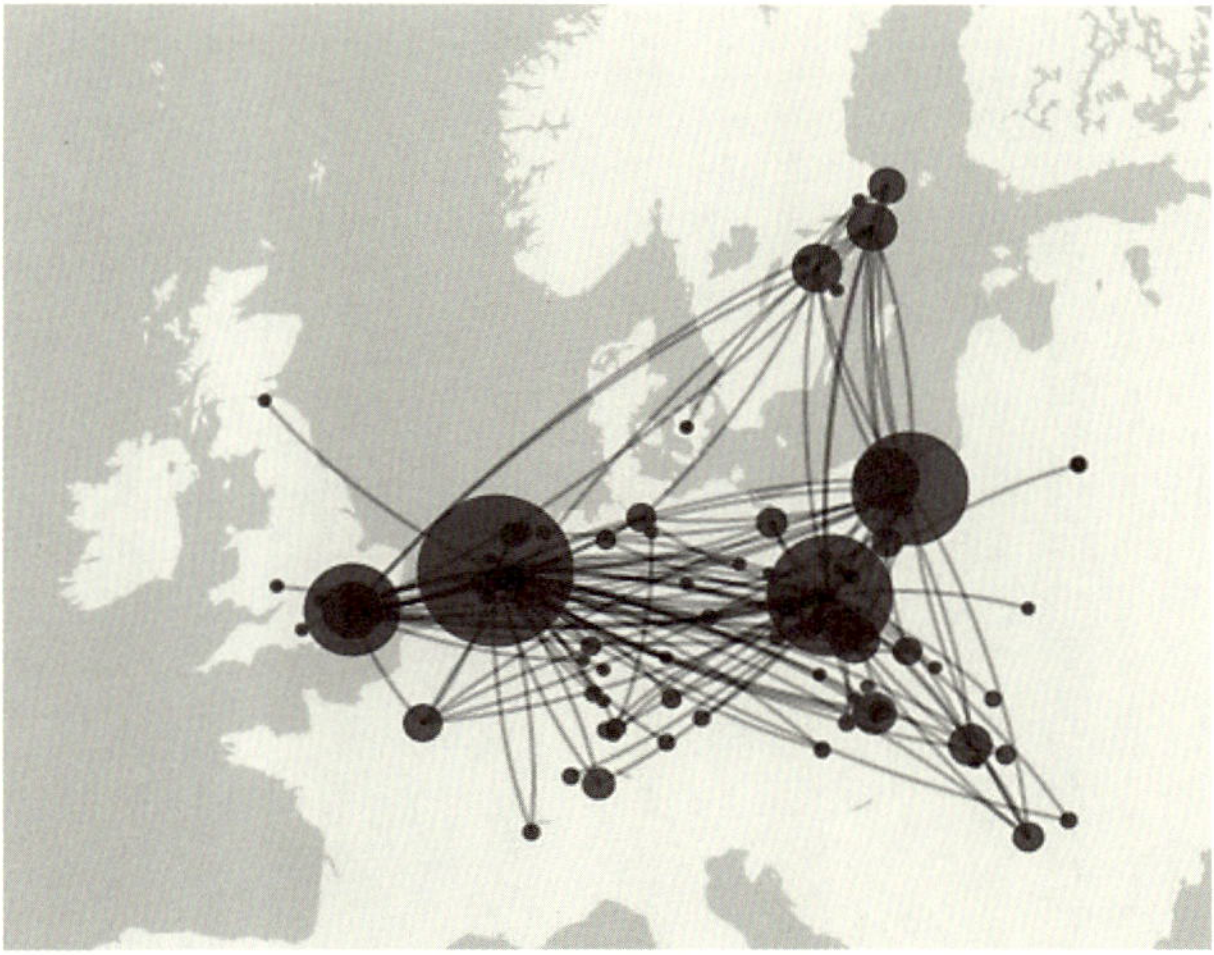

コメニウス書簡の発信地と頻度
コメニウスをとりまく知のネットワークのイメージを喚起させる

て新たな知見を交換していた。そこには、自身の意見は意見として堅持しながら、他者を受容する寛容の実践があった。この図は、一六二八年から一六七〇年の間のコメニウスが発信あるいは受信した五六五の書簡の発信地と受信地を地図上に落としこんで可視化したものである。現存する資料に限りがあるとはいえ、それらをもとにした検討は、当時のヨーロッパにおける知の地理的な特質、個々の思想家の関心の性格について、新たな理解をもたらしてくれる(Urbánek, 2015, 291-308)。

しかし、ウルバーネクによれば、全体としてみたとき、チェコ国内でのコメニウスへの関心はやや減退しているという。この背景として、社会主義時代には支持されなかったカトリックやバロックの文化や哲学をめぐるテーマが、研究の空白域であることもあって関心を集め、国家的な支持のもとに質量ともにすでに膨大な研究が蓄積されたコメニウスは研究対象として避けられるようになっているのではないかという。また、即断はできないが、コメニウスへの関心の低下は、チェコにおける民族のアイデンティティの問題がやや宙に浮いた状態にあることも関係しているだろう。冷戦の終結によって政治的緊張が緩和し、その後の

チェコの小学校教科書（2010年）に描かれた祖国を去るコメニウス

チェコとスロヴァキアの分離、さらにはEU加盟によって民族問題は以前ほど中心的なアジェンダではなくなった。ハヴェルの指導のもとで民族間の和解が強調されたことは、直接間接に教育や文化にも影響を与えただろう。コメニウスがポーランドに亡命した模様が描かれたチェコの歴史教科書（二〇一〇年）掲載のイラストは、一九二七年に描かれたもの（前章の扉）と比べて悲劇性を強め憎悪を煽るような表現が避けられているように見て取れる。

歴史上の人物が国民のアイデンティティのシンボルとしてふさわしいかどうかというような議論は、戦前の日本では、たとえば、足利尊氏（一三〇五—五八年）や吉田松陰（一八三〇—五九年）をめぐってはあったといえるだろうが、現在の日本では思想や歴史が人間の生にとっていかなる意味があるのかを研究者が語ることはまれであり、また、何かにつけて実用性が問われるなかで、思想や歴史の訴求力は弱まり、教育学などの応用分野における基礎的な研究はその存在意義すら問われかねない状況になっている。個々の研究者が研究の社会的な意義などをとくに顧慮せず、個々に関心のあるテーマがとりあげられるなかで、思想や歴史の意味が空洞化している面がないとはいえない。

近代教育批判の隘路

教育が人々にとっての問題でなかった時代というのはなかったに違いない。しかし、とくに一九八〇年代以降の日本社会では、教育が人々に明るい未来を約束するという暗黙の前提にたびたび疑問符が付されてきた。この教育

＝善という図式への懐疑は、それまでの教育への問いとは質的に異なるものであった。一九七〇年代までに日本は高度経済成長を達成し、豊かな社会へと移行した。それまでは、社会には人並みに「もつ」という共通の目標があり、そうなるためのひとつの条件として学校教育にはそれなりの訴求力があった。ゆえに、高等学校はもちろん、大学の進学率も上昇し続けた。しかし、少子化が進行していることからすれば、チャンスの配分にあずかれる可能性は高まっているはずなのに、低成長と産業構造の空洞化のために、高等教育を受けたはずの学生たちは満足のいく仕事を得るのに大変な苦心をするようになっている。そして日本の学校教育をめぐっては、校内暴力、いじめ、登校拒否、学級崩壊、低学力といった問題が次々に報じられてきた。いまや学校教育に対しては、コストに見合う結果が得られるのかという疑問が突きつけられている。

こうした現場的な感覚からの疑問が高まる以前に、実践や政策を考える側からも学校教育中心主義への懐疑が寄せられていた。学校教育制度の普及がむしろ子どもたちから学びを奪ってしまうのではないかという矛盾については、すでに一九七〇年代初頭からイリッチが指摘し、彼の思想は日本でも受け入れられた。また同じ頃から、教育は決して学齢期だけの問題ではないという生涯教育の考え方も打ち出されていた。また、大文字の政治との関係で教育が論じられていたのに対して、教育の過程に介在する権力が問題にされるようになった。日本政治思想史の原武史（一九六二年生）は、当時の学校教育現場の集団主義教育の体験について記し、「成年男子を政治の主体と見なしてきた日本の、いや世界の歴史にあって、児童や女性を主体とする画期的な「民主主義」の試みだったのではないか」（原、二〇〇七年、二八二頁）と評価しながらも、「自らの教育行為そのものが、実はその理想に反して、近代天皇制やナチス・ドイツにも通じる権威主義をはらんでいることに対して何ら自覚をもたないまま、「民主主義」の名のもとに、「異質的なものの排除ないし絶滅」がなぜ公然と行われたのか」（同書、二一一―二一二頁）と問うている。

こうしたなかで、日本ではとくに一九九〇年頃から、教育哲学や教育思想史の分野で教育のありようの再評価が活発に行われるようになった。その取り組みは「近代教育批判」と称された。そして、教育＝善という確信にもとづいてその普遍化を図ろうという「あらゆる人にあらゆることを教授する普遍的な技法」というコメニウスの主張は、教育それ自体の権力的性格を問題にする立場からの批判の対象となった。とくに格好の標的となったのが、『大教授学』の第三二章でコメニウスが論じた教育を印刷術にたとえる比喩だった。たとえば、臨床的人間形成論の田中毎実（一九四七年生）は次のように記している。

「「人間の制作場」である「学校／工場」では、無際限の教育可能性をもつ大量の子どもたちが、マニュアルに従う少数の教師によって、効率的に教授される。子どもたちは従順な素材であり、カリキュラムの順序にしたがってベルトコンベアの上を移動し、一律に加工される。コメニウスは、生徒も教師もまるでモノのように操作的に扱う。技術主義的・物象化的である。この根本特性は、個々の教育状況の独自性・固有性を無視する「普遍的技法」という彼の言葉や、大量生産の威力を見せつけた当時の最先端技術（印刷術）を比喩的に用いる「教刷術」という彼のグロテスクな造語などにも、端的に示されている。」（田中、一九九九年、一八七頁）

そして田中は、近代学校とは「加工に向けて自らを自発的に整序する「従属する主体」を形成」する構想であったというフーコー的解釈を示し、コメニウスをその端緒に位置づけた（同書、同頁）。コメニウスが、教授術を印刷術なみの確実さに引き上げることを望み、それによって少ない人数で、なおかつ教師が必ずしも卓越した能力を持たなくとも、多くの生徒を同じように教えることができると考えたのは事実である。たしかにそこには、教育が権力の行使としてとらえられていると思わせるニュアンスがある。

しかし、教育印刷術にコメニウスの教育思想の全体が集約されるわけではない。この語が、コメニウスが子どもを受動的な存在と見なし、教育を表象主義的にとらえた証左であるというイメージを喚起しやすいのは否定できない。しかし、コメニウスは哲学的な系譜としては新プラトン主義に位置づけられるのであり、そこで人間精神は単なる受容の器官とは見なされていなかった。光の哲学的な考察に基づいて、コメニウスは、人間は知を受容するとともに同時にそれを表出する存在としてとらえた。そして、本書が表題に掲げたように、人間が知の光をやり取りする連続的な過程で「思慮深さ」が学ばれていく様相を〈生ける印刷術〉と名づけ、これを過去に引き渡すべき自己の知的遺産と見ていた。

『大教授学』の教育印刷術に関する誤解は、近代教育批判と相まってかなり浸透した。教育学者の木村元（一九五八年生）も、『学校の戦後史』（岩波新書、二〇一五年）で近代的な学校の成立を歴史的に素描するなかで、「コメニウスは、主著『大教授学』で「あらゆる人にあらゆる知識を」という汎知主義を打ち出し、子どもを「精巧な機械」に見立てて知識を伝える教育印刷術を示している。印刷技術になぞらえて大量の「白紙（タブラ・ラサ）」の子どもを想定し、「生徒の精神に知識という文字が印刷される」とした」と記している（木村、二〇一五年、二三頁）[4]。コメニウスは、たしかに生徒を用紙にたとえているが、白紙とは言っていない。「きれいな方が滑らかに印刷される」とは言いながらも、「用紙はどんなものでもかまわず」、「どんな知能の持ち主でも受け入れる」と記している（DK 15-1, 201）。生得観念論者であるコメニウスは、そもそも子どもの素質が多様であることを前提としている。また、教師の声をインクに例えているが、印刷用と筆記用のインクの違いを指摘して、教師の指導のあり方に注意を促してもいる（同, 202）。

こうした教育学者の言及は、コメニウス研究の成果が教育学研究の世界においてすら共有されていないことを示している。これは日本に限ったことではない。ドイツの哲学者クリストフ・ヴルフ（一九四四年生）は、「あらゆる者に・あらゆることを・あらゆる側面から」というコメニウスの構想を「失望を招く他ない教育者の全能幻想」（ヴルフ、二〇一五年、一六頁）であるとするが、この解釈も主として『大教授学』に依拠して導かれている。『大教授学』がコメニウスの教育思想の生成過程のひとつの頂点であることは間違いない。しかし、コメニウス研究者の間では、『総合的熟議』第四部『パンパイデイア』が彼の教育論の到達点であるという見方が共有されている。前章で見たように、鈴木はラテン語のofficinaに製作場という訳語をあてた。そこには、当時のチェコ地域が工場制成立の直前であったという経済史的理解があった。しかし、その理解はやはりイデオロギーの時代の産物であったと言うべきだろう。近代教育批判論者が見たコメニウスとは、二〇世紀後半の冷戦期を通じて近代化されたコメニウス像なのである。

こうした誤解が生じて流布される背景に、近代教育批判のうちに他の歴史的な批判と同様の、過去との距離や断絶の過剰な強調があったことは指摘しなければならない。この点をフーコーの言及からおさえておこう。フーコーは、一般的な歴史記述を、「本質的に、発展ということを信じつつ、何よりもまずAからBへとつながる明確に定められた一本の線をたどろうとする諸分析の総体」(フーコー、一九九九年a、四六〇―四六一頁)であると見なし、歴史記述の脱神話化のみならず、進歩史観や唯物史観における進歩や発展という観念を否定した。彼は、「歴史的分析において(そしてとくに認識が問題とされる場合に)非連続性の使用が余りに顕わになるたびに、ひとは歴史の殺害だと叫ぶことにしたのだ」(フーコー、一九九九年b、一〇五、一〇六頁)とも述べ、歴史事象の間の非連続性、断絶、切断を強調する立場の優位性を主張した。こうしたアプローチが、批判の先鋭さを際立たせるのに有効であることは明らかだ。しかし、断絶を強調するほどに、批判の対象が有している多様な意味は捨象され、ともすれば図式的な理解に陥るリスクが高まることも否定できない。

そして近代教育批判にどのくらい影響力があったかについては、それほど評価できない。たとえば、教師をめざそうという学生に「教育は一種の権力の行使として行われてきたのだ」と熱心に説明して、どういう効果があるだろうか。「日々の教育実践が権力的にならないように気をつけよう」という戒めにはなるかもしれない。しかし、そうした知は、逆に何かに積極的にとりくもうとするときに躊躇させてしまうブレーキにもなるかもしれない。また、批判という行為は、批判すべき対象が手強くてこそ意味を持つが、実際に近代教育への信任が揺らいでしまうと、ただ批判しているだけでは無責任だということになる。そして、専門家が近代教育批判に集中している間、行政や政治家や教師や親たちが多くの教育問題を保留にして待ってくれるわけではない。二〇世紀末からのグローバル化のさらなる進展のなかで、教育が人々の関心事として語られる頻度は上昇し、改革は矢つぎばやに進められてきた。専門家たちが自らの共同体のなかで批判に専心している間に、実際の教育がうまくいっていないとすれば、批判だけに時間を費やす意味が問われることになる。

二　歴史記述をめぐる課題

三つの歴史の間

ドイツの哲学者フリードリヒ・ニーチェ（一八四四―一九〇〇年）は、『反時代的考察』（一八七三―七六年）で、歴史記述の内に記念碑的歴史、骨董的歴史、批判的歴史という三つの相を認めている。

「かつて存在した偉大なるものが、ともあれ一度は可能であったのであり、したがってまたもう一度可能であるはずだ」（ニーチェ、一九八〇年、一三二頁）という見通しを人々に抱かせる記念碑的歴史は、教育的・啓蒙的なレベルに普及することでその意義を果たす。しかし、ニーチェが言うように、記念碑的歴史はしばしば「類比で人を欺く」（同書、一三四頁）。そこで、記念碑的歴史の記述にともなう事実の誇張や隠蔽に対処するために独自の意義を有するのが、「古来から存続してきたものを慎重な手つきで保護する」（同書、一三六頁）骨董的歴史にほかならない。とはいえ、「学者風の習慣だけが敬虔の念なしに存続し、利己的にうぬぼれて、コマのように自分を中心点としてぐるぐる回りをする」（同書、一四〇頁）ようになれば、生が創造されることはなくなる、とニーチェは指摘する。そこで、「過去を粉砕し解体させる力」（同書、一四一頁）を持つためには批判的歴史が必要であるという。

コメニウスをめぐる言説の歴史は、ニーチェがいう三つの歴史がすくみあう様を考えさせてくれる実例である。以下、ここまでの考察を参照しながら、三つの歴史それぞれにともなう課題を考察しよう。

物語の構成

近代における教育と歴史は、徴兵制や出版印刷業とともに、国民国家形成の装置であった。教育学は、国民国家を志向する欧米各国において一八世紀末頃から教員養成の学として構成された。歴史学がヨーロッパ各国の大学の講座に位置づけられたのも同時期のことである。歴史学の成果としての「国民の物語」は、学校教育と出版をとおして形成途上の国民にもたらされた。

こうしたなかで、多くの教育上の業績を残すとともに、チェコ地域の民族主義のひとつの起源と見なされるようになったコメニウスは、教育と歴史の双方で語られた。とくに教育史は、国民形成の技術や制度の発展過程として物語られ、教職に就こうとする者にその歴史的使命を自覚させる役割を期待されたこともあり、コメニウスが語られる格好の舞台であった。ただしそこで、コメニウスの予言信仰や千年王国論といった要素は、意図的にせよ無意図的にせよ慎重に除去されることになった。また、コメニウスの普遍主義も、ヘルダーが評価したような意味では論じられなかった。宗教対立の末に独立を失い、再カトリック化がほぼ完成していたチェコ地域において、宗教は過去の対立を呼び覚ますデリケートな問題であり、そこで民族再生運動に適合的なイデオロギーであったのが啓蒙主義である。コメニウスの宗教性は、国民国家の世俗主義的前提からして、できれば「ないことにしてすませたい」要素であった。啓蒙主義と民族主義の結合のもと、民族再生運動からチェコスロヴァキア共和国という実験的な国民国家の形成に向かうなかで、コメニウスは民族のアイデンティティの構築という社会的課題と不可分な存在と見なされた。「諸国民の教師コメニウス」という言説は、国民国家の形成過程で構成されたひとつの物語といえる。

これはけっして過去の問題ではない。歴史が思想の広まる運動である限り、伝播力のある物語の構成は形を変えて繰り返される。一例として、現在のチェコ共和国で用いられている小学校一年向けの教科書『絵で見るチェコの前近代史』（二〇一四年）を見てみよう。この教科書には、コメニウスについて次のような記述が見られる。

「すでにチェコにいた時から、子どもたちの教育をいかに改善するか、学校でよりよく教えるにはどうするかを、コメニウスは考えていました。彼はレシノでも教えましたが、主に本の執筆に専念しました。彼はそれらのうちに自身の経験と思想を込めました。その街を襲った火事で、二〇年以上とりくんできたすべての原稿もチェコ語の大辞典も焼失してしまいました。しかし、それでも不幸が彼を打ち負かすことはできませんでした。その本のなかで、学校は子どもたちの喜びのためにあるべきであり、子どもたちは学校を楽しみにすべきであり、授業はゲームのようであるべきだと、彼は書きました。彼が望んだのは、子どもたちがすべてを記憶することではなく、学ぶことすべてを理解することでした。単に言葉を教えるのではなく、すべてのものを明示することが必要なのです。したがって、教科書においては、図像が多くあるべきなのです。彼は絵入りの教科書を創ろうとしました。それらのうちで最も有名なのは、ラテン語で『オルビス・ピクトゥス』、『世界図絵』と呼ばれます。

コメニウスの弛みない努力はヨーロッパ全土で知られるようになりました。いくつかの国では、教育を改善する手助けのためということで宮廷に招待され、当時の多くの学者と文通しました。ただし、祖国に帰ることができなかった彼は、その知識と力とを愛する祖国に捧げることができませんでした。人生の終わりを、彼は埋葬されているオランダで、友人たちのもとで暮らしました。コメニウスが「諸国民の教師」と呼ばれるのは、まったく正当なことです。」(Harna, 2014, 50–51)

この記述は、教育的・啓蒙的テクストが構成される際に生じる情報のリダクションや変形といった問題を示している点で興味深い。一六二八年にポーランドに去ってレシノに落ち着いたコメニウスは教育研究にとりくんだが、レシノで大火に遭って草稿や蔵書を失ってしまう一六五六年までの間に、彼はイングランド、オランダ、ドイツ地域、スウェーデン、ハンガリー、スロヴァキアを訪れて滞在している。また、この間に著した著作は質量ともに膨大なものである。それが教育へのとりくみ、とりわけ『世界図絵』に集約されている。そして、チェコ地域で一九世紀以降にコメニウスが再評価された結果、コメニウスのキャッチフレーズとなった「諸国民の教師」がキーワードとしてあげられている。教育は知識や技術の伝達という社会的機能を担うが、年齢といった質的な差異を超えた伝達が図られるとき、情報のリダクションは避けられない（相馬、二〇一六年 a、一七頁）。

また、学習者の関心を喚起するという意図から、テクストの改竄とはいえないまでも誇張がなされることがある。コメニウスは近代国家の形成期に再評価されたこともあり、そのテクストのうち国民教育の方向性に合致した部分が誇張的にとりあげられる傾向があった。たとえば、国民教育の制度化のなかで定着したとされる一斉教授法を先取りしたような記述は好んでとりあげられた。それに対して、二〇一〇年出版のこの教科書には、「学校は子どもたちの喜びのためにあるべきであり、子どもたちは学校を楽しみにすべきであり、授業はゲームのようであるべきだと、彼は書きました」とある。たしかにコメニウスは、トランシルヴァニアに招かれて学校教育を指導した際、授業に演劇をとりいれ、その台本を『遊戯学校』として出版した。そこでは、学校を意味するラテン語スコラが余暇を意味することにも言及し「すべての学校を遊戯に変える」方途を考察したと力説している（OD 3, 830）[5]。コメニウスが学校の楽しさを強調したのは事実だが、こうした言及が子ども向けのコメニウス紹介で用いられることは以前にはそうなかったと思われる。こうしたあつかい方にも、物語を構成する意図が如実に現れているだろう。

ただ気になるのは、こうした記述の変更がどのような手続きを経てなされたのかということだ。この教科書では、コメニウスが学校の楽しさを強調したのに加え、「彼が望んだのは、子どもたちがすべてを記憶することではなく、学ぶことすべてを理解することでした」と書かれている。たしかに、コメニウスの主張のうちには現在の教育改革でいわれるコンピテンシーを思わせるような論点もある。コメニウスの思想それ自体に多様な解釈を引き出せるキャパシティーがあるのだが、こうした記述が思想内容の検証と再評価を反映したものでなければ、コメニウスの思想の多様な側面のうちの特定の部分をその時代のニーズと照らしあわせて引き出すということになりかねない。歴史の物語性が広く認識されるようになった現在にあっても、物語は常に産出され続けている。

物語の解体

一九世紀以降の学術研究の制度化のなかで、国民国家が記念碑的歴史の産出と普及を求める一方で、批判的検証にたえる言説の構築も課題となった。ともに新興の学問分野であった教育学と歴史学は学術界における自律性の論証を迫られた。教員養成の学としての成り立ちをもつ教育学が伝統的学問に対する存在証明を図ることが課題であったのは当然だが、自然科学が地歩を拡大する大学において、歴史学にとっても学問的な存在証明は重要な課題であった。そこで注目されたのが経験科学的・実証主義的なアプローチである。

技術主義的なヘルバルト派教育学は、こうした思想的要求に応えるものであり、チェコ地域でも日本と同様にリンドネルらの努力によって広く受け入れられた。その結果、コメニウスは歴史的群像としては重視される一方、その思想は文字通り敬遠されることになった。そもそも、実証主義的な歴史研究は、精緻になされればなされるほど、研究対象の前近代性を際立たせ、過去へと遠ざけるものである。ゆえに、記念碑的な歴史記述と骨董的なそれは次第に対立するようになる。実際、コメニウスをめぐる言説は、社会レベルと学術レベルの間で開いていった。ただし、民族的アイデンティティの維持が図られる限り、記念碑的歴史の需要が減ることはない。この傾向は、自らのイデオロギーを科学であると見なすはずの社会主義下においても変わらず、冷戦構造のなかでむしろ強化された。コメニウス最晩年の神秘主義的な手稿『エリアの叫び』のテクストの校訂がチェコスロヴァキアよりも西ドイツで進んだ事実は、記念碑的歴史が骨董的歴史を覆い隠そうとしたひとつの現れだったといえる。

しかし、骨董的な歴史研究には、既存の語られている意味を揺さぶって無意味化するというネガティブな意義しかないのだろうか。『イエス伝』（一八六三年）の著者として知られる、フランスの宗教史家エルネスト・ルナン（一八二三―一九二年）は、ソルボンヌでの講演『国民とは何か』（一八八二年）で次のように述べている。

「歴史研究の進歩はしばしば国民性にとっての危険です。事実、歴史的探究は、あらゆる政治組織の起源で、その帰結が最も有益だった政治組織の起源さえ、暴力がふるわれた、という事実を再び明るみに出すものです。」（ルナン、一九九七年、四七頁）

歴史が探究されなければ歴史は書かれない。しかし、歴史の地平は新たな資料の発見や新たな視点が気づかれることで常に広がっていく。共有されるべき知識として語られている事柄がもはや信じるに値しないことが暴露される。もちろん、普及している知識に本当に価値がないのならば、それらは放棄されるべきであり、ゆえに既存の知識の虚構性を批判する骨董的歴史には積極的な意味がある。

コメニウスは、チェコ民族再生運動や国民教育の確立のなかでその意義を見出され、そのシンボルとして語られるようになった。しかし、彼が残した膨大なテクストのどの部分に注目するかで、一般的に普及している、「近代教育学の祖」、「平和主義者」といったイメージを否定することは難しいことではない。

何をもって近代教育とするかによって、いかなる教育家も近代的にも前近代的にも描けるだろうが、教育方法の合理性、性的平等、個性の尊重、非暴力性といった評価軸を立てるなら、コメニウスの教育思想は批判可能だろう。彼が堅持した神による天地創造や天動説などは、近代科学の眼からいくらでも批判することができる。彼が、学問的方法論として分析や総合の方法を重視しつつも、これがなくては画竜点睛を欠くとした類比（アナロジー）の方法は、フーコーによって時代遅れのエピステーメーとされた。「父が子どもに自分の本性を分け与えるのなら、母も自分の本性を分け与えるべきではないのか」（DK11, 240-241）と記し、母乳育をはじめ、母が積極的に育児に関与すべきことが説かれたコメニウスの『母親学校の指針』は幼児教育の古典とされ、この時代に教育における女性の役割を重視したこと自体が画期的であったという評価がほぼ受け入れられている。しかし、この評価にしても、彼が幼児教育の場として家庭を重視したことで、女性を生む性として限定したと批判することもできなくはない。あらゆる人への教育を可能にするための効率的な教育方法としてコメニウスが考案した一斉教授法は、一九世紀末から新教育運動が高まるなかで、個性を度外視した教育法と見なされ、彼は一般的に旧教育の源流に位置づけられることになった。前述のように、二〇世紀末の近代教育批判のなかで、一斉教授法の原理の説明のために用いられた「教育印刷術」という用語は批判の的となった。また、子どもの権利との関連で議論になる体罰について、コメニウスは、「暴力なくば、すべては自ずと流れ出す」をモットーとし、「学校は遊び」でなければならないと強調し、体罰が容認されていた当時の教育を繰り返し告発した一方で（同, 235）、「悪に抗うには、規律、いいかえれば、小言をいい、叱り、つまり口と場合によっては鞭の力とによってしてほしい」（DK 15-1, 158）という言及に見られるように、体罰一切を否定したわけではない。学校規律については、『大教授学』で一章を割き、「学校から規律をとればきっと全部が動かなくなる」（同, 178）と記し、教育を成立させる条件として重視していた。こうした点を強調し、コメニウスの教育思想の「古さ」を論じることは容易だろう。

コメニウスの平和主義や民主主義も文脈によっては批判的に考察できる。コメニウスが、プロテスタント教会間の和解にとりくんだのは事実である。イギリスを訪れた際に著した『光の道』では、知識の普及によって平和を実現する構想を示し、最晩年にパンソフィアを体系化した『総合的熟議』第六部『パンオルトシア』では、哲学・政治・宗教の改善に関わる国際的な会議体を提唱した。これは現代のユネスコや国際司法裁判所、あるいは教会会議などの淵源とも見なされるものである。事実、第四章で見たように、コメニウスは創設間もないユネスコの精神的な始祖と見なされた。しかし、彼があらゆる政治的・宗教的・民族的バイアスから免れていたわけではない。宗教間の和解もキリスト教圏に限られており、彼はユダヤ教徒やイスラム教徒の改宗がいかにして可能になるかを考察していた。顕著な事績とされる教育や出版による知の普及についても、彼は「諸民族の普遍的な回心」の前段階と見なしていた。晩年、プロテスタント国であるイングランドとオランダの第二次戦争に胸を痛めたコメニウスは、両国の早期の和解を望み、講和会議が行われていたブレダまで出かけ、『平和の天使』という著作を提出した。ここで彼は、両国が神の道にのっとって和解することを勧めたが、そのなかに「日本であなた方が犯した誤り」(DK 13. 195)という一節がある。周知のように、両国は通商とキリスト教の布教を切り離す政策をとり、日本は鎖国体制のなかでも両国と通商を続けた。コメニウスはその方針を「憐れむべき異教徒たちのレベルにまで自分たちを押し下げる行い」(同. 195)だと批判し、それでは神の加護は得られないと書いている。

伝道者としての誠実性は、自身の優越性の確信と表裏一体である。コメニウスの周辺では、礼儀作法としてのシビリティの習得が語られていたが、イギリス内戦におけるアイルランド占領の過程では、「アイルランドの田舎者に宗教とシビリティを広める」ことが検討された(HP 33/1/13B)。また、コメニウスの盟友ハートリブには、「ヨーロッパ人とアメリカの原住民との間では、私たちがシビリティとよんでいる点で大きく根本的な違いがある」(HP 33/1/37A)という言及もある。こうした記述はポスト・コロニアリズムの視点からは容易に批判できるだろう。コメニウスの『パンオルトシア』における考察にしても、精神に害悪をもたらすと見なされる書物を根絶するために出版の統制が説かれるなど、民主主義的とは言い難い記述も少なくない。宗教的熱情に裏打ちされた普遍主義は中途半端な改善に留まることを許さないものであり、改革を徹底させようという熱意の果てに管理主義的・全体主義的イメージがほの見えるのも事実である。

ポストモダニズムが日本より一足早くとりあげられたドイツなどでは、一九八〇年代の一時期、反教育学がもてはやされた。そうしたなかで、ここにあげたような視点から過去の教育学説の矛盾を指摘することが盛んに試みられた。しかし、そうした考察が啓蒙レベルに変換されると、首をかしげざるを得ない言及になることがある。たとえば、カール＝ハインツ・マレ（一九二六年生）は、『世界図絵』からの引用として「成長するに従い、子供は、神の畏敬と、仕事とを無理矢理覚え込まされる。そして、子供が覚え込もうとしない場合は、懲罰を受ける。子供たちは父親に、名誉と奉仕で報いなければならない」（マレ、一九九五年、五一頁）と記しているが、原文のニュアンスとは大きなズレがある。(6)

物語の解体という試みのすべてが無意味だとはいえない。しかし、それを徹底していけば、過去の思想を参照する意味はなくなってしまう。

歴史的ニヒリズム

骨董的歴史が記念碑的歴史を批判するのは、ともすれば望まれた筋書きにふさわしい歴史的事実が選択されるからだろう。筋書きとはある連続性を指し示す物語である。前章で見たチェコスロヴァキア建国二〇周年の記念絵葉書に見られる、聖ヴァーツラフからフス、フスからコメニウス、コメニウスからマサリクという筋書きには、たしかに情報の縮減による過剰な単純化がある。それにもかかわらず、単純化による分かりやすさのゆえに、こうしたメッセージには強い教育力がある。フーコーは、「多くの知識人たちにおいて、諸決定の階層秩序のうちに置かれた諸事件の大きな連なりとしての物語というモデルにしたがって組織される歴史という考えが維持されてきた」（フーコー、一九九九年a、四三一頁）と述べ、先に見たように、伝統、影響、発展、進化、精神、先取り、先駆等々の用語を用いた歴史記述を回顧的虚構として批判し、それに代えて歴史事象の間の非連続性、断絶、切断を記述した（貫、二〇一〇年、一三〇、一三二頁）。フーコーの主張は、ニーチェとともに歴史記述が陥っているパースペクティヴィズム（眺望固定病）を指摘したものだが、その影響は単に歴史記述のあり方にとどまらない。彼の主張は、主体、発達、アイデンティティといった教育の暗黙の前提をも揺るがすものである。そもそも彼は、眺望固定病の原因を「歴史的にはっきり規定された教育」に求め、次のように説明を加えている。

「子どもにむかって、テクストのほかには何も存在しないが、そのなかには、その透き間には、その空白や述べられていない部分には、起源の貯えが充満している、と教えこむ教育。したがって、テクスト以外のところへ探しにいく必要はまったくなく、まさしくここに、なるほど言葉のなかにではまったくないが、削除された言葉のなかに、それらの格子のなかに《存在の意味》は述べられていると教えこむ教育である。」（フーコー、一九七五年、六一一頁）

フーコーの歴史学批判は既存の歴史記述にリアリティをもたせようとするテクスト中心主義的な教育への批判に接続している。歴史の意味の解体は同時に教育の意味を解体する企てでもあった。というのは、教育は過去のある時点と現在とを関連づける広い意味での歴史的思考によって意味づけられているからである。過去のある点と現在に線を引くという歴史記述行為が虚構として否定されてしまえば、自我・発達・アイデンティティといった教育を成り立たせる基本的な概念の自明性も解体されてしまう。

前章でとりあげた長田新は、一九三〇年代、教育史の外部に教育学はないとまで記していた。

「歴史の見地に立たない教育理論の理解は内容を欠く生命なき単に抽象的なる理解に過ぎない。のみならず総《すべ》ての教育理論も畢竟《ひっきょう》歴史的発展の所産であると言い得るならば、教育理論の歴史の外に教育理論を把握する道はないと思ふ。斯《か》く考へて我々は嘗《かつ》てヘーゲルが哲学史即哲学と言つたやうに、教育史即教育学とも言ふべきことが出来よう。」（長田、一九三六年、一―二頁）

長田においては、過去から現在への過程は発展の物語と見なされ、ゆえに、過去を学ぶことは現在と未来のために積極的な意味があると信じられていた。ここで暗黙のうちに前提とされていたのが、歴史の人間形成的意味であった。しかし、私たちは、かつては自明とされた教育と歴史の意味が懐疑に付せられた時代を生きている。

実証主義の隘路

骨董的歴史の批判的機能を否定するべきではない。しかし、それがもたらす影響を無視することもできない。ここでは、視野の閉鎖性、価値相対主義の背理、当事者性の欠如を指摘しておこう。

実証不可能な観念からの説明を排する実証主義は、「論より証拠」ではないが、広く受け入れられる説得力がある。しかし、すべての証拠を参照できるわけではない。破棄されたり紛失したりして、参照できないテクストがある。また、テクストが十分に残っていても、それを検討する人間の側の能力や時間が無限にあるとはいえない。さらに、感覚知覚と知性的認識ですべてが把握できるのかという問題に対して、あらかじめ認識の枠を限定している実証主義は答えることができない。

コメニウスは、人間には感覚・理性・信仰が備わっており、それによって神の三書としての世界・精神・聖書を受け取ることができると考え、感覚・理性・信仰の調和が人間形成の課題であると考えた。知性主義の立場からすれば、信仰に可能性を認めること自体が認めがたいことかもしれない。しかし、理性ですべてを認識できると言い切れないとすれば、理性の埒外の事項をあらかじめ排除してしまうのは、知性主義が批判する一種の信念にとどまるともいえる。前章でパトチカのコメニウス解釈を引いたが、彼は数学的自然観が普及した近代を「閉鎖性の時代」と見なし、自身の魂の外部を予感するコメニウスに「開けた魂」としての可能性を見た。こうした解釈は、実証主義的アプローチからは導かれない。この意味では、実証主義のうちに物語の解体によって解釈を多様化させる意義があるとしても、実証主義のうちに実証主義そのものを相対化する可能性が認められるとまではいえない。

パトチカは、フーコーの『言葉と物』で示された方法論を、「新しい歴史的な実証主義であり、挑発的な実証主義である」（SP 7, 541）と見なし、「考古学はそれ自体としては単に陳述的で経験的な分野にすぎず、権利問題をとりあげることはできないし、それ自体や他の分野を正当化することもできない」、「考古学それ自体は哲学的問題を正当化できないし、哲学的問題を設定することも、（そしてそれを不条理であるとして拒否することも）できない」

（同, 539）と、その限界を指摘した。彼は次のようにも記している。

「われわれの時代の実証主義は歴史的意識を覆う遮蔽物なのかもしれない。合理主義的な進歩のイデオロギーによって疑わしい平均化が引き起こされているが、そこにあっても存在の深みが明るみに出るのを見て取ることができるような歴史的意識が、実証主義によって覆われているのかもしれないのである。」（パトチカ、二〇一四年、一四六頁）

次に、通説の批判が歴史研究の任務であるとしても、批判のための批判に留まることで済まされるのかという問題がある。そこで前提とされている価値相対主義は、特定の価値を強硬に主張する立場に対して、「それもひとつの価値」としてある程度は認めざるを得ない。その結果、名目上は価値の多様性が認められても、実際のところは横車を押す主張に流されてしまう。そして、多様な価値を相互に承認することなど所詮は無理であるとして、価値相対主義は自らいきづまっていく。ポスト冷戦時代もすでに四半世紀を過ぎたが、当初はもてはやされた価値の多様化が広く享受されているとはいえない。価値相対主義は、いわゆる経済先進諸国に受け入れられているが、そのもとで社会的合意形成が容易でなくなり、意思決定の遅延や合意形成のための社会的コストの増大が問題視されている。他方、一元的なイデオロギーや原理主義をとる国家や集団は、旧来の価値観を絶対視している。そして、新冷戦ともいわれる状況が顕わになるなかで、社会の求心力や方向性が見えなくなっている現状への焦りからか、経済先進諸国においても価値の多様性を開いたポストモダニズムに対して批判の目が向けられ、実証主義が解体してきた伝統的価値が必ずしも十分な検討を経ないままに再評価されるようになりつつある。学術レベルでも問題がないわけではない。神話や物語の解体は、規範が喪失したアノミー的状況と背中合わせでもある。そこには、面白い解釈ができればよいといった悪しき構成主義が入り込む余地がある。

そこに欠けているのが当事者性であろう。そもそもある言説は、ひとたび発信されれば実践的な意味を帯びざるを得ない。幸いというべきだろうが、歴史学は教育学と同じように国民国家形成の装置であった歴史を指弾されるなかで、それ自身の政治的作用を看過してきた歴史を振り返らざるを得なくなっている。たとえば、戦争などの歴史記述にしばしば用いられる「死者が出た」といった言い回しは、死者が死に至った原因や殺害者を隠蔽する実に奇妙な表現だが、こうした表現の是非について、歴史研究者は比較的無頓着であった（相馬、二〇〇九年、二五―三〇頁）。歴史記述の政治的作用は、ほとんどそのまま教育的作用と読み替えることができるが、あらゆる言説が教育的・政治的作用を帯びる限り、社会との連関や実践との関係から免除されないことは明らかだ。「過去の思想を短絡的に現代に結びつけてはいけない」、「結びつけられるというのは一種の錯誤だ」と、かつての歴史記述を批判するだけではすまない。

たしかに、前章で見たように、冷戦下のコメニウス研究において、その時代には科学的と思われた方法論がとられたにしても、現在からすれば、かなり無理とも思える対象の近代化が図られたのは否定できない。とはいえ、単に歴史的対象を認知するにとどまらず、得た知を現実に応用するということを考えようとすると、「虚心坦懐にテクストを読めばよい」、「資料をして語らしめればよい」ということではすまなかっただろう。当時の論者たちは、歴史や思想を生きた知と見なすとともに、そこから現実の教育に関わろうとしていた。そしてこの姿勢は、第一章で記したように、あらゆる物事を理論から実践、実践から応用という運動においてとらえようとしたコメニウス自身の志向性とそう離れてはいない。この意味で、この時代の論者が実践的な関心からコメニウスを記述したとして、それがコメニウスの意図とまったく乖離していたかというと、単純には断定できない。神話や物語であることを露呈させ、思想を過去に追いやるだけに見えるような記述に対して、「近代的な視点からの研究のすべてが悪いとはいえないのではないか」という意見が出てくるのにも、もっともな理由がある。

過去との連続性を改まって追求することを避け、通説の批判にとどまるのであれば、そうした研究は研究者やその共同体のうちにとどまってしまう。冷戦終結後のグローバル化のいっそうの進展と新自由主義政策の浸透のもとで、あらゆる研究はその社会的意味を説得的に示すことを求められ、それができていないと見なされる学問分野はポストや研究費がカットされている。社会の側からの研究の有用性の問いは往々にしてきわめて短絡的であり、そうした問いのすべてに応えられる必要はないだろう。しかし、そうした問いを完全に無視できるとも、無視してよいとも思えない。

空洞化する教育と啓蒙

学術レベルの言説が専門家共同体内部での批判を通して深みに入っていけばいくほど、教育レベルの記念碑的歴史における記述との距離は開いていく。チェコスロヴァキア建国二〇周年記念絵葉書のような歴史の表象は、たしかにひとつの虚構に過ぎない。とはいえ、その影響力を考慮するなら、こうした表象を単なるフィクションとして批判するだけでは済まない。そして、この種の表象はいまだに健在である。冷戦終結後、チェコ地域では学問や教育の自由が大きく認められるようになり、教育現場では多様な教科書が用いられるようになった。しかし、限られた時間でひと通りの内容を学習でき、記憶の定着が図られるようにするには、各時代を代表する人物や事件を選択し、それをひとつの物語として構成するという手法が有効であることは認めざるを得ない。チェコの歴史教科書の表紙は、記念絵葉書とそう変わらない。日本をはじめ他国の歴史教育でも、似たような構成がとられているだろう。

この点で参考になるのが、フランスの歴史家フェルナン・ブローデル（一九〇二―八五年）の指摘である。大著『地中海』（一九四九年、改訂版六六年）で知られるように、彼は膨大な史料を引証した「全体史」を志向し、既成の歴史記述を厳しく批判した。しかし、彼は、「私がリセの第一学年までの歴史教育の責任者だとすれば、私は伝統的な歴史学、つまり歴史物語を教えることでしょう」（ブローデル他、一九八七年、二八一頁）と述べている。ここでブローデルは、歴史認識の形成を段階的にとらえている。ここでいわれる歴史物語は記念碑的歴史と読み替えられるだろうが、それは結局のところ歴史認識の深化にともなって否定される知識である。とはいえ、そこに何の存在意義もないというわけではない。歴史認識の入口として、また認識の深化への否定的媒介として意味をもつのである。

　ブローデルの指摘を受け入れるならば、教育レベルの歴史記述には独自の意義があり、それに応える形式や要件があるだろう。それにもかかわらず、教育的・啓蒙的なテクストは、研究者の業績としてはあまり評価の対象とされない。概説書ばかり書いている研究者は、研究者仲間から白い目で見られがちである。教科書検定制度は、かつて学問と教育の自由をめぐって長期にわたる議論を招いた。しかし、教育内容や配列の妥当性をチェックする体制があったことによって、粗悪な記述の普及がある程度は防がれたのは事実である。情けないことに、検定の対象とはならない大学で用いられている教科書には粗製濫造と言わざるを得ないものが少なくない。インターネットで調べれば簡単に人物の没年がわかるのに、すでに逝去した人物がテクスト上は平気で生存し続けていたりすることがままある。研究者が新奇性を競い、専門書や論文で特殊な事例をとりあげる言説とそれが参照され敷衍されるべき教育的言説の間には、かなり広い空白地帯がある。

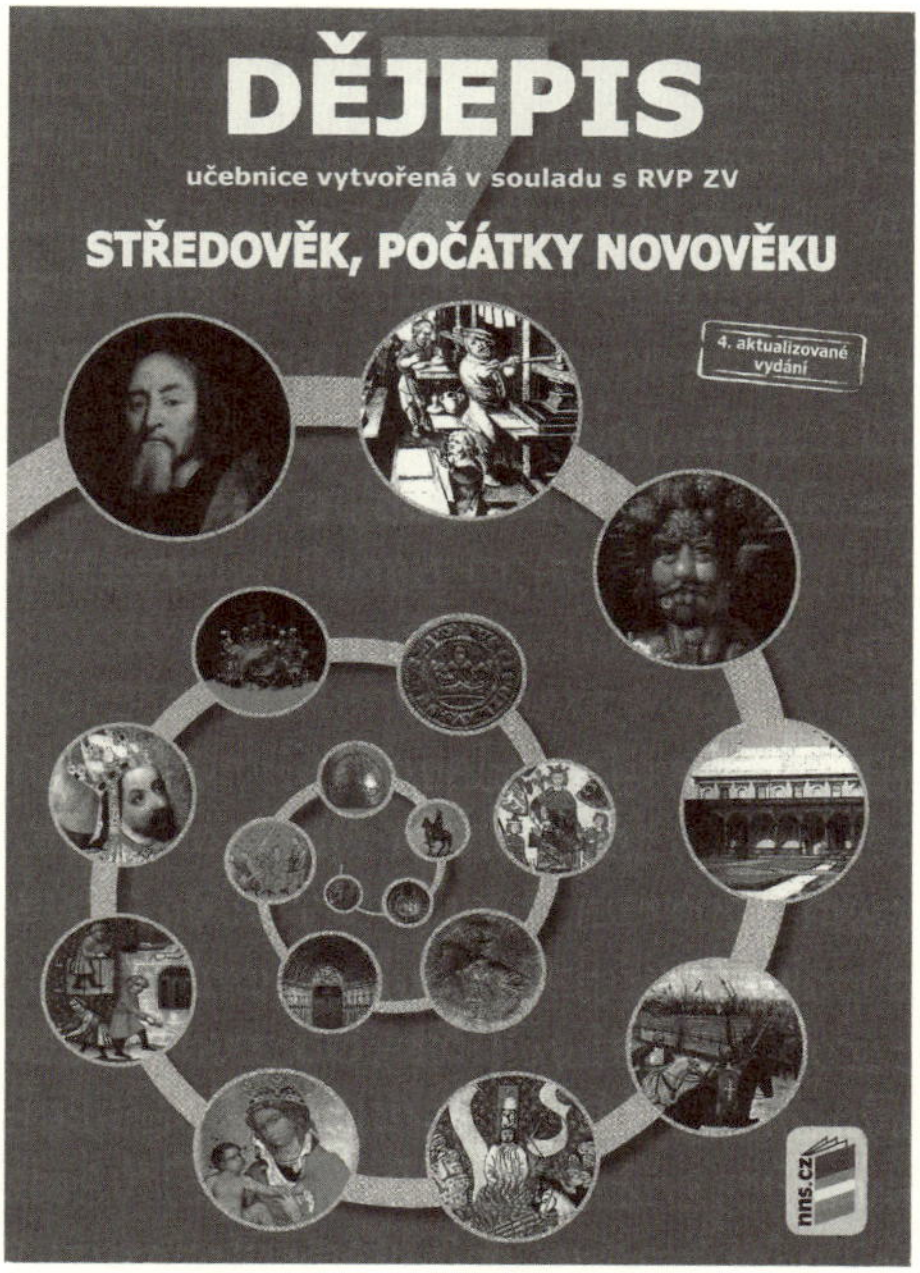

近代の始まりがコメニウスによって示されるチェコの歴史教科書（2010年）の表紙（左上がコメニウス）

　コメニウスは日本ではもっぱら教育学分野でとりあげられてきたが、教員採用試験問題やその参考書の類では、その記述は明治期とほとんど変わっていない。二〇一二年から五年間に全国で実施された教員採用試験を分析すると、コメニウスに関するキーワードとして、チェコ（人）、モラヴァ生まれ、ヘルボルン大学、チェコ兄弟教団（ボヘミア同胞教団）の最後の主席監督、三十年戦争、すべての子どもの教育、教育を受ける権利、一斉授業の提唱、男女共学、普遍的知識の体系、百科全書主義、汎知学、合自然、教育内容における実学主義、実物観察に重点をおく直観教授法、人間生産、幼児の教育から成人の教育にいたる一貫した教育構想、教師の専門性、近代教育学の祖（父）、近代教授学の祖（父）、体系的教育学の創始者、世界最初の絵入り教科書、『世界図絵』、『大教授学』等があがってくる。また、「教育されなくては人間は人間になることができない」（二〇一二年、岐阜県）、「人間は、人間になるべきであるとすれば、人間として形成されなければならぬ」（二〇一三年、神奈川県）のように、『大教授学』の一節の引用から著者であるコメニウスを答えさせる問題が多くみられる。

すでに指摘したように、教育思想史のリアリズムという用語は、一九世紀のラウマーに由来すると考えられるが、実生活に役立つ知識を連想させる「実学主義」という訳語は誤解を招きやすい。また、「近代教授学を開拓し、実物観察に重点をおく直観教授法を開いた。三十年戦争の渦中にあって国外に亡命。教育による祖国の解放をめざした」という二〇一四年の山梨県の出題のようにやや妥当性を欠くと思われる記述も散見される。コメニウスが教授学研究を志したのは、三十年戦争で荒廃したチェコ地域が戦局の好転によって回復されるという希望を抱き、その際の祖国の復興の鍵を教育に見たからであり、「教育による祖国の解放」をめざしたとはいえない（相馬他、二〇一八年、一二四頁）。教員採用試験の参考書にも次のような問題のある記述がある。

「教育の目標を「有徳」「敬信」におき、その到達手段として「全知（パンソフィア）」の会得を考えた。そのための教育方法は、主著『大教授学』（一六二八）に示されるように、自然界の諸法則の模倣によるものであった。『世界図絵』（一六五八）は、感覚的な「直観」によって「全知」に導くとする世界最初の絵入り教科書である。」（教員採用試験情報

研究会編、二〇一三年、一八頁）

コメニウスが『大教授学』で掲げた教育目標は、有徳と敬虔と並んで学識があげられているし、その到達手段がパンソフィアであったと単純にはいえない。『大教授学』の執筆年は正しくないし、コメニウスが教育の原理を自然からの類比によって導こうとしたのを自然界の諸法則の模倣と言ってよいかは議論が分かれるところである。また、ここには『大教授学』と『世界図絵』によってコメニウスの思想を説明するという仕方が定着していることを明らかに確認できる。教員採用試験の教職教養に関する出題は、主著や箴言から思想家の名を答えさせるものがほとんどである。こうした設問は、どのような力を見ようとして出題されているのだろうか。大学での授業を真面目に受け、教員採用試験に向けて真面目にとりくんだかという、「態度」の判断材料以上のものにはならないように思われる。

第三、四章で見たように、明治中期以降、日本においては、当初は海外での紹介の受容に追われ、コメニウスの自然観は客観主義的であるといった理解が広められた。しかし、研究体制が確立するにつれて、通説への批判的検討が加えられ、たとえ十分ではなかったとしても、師範学校教科書の記述にも反映が図られた形跡がある。第二次世界大戦後においても、とくに教育学においては学術レベルの言説であっても実践的意味をもつべきであると考えられていたため、教育レベルの言説とのズレはそれほど拡大しなかったといえる。

しかし、こと教育思想史についてみると、冷戦終結後の学術的言説の拡散の一方で、その集約は十分に図られず、教育的レベルの言説のアップデートがなされないまま放置されたといってよい状態である。この背景には、近年の高等教育改革のなかで、教育哲学や教育史といった基礎分野の影響力が低下したこともあるだろう。しかし、専門家共同体内部の相互批判が弱まり、緊張感の欠けた状態になっていることも否定できない。コメニウスについてみれば、前述のように『大教授学』の邦訳に依拠して論ずるといった状態が専門家のレベルでも続いている。

歴史が思想の広がる運動であるならば、教育的テクストの及ぼす影響は無視できない。それは単に一般読者にとっての問題ではない。第三章で、リンドネルの教科書が教育学におけるコメニウス理解に影響を与えた事例をとりあげた。また、第四章で、コメニウスの『大教授学』の翻訳が及ぼした影響に触れた。教育的言説は学術レベルの言説にも影響を与えないではおかない。これも、コメニウスのいう〈生ける印刷術〉のひとつの現れである。ある言説が現れるたびに私たちにある印象が与えられるのであれば、いかなる知識がいかに与えられるかについて、私たちは無関心であってはならない。「要するにどうなのか」という問いに「そう簡単には言えない」というのでは答えたことにはならない。あくまでも暫定的にしか言えないにしても、「ここまでは言えるだろう」という線を出し、教育的テクストにそれを反映させるべきだろう。専門学会は、翻訳やテキストブックの役割を重視し、その内容や記述の妥当性を評価する体制をとることを考えてもよいのではないだろうか。

批判的歴史の可能性

国民国家における教育と歴史の協働は、人間を支配的な物語に回収して固定した眺望を強制し、ある方向へと仕向けるものだった。歴史家が記念碑的歴史の記述に積極的に関与すればするほど、その信頼性は高まる。しかし、その記述が一種のドグマとして外在化するリスクも高まる。ことにひとつの筋書きが、科学的な手続きによって法則のような確実性があるものとして書かれるなら、私たちがその筋書きとは異なる生を選びとるための想像力は奪われる。

この点で、分析的知性を批判して「生の飛躍」(élan vital) を論じたフランスの哲学者アンリ・ベルクソン（一八五九―一九四一年）の考察は参照に値する。『道徳と宗教の二つの源泉』（一九三二年）で、彼は、「私は、歴史の宿命的決定性を信じない。時機を失せずに着手すれば、充分にひき緊った意志によって粉砕できぬような障害はない。つまり抵抗を許さぬ歴史の鉄則などというものは存在しない」（ベルクソン、二〇〇三年b、二五三頁）と記す。

ベルクソンは、獲得された性格が遺伝によって伝わるというスペンサーの主張が科学の権威と教育によって定説化しつつあった状況を指して実証科学を批判した（同書、二二〇―二二一頁）。彼の批判は、生の飛躍の可能性をあらかじめ封印してしまうような歴史記述の決定論的な性格に向けられている。彼は、歴史記述の限界を次のように指摘する。

「実在とは動いているもの、いなむしろ動きそのものであり、そしてわれわれに知覚されるのは、さまざまな変化の連続だけである。だが、この実在に働きかけるためには、わけても人間知性の本来の使命たる制作作業を上首尾に運ぶためには、われわれは思考を用いていくつかの停止点を固定せねばならぬ。」（同書、一七〇頁）

ベルクソンによれば、いかにすぐれた歴史記述も「変化についてのスナップ・ショット」（同書、同頁）でしかない。ゆえに、思考によって得られた時空上の点を結ぶことで示された筋書きの虚構性を暴くことは、それが批判のための批判に終始しがちな傾向はあるにしても重要である。その批判が示された筋書き以外の可能性を示唆する限り、その行為は歴史における人間の自由な可能性の現れであるといえる。骨董的歴史が記念碑的歴史を批判してその書き換えを企てるなら、それはひとつの批判的歴史といえるように思われる。

そうであるならば、あえて骨董的歴史と批判的歴史を区分する必要はないように思われるが、骨董的歴史においては、自由の希求は眺望の固定化の批判という消極的なレベルにとどまっている。ハイデガーは、『存在と時間』（一九二七年）で、「道具や製品、現存在がたずさわるいっさいのものが「歴史」にともにぞくしている」とすれば、「歴史の生起とは、個々の主観における「体験の流れ」が孤立して経過するものにすぎない」ことになる、と問うている（ハイデガー、二〇一三年、二七三頁）。一般的な歴史記述は、学問的客観性を重視すればするほど、個人の主観を排除していく。この結果、歴史から何かが引き受けられる余地はなくなっていく。いかなる意味も主体によって引き受けられなければ、重みを持ちえない。ゆえにハイデガーは「本来的歴史性はかならずしも歴史学を必要としていない」（同書、三〇三頁）と記し、歴史の実存論的意味としての「歴史性」を問うた。彼によれば、日常のなかで、私たちは交換可能な非本来的あり方に落ち込みがちであるが、そこからの回復は、過去になされた企てを宿命として引き受けることによって可能となるという。ここで歴史性は、死への覚悟によってひらかれる「本来性」として位置づけられる。たとえば、戦争の犠牲者をめぐる言説は、何らかの大義や信念に殉じた人々や不条理にも犠牲になった人々の存在を私たちに想起させる。そしてそれが歴史において学ばれ、ある人間に呼びかけとして受け入れられるとき、歴史の引き受けが生ずる。それは、コメニウスやパトチカのいう回心の現れであるかもしれない。ところが、人々に歴史の引き受けを促すために犠牲を語ることは、パトチカの思索に見たように、犠牲を技術に回収して人々を駆り立てることでもある。実際、戦争犠牲者をめぐる言説は、往々にして民族間の対立を想起させ、たとえ冷たいものであっても戦争を継続させる手段に動員されている。また、犠牲の語りが深刻であればあるほど、その語りは、個別的な利害に基づいた主観的な決断主義に道を開いてしまう恐れがある。

こうして歴史の意味を問うという課題には、より慎重なアプローチが必要となる。パトチカの『異端的論考』における慎重な書きぶりは、今日における歴史の意味の可能性が対立する要求の狭間にあることを示している。

「人間は、意味なくしては、しかも全体的で絶対的な意味なくしては、生きられない。それが意味するのは、無意味さを確信しては生きられない、ということである。しかしそれは、探求されている、不確定的な意味の中で生きられないことを意味するであろうか？　慎ましすぎもせず、しかし教条的でもない、真の意味における有意味性には、まさにこの不確定な環境の中で生きるということが属するのではなかろうか？」（パトチカ、二〇〇七年、一二九頁）

パトチカは、意味の外在化や絶対化に対処しつつ個別性や主観性を開く可能性は、不確定な環境を生きることのうちにあると見る。意味は、慎ましさと教条の狭間を生きることにあり、意味を断念しない探求のなかにあるという。そこで生み出される知見は常に暫定的であり、批判に対して開かれている。ゆえに、意味の外在化には歯止めがかけられるものの、それは同時に不安定になるリスクを負う。

> 「歴史は自由ゆえの行動の領域であり、自由は事物をそれが存在するところのものにさせ事物をして現れさせ開示させる可能性を捉えることであり、事物にとって現れのための基盤になろうとする意欲であり、真に存在するものが現れるように、慣れた「所与」の確実性を震撼させる準備である。」（同書、二一七頁）

所与の状況は満ちあふれる光の下で自明のように映る。しかし、隠された奥深い危機が私たちを疲弊させ蝕んでいるかもしれない。その危機に震撼するかどうかは自由の領域にある。強制されて震撼することはできない。歴史は、所与の状況への固定的な視線を解除し、他の異なった景色をとる可能性を示すことによって自由を支え、人間を震撼から回心へと導きうる。その際、歴史的知見は、記念碑的歴史がもたらすような所与の確実性を揺さぶるようなものであってこそ十分な意味をもつ。というのは、その意味の重さが、未知の可能性の探求を促すからである。その探求は自由の現れにほかならないが、それは歴史の書き手が現実の世界の状況に震撼するセンスがあってこそ現れるものだろう。

前章で見たマサリクやココシュカ、あるいはパトチカのコメニウスに対する視点は、批判的歴史のひとつの試みであったといえるだろう。彼らは、「諸国民の教師」というコメニウス像が普及するなかで、コメニウスを学校教育中心の教育学者と見なすことには批判的であった。マサリクは、コメニウスを広い意味での政治思想家と見なすべきことを強調し、コメニウスにチェコの民族性を見ようとする志向性に対しても、その汎ヨーロッパ的な傾向を指摘した。そこには、民族主義の可能性と限界に対する深刻な受けとめがあっただろう。第二次世界大戦の要因のひとつを国民教育であると洞察し、コメニウスの普遍主義に立って国民教育を批判したココシュカの見解は、「諸国民の教師コメニウス」という既存の物語を揺さぶるインパクトがある。その震撼した筆致は戦時下という状況ゆえに生み出されたものだろう。その考察は、ある意味でパトチカを先取りするものだった。パトチカは、盛んに行われた教育学的なコメニウス解釈が、後代になって創造された概念をコメニウスに読み込もうとしているとして批判し、むしろコメニウスと現代との歴史的距離がその思想の意義を蘇らせると指摘した。そして、コメニウスの教育思想が啓蒙主義によって都合よくとり入れられ、「閉鎖性の時代」の混迷を深めているとして、コメニウスの思想の再生に必要なのは一種の「脱学校化」ではないかと問題提起した。そこには技術革新に明るい期待が寄せられた状況への深刻な懸念が読みとられる。これらのアプローチは、単に眺望の固定化を批判するのにとどまらず、新たな眺望がとられる可能性を指し示すものだった。

ところで、批判的歴史と他の二つの歴史の関係はどのようにとらえられるだろうか。[7] 批判的歴史に自由の余地の探求という役割が期待されるとしても、自由の可能性を示唆するのにとどまるならば、具体的な歴史記述は生み出されない。そうであれば、既存の記念碑的歴史の書き換えはなされないままに終わってしまう。批判的歴史が提示する可能性は骨董的歴史において検証され、記念碑的歴史の書き換えにまで及ぶことで一般的な意味を獲得する。そこで懸念される外在化は、また新たな批判的歴史によって克服される。歴史記述が固定化して教条に陥らないためには、三つの歴史の連関が不可欠なのである。批判的歴史の試みの是非は、それが歴史的検証を促し、既存の記念碑的歴史のオルタナティブとして書かれうるかどうかによって問われるだろう。

三　歴史の意味の恢復に向けて

開いた物語としての歴史

今日、歴史の意味はいかにして可能なのだろうか。私たちが知ることができることは言語によって条件づけられているという「言語論的転回」の主張はあらゆる学問領域に影響を与えた。自然科学のリアリティはその自明性を問われることになったが、相対的に見れば歴史記述のレリバンシーが認められるようになった。言語論的転回に基づく限り、哲学者の野家啓一（一九四九年生）がいうように、「過去の出来事や事実は客観的に実在するものではなく、「想起」を通じて解釈学的に再構成された」物語ということになる（野家、二〇〇五年、一五七―一五八頁）。ヨーロッパ諸語で歴史は物語という意味をあわせもつが、歴史学の学問性を擁護しようとする者にとって、歴史の物語的性格はある種のコンプレックスの原因でもあった。歴史記述は結局のところ歴史家による創作を排除できないのではないかという指摘に対して、歴史学は説得的に答える術がなかった。しかし、言語論的転回に従うならば、想起や物語による再構成を離れて過去自体は存在しないことになる。そして、アメリカの美術評論家・哲学者のダント（一九二四―二〇一三年）が言うように、「所与の事柄を組織化する図式」（ダント、一九八九年、一二七頁）を用いるという点では自然科学も歴史も変わりはない。

もっとも、この歴史の反―実在論に対しては、いくつかの手強い異論がある。おびただしい事実のすべてを記述することは不可能であり、歴史記述には不可避に歴史家の意図が入り込む。資料革命によって従来はテクストと見なされなかった事物があつかわれるようになっても、依然として「語り得ないもの」があることは否定できない。歴史研究が新たな事実の発見や既存の知識の再解釈によって現に変容し続けている事実は、歴史記述が単なる虚構とは異なることを示している。また、物語的な記述が往々にして直線的で単線的な記述をとり、情報の縮減や歪曲に陥りがちであることはすでに記した。

こうした問題に対処するためには、物語概念を三つの意味で拡張してとらえることが必要だろう。第一に、歴史は閉じた物語ではなく開いた物語と見なされるべきである。ベルクソンが実在とは動きそのものであるととらえたのは、歴史記述にもあてはまる。個々の作品は完結した記述であらざるをえないが、歴史は常に組み替えられている。その組み替えの経過がまたひとつの物語と見なされる。歴史はより広範な事象の包摂に向かう運動なのである。第二に、歴史はより多様な読者を包摂する運動であるべきである。歴史があつかうあらゆる事象は個別的なものだが、生み出されたテクストが特定の民族、教条、階層等の個別的利害に基づく限り、そうした記述は批判にさらされ、早晩に書き換えを免れない。こうして、より広範な読み手を想定して歴史が書かれるべきならば、第三に、歴史はより複雑で多層的な物語と見なされるべきだろう。従来の直線的・単線的な記述を批判して、フーコーやブローデルは、歴史事象の間の非連続性、断絶、切断を強調した。彼らの試みを非物語的な歴史記述と見なすこともできるかもしれない。しかし、多くの文学作品において、不条理、矛盾、断絶等がライトモチーフとなっているように、線形に対する非線形、あるいは単線系に対する複線系が見出され、それが物語的記述のなかにとり入れられてきたのが物語の歴史であろう。線形の物語がともすれば目的論的歴史観につながり歴史の外在化に陥ってきたことからしても、そのうちに複数性、非連続、非線形の物語を包摂するような語りを模索することが求められるだろう。

哲学という地平

歴史記述がある事象を包摂したひとつの形式であるならば、雑多な事象をただ単にとり入れればよいということにはならない。野家の指摘でいえば、いかなる解釈学的再構成があり得るのかが問題となる。

コメニウスの言説をめぐる歴史は、解釈学的再構成の試みの歴史という意味でも興味深い。コメニウスは、『世界図絵』のような教育方法を革新する創案によって評価され、一九世紀半ばから教育思想史における不可欠の存在と見なされるようになった。しかし、コメニウスは、『教授学著作全集』の第四巻で、自身の教育活動を回顧して、「私は青少年のために書いたが、それは教育学者としてではなく神学者として書いたのだ」（OD 4, 27）と記した。これは、世俗主義的な前提をとる研究者にとっては、「なかったことにしたい」一節であろう。ここでコメニウスは自らを哲学者や教育者としてよりも神学者として自己理解している。彼の自己理解を文字通りに受けとめるならば、教育をはじめとした彼の思索は神学の枠内で研究されるべきであるということになる。たとえば、キリスト教の影響力の大きい韓国では、コメニウスをキリスト教教育思想という文脈でとらえる研究が主流である。宗教的文脈の強調は、近代的解釈に対する批判的な視点でもあり、単純にアナクロニズムであるなどと言うことはできない。とはいえ、コメニウスの思想を神学的に解釈することが妥当であるとしても、それでキリスト教圏を超えた意味の共有はなされるだろうか。啓蒙主義的なコメニウス理解に、意図的にせよ無意図的にせよ、コメニウスの自己理解を看過した面があったことは否定できない。しかし、啓蒙主義的なコメニウス理解が学校教育制度の世界的な普及と一体化して、宗教や民族の差異を超えて伝播したことも事実である。そして、それは知の普及や伝播に意を払ったコメニウスの思想の意図を、それなりの仕方で引き受けたものだったといえるかもしれない。

今日、牽強付会や我田引水に陥らず、なおかつ意味の再生につながるような解釈学的再構成はどのようにして可能だろうか。そこで示唆的なのがパトチカのとった方法論である。パトチカはコメニウスを哲学的精神と見なした。これ自体は彼の独創ではない。マサリクがコメニウスの哲学者としての側面を強調したのを前章で見たが、それは宗教対立を回避しつつ思想の一般的な意義を強調するのに有効な視点だった。そうしたアプローチは第二次世界大戦後になっても、ある意味でいっそう強化された。パトチカは、一九世紀以降のコメニウス研究のなかで、コメニウスの思想の遠さを解消するために、「コメニウスの思想の中で、今日でもまだ当てはまることとしてわれわれが関心を持ちえる事柄を、それだけ取り出して示そうとする試みが生じることになった」（パトチカ、二〇一四年、一六七頁）と指摘する。そこで具体例としてあげられている「「コメニウス教育学の持つ進歩的な内容」を明らかにしようとする試み」とは、東ドイツのアルトらに代表される冷戦下の東側で正統的と見なされた方法論にほかならない。アルトは、「新しい教育学の課題や規範を、これまで妥当してきた宗教的目標から導き出すことは、新しい革命的なものを自己自身や社会の前に正当化してみせるための手段なのである」（アルト、一九五九年、五七頁）と記し、コメニウスが宗教的表現をとったのは当時の歴史的社会的制約のためだったとした。パトチカは、アルトに見られる近代主義的な解釈を批判する。他方で彼は、「コメニウスの思想の中には、とりわけ神学的にはもはや意味を持たない遺物となってしまったものもある」（パトチカ、二〇一四年、一六七頁）と明言し、コメニウスに神学的にアプローチすることに意味を見出していない。彼のアプローチは次の言及に示唆されている。

「神学や形而上学に関するテクストから〔教育学の〕専門に関するテクストを区別するため、そこから生じる傾向として、神学上の言葉が人間の社会活動や願望を表す表現手段としても評価されうるという事実が見落とされてしまう。」（同書、同頁）

この言及は、アルトらのアプローチがコメニウスの宗教的要素を無視したことを批判する一方で、「神学上の言葉」を「人間の社会活動や願望を表す表現手段」として読み替えられるという解釈の可能性を言っている。一見すると、パトチカも過去のテクストを現代に引きつけて読もうという近代主義的解釈をとっているように思わせるものがある。彼はこのようにも書いている。

「【コメニウス】は自らの経験を概念的に表すための十分な表現手段を持ちあわせておらず、当時の神学的・形而上学的な〔表現〕手段による解釈を試みなければならなかったところに困難があった。それゆえ彼の哲学思想は、表面的に見ると、様々な起源からなる、折衷的に組み合わされたモザイクのような印象を与える。しかし、それらはすべて表現手段にすぎず、彼が最終的に表現しようとしたことではない。」（同書、一八〇―一八一頁）

この言及を見る限り、パトチカのアプローチはアルトとそう離れていないように見える。しかし、微妙とはいえ、明確な違いがある。冷戦下の思想研究においては、神学やそれと結びついた形而上学的要素は、あらかじめ考察の対象から除外される傾向があった。パトチカが問題としたのはこの点だった。パトチカは予見なく可能な限りのテクストを考察の俎上に載せるように求める。その上でそれらのテクストをどこで考察するかが問題となるのだが、彼が選んだのが哲学という地平だった。

二〇世紀解釈学の代表者ハンス＝ゲオルク・ガダマー（一九〇〇―二〇〇二年）は、歴史的文脈の理解への営みをとおして過去のテクストの地平は現在の解釈者の地平と融合すると論じた。哲学的含意をはらんだコメニウスのテクストとパトチカの哲学的関心が、思想史研究をとおして出会ったとき、そこにガダマーのいうような一種の地平の融合が生じたといえるのかもしれない。このことはまた、哲学という地平自体に地平を融合させる可能性があることを示してはいないだろうか。哲学という地平は実証主義的要求に十分に応えられないという批判があるかもしれない。他方、とくに宗教性に連なるような超越論的視点からすれば、哲学という地平では、すべてを人間中心的にとらえることが前提になっているという批判が寄せられるだろう。しかし、そうした批判が生ずること自体が、哲学が、広い問題領域を考察の対象として引き込むことのできる地平であることを示している。哲学という地平において生ずるのが架橋であれ論争であれ、過去に追いやられたり、ある特定の領域でのみ語られたりしていたテクストが、意味を持つものとして現れていることは否定できない。哲学という地平への引き込みには、思想の意味を復興させる可能性を見ることができるだろう。

ただし、歴史の意味の復興における哲学の可能性を認めることは、積極的にせよ消極的にせよ、西洋的価値の普遍性を一定程度認めることであることは、忘れずに言及しておかなくてはならない。パトチカは、「歴史は、政治と哲学のほとんど同時的で相互依存的な発生において、素朴で絶対的な意味の震撼によって生まれるのである」（パトチカ、二〇〇七年、一三二頁）とするが、ここで念頭におかれているのは古代ギリシアである。実際、『異端的論考』へのパトチカ自身による解説には、次のような気になる言及がある。

「哲学は、西洋の系列においてのみ発展した。そうすると、このことは、我々の次のような想定の決定的な論拠になる。即ち、本来の意味での歴史は元来、西洋の歴史として生じたのであり、またその歴史は、本来の問題性の錯綜に導かれて、次第にその中に更なる人々とその領土を含んでいき、ついに我々の時代には普遍的で地球的なものになりつつある、という想定である。」（同書、二一六頁）

パトチカの想定は、西洋の近代科学や技術を受け入れ、そのもたらす恩恵に浴すとともに多くの問題に直面している世界のほとんどの領域にとって、ヨーロッパ中心主義あるいは文化帝国主義的に映るだろう。しかし、彼は、西洋的な歴史の普遍性は「ヨーロッパの歴史としての歴史の終わりにあるものである」（同書、二一六頁）という。西洋由来の歴史が普遍的であるにしても、自ら二度の世界大戦を招来したヨーロッパは世界の指導的地位から転落してしまったのであり、西洋由来の歴史は今やいきづまりとして現れているというのである。哲学やそれが依拠する思想史は何事かの認識を試みる過程で認識しようとする自己の批判をも遂行する点で他者に開かれており、その限りにおいて歴史的な意味の基盤の構成に果たす役割は受け入れてよいだろう。しかし、パトチカの指摘を踏まえるなら、西洋の科学と技術のデファクトな普遍性を前に無批判にその思考様式を受け入れるのではなく、批判的な構えをとることが必要だろう。パトチカも、ヨーロッパにおける哲学の発生に歴史の淵源を見ながら、その哲学自体を問いにかけている。

歴史と実存

哲学という地平に対象を引き込むことによって、ひとつのテクスト解釈が成立する。パトチカは、テクスト解釈をとおして、そのテクストであつかわれた課題が「歴史のなかで反復して現れるような状態を醸成」するという（パトチカ、二〇一四年、一六八頁）。それを可能にするのが、テクストの著者の「生き方や実存」である。テクストは、過去において個人がこれからどう生きるか（自己企投）の表現にほかならないが、その企投はメディアとしてのテクストをとおして、時間的・空間的に伝播する。それがある仕方で受けとめられると、歴史のなかにその個人の自己企投が反復して現れることになる。「コメニウスが生きた時代は、その精神面が根本において神学的に規定されていた時代」（同書、同頁）であったがゆえに、そのままでは、コメニウスの企投は現在の私たちの多くにとって受けとれるものにはならないという。パトチカは、哲学という地平への引き込みを介することによって、自己企投の歴史的な反復が可能となり、過去のテクストのうちに「時代を超えるものを備えて」いることが了解され、「今日なおわれわれに語りかけてくることができる」ものとして受けとめられる、と考えた（同書、同頁）。

もちろん、テクストの哲学的な解釈にはリスクもある。パトチカの解釈は、しばしば「コメニウスを通して自身の哲学を語った」ものではないかと言われる（Kohák, 1989, 27）。当時のチェコスロヴァキアの言論統制のなかで、パトチカはコメニウスのテクストを自身の思考を表現するメディアとして利用せざるを得なかったのだという見方もあるが、一般的に言えば、テクストの解釈とそれに対する解釈者の思考は別個であるべきであり、それらが不可分なかたちで論じられるとすれば、思想史記述のあり方としては客観性を欠くとして批判されても仕方がない。

ただ、パトチカがこの点に無自覚であったとはいえない。彼は、コメニウスの個々の言及そのものに対しては、「われわれはコメニウスに従うことはできない」と言う。それならば、そうした個所に何の意味があるのかということになるが、彼はそこに、「コメニウスの企てを新たな水準において、異なった状況の中で繰り返すことが是非とも必要であることが示されている」という（パトチカ、二〇一四年、一六八頁）。ここで彼は、テクスト解釈によって著者の自己企投を受けとめるという側面と、今度は自らがいかに自己企投をするかという側面を立て分け、それらを再び接合している。厳密にいえば、前者が思想と歴史の記述の課題であろう。そこでもたらされる意味は、新たな水準における企ての反復という哲学的実践を促すというのである。

パトチカのコメニウス解釈が誤解を招くとすれば、これらの二つの課題が混然一体に論じられているからである。しかし、歴史が後世への否応のない贈与であることを踏まえた上で、それにいかに応答するか（引き受けるか）を問題にする限り、思想の歴史的記述は、単なる過去のテクストの解釈やそれらの関連づけでは完結しなかったのである。そして、このことはコメニウスにも当てはまる。彼は、『光の道』で、「この世界は、初めは機械的な技術によって、次に感覚的な技術によって、さらには理性的な技術によって、これまで十分に培われてきた」(DK14, 314) と記し、その後の福音の時代における自己の使命を展望した。彼は歴史に感覚・理性・福音という段階を認めるとともに、人間の知恵の源泉として世界・精神・聖書からなる神の三書をあげ、これらを受容する感覚・理性・啓示（信念）の調和的な形成を教育の課題とした。ここには、彼が自己の教育研究を歴史的課題として引き受けたことが示されている。

こうした歴史への構えは他の思想家にも見られる。たとえば、ペスタロッチは、『人類の発展における自然の歩みについてのわたしの探究』（一七九七年）で、自然状態、社会的状態、道徳的状態を世界を表象する三つの方法としてあげ、そこに「発展」の系列を見ようとする。彼が表題にあえて「わたしの」と付し、思索の主観性を強調したことは示唆的である。両者は、過去と現在を隔てるのではなく、現在との連関において歴史を記述している。そして、明示的であれ暗示的であれ、未来の世界が展望されている。こうした考察は実証主義的見地からは批判され、ユートピア的と見なされることになる。彼らが自己の宿命を歴史のうちに表現していることは、一般に歴史家が歴史記述に登場しないことからすれば破格である。しかし、それは神のような視点から過去を記述するという歴史家の特権を放棄するということでもある。こうした歴史記述は、実践に対する観想の優位や観想と実践の分離という発想の否定によって可能となっている。

ところで、引き受けや回心の決断には大きな負担感がともない、引き受けを回避する者は無力感に苛まれる。そうしたこともあり、実存主義は、しばしば状況に対する個人の引き受け（応答）の能力、つまり責任を強調しすぎているのではないかといわれる。たしかに、責任が強調されればされるほど、歴史の実存的意味の引き受けは選ばれた人間のみの課題にとどまってしまうように思える。また、現実の生活においては、一度の引き受けで大方の問題が片づくわけではない。ある事態への震撼を契機として状況を引き受けたとしても、状況は常に変転していく。一度の引き受けでは問題は解決せず、多様に立ち現れる課題に関して、そのつど過去と現在の間に線を引く行為を繰り返すことが求められる。そこには、ある思考に至る偶然の作用、それへの反応、逡巡、決断、悔悟、諦観等があるだろう。ゆえに、こうした歴史が実際に書かれるにあたっては、回心や状況の引き受けの過程を精緻に記述することが求められるだろう。

それとともに、どのような対象があつかわれるかを検討することも避けて通れないだろう。広い意味では、どのような人間にも回心や状況の引き受けの経験を見出せるだろう。およそ思想家と呼ばれる対象であれば、そのテクストのうちにそうした経験と見なされる要素を見出すことは難しいことではなく、それらの片言隻句を寄せ集めて解釈を加えることも可能だろう。しかし、その解釈に一定の妥当性がなければ、広く受け入れられるものにはならない。比喩的にいえば、哲学というまな板に載せれば何でも料理できるわけではない。対象に中身がなければ、できる料理には限界がある。パトチカがコメニウスのうちに今日にまで語りかけてくる何かを見出したのは、コメニウスの自己企投が、あらゆる人間の教育の実現や知の普及にとりくんだように、個人主義的なものではなかったからであろう。世界の全体を問題としてとらえることによって、その企てはあくまで個人的なものでありながら、普遍的な意味を帯びる。パトチカが、コメニウスに見出した「開けた魂」はひとつの有力な実例だが、同様の関心からとらえられる群像は他にも見出されるに違いない。その系譜が探られるなら、ひとつの思想史が書かれるだろう。

もうひとつの近代への道――開けた魂の思想史

先に歴史記述の課題として物語の拡張をあげたが、通説化した支配的物語を揺さぶり、常に新たな事象を包摂して新たな解釈を産出していく歴史の運動を現実のものにするには、それがひとつの仮説にとどまるにしても、別様の何かが書かれる必要がある。それによって対象をとらえる複数の可能性が提示されることは、私たちが所与の物語を自明視しない思慮深さを養うきっかけになるだろう。体系的に書かれたとはいえないものの、パトチカの思想史研究はそのひとつの試みといえる。

パトチカには、師のフッサールとともに、客観主義や実証主義の徹底によっていきづまりつつあるように見える近代と向き合う他の方途を探求しようという意図があった。彼がフッサールのプラハ講演の実現に奔走したややのち、チェコスロヴァキアがナチスの支配下におかれるなかで著された最初のコメニウス研究「コメニウスへの新たなまなざしについて」には、彼がのちに手がけるテーマのほとんどを見出すことができる。

思想史研究においては思想間の影響関係が考察されるが、パトチカは単なる事実関係の有無の検討に終始するのを戒め、「他の方向に線を引くという課題」（パトチカ、二〇一四年、四九頁）を重視する。「コメニウスは、ヘルダーが彼について論じ、ヘルダーのあとにはわれわれの思想家たちが論じたように、単に啓蒙の準備者ではない」（同書、五〇頁）とするならば、「実際のところコメニウスがどこに属するのかを思想史の地図の上に指し示すという」（同書、三八頁）課題にとりくまなければならない。彼はそこで、「われわれにはすでに疎遠になっており、われわれの視界から消えてしまっている〔…〕特別な精神的な関連性を理解すること」が必要であるという（同書、三八頁）。たとえば、青年期のコメニウスが学んだドイツのヘルボルンの知的環境は、「ルネサンスという言葉と関連づけるという一般的な先入観の影響のもとに長くおかれてきたために、西ヨーロッパの合理主義の一種の前段階であると見なされてきた」と指摘し、「それは非常に複雑であるばかりか、その本質において神秘的な世界なのである」という（同書、四〇頁）。そこで、他の方向に線を引くには、たとえば、「ドイツ一六世紀の思想の茂みを通ることのできる道」（同書、四四頁）の探求が必要になるという。

パトチカが戦後にとりくんだコメニウス研究やその他の思想研究は、個々の検討課題への取り組みをとおして、思想史への新たな眺望を示そうとするものであった。たとえば、コメニウス青年期の著作『平安の中心』には、神がすべての中心とされ、世界を回転する輪にたとえる比喩が用いられているが、パトチカは、先行研究の検討をとおして、コメニウスにおけるクザーヌスの影響を考察した。また、彼はベーコンとコメニウスの関係についても検討し、コメニウスがベーコンを参照したことは認めながらも、「教育学や教授学の特殊な事項についてはベーコンをよりどころにしなかったが、哲学的な事項においてはベーコンをよりどころにした」（同書、九一頁）とし、冷静な結論を導いている。デカルトとコメニウスの関係については、彼は、デカルトの基準からコメニウスを評価するのは誤りであるとし、コメニウスの思想の独自性を強調した。また、後代への連なりに関しては、彼は、「コメニウスが一六世紀の神秘主義の精神世界とライプニッツの間の仲介者である」というマーンケの見解を「一本の線を引いた」ものとして評価している（同書、四九頁）。

一六世紀の神秘主義を強調するパトチカは、自然科学の興隆がもたらす危機への予感が語られた二〇世紀前半の知的空気を呼吸していた。たとえば、ベルクソンは、自然科学に対して十分な検討を加えつつも、精神的なものの独自性を強調し、イギリスの心霊現象研究協会の会長にもなっている。他方、神秘主義へのアプローチが予見のない学問的関心から発したものであったとしても、それはこの当時の親ナチズムの学問研究にも見られたものであった。パトチカがとりあげたドイツの哲学者マーンケは親ナチズムの側にいた。また、パトチカは、パラケルススをとりあげた小説を著したエルヴィーン・コルベンハイヤー（一八七八―一九六二年）を評価しているが（同書、四四頁）、コルベンハイヤーはナチスの御用作家と見なされ、ナチズムへの一定の関与が見られるハイデガーからも、その人種主義・生物学主義が批判された人物である（轟、二〇一四年、一一九頁）。他方、第二次世界大戦後、イギリスの思想史家イェイツによるバラ十字思想の研究をはじめ、私たちには神秘主義的な諸思想についての新たな歴史的視界がもたらされてもいる。

人智学の提唱者ルドルフ・シュタイナー（一八六一―一九二五年）は神秘主義者であるとともに新教育の有力な思想家の一人だが、彼の講演「バラ十字会の神智学」（一九〇七年）には、バラ十字思想から一八世紀ロマン派自然哲学への流れが展望されているし（シュタイナー、一九八五年、一四―一六頁）、彼は、ヘルダー、レッシング、そしてとくにゲーテを重視した。シュタイナー研究者の高橋巖（一九二八年生）は、コメニウスとシュタイナーの関係を問う必要性を強調し、「コメニウス―アンドレーエ―ゲーテ―シュタイナーは近世ヨーロッパにおける「バラ十字団」的な教育思想の系譜の中に位置づけられる精神の同族たちである」（高橋、一九八四年、七七頁）という[8]。神秘主義思想は、思想史のオルタナティブを考えるうえで目を背けてはならない対象だろう（相馬、二〇一六年b、七〇―七一頁）。

パトチカは、思想史研究のなかでデカルトとの親近性から規定されがちであったフランスの思想家・数学者ブレーズ・パスカル（一六二三―六二年）についても、異なった眺望から検討しうる可能性を示唆している。

「コメニウスをパスカルと比較することは、示唆に富む。パスカルと同様にコメニウスも、開けた魂についての関心を主張した。ただパスカルは、真なるものの〈さまざまな水準〉、いくつもの「秩序」を区別することによって開けた魂についての関心を主張した。それに対してコメニウスは、幾何学的な理性を存在の最終的尺度に格上げすることに対してはパスカルと同様に反論したものの、結局のところは、事物には〈一つの〉秩序のみがあると考え、それのみを認めた。」（パトチカ、二〇一四年、一四二頁）

ここでの言及は示唆にとどまるが、開けた魂という視点は、思想史に異なった眺望をもたらすであろう。こうした視点は、必ずしもパトチカの独創ではない。単純に一緒にはできないだろうし、そうすべきでもないが、『道徳と宗教の二つの源泉』で、ベルクソンは「開いた社会」と「閉じた社会」という対比を示し、「社会の魂を、自分自身の内部ですでに拡げ終わっていた一人あるいは数人の選ばれた魂」としての「開いた魂」に注目する（ベルクソン、二〇〇三年a、一〇六頁）。そして、そうした思想を「動的宗教」として位置づけ、たとえばキリスト教神秘主義者をその実例にあげる。彼は、キリスト教神秘主義者が、「行動への熱意、環境に適応し、仕損じても挫けずに再興する力、嫋やかさと結びついた堅忍、可能と不可能とを見分ける予言者の識別力、紛糾した事態を単純によって克服する精神など、つまりすぐれた良識とも言うべき」「確乎として揺るがぬ知的健康」を維持していたと強調する（ベルクソン、二〇〇三年b、一四五頁）。

ベルクソンの思索は、非線形で多様な歴史記述の可能性を示唆する点でも重要であろう。パトチカは学生時代にパリに留学しており、ベルクソンの思索に触れる機会があったであろう。パトチカがベルクソンを受容したかどうかは別途に検討が必要だが、ベルクソンが、「閉じた魂」から「開いた魂」への移行は「自己拡大によるのではない」（ベルクソン、二〇〇三年a、五一頁）ととらえて両者の間に質的差異を見たり、開いた魂が世界に向かう態度を「むしろ運動と言った方がよい」（同書、五二頁）としたりしている点は、パトチカにも認められる。そしてここには、一九世紀末以降、近代の危機の認識と哲学的な対処が企てられるなかで、人間の開放性がさまざまな文脈で思索された事実がある。ベルクソンやパトチカに加え、たとえば、マックス・シェーラー（一八七四―一九二八年）に始まる哲学的人間学でも、人間存在の開放性があつかわれている。パトチカは、『異端的論考』で、「進化」に注目した壮大な（しかし、科学的とはいえない）人間学を構想したフランスのカトリック思想家ティヤール・ド・シャルダン（一八八一―一九五五年）を引いている。また、人間存在の開放性がさまざまな哲学者にあつかわれるなかで、一九二七年には「世界内存在」としての人間を論じるハイデガーの『存在と時間』が現れていることもおさえておかなくてはならない。さらに、これもまた文脈は異なるが、論理実証主義に対する代表的な批判者であったカール・ポパー（一九〇二―九四年）が、「開かれた社会」を問題化し、その擁護にとりくんだことは周知のことである。

パトチカやベルクソンらに見られる、人間存在の開放性についての思想史的探求は、私たちにもう一つの近代への道を垣間見させてくれるようである。そこには、おそらくソクラテスやプラトンに見られる「魂への配慮」の思想、プロティノスに端を発しルネサンスに再興した新プラトン主義、キリスト教神秘主義の伝統といった相互に関連しながらも個性あるいくつかの根があるだろう。たとえば、クザーヌスは、中世末期におけるそうした思想の体現者であったといえるかもしれない。そして、一七世紀のコメニウスやパスカルを経て、ドイツを中心としたヘルダーやゲーテ等に見られるロマン主義への連なりを見ることができるだろう。啓蒙主義の影響のもとでは「伏流」あるいは「傍流」と見なされたこれらの思想があつかった課題が、ヨーロッパ一九世紀末に至って、ベルクソンや哲学的人間学、のちにパトチカらに引き受けられたと考えられるのではないだろうか（相馬、二〇一二年、七五―七六頁）。そうとらえてよいのならば、開けた魂の思想史は、二〇世紀哲学に及ぶ射程を有していることになる。このことは、思想史が哲学のプロローグであることを示している。また、哲学的思索が思想史への遡及に至っていることからすれば、思想史は哲学のエピローグであるともいえる。この循環的な営みのなかで、思想と歴史の意味は問われ、それはある形で表現される。この時、歴史記述はそこから著者を除外したものではあり続けられない。パトチカの『異端的論考』は、歴史と哲学の不可分性が示され、その連関を再興しようとする試みだったといえるだろう。

パイデイアとしての歴史

私たちは今日、歴史の引き受けを勧めるテクストにどのようにしてリアリティを認めることができるだろうか。

技術的な要求に駆り立てられている私たちの日常は、ハイデガーに言わせれば、もっぱら〈ひと〉であることを強いられている状況である。そこには、歴史の引き受けや回心などといった行為の意義が顧みられる余地はなさそうにも思われる。また、テクストが提示する課題があり、それがあらゆる読者に開かれているとしても、それが引き受けられるか否かは、読者の自由である。ゆえに、そうしたテクストに定められた内容や形式があるわけでもないだろう。あらゆるテクストに引き受けられるべきメッセージがあるとも言えるし、ないとも言える。あるテクストがある読者にとって何の意味がなくとも、他の読者にはかけがえのない意味をもつことがあり得る。同じ読者においても、その置かれた状況と状況に対する態度によって、同じテクストがまったく違う意味をもつことがある。歴史の引き受けは、テクストだけの問題でもなく読者だけの問題でもない。ガダマーは、書き手と読み手の地平の融合が生ずるには、読み手の側に「自分をより高次の普遍性へと高めること」（ガダマー、二〇〇八年、四七七頁）が必要であるという。

「現代の地平は過去なしでは形成されない。獲得しなければならないような歴史的地平が存在しないように、現在の地平もそれ自体では存在しない。むしろ、理解とはいつも、そのようにそれ自体で存在しているように思われる地平の融合の過程である。」（同書、四七九頁）

読み手、すなわち私たちを普遍性への高揚に促すのは何であろうか。それは、パトチカの考察によれば、「震撼させられた者たちの連帯」（パトチカ、二〇〇七年、二〇六頁）であった。技術による駆り立てが自明化し、ハイデガーのいうような意味での交換可能な非本来的なあり方としての日常が継続すればするほど、生の意味を自ら問い直さざるを得ない状況が私たちに到来することは十分にあり得ることだ。実際、二〇一一年の大震災は、単なる日常の裂け目という意味を超えて、私たちに生の意味の再考を促した。ヒロシマという経験は、パトチカが言うように、フクシマという経験として、歴史のなかで新たな形をとって反復して現れてしまったのである。私たちは、パトチカにしたがえば、無のための犠牲から回心の呼びかけを受けているのかもしれない。しかし、深刻なことに、それほどに意味があると思えることが、日が経つにつれて忘却され、日常へと舞い戻ってしまう。ここには、引き受けがいかに持続され得るかという問題が示されている。持続が忘却との戦いであるならば、犠牲が語られ続けることは欠かせない。

とはいえ、語られ続ける犠牲の意義は認めつつも、それが饒舌に語られることが鬱陶しく響くことは、なかなか言い出しにくいことであるとしても、多くの者が正直なところは経験していることだろう。シグナルとして受けとめられるべきことが、次第にノイズととらえられてしまう。歴史の引き受けをあらゆる者に高度なレベルで常に求めることには無理があるように思われる。しかし、なるがままにしておいてよいということにはならない。コメニウスは、彼が人間に関する事柄の三つの柱であると考えた哲学・政治・宗教を担う学者・権力者・神学者を討議に招くという趣旨で『総合的熟議』を著した。パトチカの『異端的論考』の主たる宛先は、危機に瀕した世界に昼の装いをとらせながら、それに気づかない、あるいはそれに気づこうとしない知識人たちであった。パトチカは、友人の哲学者ソウセヂーク宛ての書簡でこう記している。

「知識人には偉大な機会ばかりでなく、恐ろしい傾向があります。主としてそれは空虚な個人主義であり、分散して崩壊してしまいます。この個人主義は「心理学的に」ではなく歴史的に克服されるのです。」(SP 21, 283)

ここでパトチカは、歴史という方法に知識人が個人主義を克服するという意義を見ている。彼は方法としての歴史のうちに回心を可能にする教育の可能性を見ているのである。次の言及には、彼が、思想史を回心という本来的な教育を可能にする方法であると見ていたことが示されている。

「知識人の回心において問題となるべきなのは、近代の観念論と一九世紀における「閉じた魂」から世界との一致において見る「開けた魂」への移行についてなのです。その主要な動機は展望を持つことであり、こうした展望をもつことの効用であり、ゆえに「回心」が重要なのです。というのは、回心のうちに未来の教育の本来的な意味があるからです。間もなくシャラー編集による論文集に私の「コメニウスと開けた魂」という論文が発表されます。そこで私は、コメニウスの「あらゆる者への教育」をそうした普遍的な転回の教育学の最初の手本として描くのを試みています。」(同, 283)

意識にとどまらず実践に移された犠牲が思想史においてあつかわれ、それが昼の世界がはらんでいる危機に震撼する者によって読まれるとき、時代と社会への異なった展望が開かれることをパトチカは期待していたのだろう。「最初の手本」と記されていることは、彼に「開けた魂」の歴史が書かれる期待があったことを示しているだろう。

ここで挙げられている論文「コメニウスと開けた魂」は、相当な歴史的・哲学的素養がなければ接近できない内容であるのに加えて、きわめて凝縮された文体をとっている。第二次世界大戦後の社会主義時代のなかでもイデオロギー的支配が極点に高まっていた当時、チェコスロヴァキアの多くの知識人にとって、彼の語るところはきわめて難解だっただろう。そして、歴史や思想の教育的価値が顧みられているとはいえない今日から振り返ると、パトチカの主張があまりに教養主義的に映るとしても、それも無理もないことだろう。

しかし、一般的に教養と見なされている歴史が、意識のレベルにとどまらず、人間を具体的な実践に導くというパトチカの考察は、改めて見直す必要がある。すでに見たように、コメニウスの回心はプラトンの『国家』における考察から得られている。プラトンは、教育(パイデイア)を善のイデアへと人間を向き直らせる「魂の向け変えの技術」であると見ていた。しかし、このパイデイアは、啓蒙主義時代以降、一般的に陶冶(Bildung)と訳された。ハイデガーは、プラトンの洞窟の比喩をあつかった一九三一年—三二年の冬学期におけるフライブルク大学講義『真理の本質について』の末尾で、「イデアは価値とされ、パイデイア〈構エ〉は教養(Bildung)や教育

（Erziehung）とされている」として、「それは、最悪の一九世紀である」（ハイデガー、一九九五年、一二五頁）と述べている。ハイデガーは、人間の物象化を促進する自然主義と歴史主義の一九世紀における興隆を問題視し、そのなかで近代的な教育学の創設者とされるヘルバルトも批判した（田端、二〇一一年、二〇〇―二〇一頁）[9]。パイデイアは、プラトンにおいて人間の本質規定に関わる概念であったものが、とくに啓蒙主義時代を経て、知識や技能の増大や能力の発達を指すようになってしまったと、ハイデガーは見る。しかし、彼が「最悪の一九世紀」と言ったすぐあとに「しかし「古代」ではない」と続けているように、私たちはプラトンの時代に返ることはできない。ハイデガーは、パイデイアの訳語として義務に対する心構えが整った状態を意味するGehaltenheitという語を提案しているが、そこには歴史への振り返りをとおして近代の教育概念を問い直そうとする彼の問題意識をうかがうことができよう。世界への構えをとらせるためには歴史が不可欠であると私たちが考えられないのだとすれば、それは私たちが知識の増大という意味での一般的な教養観を解除できていないからにほかならない。パトチカが、知識人の個人主義を克服するのは心理学的方法ではなく歴史的方法だと記したのも、こうした意味で理解されるだろう。

死後の生への向き直り――回心と回向

知識社会において高度な責任を負うべき知識人にとって歴史が不可欠であるとして、歴史の意味はそこに限られるのだろうか。私たちの生は、死者が過去に払った何らかの犠牲を贈られることで成り立っている。しかし、パトチカが言うように、私たちは、ほとんどの場合、もっぱら生者の側、つまり昼の世界の視点で歴史をとらえている。その歴史は、死を隠蔽する歴史にほかならない。彼は、『異端的論考』で、ヘーゲルを念頭に次のように記している。

「子供を世に出す父は、子供を受け入れて子供の面倒をみることにおいて、個々の生者が自分の中から出して再び自分の中に取り入れるものであるところの、生き残っている超個人的な種の基体に何よりもまず関係する。しかしまた父は、死すべき存在としての自分自身にも関係する。〔…〕おのおのの個人は、「受け入れ」の列の一員として現れる。即ち、生者によって身ごもり産み落とされるだけでなく、受け入れられてその世話に依存しながら生の中にやって来て、また彼自身が受け入れた者たちに依存しながら生から去るのである。」（パトチカ、二〇〇七年、六二—六三頁）

この世に生まれ落ちた人間は、すでに生まれた人間たちによって受け入れられる。その人間たちは誕生した子どもを受け入れて育てる一方、死すべきものとして、いずれは育てた人間たちに看取られ、世界から去る。このことは人間が死に依存していることを示している。これは客観的事実として認めてよいだろうが、同時にとりわけ近親者の死として主観的に受けとられることであろう。

パトチカの未完の草稿に、一九六〇年代に書かれたと思われる「死後の生の現象学」がある。彼は、言うまでもなく不死とはいえず、私たちの記憶に依存している限りのことであるとしても、死者が私たちの内で生きていることは否定できず、ゆえに死後の生は現象学の対象となりうるという。人間は自身で生きると同時に、他者の生においても疑似的に生きている。その人間が死んでも、他者におけるその人間は何らかのかたちで生き続ける。とはいえ、死者が呼びかけに答えることはないように、生きた人間同士のような相互性はない。にもかかわらず、私たちが、死者とともにある生を生きていることは否定できない。そして、パトチカは、死者がより鮮明に生きるのは、曖昧になりがちな記憶や音声でもなく、書かれたテクストにおいてだという。死者の思想が凝縮されたテクストは、死者を生きながらえさせるというのである。[10] パトチカは、この草稿で父の記憶を引いているが、それは、私たちの生が死者とともにある生だという自覚は近親者の死の経験から得られることを示唆している。このことは、私たちの誰もが、世界において死を隠蔽する昼の装いがとられていることに気づく可能性を示しているだろう。

こうしたことが学校の歴史教育で可能なのかという疑問があるかもしれない。しかし、歴史哲学的な考察を経たうえなのかどうかは別として、先に見たチェコの歴史教科書のコメニウスの項で示されている試みは示唆的である。教科書には、グループ学習のためとして、知識の確認レベルばかりではなく次のような課題があげられている。

「大人の人に尋ねましょう。後世にも、異なる意見をもったことで迫害に直面し、そのことで密かにチェコ地域から国外に出た人々がいましたか? これらの人々からも財産は没収されましたか? それについて話してみましょう。」
(Harna, 2014, 51)

ここには、教育的関係をとおして過去と現在を切り結ぶ思考を促す意図が見て取られる。チェコでは一九八九年の体制転換から四半世紀以上が経過し、現在の小学生の親たちのなかには、一九六八年のプラハの春やその後の正常化といった言論の自由が抑圧された時代を知らない者も増えている。大人と子どもの会話のなかで、過去と現在とが結びつけられ、歴史が生きたものとしてとらえられるなら、それは歴史教育の望ましい形とはいえないだろうか(相馬、二〇一六年a、一九頁)。

そして、こうした思索をパトチカや西洋哲学、そして大きな歴史の荒波にもまれてきたチェコのような社会だけのものだと見なすこともないだろう。第二次世界大戦後の日本におけるコメニウス研究の興隆のひとつのきっかけを作った上原專祿は、妻の死をきっかけに残りの人生を回向《えこう》のために生きることを決意する。回向とは、一般的には死者の成仏を願って供養することと理解されているが、本来は修行者が死者を含む他者に功徳《くどく》を回し向けることによって自他の悟りの助けとすることを意味する。しかし、上原は回向の意義をとらえ直す。回向は、一見すると、生者の愛情や善意から自由な意志によって他者、とりわけ死者に贈られる行為であると思われる。しかし、そもそも死者がいなければ、回向はなされない。逆に相手が相互性の成立しない死者であるからこそ、回向は真実になされることになる（相馬、二〇一七年b、一〇五頁）。

「いちおう回向の主は私のようでありながら、回向のこころを起こさせるものはまさしく亡妻なのですから、回向のほんとうの主は私ではなくて、むしろ亡妻です。しかし亡妻がギリギリの回向主かというとそうではなく、皆成仏道の誓願を立てられた釈迦牟尼如来、その誓願を歴史的世界において実現することを誓われた日蓮聖人、この方がたこそが実は窮極の回向主という他はありません。」（上原、一九八八年、一〇〇頁）

上原は、近親者の死という経験から死後の生が現在すると見て、回向は生者が行うというよりは、死者によって生じさせられると考える。回向主としての死者は生者のありようを方向づける限り、審判者となる。そして、回向が真実であればあるほど、法華経で仏の生命の永遠が説かれた如来寿量品の「常在此不滅（常にここにあって滅せず）」の文のように、死者は生者においてより鮮明に生きることが感得されるようになるという。ここで言われる回向は、「死者にたいする真実の回向は、生者が審判者たる死者のメディアになって、審判の実をこの世界であげてゆくことのうちに存するのではあるまいか」（同書、四五頁）と記されているように、狭い意味での宗教的行為を超えた社会的実践を指す。それは、「「死者」と「生者」との共存・共生・共闘」として現実化すると考えられていた（同書、序四頁）。

パトチカと上原の思索を短絡させるべきでないことは言うまでもない。しかし、二人はヨーロッパ思想史の高い学識を有し、そのなかにおけるコメニウスの意義を洞察していた。その二人が死後の生の現在について論じ、歴史の生きた意味の恢復を展望したことは単なる偶然とは思えない。上原の「死者が裁く」という洞察は、夜の視点から目を背けることによって生者が陥っている危機を論ずるパトチカと深く響きあう。一九六〇年代後半に妻を失った二人が、きわめて類似した考察に至っているのである。

パトチカは、歴史哲学的考察が、「歴史を動かす力を、理解や把握のような主観的なもの」(パトチカ、二〇〇七年、二一七頁)としてとらえているという批判を免れないことを自覚していた。たしかに、所与の状況の隠蔽に震憾させられた個人が行う歴史の引き受けや解釈が恣意的にならないという保証はない。しかし、パトチカの思索と実践が、客観主義を盾に歴史や思想を対象としながら、実はその生きた意味を剝奪している歴史研究の姿勢を厳しく問うものであったことも、また否定できない。二人の思索が身近な者の死に由来していることは、歴史の意味の恢復において「死を学ぶ」ことの意味を示唆している。歴史とは、死者を隠蔽する見方を転回し、死者とともにある生へと転回し、そこから現実の世界における実践へと転回する動因なのだろう。

むすび

本章の後半でとりあげたパトチカの思想史研究は、歴史と哲学の往還の可能性を探求するものであった。彼の研究によって、コメニウスの思想は現代に新たな意味をもってとらえられるようになったといえる。そして、その方法論が歴史研究のうちに閉じるものではないことを受けとめるなら、パトチカの開いた地平から、教育その他の問題をいかに考えることができるかは避けて通れない課題となるだろう。上原がコメニウスに並々ならぬ関心をもち、偶然とは思えないほどパトチカと並行した思索を進めたことは、コメニウス思想の検討からは単に西洋的価値の再検討を超えたグローバルな意味が見出されることを予感させるように思われてならない。

教育に限っても重要な課題がある。パトチカは、コメニウス研究から「転回の教育学」の可能性を示唆し、近代教育を批判した。また、第二次世界大戦後の民主化の過程で教育政策や教育改革に積極的に発言した上原も、「教育というようなものでは、根本的には人間をどうすることもできないんではないか」(上原、一九八八年、五二頁)とも述べていた。

パトチカの研究によって、コメニウスの思想が実存次元からとらえなおされたことの意味は小さくない。そこで把握された知見は、臨床の知や間主観性の視点から教育を基礎づけようとする試みとも深く響きあう。また、彼の研究は、そうした試みの歴史的考察にも示唆を与える。しかし、知識や技能の教育によって形成される社会的属性に対して、パトチカが焦点を当てた人間存在の基礎次元の優位を認めるとしても、その上でいかにして属性の次元を回避しない方向性を模索することができるかという問題が残されている。彼がいうように、「人間であることへの教育は、何ら〈特殊な〉教育ではないのであり、それを「道徳的な」教育としてとらえるならば、それはすでに誤認である」(パトチカ、二〇一四年、二三九頁)としても、社会への適応をまったく度外視した教育が社会的に存続するとは考えられない。そうした教育は、実際にはみずからを周縁化することによって、むしろ社会的属性の習得をもっぱらの目標とする教育が正当化される余地を与えてしまうかもしれない。事実、彼のいう犠牲や贈与にしても、諸個人の自由な行為としてのみ有意義なのであり、それが支配的な社会的教説となった瞬間に、その意味が失われてしまう本質的に非制度的なものである(相馬、二〇〇七年、一六四頁)。

もっともパトチカは、「認識による世界把握は、閉じた魂がそれに没頭することなく、また、世界の認識において世界に対する権力に訴えることがない限り、開けた魂と両立しうるのである。」(パトチカ、二〇一四年、一四〇頁)とし、科学技術と開けた魂の共存の見通しも示している。とはいえ、彼がここで述べているのは、「閉じた魂」にいかに手綱をかけられるかという点に絞られている。むしろ、「開けた魂」の側における課題も、それに劣らず考察されるべきであろう。たとえば、教育理念や教育目的論における「開放性」の可能性などが検討課題としてあげられよう(Sohma, 2016a, 2016b)。パトチカのこうした思索がなされたのはコメニウス没後三〇〇年の一九七〇年前後のことだが、すでにそれから半世紀が経とうとしている。それまでの歴史の変化を凌駕するようなこの半世紀の激動を考えると、パトチカや上原の考察を単に焼き直すのでは明らかに不十分であり、それは本章で論じた研究方向に沿うものでもない。このテーマを新たな水準で反復する方途が考えられなければならない。

注

（1）http://www.vaclavhavel.cz/showtrans.php?cat=projevy&val=923_projevy.html&typ=HTML

（2）吉岡良昌（一九四七年生）は、キリスト教教育学者としての立場から、「人格教育」という観点からコメニウスの教育思想をとらえ直す必要性を論じ、あわせて戦後日本の近代主義的解釈の問題点を指摘している（吉岡、二〇一四年、一五七―一七四頁）。

（3）この学会に出席して発表した太田光一も、「チェコ人の報告には、「パトチカ曰く…」という表現が頻繁に登場した。〔…〕彼への政治的評価とは別に、彼の研究をきちんと検討してみる必要を痛感した」（太田、一九九三年、一四頁）と記している。

（4）教育印刷術をめぐる教育学者の誤解は他にも多く見られる。おそらくその最初のものは、教育方法学者の佐藤学（一九五一年生）のものだろう。佐藤は、「印刷術をアナロジーとする「教刷術」において、教科書は「原版」であり、教師の声は「インク」であり、子どもは「白紙（タブラ・ラサ）」であった」としている（佐藤、一九九六年、一一頁）。教育哲学者の高橋勝（一九四六年生）も、教育印刷術を念頭に、「コメニウス以来の近代教授学では、カラの容器であれば、簡単に注ぎ込める知識群を、遊び盛りの子どもに対して、いかに楽しく、速やかに、しかも確実に注ぎ込めるかを工夫する必要があった」と記している（高橋、二〇一四年、二九頁）。

（5）コメニウスの『遊戯学校』は『教授学著作全集』第三巻に収録されているが、ここに引いたアムステルダム市宛ての序文は、八三〇頁から八三一頁の間の四頁だが頁番号が振られていない。ここでは、八三〇頁としておいた。

（6）日本語訳では、一九八七年版の原著で『世界図絵』の出版年が誤っているのが訂正されている一方、コメニウスは「ヨハン・アモス・コルネーリウス」と表記されている（同書、五一頁）。『世界図絵』の引用は第一二〇章「家族」からだが、やや問題のある引用と翻訳であると言わざるを得ない。

まず、引用には、その直前の、子どもが歩行器で歩き、玩具で遊び、話し始めるという親のケア的な関わりの記述が含まれていない。『世界図絵』原文のドイツ語の angewöhnen は「無理矢理覚え込まされる」と訳されているが、「慣れていく」か、せいぜい「身につけさせる」くらいが適当だろう。また、原著には『世界図絵』のどの版からの引用であるかの注記がないが、「懲罰を受ける」（züchtigen）は、一六五八年初版のドイツ語訳では stäupen となっている（ちなみに意味はそう大きく違わない）。そして、引用部分の最後の二文は、『世界図絵』の原文と順序が入れ替わっている。ラテン語テクストや一七世紀の英語訳からしても、ここは親子の信頼関係を読みとって、「子どもたちは、両親の名誉と奉仕に対して恩義がある。父親は労働をして子どもたちを養う」と訳すくらいが適切ではないかと思われる（日本語訳では、恩を感じる対象が「父親」になっているが、原文では「両親」である）。

（7）ニーチェが自身を位置づけたものの、成功したとはいえない歴史の四番目の可能性は、ここでは問題にしない。

（8）コメニウスが普遍言語を構想した『総合的熟議』第五部『パングロッティア』には、母音の「A」は巨大で広く開いたものを示し、「O」は丸いもの、「U」は太くて鈍く角ばった平行なもの、子音の「L」は液体のように流れるものを表現するのに適している、といった記述がある（CC 2, 340）。シュタイナー研究者の河野桃子（一九七八年生）によれば、シュタイナーが、彼の提唱する芸術オイリュトミーを論じるにあたって、コメニウスときわめて似通った言及を残しているという。ちなみに、母音が「魂の感情体験を表現」（シュタイナー、一九八一年、三二頁）すると述べた講演の時点では、コメニウスの『総合的熟議』の草稿はまだ発見されていない。コメニウスとシュタイナーの思想史的関係については、考察すべき課題が他にもあるだろう。

（9）パトチカの「一九世紀と二〇世紀という、好んで教育的と呼ばれる二つの世紀において、〈人間〉が教育によって置き去りにされている」（パトチカ、二〇一四年、二三六―二三七頁）という言及は、ハイデガーの言及と驚くほどよく似ている。

（10）https://www.reflexe.cz/Reflexe_32/Posmrtny_zivot_a_nesmrtelnost_podle_Jana_Patocky.html

付録一　コメニウス研究ガイド

ここでは、コメニウス研究のための基本的な文献、研究機関、有益なインターネット・サイト等を、チェコ、ドイツ、オランダ、そして日本を中心に紹介する。

基本的な文献

コメニウスの著作で頻繁に参照されているのは、なんといっても『大教授学』と『世界図絵』である。しかし、この二冊からコメニウスを論ずるのは、彼の教育思想に限っても妥当とはいえない。

一六五七年から翌年にかけて、コメニウスの後援者であるオランダの富豪ド・イェール家の支援によって、『教授学著作全集』四巻（*J. A. Comenii Opera Didactica Omnia*, Tomus I-IV, Amsterdam : Christoffel Cunradus & Gabriel à Roy, 1657-1658.）が発刊された。ここには、彼自身の編集によって教授学著作が時系列的に収められているが、各巻の冒頭やそれぞれの作品の間には執筆の経緯や同時代の学者からの異論に対する弁明などが収められており、この全集自体が、コメニウスの教育思想の展開を示すひとつのヒストリーとなっている。出版三〇〇年の一九五七年、チェコスロヴァキア科学アカデミーから復刻版が出版された。本文のイメージとテクストが、ドイツ・マンハイム大学が開設したインターネット・サイト上に公開されている（https://www2.uni-mannheim.de/mateo/camenaref/comenius.html）。テクストにはやや誤りが見られるが、イメージと参照することで、用語法の検討なども可能である。

コメニウスの選集は一九世紀後半から二〇世紀初頭にかけて四度出版されているが、全集の出版がとりくまれたのは二〇世紀に入ってからのことである。近代的なコメニウス研究の創始者といわれるヤン・クヴァチャラが、一九一〇年に『コメニウス全集』（*Veškeré spisy Jana Amosa Komenského*, Brno：Nákladem Ústředního Spolku Jednot Učitelských na Moravě, 1910-29.）の出版に着手した。しかし、二度の大戦に見舞われる間に八冊が出たところで終わった。一九五八年からチェコスロヴァキア科学アカデミーが『コメニウス選集』（*Vybrané spisy Jana Amose Komenského*, Praha：Státní pedagogické nakladatelství）の出版を開始し一九七八年に完結したが、これは八巻からなるものであった。

　コメニウスの書簡集については、コメニウス生誕三〇〇年の一八九二年、アドルフ・パテラ編集の『コメニウス書簡集』（*Jana Amosa Komenského Korrespondence*, Sebral a k tisku připravil Adolf Patera, Praha：České akademie císaře Františka Josefa pro vědy, slovesnost a umění, 1892.）が出たのが最初である。その後、クヴァチャラの編集による『コメニウス書簡集』二巻（*Korrespondence Jana Amosa Komenského*, vyd. Jan Kvačala, Praha：České akademie císaře Františka Josefa pro vědy, slovesnost a umění, díl 1, 1897. díl 2, 1902.）が出た。また、これらに収められなかった書簡等が、クヴァチャラによって『アナレクタ・コメニアナ』（*Analecta Comeniana*, Iurievi：Mattiesen, 1909.）として出版された。ドイツ教育史の浩瀚な資料集として知られる『ドイツ教育学の金字塔』（*Monumenta Germaniae Paedagogica*）の第二六巻にもクヴァチャラの編集によるコメニウスの書簡等が収められている。また、現在のところ最も詳細なコメニウスの伝記を著したミラダ・ブレカシュタットによって、以上の書簡の集成に漏れた書簡が後述のドイツの『コメニウス研究誌』の第六巻に収録されている。

　教授学とともにコメニウスがとりくんだ独自の哲学体系パンソフィア（汎知学）を集成した『人間的事柄の改善についての総合的熟議』（『総合的熟議』）は、彼の没後、その膨大な草稿が二世紀以上も見失われていたが、一九三四年にドイツのハレで発見され、戦後に本格化した校訂作業を経て、一九六六年にチェコスロヴァキア科学アカデミーから二巻本として発刊された（*De rerum humanarum emendatione consultatio catholica*, Tomus I-II, Praha：Academia, 1966.）。

　チェコに次いでコメニウス研究の盛んなドイツでは、二〇世紀後半以降の代表的なコメニウス研究者であったクラウス・シャラーのイニシアティブのもと、一九八三年から『コメニウス選集』五巻（六分冊）（*Johann Amos Comenius. Ausgewählte Werke*, Hildesheim：Olms）が発刊された。この選集には、後述するチェコスロヴァキアの全集で出版が進まなかったコメニウス晩年の宗教論争のパンフレット等も収められている。

一九六九年、チェコスロヴァキア科学アカデミーは、『コメニウス著作集』(*Dílo Jana Amose Komenského*, Praha: Academia.)を全六〇冊余の予定で刊行開始した。一九八〇年代に出版が停滞したが、二〇一四年からは『総合的熟議』の再校訂版、二〇一八年からは書簡の校訂版の発刊も始まった(各巻の目次(予定を含む)は、後述のチェコ共和国科学アカデミー哲学研究所・コメニウス及び初期近代思想史研究科のインターネット・サイトで確認できる)。しかし、まだ完結には相当の期間がかかることが見込まれ、文献によってはこれ以前の全集や選集、あるいはヨーロッパ各地の図書館所蔵のテクストを参照する必要がある。

コメニウス関係のオリジナル文献に関しては、一六世紀末にイエズス会の学寮として創建されて以来の歴史を有するプラハのチェコ国立図書館が多く所蔵している。また、東部の中心地であるブルノのモラヴァ図書館にもコメニウスの手稿を含む多くの文献が所蔵され、デジタル・データの提供も行っている。やはり多くのコメニウス関係文献を有するドイツ・ミュンヘンのバイエルン州立図書館は、所蔵している稀覯書のインターネット上での閲覧のほか、テクスト化の依頼もできるサービスを提供している。また、著作権の期限が切れたかなりの文献がグーグル・ブックスで提供されているが、コメニウス関係文献でも閲覧可能なものが相当数ある。

この他、コメニウス周辺の基礎資料としては、コメニウスの盟友でヨーロッパ知識人の文通を仲介したサミュエル・ハートリブが残した膨大な文通を中心とした「ハートリブ文書」(*Hartlib Papers*)が重要である。一九九二年のコメニウス生誕四〇〇年に向けてイギリス・シェフィールド大学でトランスクリプトが進められ、CD-ROMとして出版された。現在はインターネット上で公開されている(https://www.dhi.ac.uk/hartlib/)。ITの進歩は人文科学研究を大きく変容させているが、コメニウス研究関連では、アンドリュー・メロン財団の支援による「知識の文化プロジェクト」(The Cultures of Knowledge Project)の成果としてオックスフォード大学ボドリーアン図書館がインターネット上で公開している「初期近代書簡オンライン」(Early Modern Letters Online(EMLO))が有用である(http://emlo.bodleian.ox.ac.uk/home)。このサイトからは人名や執筆年からの検索が可能であるばかりでなく、各書簡の概要の紹介がなされ、イメージの閲覧も可能となっている。

一九世紀以降、コメニウスの伝記は数多く出版されてきたが、その時代の資料的制限や社会状況を反映して、記述上の誤りや誇張が見られる。現在のところ最も詳細な伝記は、ブレカシュタットによる『コメニウス――ヤン・アモス・コメンスキーの人生・活動・運命の概括の試み』（*Comenius. Versuch eines Umrisses von Leben, Werk und Schicksal des Jan Amos Komenský*, Academia: Praha, 1969.）である。なお、藤田輝夫は、ブレカシュタットの伝記を参照したうえで、前述の書簡集の記述も点検し、その題名とはマッチしない長大な「コメニウス小史」を著している（『日本のコメニウス』、第一五号―第二〇号、二〇〇五―二〇一〇年所収）。

『開かれた言語の扉』や『世界図絵』がそれらの出版直後からヨーロッパ諸語に訳されたほか、『必須の一事』などがコメニウス没後の早い時期にドイツ語に訳されたとはいっても、コメニウスのテクストはラテン語とチェコ語が大部分を占める。一九世紀末以降、『大教授学』がドイツ語や英語に翻訳され、二〇世紀後半には『地上の迷宮と心の楽園』などが日本語やハングルを含む諸語で出版されるようになった。現在、日本語で読めるコメニウスの文献は以下のとおりである（英訳からの重訳による『大教授学』が二ヴァージョンあるが除く）。近年、太田光一によって『総合的熟議』の各巻の出版が進められ、日本語でパンソフィアにアクセスできるようになりつつあるのは特筆に値する。

・鈴木秀勇訳、『大教授学』、二巻、明治図書出版、一九六二年。（この訳書の詳細な注には専門的な研究にも有益な情報が多く含まれている。）
・藤田輝夫訳、『母親学校の指針』、玉川大学出版部、一九八六年。
・井ノ口淳三訳、『世界図絵』、平凡社ライブラリー、一九九五年。（初版は一九八八年、ミネルヴァ書房から出版）
・藤田輝夫訳、相馬伸一監修『地上の迷宮と心の楽園』、東信堂、二〇〇六年。
・太田光一訳、『パンパイデイア』、東信堂、二〇一五年。
・太田光一訳、『覚醒から光へ――学問、宗教、政治の改善』、東信堂、二〇一六年。（『総合的熟議』の総序文、『パンエゲルシア』、『パンアウギア』を収録）

この他、藤田輝夫が生前にコメニウスの著作・書簡を多数翻訳し、研究者仲間に私家版で配布している。

主要な研究誌

コメニウス研究誌の草分けは、クヴァチャラが一九一〇年に創刊した『コメニウスの生涯と著作についての研究のための記録』（*Archiv pro bádání o životě a díle J. A. Komenského*）である。一九四〇年発行の第一五巻で中断したが、一九五七年に再スタートした際に「アクタ・コメニアナ」との副題がつき、一九六九年からはこれが表題となって現在に続いている。現在は、「コメニウス研究と初期近代思想史の国際評論」（International Review of Comenius Studies and Early Modern Intellectual History）との副題がつき、チェコ共和国科学アカデミー哲学研究所のコメニウス及び初期近代思想史研究科が編集にあたっている。

このほか、チェコ共和国では、コメニウスが誕生した南モラヴァにあるウヘルスキー・ブロトのコメニウス博物館が一九七一年から『コメニウスと歴史の研究』（*Studia Comeniana et historica*）を発行している。本編で論じたように、この雑誌は社会主義時代後期の困難な時期にあってコメニウス研究の重要なメディアであった。

一九九〇年、チェコの大学教員、科学アカデミー研究員、ギムナジウム教員、博物館学芸員らからなるコメニウス連盟（Unie Comenius）が結成され、会報を基本的に年二回発行し、「コメニウス事典」の発行も計画している。事務局は後述の国立コメニウス教育学博物館・図書館（プラハ）にある（http://www.uniecomenius.cz/）。

ドイツでは、一八九二年に創設されたコメニウス協会（Comenius-Gesellschaft）による『月報』（*Monatshefte*）が一九一五年の第二四巻まで継続した。戦後は、前述のシャラーによって、一九七〇年に『コメニウス研究誌』（*Schriften zur Comeniusforschung*, Sangt Augustin：Academia Verlag）が創刊され、第二五巻（二〇〇〇年）まで発行された。この雑誌は、東西冷戦期における貴重な研究交流の場であった。一九九二年にドイツ・コメニウス学会（Deutsche Comenius-Gesellschaft（DCG））が創設されると、一九九三年から『コメニウス年報』（*Comenius-Jahrbuch*, Sangt Augustin：Academia Verlag）が刊行され、二〇一七年現在、二五巻になる。

日本では、一九八七年の日本教育学会大会でコメニウス研究者の集いが開催され、生誕四〇〇年の一九九二年を前に、一九九一年から日本コメニウス研究会の年報として『日本のコメニウス』が創刊され、二〇一〇年の二〇号まで継続した。この他、カナダ・コメニウス学会（Canadian Society of Comenius Studies）は一九九三年から会報を年二回発行し（二〇〇一年からは年一回）、韓国の韓チェコ・コメニウス協会（Korea-Czech Comenius Society）も国際会議や展示会などを行っている。

研究誌の継続が政治・経済の情勢や研究者間の継承の有無によって左右されるのは、コメニウス研究においても変わらない。ただ、近年、新たな研究の動きが見られる。ポーランドでは、シェドルツェの国立自然科学・人文科学大学から不定期で『シェドルツェ・コメニウス研究』（*Studia Comeniana Sedlcensia*）が発行されている（二〇〇七年刊行開始、二〇一八年現在で四巻）。ロシアのサンクトペテルブルクのドイツ語高等学校ペーテルシューレはコメニウスの名を冠した教育学研究所を附設しており、国際会議を開催して研究誌を刊行している。また、必ずしもコメニウス・プロパーではないが、アメリカではコメニウス学術クラブ（The Comenius Academic Club）があり、二〇一四年から『コメニウス・ジャーナル』（*Comenius Journal*）が年二回発行されている。

この他、コメニウス関連の記念年を中心に、各国の学・協会、博物館、大学等がシンポジウム等を開催し、記念出版を行っている。

主要な研究機関

研究誌の紹介で触れた学・協会以外の代表的な研究機関を五つあげておく。

・チェコ共和国科学アカデミー哲学研究所・コメニウス及び初期近代思想史研究科（Oddělení pro komeniologii a intelektuální dějiny raného novověku Filosofického ústavu AV ČR）

本編で触れたように、第二次世界大戦後の社会主義時代、チェコスロヴァキア科学アカデミーにはコメニウスの名を冠した教育学研究所が設置され、コメニウス研究を担った。冷戦終結後、教育学研究所は廃止され、『アク

チェコ共和国科学アカデミー哲学研究所（プラハ）

タ・コメニアナ』や『コメニウス著作集』の編纂を担っているのが、プラハ旧市街の天文時計のすぐ近くにあるこの機関である（http://komeniologie.flu.cas.cz/cz）。十数名の専任研究員が所属するほか、外部の研究協力者、国外からの派遣研究者を迎え、国内外の研究機関との共同研究も積極的に展開している。

・国立コメニウス教育学博物館・図書館（Národní pedagogické muzeum a knihovna J. A. Komenského）

設立がコメニウス生誕三〇〇年の一八九二年にさかのぼられるプラハの博物館。コメニウスばかりでなく、チェコの教育史全般を対象としている。一九九一年に教育・青年・スポーツ省の博物館となり、一九九六年にプラハ城下の共和国上院の向かいの現在地に移転した。二〇一一年、国民劇場近くにある図書館と合同機関とされ、現在の名称となった。各機関と連携してコメニウス記念年の行事などを運営している（http://www.npmk.cz/muzeum 及び http://www.npmk.cz/knihovna）。

国立コメニウス教育学博物館・図書館（プラハ）
写っているのは2005年から館長を務めるマルケータ・パーンコヴァー氏（1954年生）

コメニウス博物館（ウヘルスキー・ブロト）

コメニウス博物館（プシェロフ）

コメニウス博物館（ナールデン）

・ウヘルスキー・ブロト・コメニウス博物館（Muzeum Jana Amose Komenského v Uherském Brodě）

コメニウスが生まれた南モラヴァの博物館。ズリーン州のウヘルスキー・フラディシュチェ郡ウヘルスキー・ブロトにある。一九七一年からコメニウス国際コロキウムを開催し、正常化時代におけるコメニウス研究の拠点であった。前述の『コメニウスと歴史の研究』を刊行している。コメニウスばかりではなく、南モラヴァの郷土資料などの展示も行われている（http://www.mjakub.cz/）。

・プシェロフ・コメニウス博物館（Muzeum Komenského v Přerově）

コメニウスが学校教育を受け、のちにそこで教師となったモラヴァのオロモウツ州プシェロフにある博物館。コメニウス関連の博物館としては最も長い歴史を有し、旧市街の中心にある城館に所在する。コメニウスの最初の結婚証明書をはじめ、コメニウスのオリジナル文献も多く所蔵する（http://www.prerovmuzeum.cz/）。

・ナールデン・コメニウス博物館（Comenius Museum Mausoleum）

コメニウスが埋葬されたオランダ・ナールデンにあるチェコ共和国以外では唯一のコメニウスの名を冠する博物館。

コメニウスの墓碑のほか、庭園、展示からなり、国際会議の企画なども行っている（https://www.comeniusmuseum.nl/）。

コメニウスの主要著作

コメニウスの著作は二〇〇タイトル以上にのぼるが、ここではジャンル別に主要な著作をあげておく。

○パンソフィア・哲学・自然学関係

コメニウスが学術研究のライフワークとしたのは、独自の哲学体系パンソフィアの完成であった。その構想はドイツに学んだ青年時代にさかのぼられる。

・『事柄の普遍的世界の劇場』（*Theatrum universitatis rerum*, 一六一六—二七年筆）。レシノの大火の際に多くが失われ、断簡のみが伝わる。

・『神の光によって改革された自然学綱要』（*Physicae ad Lumen Divinum Reformatae Synopsis*, 一六三三年刊）。聖書解釈に基づいたコメニウスの自然観が示されている。彼の世界観を論じようとする際には参照されるべき著作である。

・『パンソフィアの先駆け』（*Prodromus Pansophiae*, 一六三九年刊）。コメニウスはハートリブの求めに応じてパンソフィア構想の概要を記してイギリスに送ったが、それはコメニウスの承諾を得ずに『コメニウスの試みの序曲』（*Conatuum Comenianorum Praeludia*, 一六三七年刊）と題してオックスフォードから出版された。イギリス、フランス、オランダでも再版され、一六三九年にはこの題に改められロンドンで再版された。この作品は、ルネ・デカルトやその文通を仲介したマラン・メルセンヌ（一五八八—一六四八年）の目にも留まり、ヨーロッパ知識界の論議を呼んだ。

・『光の道』（*Via Lucis*, 一六四一年筆、一六六八年刊）。イギリス滞在中に書かれたパンソフィアに基づく普遍的な改革の青写真。一六六八年に序文を付して出版され、ロンドン王立協会に献呈された。

・『人間的事柄の改善についての総合的熟議』（*De rerum humanarum emendatione consultatio catholica*, おそらく一六

六六年には完成）。総序文と七部および事典からなるパンソフィアの体系。第二部までは出版されたが、その後見失われ、一九三四年にドイツのハレで草稿が発見され、一九六六年に初めて全体が出版された。とくに第一部『パンエゲルシア』（汎覚醒）（*Panegersia*）、第二部『パンアウギア』（汎啓明）（*Panaugia*）、第三部『パンソフィア』（汎知学）（*Pansophia*）で哲学的な課題があつかわれている。なお、巻末の『パンソフィア事典』（*Lexicon reale pansophicum*）にはコメニウス自身によるさまざまな概念の定義が示されており、研究の手続きとして参照すべきだろう。

・『普遍的三相法』（*Triertium Catholicum*, 一六八一年刊）。コメニウスに特徴的な三相法（トリコトミー）について論究されたもの。没後に出版。

　コメニウスは永久運動体を構想し、設計や試作にもとりくんだと伝えられ、デカルトの哲学・自然学に批判的に論及したパンフレットなど、その他にも哲学・自然学関係の著作がある。

○教育学分野

　ここではコメニウスの教育著作を便宜的に理論書と教科書に分けて示す。

教授学の理論的考察に関する代表的な著作は次のとおりである。

・『教授学』（*Didaktika*, 一六二八―三二年筆）、『大教授学』（*Didactica magna*, 一六三三―三八年筆）。コメニウスは、逃避行の渦中、チェコ語で教授学を執筆し、ポーランドに移って完成させた。そののち、スウェーデンから教育上の助言を求められ、ラテン語に訳したのが『大教授学』である。二つのテクストの内容には若干の相違がある。一九世紀後半以降、英訳やドイツ語訳の普及によって、『大教授学』はコメニウスの主著と見なされるようになるが、執筆当時はアナロジー的な方法論が酷評され、活字になったのは『教授学著作全集』が出版された一六五七年になってのことだった。

・『母親学校の指針』（*Informatorium školy mateřské*, 一六三〇年頃筆、三三年刊）。レシノに移り二番目の妻との間に生まれた子どもを育てた時期に書かれた幼児教育書。

・『教授学論究』（*Didactica dissertatio*, 一六三八年刊）。現在のポーランド南部のヴロツワフからギムナジウム教育改革を求められ、自らが著した教科書『前庭』及び『扉』の使用法を詳述したもの。
・『言語の最新の方法』（*Novissima Linguarum Methodus*, 一六四六年筆、四九年刊）。一六四〇年代、コメニウスはスウェーデンの招聘を受けて教授学書や教科書の編纂にとりくむが、その代表作が言語の哲学的考察から教授と学習の方法までを論じたこの書である。コメニウスの言語観を論じようとするなら参照されるべき文献である。とくに教授方法をあつかった第一〇章がヴラディミール・イェリネクによって『コメニウスの分析的教授学』（*The Analytical Didactic of Comenius*, Chicago: Chicago University Press, 1953.）と題して英訳されたことで広く知られるようになった。
・『パンパイデイア』（汎教育）（*Pampaedia*, 一六五〇年頃完成）。『総合的熟議』第四部。パンソフィアの世界観に基づいた、人生を八段階の学校ととらえる視点は、生涯学習論の嚆矢と見なされる。
・『パンソフィア学校』（*Schola pansophica*, 一六五一年刊）、『知能の形成についての講話』（*De cultura ingeniorum oratio*, 一六五〇年講演、五七年刊）、『知能を形成する主要な手段、すなわち書物について』（*De primario ingenia colendi instrumento, libris, oratio*, 一六五〇年講演、五七年刊）、『良く秩序づけられた学校の法』（*Leges bene ordinatae Scholae*, 一六五三年刊）等。一六五〇年代、コメニウスはトランシルヴァニアの招聘を受け、教育改革に携わった。これらの著作にはそこでの理論的考察の実りが示されている。
なお、『教授学著作全集』の第四巻は、コメニウスがアムステルダムに移ってからの考察が収められているが、『知恵の箕』（*Ventilabrum Sapientiae*）には自身の教授学研究についての省察が示され、『教授機械』（*Machina Didactica*）、『甦るラチウム』（*Latium redivivum*）、『生ける印刷術』（*Typographeum Vivium*）、『炬火の引き渡し』（*Traditio lampadis*）にはコメニウスの教授学思想が集約的に示されており、教育学分野の研究においては避けて通れないだろう。

コメニウスは言語と事物を並行して学ぶことを一貫して主張した。一六三一年に著した対訳教科書『開かれた言語の扉』は脚光を浴びたが、より入門的なテクストや発展的なテクストの要望に応えて、さまざまな教科書を著した。これらの教科書の前庭（*Vestibulum*）、扉（*Janua*）、広間（*Atrium*）という表題は、学びの段階をトポス的に象徴している。ちなみに、それぞれの頭文字のV、J、Aを合わせるとＶＩＡ（道）となると、コメニウスは記している（Ｊは一六世紀にIと分かれるかたちで導入されたが、コメニウスの時代にはまだ区別せずに用いられた)。代表的な教科書は次のとおりである。

・『開かれた言語の扉』(*Janua linguarum reserata*, 一六三一年)。約八、〇〇〇の単語を用い、一、〇〇〇の短文を学ぶことで、人間と世界について学べるように構成された教科書。『教授学著作全集』には『学校教育における事物と言語の構造を提示する扉』との表題で収められている。数度にわたるテクストの改訂がなされており、そこにはパンソフィア研究にともなうコメニウスの視点の深化がうかがわれる。

・『開かれた言語の扉の輝ける前庭』(*Januae linguarum reserata aureae vestibulum*, 一六三三年)。『扉』に先立つ入門的なテクストとして書かれたもの。五〇〇の簡単な質問と答えで構成され、辞典と文法概説が付属。版によっては図版がとり入れられ、『世界図絵』への発展の過程に位置づけられる。これも改訂が加えられた。

・『事物と言語を飾る学校教育の広間』(*Eruditionis scholasticae Atrium, Rerum linguarum ornamenta exhibens*, 一六五二年)。『前庭』、『扉』を経たレベルのための上級者向け教科書。

頭(思考)と舌(言語)と手(活動)にわたる調和的な学習を重視するコメニウスがとりくんだのが劇による学習であり、自ら台本を著した。

・『甦るディオゲネス・キニク』(*Diogenes Cynicus Redivivus*, 一六四〇年上演、五八年刊)。レシノのギムナジウムで上演された学校劇作品。古代の哲学者の箴言をもとにした哲学的思考とレトリックの訓練を意図した道徳劇。

・『演劇で表示された太祖アブラハム』(*Abrahamus Patriarcha Scena Repraesentatus*, 一六四一年上演、六一年刊)。レシノのギムナジウムで上演された学校劇作品。旧約聖書「創世記」を題材とした聖史劇である。

・『遊戯学校』(*Schola ludus*, 一六五四年上演、一六五六年刊)。トランシルヴァニアのシャーロシュ・パタクで上演。『開かれた言語の扉』を劇化したもの。

・『世界図絵』(*Orbis pictus sensualium*, 一六五八年)。言わずと知れた世界初の絵入り教科書。トランシルヴァニアで準備を進めたが、挿絵の版画家を得るために出版が延びた。各国語に翻訳されただけでなく、挿絵や内容に改編が加えられたものが長く普及した。

・『開かれた事柄の扉』(*Janua rerum reserata*, 一六八〇年)。コメニウスは、『開かれた言語の扉』の成功にもかかわらず、パンソフィア研究に基づいて事物そのものを学ぶ教科書を構想した。これは最晩年まで何度もとりくまれたが、没後に遺稿を整理したものが刊行された。抽象的な哲学概念があつかわれた難解な内容で、教科書として成功しているとは言い難いが、コメニウスの哲学思想を理解する上では参照されるべきテクストである。

○語学・言語学関係

・『チェコ語宝典』(*Linguae Bohemicae thesaurus*, 一六一二―五六年筆)。青年時代から構想されたチェコ語事典。レシノの大火でほとんどが焼失。

・『チェコの古き知恵』(*Moudrost starých Čechů*, 一六一二―五六年筆)。チェコのことわざ等を集成したもの。やはりレシノの大火で多くを焼失。

・『パングロッティア』(汎言語)(*Panglottia*, 一六四〇年代後半筆)。『総合的熟議』第五部。言語の哲学的考察や普遍言語の構想が記されている。コメニウスの言語観を検討する上で参照されるべき文献である。

○政治・道徳論

・『運命の建造者』(*Faber Fortunae*, 一六三七年筆、五八年刊)。レシノの領主レシュチンスキー家の子息の教育のために書かれた為政者の修養論。

・『ダビデに対するナタンの秘話』(*Sermo secretus Nathanis ad Davidem*, 一六五一年筆)。トランシルヴァニアのラーコーツィ・ジクモント(一六二二―五二年)に献呈。反ハプスブルク運動を促した内容を含む。

・『パンオルトシア』(汎改革)(*Panorthosia*, 一六五〇年代前半頃完成)。『総合的熟議』第六部。学問・政治・宗教の総体的変革の理念と具体策が提起される。それぞれの改革のための国際機関の創設が説かれる。

・『民族の繁栄』(*Gentis Felicitas*, 一六五四年筆、五九年発行)。トランシルヴァニア侯ラーコーツィ・ジェルジ二世に献呈。トランシルヴァニア改革の提言とともにハンガリーの王権奪取を教唆した書。『パンオルトシア』との類似性もうかがわれる。

・『平和の天使』(*Angelus Pacis,* 一六六七年刊)。第二次イギリス―オランダ戦争に際して、オランダのブレダで行われた講和会議にあてて宗教的見地から和解を求めた書。他方、両者の和解によって反ハプスブルク運動につなげようという意図も示されている。

○歴史書

コメニウスは、ギムナジウムの教科書や兄弟教団の正当性を主張するために歴史書も著した。

・『世俗すなわち政治の歴史』(*Historia profana sive politica,* 一六三一―三二年筆)。草稿の断簡が伝えられている。

・『チェコ教会受難史』(*Historia o těžkých protivenstvích církve české,* 一六三二年筆)。兄弟教団の歴史的使命を論じた書。何度かの改訂やラテン語版がある。一六四八年には『チェコ教会受難概史』(*Synopsis historia persecutionum ecclesiae Bohemicae*)が出ている。

○神学著作・宗教著作

コメニウスは自身を神学者ないしは哲学者と見なしており、当然のことながら多くの宗教著作がある。三十年戦争が勃発し逃避行を強いられた一六二〇年代、コメニウスは自身と兄弟教団の同志の魂を慰めるために多くの著作を記した。また、後半生にも、同じ趣旨の著作を物しており、《慰めの書》(*utěšné spisy*)と総称されている。代表的な著作は次のとおりである。

・『天への手紙』(*Listové do nebe,* 一六一九年刊)。神の創造になるはずの世界に存在する格差や不条理を天の神に訴える書簡と神からの返答という形式をとる。冷戦期にはコメニウスの社会改革意識を示す作品として解釈された。

・『キリスト者の完全性についての省察』(*Přemyšlování o dokonalosti křesťanské,* 一六二二年筆)。神の意志にしたがって運命を甘受することを説いた妻への書簡。

・『主という名の不滅の城塞』(*Nedobytedlný hrad jméno Hospodinovo,* 一六二二年筆、一二三年刊)。兄弟教団主席監督ヤン・ツィリル（一五六九―一六三二年）の妻（のちに義母となる）に献呈。

・『地上の迷宮と心の楽園』（*Labyrint světa a ráj srdce,* 一六二三年執筆、三一年刊、六三年この表題で再刊）。チェコ文学の古典とされる寓意的小説。天職を求め、二人の案内人に導かれて世界を旅する巡礼が、虚栄に満ちた世界に絶望するが、自身の心に立ち返ることを呼びかける神の声を聴き、胸中での神との出会いによって再生する。

・『憂愁の人』（*Truchlivý,* 第一部、一六二三年刊、第二部、一六二四年刊）。憂愁の人が理性と対話し、それでも解決できずに信仰と対話し、最後にキリストと対話するという省察編。一六五一年、一六六〇年にも続編が書かれている。

・『孤児について』（*O sirobě,* 一六二四年筆、三四年刊）。妻子を失った状況で、人間の本質的な孤独について省察。

・『平安の中心』（*Centrum securitatis,* 一六二五年筆、三三年刊）。人間の不幸は自己中心性に囚われ、神という中心から逸脱するところにあると論じた。

・『死に逝く母なる兄弟教団の遺言』（*Kšaft umírající matky, Jednoty bratrské,* 一六五〇年刊）。兄弟教団の行く末を案じて著された。このなかの、チェコ人がいつの日か自身の手に統治を取り戻すという願望は、一九世紀の民族再生期以来、繰り返し引かれるようになった。

・『必須の一事』（*Unum necessarium,* 一六六八年刊）。最晩年に記されたもので、人生の省察に基づいた深い諦観が読みとられる。本編で触れたように、敬虔派に影響を与えたと考えられる。

この他、神学者として相当数の宗教解説書や啓蒙書を著している。

・『聖書の扉または入門』（*Janua seu Introductorium in Biblia sacra,* 一六五八年刊）、『聖書便覧』（*Enchiridion biblicum,* 一六五八年刊）。コメニウスは一六二〇年代から『聖書概要』（*Manuálník aneb jádro celé biblí svaté*）などを著しているが、レシノの大火で失ったものも多い。

・『讃美歌集』（*Cantionalis,* 一六五九年刊）。コメニウスの作詞作曲によるとされる子守歌が伝えられているが、自ら讃美歌集も編んでいる。

なお、一六五八年頃から五年ほどの間、コメニウスはソツィーニ派の神学者ダニエル・ツヴィッカー（一六一二―七八年）と激しい論争を繰り返したが、前述のドイツから出ている『コメニウス選集』の第五巻に収められたパンフレットは一、〇〇〇頁を超える。その他にも、イギリス王チャールズ二世（一六三〇―八五年）に宛てた教会論など多くの著作がある。

○予言書

コメニウスには青年期から予言信仰の一面があり、ポーランドへの亡命以前にも、予言を紹介するパンフレットを出版している。とくに知られるのが次の二編である。

・『闇のなかの光』（*Lux in tenebris*, 一六五七年刊）、『闇からの光』（*Lux e Tenebris*, 一六六五年刊）。クリシュトフェル・コッター（一五五八―一六四七年）、クリスチナ・ポニアトフスカー（一六一〇―四四年）、ミクラーシュ・ドラビーク（一五八八―一六七一年）の予言をラテン語訳して編纂したもの。それぞれコメニウスによる長い序文がつく。ローマ教皇とハプスブルク家の崩壊の予言を普及させようとするコメニウスの意図は、同時代の近い立場の知識人にも少なからぬ批判があり、死後、啓蒙主義時代におけるコメニウス批判の要因となった。

○自伝的著作

・『エリアの叫び』（*Clamores Eliae*, 一六六五―七〇年筆）。最晩年の私的ノート。人生の回想や当時の哲学・政治・宗教についての論評が含まれる。断簡の集成と校訂を経て、『コメニウス著作集』第二三巻に収録。

・『モンタヌス宛ての書簡』（*Epistula ad Montanum*, 一六六一年筆、六二年刊）。コメニウス自身による著作目録。出版経緯や自伝的記述を含む。

・『続・兄弟の警告』（*Continuatio Admonitionis Fraternae*, 一六六九年刊）。宗教論争が主題だが、一六二八年から五八年の三〇年間を回想した自伝的記述を含む。

○その他

・『モラヴァの地図』（*Moraviae nova et post omnes priores accuratissima delineatio* (*Mappa Moraviae*), 一六二七年刊）。

神聖ローマ皇帝の侍医パベル・ファブリキウス（生没年不詳）が編集・発行した地図を、モラヴァ地方の実際の踏査や聞き取りをもとに改訂したもの。オランダで出版された。

日本語の研究文献

本編で論じたように、日本におけるコメニウス研究は第二次世界大戦以前にまでさかのぼられるが、ここでは、戦後に出版された主要な研究書・概説書をあげておく。

・梅根悟　一九五六『コメニウス』、牧書店（西洋教育史）。
・アルト、ローベルト　一九五九『コメニウスの教育学』、江藤恭二訳、明治図書出版。
・江藤恭二　一九六七『西洋教育史叙説――近代教育思想の形成――』、福村出版。
・堀内守　一九七〇『コメニウス研究』、福村出版。
・鈴木琇雄　一九八二『コメニュウス「大教授学」入門』、上・下、明治図書出版。
・堀内守　一九八四『コメニウスとその時代』、玉川大学出版部。
・藤田輝夫編　一九九二『コメニウスの教育思想』、法律文化社。
・貴島正秋　一九九二『コメニウス教育学――流浪から平和を求めて』、一の丸出版。
・井ノ口淳三　一九九八『コメニウス教育学の研究』、ミネルヴァ書房。
・相馬伸一　二〇〇一『教育思想とデカルト哲学　ハートリブ・サークル　知の連関』、ミネルヴァ書房。
・パトチカ、ヤン　二〇一四『ヤン・パトチカのコメニウス研究――世界を教育の相のもとに』、相馬伸一編訳、九州大学出版会。
・北詰裕子　二〇一五『コメニウスの世界観と教育思想――一七世紀における事物・言葉・書物――』、勁草書房。
・井ノ口淳三　二〇一六『コメニウス「世界図絵」の異版本』、追手門学院大学出版会。
・相馬伸一　二〇一七『ヨハネス・コメニウス　汎知学の光』、講談社選書メチエ。

なお、雑誌・紀要論文、書評等を含むコメニウス関係文献については、一九九九年三月以前のものを「コメニウス関係文献目録」（井ノ口淳三・太田光一、『追手門学院大学人間学部紀要』、第八号、一九九九年、オープンアクセス）、その後の二〇一〇年までのものを「コメニウス関係文献目録（その二）」（井ノ口淳三、『追手門学院大学心理学部紀要』、第六号、二〇一一年）で確認することができる。

付録二　コメニウスゆかりの地

ここでは、チェコ共和国およびヨーロッパ各地の主なコメニウスゆかりの地を、コメニウスの生涯をたどりながら紹介する。

誕生と修学

コメニウスは晩年の手記『エリアの叫び』に一五九二年三月二八日に生まれたと自ら記しているが、生誕地については、現在のモラヴァのズリーン州ウヘルスキー・フラディシュチェ郡にあるウヘルスキー・ブロト、ニヴニツェ、コムニャの三か所が名乗りをあげている。コメニウスのチェコ語表記コメンスキーがコムニャから来ていることから一時はコムニャ説が有力であった。また、コメニウスの父がウヘルスキー・ブロトの市民であったことは確認されており、この街に住んだことは間違いない。しかし、コメニウスがドイツに留学した際の署名に「ヨハネス・アモス・ニヴェニッゼンシス（ニヴニツェの）」と記載されていることから、現在はニヴニツェ出身説が有力である。ウヘルスキー・ブロトには、研究所をともなったコメニウス博物館があり、彼が住んでいたとされる家も残されている。この博物館前に立つ像は一九五六年に設置されたもので、同じものがオランダのナールデンとアメリカのペンシルバニアにもある。ニヴニツェには、コメニウスが生まれたとされる家があり、以前は芳名録に署名できるようになっていた。一八九二年にウヘルスキー・ブロトに設置され、のちにここに移設された像がある。コムニャには、一九五〇年設置の像があり、近くには農家の古い建物を用いた小さな記念館がある。

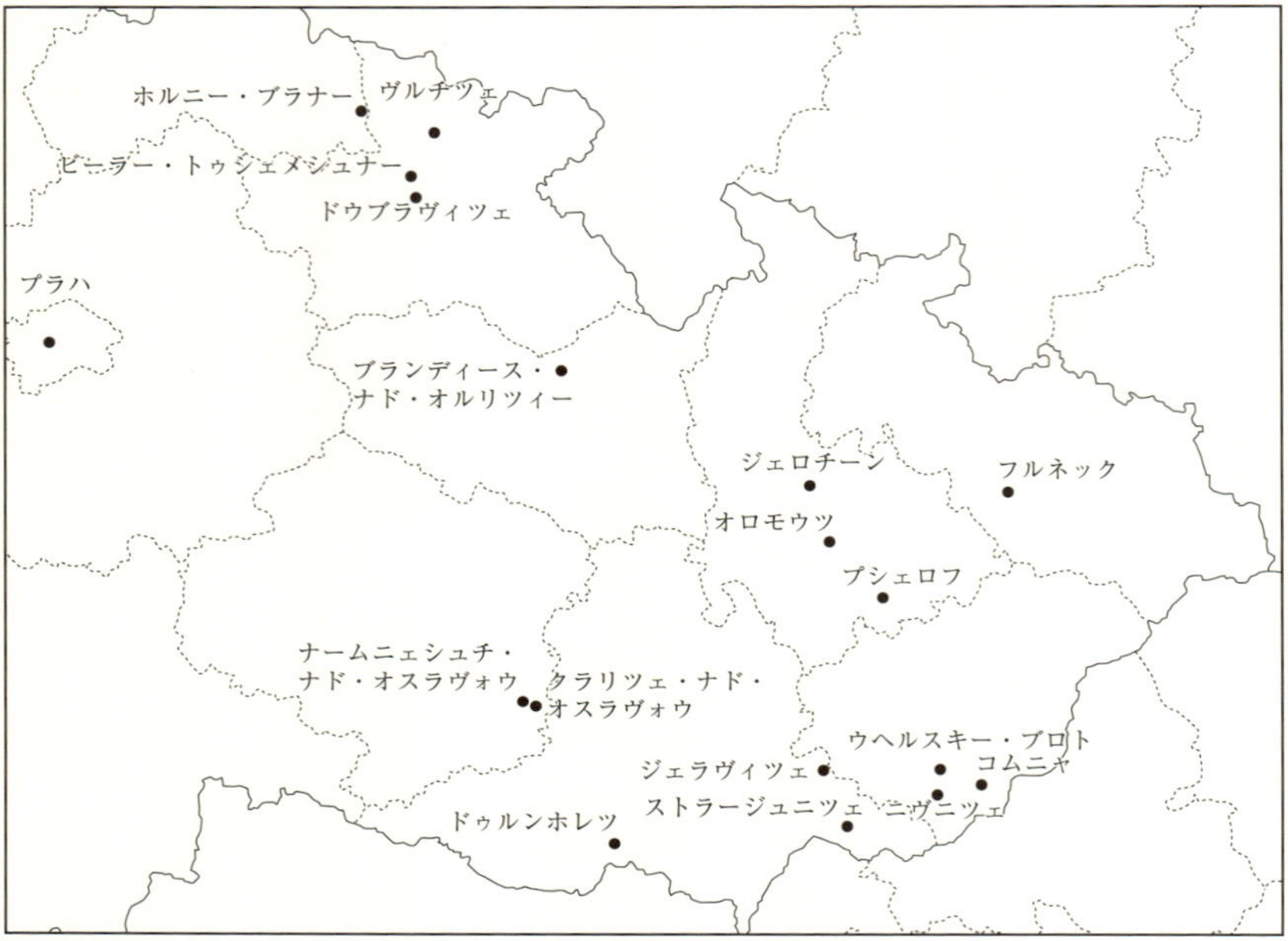

チェコ共和国内のコメニウスゆかりの地

ウヘルスキー・ブロトのコメニウスの家

少年時代に父母を失ったコメニウスは親戚に引きとられ、同じウヘルスキー・フラディシュチェ郡のストラージュニツェに預けられ、ここで初等教育を受けた。南モラヴァのフォークロア文化で有名な地である。しかし、ここに移って間もなく、後年、教育上の助言に招かれることになるトランシルヴァニアの軍勢が入り、コメニウスは焼け出されてしまう。そして、オロモウツ州のプシェロフで一六歳になって初めてラテン語の教育を受ける。近年の調査

ニヴニツェのコメニウス像

ウヘルスキー・ブロトのコメニウス博物館に立つコメニウス像

ニヴニツェのコメニウスが誕生したとされる家

コムニャのコメニウス像

ストラージュニツェ

コメニウスが学び、のちに教鞭をとったプシェロフの学校跡地

コメニウスが学んだヘルボルンのアカデミア跡

でコメニウスが学んだ学校の場所が特定された。前述のように、この地にはコメニウスの名を冠した博物館がある。また、市内に立つ像（第三章の扉）は、最初のコメニウス像である。

ドイツ留学

一六一一年、兄弟教団に寛容な領主のカレル・ゼ・ジェロチーナの援助を得て、コメニウスは、ナッサウ伯が支配する現在のドイツ・ヘッセン州ラーン=ディル郡のヘルボルンに留学する。当時の厳しい宗教対立のため、兄弟教団員が高等教育を受けられる場はチェコ地域にはなかった。現在は存続していないが、ヘルボルンには一六世紀後半に設立されたカルヴァン改革派のホーエ・シューレ（アカデミア）があった。ここにはコメニウスがパンソフィアを構想するにあたって決定的な影響を受けたヨハン・アルシュテットをはじめとしたすぐれた教授陣がいた。アカデミア跡の壁面にはコメニウスのレリーフが掲げられ、修学時の署名等の展示がある。

コメニウスの回想によれば、ヘルボルンで二年学んだ後、彼はアムステルダム、ロッテルダム、ハーグといったオランダの自由都市を訪れ、その後ハイデルベルク大学で一年学んだ。ハイデルベルクには、プロテスタント陣営の盟主と目され、のちにボヘミア王に推挙されるフリードリヒ五世がおり、彼はイングランド王ジェームズ一世（一五六六―一六二五年）の娘エリザベス・スチュアート（一五九六―一六六二年）を迎えた。コメニウスはその婚礼を目にしたはず

ヘルボルンのアカデミア跡のコメニウスのレリーフ

ファルツ選帝侯フリードリヒがエリザベスのために建立したハイデルベルクの門

である。また、知識界に議論を引き起こしたバラ十字文書の出元もこの周辺地域であり、コメニウスはそれも見聞きしただろう。一六一四年春、コメニウスはおそらくプラハを経てモラヴァに戻る。

戦争の足音のなかで

モラヴァに戻ったコメニウスは、自らが学んだプシェロフの学校で教職に就く。二年後には兄弟教団の牧師となり、現在のモラヴァ・スレスコ州ノヴィー・イチーン郡のフルネックに赴任する。この地は、バルト海地域との琥珀の交易路にあり、現在も規模の大きな城が残る。結婚し二人の子どもにも恵まれたフルネックでの三年を、コメニウスは人生の最も幸福な時期であったと回想している。コメニウス広場近くの牧師館跡の建物はノヴィー・イチーン博物館でコメニウスの記念館ともなっている。屋外には立像があるが、幹線道路を挟んだ小学校の前にも別の立像がある。

一六一八年、プラハで三十年戦争の端緒となる窓外放擲事件が起きる。チェコ貴族はハプスブルクのフェルディナントをボヘミア王から罷免し、ハイデルベルクのフリードリヒを王として招く。プラハでの戴冠式にコメニウスが列席したという説もあるがはっきりしない。一六二〇年一一月、プラハ郊外のビーラー・ホラ（白山）の戦いでチェコ貴族軍が惨敗すると、神聖ローマ皇帝軍は苛烈な弾圧に乗り出し、反乱の指導者を処刑した。プラハの旧市街広場には、その事件の記憶が刻まれている。コメニウスは一六二一年にフルネックを去り、家族をプシェロフに残し逃避行を余儀なくされる。

逃避行

コメニウスは、一六二八年に兄弟教団の同志とともにポーランドに移るが、それまでの約七年間は、神聖ローマ皇帝軍の追跡を逃れるために居場所を転々とした苦難の時期だった。戦闘ばかりではなく伝染病も多くの生命を奪った。そのなかにはコメニウスの妻子もいた。前述のジェロチーンの所領はモラヴァのプシェロフからボヘミアの東北部にまで広がっており、そこにいくつかのゆかりの地がある。

プラハからチェコ共和国第三の都市オストラヴァに向かう鉄道の幹線沿いにあるパルドゥビツェ州ウースチー・ナド・オルリツィー郡ブランディース・ナド・オルリツィーは、コメニウスが一六二三年にチェコ語文学の古典とされる『地上の迷宮と心の楽園』を著したとされる場所で、コメニウスが身を隠し執筆に用いたという洞窟がある。その脇に立つ記念塔がコメニウスに関する最初の記念碑（一八六五年建立）である。現在は、『地上の迷宮と心の楽園』にちな

フルネックの旧牧師館

フルネック旧牧師館脇のコメニウス像

フルネックにあるもうひとつのコメニウス像

ビーラー・トゥシェメシュナーのコメニウス記念碑

ブランディース・ナド・オルリツィーにあるコメニウスが避難したとされる洞窟（右）と記念碑（左）

洞窟の内部

ホルニー・ブラナーのコメニウスが滞在したとされる館

んでのことか、記念碑前には樹木を植えた迷路がある。洞窟には鍵がかかっているが、迷路前に案内人がいると開けてくれる。洞窟には煙抜きの穴もあって意外に広く、ある程度の生活はできたのではないかと想像される。

　兄弟教団の主席監督ツィリルの娘と再婚したコメニウスは、現在のフラデッツ・クラーロヴェー州トゥルトゥノフ郡のドウブラヴィツェで開催された兄弟教団の会議でポーランドに教団の移転先を探すように命ぜられ、ポーランドからドイツにかけて旅した。この時、現在のドイツの首都ベルリンを訪れたと考えられ

チェコ国外のコメニウスゆかりの地

る。さらに、オランダを訪れて、ボヘミア王を追われてオランダのハーグに逃れたフリードリヒを見舞った。コメニウスによる『モラヴァの地図』は一六二七年にオランダから出版されている。

帰還したコメニウスは、ドウブラヴィツェから近いビーラー・トゥシェメシュナーやホルニー・ブラナーに滞在している。ビーラー・トゥシェメシュナーには、コメニウスが滞在したことを示す碑があり、若干の展示がある。ホルニー・ブラナーには、コメニウスがその予言に傾倒したポーランド生まれの少女クリスチナ・ポニアトフスカーがいた。コメニウスが滞在したという館は、現在、ホルニー・ブラナーの役場となっており、若干の展示のほか壁面にはコメニウスのレリーフがある。コメニウスはこの近くのヴルチツェの館に所蔵されていた教授学書を読んだのをきっかけに教授学研究に着手することになる。

この時期、教団の移転が必至という状況のなかで、コメニウスは、チェコ語訳聖書が出版されたヴィソチナ州トゥシェビーチ郡のクラリツェ・ナド・オスラヴォウを訪れて印刷所の移転の手配をしたり、財産の処分のために故郷に戻ったりしている。クラリツェにはチェコ語聖書の記念館があり、やはりコメニウスに関する展示がある。

ポーランドへ

プロテスタントの退去を命ずる神聖ローマ皇帝フェルディナントによる改訂領邦条例によって、コメニウスをはじめとする多くの兄弟教団員がチェコ地域を去った。一六二八年二月、コメニウスらは同志たちとともにポーランド・ヴィエルコポルスカ県のレシノに到着する。亡命の人生の始まりである。とはいえ、当時のヨーロッパにおいて、国境や国籍という概念がそれほど厳密に確定していたわけではないことも事実である。実際、ボヘミア王から神聖ローマ皇帝となったカール四世の治世下で拡張したボヘミア王冠領はレシノのすぐ近くまで広がっていた。

レシノに落ち着いたコメニウスは、兄弟教団の指導者、ギムナジウムの教師のちには校長という務めを果たしながら、教授学、自然学、パンソフィアの研究を進め、多くの著作を物した。なかでも一六三一年に著した対訳教科書『開かれた言語の扉』はさまざまな言語に翻訳されて普及し、コメニウスは当代随一の教授学者と見なされ、スウェーデンから招聘を受ける。この時はそれを受諾できなかったが、コメニウスはチェコ語で著した『教授学』をもとにラテン語で『大教授学』を完成させ、スウェーデンに送った。

レシノのコメニウス像

イングランドへ

教授学者として知られたコメニウスが独自の哲学体系であるパンソフィアを研究しているという話題は、ロンドンで知識人の文通を仲介していたサミュエル・ハートリブを通じてイングランドの知識人や議会関係者の知るところとなる。ハートリブは、現在のポーランドのヴァルミア＝マズールィ県にあるハンザ都市エルブロンクの出身で、バルト地域ともコネクションを有していた。コメニウスは、ハートリブの招きに応じ、グダンスクからイングランドに向かう。航海は一度失敗するが、コメニウスは一六四一年の秋分の日にロンドンに到着した。コメニウスは、ロンドンのデュークス・プレイス（現在のロンドン中心部アルドゲイト近辺）のハートリブのもとに滞在したと思われる。

ロンドン滞在中、コメニウスはパンソフィアに基づいた社会の改善を論じた『光の道』を著すが、ロンドン到着後ほどなくして勃発した内戦は深刻の度を増し、彼の構想が実現される目途は立たなくなってしまう。このとき、コメニウスにはフランスとスウェーデンから招きがあった。カトリック国フランスの宰相リシュリュー（一五八五―一六四二年）がコメニウスを招こうとしたのは、彼の教授学者としての名声が高かったことの証左といえる。結局、コメニウスはオランダの政商でコメニウスを支援していたルイ・ド・イェールの助言もあり、スウェーデンの招きを受けた。

スウェーデンの庇護を受けて

ロンドンでの協働者のハートリブやデュアリと盟約を交わしたコメニウスは、一六四二年六月にイングランドを離れ、まずオランダにわたる。大学都市ライデンを訪れ、その郊外エンデヘーストの館に住むルネ・デカルトを訪ねて四時間にわたる会談をもった。その後、ハーグ、ドイツのブレーメン、ハンブルク、リューベックを

コメニウスとデカルトが会談したエンデヘーストの館

ノルチェピングのルイ・ド・イェール像

経由して、現在のスウェーデン・エステルイェトランド県のノルチェピングに到着する。ここから内陸に入ったフィンスポングにはド・イェールの武器製造の拠点があり、コメニウスはそこも訪れた。この地域は、ド・イェールの活動が基盤となってスウェーデンの産業革命に大きな役割を果たすことになる。ノルチェピングの市立図書館には、コメニウスの手稿を含むド・イェール家関係の貴重なコレクションがある。

スウェーデンに到着したコメニウスは王宮に招かれ、女王クリスティーナ、宰相アクセル・オクセンシェーナと会見する。クリスティーナの流暢なラテン語はコメニウスの教科書によって身につけられたものだった。コメニウスはパンソフィアの研究に専念することを希望するが、オクセンシェーナは教授学書や教科書の編纂にあたるように求めた。

当時、スウェーデンの勢力はバルト海沿岸に及んでいた。コメニウスはスウェーデンの統治下にあったエルブロンクで四人の助手をつけられ教育研究にあたることとなった。しかし、彼は、ライフワークであるパンソフィアの研究を放棄することはできず、スウェーデンからの求めに応じて『言語の最新の方法』を著し、『開かれた言語の扉』の改訂も進めたが、パンソフィア体系の執筆も同時に進めた。

現在のポーランドは主要なカトリック国のひとつだが、当時はさまざまな宗派を信奉する人々がいた。当時のポーランド王ヴワディスワフ四世（一五九五―一六四八年）はポーランド国教会の結成を望み、一六四四年には北東部のオルラ（現在のポドラシェ県）でプロテスタント諸派の会議が行われ

エルブロンク

トルンの旧市庁舎

た。オルラという地名はロシアにもあり、コメニウスはロシアまで足を延ばしたと考えられたこともあるが、彼が訪れたのはポーランドのオルラである。翌年には北部のトルンでプロテスタントとカトリックの和解に向けた宗教会議が開催された。ここはコペルニクスの生誕地で、第二次世界大戦で多くの街が破壊されたポーランドにあって歴史的建築物が残る地である。コメニウスは、スウェーデンからの懸念をよそに市庁舎で開催された会議に出席する。肝心の教会間の和解は進展せず、政治行動や宗教会議への出席についてスウェーデンから疑義をもたれたコメニウスは、一六四六年、その弁明のために短期間ストックホルムを訪れている。

三十年戦争末期、スウェーデンの軍勢はプラハを包囲し、皇帝位を継いでいたフェルディナント三世はウィーンに逃亡し、戦争はウェストファリア講和に向かって動き出した。コメニウスは、『チェコ教会受難史』をラテン語訳するなどして講和が兄弟教団に有利に働くことを期待した。一六四八年、コメニウスは兄弟教団の主席監督に選出されレシノに戻るが、間もなく二番目の妻を失う。加えて、ウェストファリア講和の内容は、祖国帰還という兄弟教団の願望を打ち砕くものだった。コメニウスはオクセンシェーナに抗議するが効果はなかった。ここで兄弟教団の行く末を悲観したコメニウスが著したのが『死に逝く母なる兄弟教団の遺言』（一六五〇年）だった。

トランシルヴァニアへ

一六五〇年、トランシルヴァニアのラーコーツィ家から招きを受けたコメニウスは、現在のハンガリー北部を訪れる。トランシルヴァニアは、オスマン・トルコと神聖ローマ帝国が対立するなかで、現在のハンガリー北部からルーマニアにかけて独自の地位を維持した。その黄金時代を築いたラーコーツィ・ジェルジ一世（一五九三―一六四八年）が即位した現在のルーマニア・ムレシュ県のシギショアラには、砦からさらに登った山上にあった学校に通学する子どもたちを雨や雪から保護するために屋根がかけられた階段があるが、これが一六四二年に設けられたという事実は、当時のトランシルヴァニアの教育熱を示しているだろう。

トランシルヴァニアには若き日のコメニウスがドイツ・ヘルボルンで教えを受けたアルシュテットがおり、ジェルジ一世の時代にもコメニウスへの招請があった。レシノに家を購入していたコメニウスは躊躇するが、まず、一六五〇年春、現在のハンガリー東北部のボルショド・アバウーイ・ゼンプレーン県にあるシャーロシュ・パタクに下見に訪れた。

その途上、現在のスロヴァキアのトルナヴァ県スカリツァ郡のスカリツァ、トレンチーン県のプーホフや同県プーホフ郡のレドニッツァにいた兄弟教団員を見舞ったが、この際に幼少時を過ごしたウヘルスキー・ブロトやストラージュニツェ、牧師を務めたフルネックも訪れたと考えられる。スカリツァには彼が滞在したという家に銘板がかけられている。この地はチェコ共和国との国境にごく近く、国境をはさんでチェコスロヴァキア初代大統領トマーシュ・ガリグ・マサリクが生まれたホドニーンがある。コメニウスは、さらに東部スロヴァキア・プレショフ県のレヴォチャやプレショフから南下して現在はスロヴァキア東部の中心都市となっているコシツェを経てトランシルヴァニアに入った。この道中、コメニウスの道案内をしたのが幼少時の友人で予言者のミクラーシュ・ドラビークだった。

シギショアラの時計塔

シギショアラの屋根が架けられた階段

いったんレシノに戻ったコメニウスは、印刷設備等の準備を経てシャーロシュ・パタクに戻り、一六五四年六月まで滞在した。この地は貴腐ワインで有名なトカイに近く、現在も残る城跡は、ハンガリーの紙幣のデザインにも用いられている。首都のブダペストから鉄道で訪ねるのはかなり時間がかかり、スロヴァキアのコシツェからの方がアクセスが容易である。

コメニウスはシャーロシュ・パタクで学校劇『遊戯学校』を上演して成功をおさめ、初めての絵入り教科書とさ

スカリツァのコメニウスが滞在したとされる家

シャーロシュ・パタクの城跡

れる『世界図絵』の編纂を進めるなど、教育実践で大きな実りをあげた。他方、祖国解放の願望になおも執念を燃やし、プロテスタント国のオランダとイングランドが戦火を交えるなかで、とくにスウェーデンとトランシルヴァニアの連帯を企てた。

オランダでの晩年

コメニウスは、一六五四年、およそ四年の滞在ののちレシノに戻った。一六五五年、スウェーデンがポーランドを占領し、その撤退後も一六五七年春にはトランシルヴァニアがほとんど全土を占領するなど、ポーランド史における「大洪水時代」に入った。スウェーデンの行動が祖国の解放につながることを期待して、スウェーデン王カール・グスタフへの賛辞を著したコメニウスの行動は批判を受けることになる。そして、ポーランド各地で反撃が強まった一六五六年四月、レシノはポーランド軍の攻撃を受けて壊滅し、コメニウスは多くの蔵書や草稿もろとも購入した家を失った。

　コメニウスは現在のポーランド南部のシレジアに避難し、その後、現在のドイツとポーランドの国境のドイツ側のフランクフルト（オーデル）やポーランド側の西ポモージェ県シュチェチンを経て、ドイツのハンブルクで静養した。そののちブレーメンからニーダーザクセン州のエムデンを通り、オランダ北部のフローニンゲンを経由して、一六五六年八月末にアムステルダムに入った。

　アムステルダムのカイザー運河沿いには、ド・イェール家の庇護のもとコメニウスが滞在したという「頭のある家」

が現存する。西教会やアンネ・フランク記念館も近い場所であり、レンブラントも同時期にこの近くに住んでいた。現在、この家の一部にはヘルメス哲学文庫が入り、学術・教育関係のイベントが行われている。コメニウスは晩年の一四年ほどをアムステルダムで過ごし、草稿の多くを失ったパンソフィア体系の執筆に再度とりくんでほぼ完成させ、『教授学著作全集』四巻も出版した。この間、なおも祖国の解放のために政治活動にも関与したが、それを支えたのが予言信仰であったため、宗教論争に多くの時間を割くことになった。

一六六七年、コメニウスは、第二次イギリス・オランダ戦争の和解を願って『平和の天使』を著し、講和会議が行われていた北ブラバント州ブレダを訪れている。その後、いよいよ死期を悟ったコメニウスは、ブランデンブルクに移ることを考え、三番目の妻を先に移住させたが、自らは一六七〇年一一月一五日にアムステルダムで死去し、アムステルダム東方の星型城塞都市ナールデンの改革派教会の墓地に埋葬された。ムハは、《スラヴ叙事詩》でコメニウスがナールデンで故郷を想いつつ他界した様子を描いたが、それは歴史的事実ではない。しかし、その中央にカンテラのかすかな光として描かれた希望は、コメニウスの胸中に灯っていたに違いない。

コメニウスが滞在したアムステルダムの家

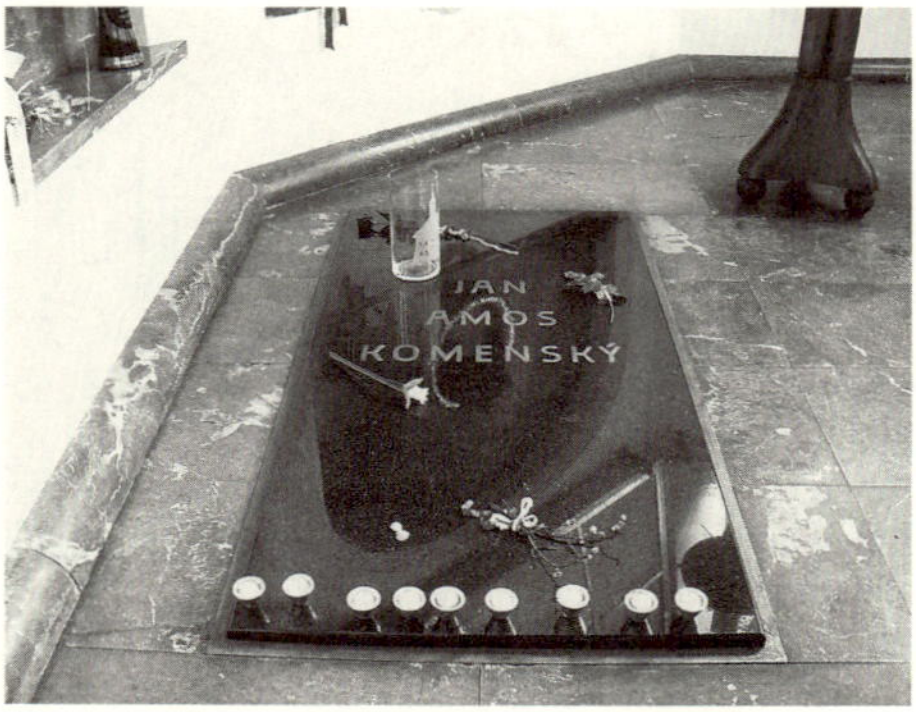

ナールデンのコメニウスの墓碑

文献一覧

略号で示した文献

AC：*Acta Comeniana*, Praha：Academia.『アクタ・コメニアナ』（一九一〇年創刊の『コメニウスの生涯と著作についての研究のための記録』以来、誌名に変遷があるが、創刊以降の通し番号の巻数で引用を示す。）

CC：*De rerum humanarum emendatione consultatio catholica*, Tomus I-II, Praha：Academia, 1966. コメニウス、『人間的事柄の改善に関する総合的熟議』二巻

DK：*Dílo Jana Amose Komenského*, Praha：Academia.『コメニウス著作集』（一九六九年、チェコスロヴァキア科学アカデミーより刊行開始された『コメニウス著作集』。）

DO：Olšáková, Doubravka, *Niky české historiografie*, Praha：Pavel Mervart, 2012.『チェコ歴史記述の間隙』

HP：*The Hartlib Papers.*『ハートリブ文書』

KK：*Korrespondence Jana Amosa Komenského*, vyd. Jan Kvačala, Praha：České akademie císaře Františka Josefa pro vědy, slovesnost a umění, díl 1, 1897. díl 2, 1902. クヴァチャラ編、『コメニウス書簡集』二巻

LE：*Lux e Tenebris, novis radiis aucta*, Amsterdam：s. n., 1665. コメニウス、『闇からの光』

LS：*Gottfried Wilhelm Leibniz Sämtliche Schriften und Briefe*, Berlin：Akademie Verlag, 2. Reihe 1. Bd., 1987. 6. Reihe 1. Bd., 1990.『ライプニッツ全集』

OD：*J. A. Comenii Opera Didactica Omnia*, Tomus I-IV, Amsterdam：Christoffel Cunradus & Gabriel à Roy, 1657-1658. コメニウス、『教授学著作全集』全四巻

PS：*Jan Patočka – Klaus Schaller – Dimitrij Tschizewskij：Philosophische Korrespondenz 1936-1977*, hrsg. v. Helga Blaschek-Hahn u. Věra Schifferová, Würzburg：Koenigshausen & Neumann, 2010.『パトチカ―シャラー―チジェフスキー哲学書簡一九三六―一九七七

年』

SCH：*Studia Comeniana et historica*, Muzeum J. A. Komenského v Uherském Brodě, Uherský Brod. 研究誌『コメニウスと歴史の研究』

SM：*Spisy T. G. Masaryka*, Vydal Masarykův ústav AV ČR, Praha. 『マサリク著作集』

SP：*Sebrané spisy Jana Patočky*, Praha：Oikoymenh. 『ヤン・パトチカ選集』

ZD：Marta Bečková, Dagmar Čapková, Tadeusz Bieńkowski, *Znaomość dziećł Jana Amosa Komeńskiego na ziemiach czeskich, słowackich i polskich od połowy XVII w. do czasów obecnych*, Warszwa：Polska Akademia Nauk, Instytut Historii Nauki, Oświaty i Techniki, 1991. 『一七世紀後半から現在に至るチェコ、スロヴァキアおよびポーランドにおけるコメニウスに関する文献』

欧語文献

Alt, Robert 1970. *Herkunft und Bedeutung des Orbis Pictus: ein Beitrag zur Geschichte des Lehrbuchs*, Berlin: Akademie-Verlag.

Balbín Bohuslav 1778. *Bohemia docta*, ed. Karel Ungar, Pars II, Praha: Hagen.

Bayle, Pierre 1740. *Dictionnaire Historique et Critique*, Tome Second, Amsterdam: Brunel.

Bečková, Marta 2000. *Komeniologie—vědní obor?* in: SCH, č.63-64.

Brambora, Josef 1965. *Komeniologie*. in: *Pedagogického slovníku*, 1.díle, Praha: Státní pedagogické nakladatelství.

Butler, Nicholas Murray 1893. *The Place of Comenius in the History of Education*. in: *Journal of Proceedings and Addresses*, New York: National Education Association of the United States.

David, Zdeněk 2007. *Johann Gottlieb Herder and the Czech National Awaking: A Reassessment*, The Center for the Russian and East European Studies, University of Pittusburg, Carl Beck Papers.

Floss, Pavel. 2012. *Meditace na rozhraní epoch*, Brno: Centrum pro studium demokracie a kultury.

Goethe, Johan Wolfgang von 1897. *Goethes Werke*. 38. Bd., Hrsg. im Auftrage der Großherzogin Sophie von Sachsen, Weimar: Böhlaus.

Harna, Josef 2014. *Obrazy ze starších českých dějin*, Člověk a jeho svět pro 2. období 1. stupně ZŠ, Praha: Alter.

Hähn, Johann Friedrich 1752. *Agenda scholastica oder Vorschläge*, Sechstes Stück, Berlin: Verlag des Buchladens der Real-Schule.

Herder, Johann Gottfried 1991. *Briefe zu Beförderung der Humanität*. in: *Johann Gottfried Herder Werke*, Bd.7, Frankfurt am Mein:

Deutscher Klassiker Verlag.

Hofmann, Franz 1974. *Jan Amos Comenius: Lehrer der Nationen*, Leipzig: Urania-Verlag.

Karfík, Filip 2007. *Posmrtný život a nesmrtelnost podle Jana Patočky*. in: *Reflexe: Filosofický časopis*, č.32, Praha: Oikoymenh.

Klika, Josef 1892. *Jan Amos Komenský. Čech, učitel národů, křesťan, charakter, k památce třístaletých narozenin Komenského*, Praha: Beaufort.

Kohák, Erazim 1989. *Jan Patočka. Philosphy and Selected Writings*, Chicago: The University of Chicago Press.

Kokoschka, Oskar 1999. *Plays and Poems*, Michael Mitchell (trans.), Riverside, California: Ariadne Press.

Lindner, Gustav Adolf 1890. *Allgemeine Erziehungslehre*, hrsg. v. Gustav Fröhlich, 7. Aufl., Leipzig: A. Pichlers Wittwe & Sohn.

Lindner, Gustav Adolf 1892. *Johann Amos Comenius. Sein Leben und Wirken*, Wien & Leipzig: A. Pichlers Wittwe & Sohn.

Malcolm, Noel 2002, *Aspects of Hobbes*, Oxford: Oxford University Press.

Mallet, Carl-Heinz 1987. *Untertan Kind: Nachforschungen über Erziehung*, München: Verlag Max Hueber.

Masaryk, Tomáš Garrigue 1928. *Foreword*. in: *Johannes Amos Comenius*, ed. M. Arthur Novák, Praha: Orbis.

Michelet, Jules 1877. *Nos Fils*, Paris: A. Lacroix et Ce.

Monroe, Will Seymour 1900. *Comenius and the Beginnings of Educational Reform*, New York: Charles Scribner's Sons.

Moréri, Louis 1702. *Le Grand Dictionnaire Historique*, Tome premier, Amsterdam: La Compagnie.

Meier, Marcus 2010. *The "Little Church" of Johann Amos Comenius and Philipp Jakob Spener: Approaches to Church Reform with a Comprehensive Social Perspective*. in: *Pietism and Community in Europe and North America: 1650–1850*. edited by Jonathan Strom, Leiden: Brill.

Needham, Joseph(ed.) 1942. *The Teacher of Nations. Addresses and Essays in Commemoration of the visit to England of the great Czech Educationalist Jan Amos Komenský*, Cambridge: Cambridge University Press.

Nejedlý, Zdeněk 1954. *Komunisté — dědici velikých tradic českého národa*, Praha: Práce.

Palacký, František 1866. *Das Leben des Johann Amos Comenius, Bischofs der böhmischen Brüderkirche*, Leipzig: C. H. Reclam sen.

Palacký, František 1929. *Život Jana Amose Komenského*, Praha: Adolf Synek.

Pappenheim, Eugen 1871. *Amos Comenius der Begründer der neuen Pädagogik*, Berlin: F. Henschel.

Patočka, Jan 2001. *Conférences de Louvain sur la contribution de la Bohême à l'idéal de la science moderne*, Texte établi par Valérie Löwith et Filip Karfík, Bruxelles: Ousia.

Pelcl, František Martin 1773. *Abbildungen böhmischer und mährischer Gelehrten und Kunstler*, Erster Theil, Prag: Wolffgang Gerle.

Prázný, Aleš 2014. *Radim Palouš – komeniolog ve světověku*. in: Věra Schifferová, Aleš Prázný, Kateřina Šolcová et al., *Idea harmonie v díle Jana Amose Komenského*, Praha: Pavel Mervart.

Raumer, Karl von 1842–51. *Geschichte der Pädagogik: vom Wiederaufblühen klassischer Studien bis auf unsere Zeit*, 3. Bde., Stuttgart: S. G. Liesching.

Řezníková, Lenka a kol. 2014. *Figurace paměti: J. A. Komenský v kulturách vzpomínání 19. a 20. století*, Praha: Scriptorium.

Schifferová, Věra 2008. *Einige Bemerkungen zur Comenius-Deutung bei Jan Patočka*. in: *Comenius-Jahrbuch*, Bd.13–15, Sankt Augustin: Academia Verlag.

Schmidt, Karl von 1860. *Die Geschichte der Pädagogik in weltgeschichtlicher Entwicklung und im organischen Zusammenhänge mit dem Kulturleben der Völker*, 4. Bde., Köten: Paul Schettler.

Schwarz, Friedrich Heinrich Christian 1829. *Geschichte der Erziehung*. in: *Erziehungslehre*, 2. Auflage in 3 Bdn., Leipzig: Georg Joachim Güschen.

Sohma, Shinichi 2009. *The Acceptance of Modern Education in Japan and J. A. Comenius*. in: Svatva Chocholová, Markéta Pánková, Martin Steiner (ups.), *The Legacy of J. A. Comenius to the Culture of Education*, Praha: Academia.

Sohma, Shinichi 2016a. *Various Aspects of Openness and Its Possibility according to J. A. Comenius*. in: Wouter Goris, Meinert A. Meyer, Vladimír Urbánek, (ed.), *Gewalt sei ferne den Dingen! Contemporary Perspectives on the Works of John Amos Comenius*, Wiesbaden: Springer VS.

Sohma, Shinichi 2016b. *The Possibility of Openness as a Shared Value of Contemporary Education*. in: *The Search for Harmony in a World of Chaos: Jan Amos Comenius and Modern Philosophy of Education, Proceedings of the International Scientific–Practical Conference*, St. Petersburg: Peter Schule.

Sorbière, Samuel 1694. *Sorberiana, sive excerpta ex ore Samuëlis Sorbière*, Tolosœ: Guil. Lud. Colomyez.

Thomas, Jean 1957. *Spiritual Ancestor of UNESCO*. in: *The UNESCO Courier*, November, 1957.

Trevor=Roper, Hugh Redwald 1967. *Religion, the Reformation and Social Change*, London: Macmillan.

Tröhler, Daniel 2004. *The Establishment of the Standard History of Philosophy of Education and Suppressed Traditions of Education*. in: *Studies in Philosophy and Education*, 23 (5-6), Dordrecht: Kluwer Academic Publishers.

Ungureanu, Ioana 2012. *La réception de l'œuvre pédagogique de Comenius en France, XVIIe – XIXe siècles*, Université de Picardie Jules Verne: Thèse de doctorat en Sciences de l'éducation.

Urbánek, Vladimír 2012. *Acta Comeniana—Od komeniologického časopisu k revui pro interektální dějiny*. in: DO.

Urbának, Vladmír 2014. *Komeniologie mezi pamětí a historií*. in: Lenka Řezníková et al, *Figurace paměti: J. A. Komenský v kulturách vzpomínání 19. a 20. století*, Praha: Scriptorium.

Urbánek, Vladimír 2016. *J. A. Comenius and the Practice of Correspondence Networking: Between the Office of Address and the Collegium Lucis*. in: *Gewalt sei ferne den Dingen. Contemporary Perspectives on the Works of John Amos Comenius*, Wiesbaden: Springer VS.

Wallmann, J. 1986. *Philipp Jakob Spener und die Anfänge des Pietismus*, Tübingen: J.C.B. Mohr.

Zoubek, František 1871. *Život Jana Amosa Komenského*, Praha: Beseda Učitelská.

邦訳文献

アルト、ローベルト　一九五九『コメニウスの教育学』、江藤恭二訳、明治図書出版。

イェイツ、フランセス　一九八六『薔薇十字の覚醒』、山下知夫訳、工作舎。

イラーセク、アロイス　二〇一六『暗黒』、上、浦井康男訳、成文社。

イラーセク、アロイス　二〇一六『暗黒』、下、浦井康男訳、成文社。

ヴァルマン、ヨハネス　二〇一二『ドイツ敬虔主義　宗教改革の再生を求めた人々』、梅田與四男訳、日本キリスト教団出版局。

ウェッジウッド、ヴェロニカ　二〇〇三『ドイツ三十年戦争』、瀬原義生訳、刀水書房。

ヴルフ、クリストフ　二〇一五『教育人間学へのいざない』、今井康雄・高松みどり訳、東京大学出版会。

ガダマー、ハンス＝ゲオルク　二〇〇八『真理と方法』、Ⅱ、轡田収・巻田悦郎訳、法政大学出版局（叢書ウニベルシタス）。

カバリー、エルウッド　一九八五『カバリー教育史』、川崎源訳、大和書房。

クルプスカヤ、ナデジダ　一九五四『国民教育と民主主義』、勝田昌二訳、岩波文庫。

ゲーテ、ヨハン・ヴォルフガング・フォン　一九六〇ａ『詩と真実』第一部・第二部、菊盛英夫訳、『ゲーテ全集』第九巻、人文書院。

ゲーテ、ヨハン・ヴォルフガング・フォン　一九六〇ｂ『詩と真実』第三部・第四部、菊盛英夫訳、『ゲーテ全集』第一〇巻、人文書院。

ゲーテ、ヨハン・ヴォルフガング・フォン　一九六〇ｃ『イタリア紀行』上、相良守峯訳、岩波文庫。

コメニウス、ヨハネス・アモス　一九二四『聖の世界と教育』、辻幸三郎訳、目黒書店（教育思想精華選）。

コメニウス　一九五六『大教授学』、稲富栄次郎訳、玉川大学出版部（世界教育宝典）。

コメニュウス（コメニウス）　一九六二『大教授学』、二巻、明治図書（世界教育学選集）。

コンペール（コンペレ）、ガーブライエル（ガブリエル）　一八九二『教育史』、上・下、松島剛・橋本武訳、普及舎。

サイード、エドワード　一九九八『知識人とは何か』大橋洋一訳、平凡社ライブラリー。

シュタイナー、ルドルフ　一九八一『オイリュトミー芸術』、高橋巖訳、イザラ書房（シュタイナー著作集〈別巻〉）

シュタイナー、ルドルフ　一九八五『薔薇十字会の神智学』、西川隆範訳、平河出版社。

シュプランガー、エドゥワルト　一九五六『文化と教育』、村井実・長井和雄訳、玉川大学出版部。

シリジニスキ、イェージィ　一九七四「コメニウスのポーランドにおける活動とそのポーランド観」、伊東孝之訳、『スラヴ研究』、一九号。

ダント、アーサー　一九八九『物語としての歴史：歴史の分析哲学』、河本英夫訳、国文社。

チャペック、カレル　一九九三『マサリクとの対話』、石川達夫訳、成文社。

ディルタイ、ヴィルヘルム　二〇〇六『精神科学序説Ⅰ』、牧野英二編集校閲、『ディルタイ全集』第一巻、法政大学出版局。

ディルタイ、ヴィルヘルム　二〇〇八『倫理学・教育学論集』、小笠原道雄・大野篤一郎・山本幾生集校閲、『ディルタイ全集』第六巻、法政大学出版局。

デカルト、ルネ　二〇一五『デカルト全書簡集』、第三巻、武田裕紀他訳、知泉書館。

デュルケーム、エミール　一九八一『フランス教育思想史』、小関藤一郎訳、行路社。

トゥールミン、スティーヴン　二〇〇一『近代とは何か』、藤村龍雄・新井浩子訳、法政大学出版局（叢書ウニベルシタス）。

トレヴァー＝ローパー、ヒュー・レドワルド他　一九七五『十七世紀危機論争』、今井宏訳、創文社。

トレヴァー＝ローパー、ヒュー・レドワルド　一九七八『宗教改革と社会変動』、小川晃一・石坂昭雄・荒木俊夫訳、未來社。

ニーチェ、フリードリヒ・ヴィルヘルム　一九八〇「反時代的考察」第二篇、大河内了義訳、『ニーチェ全集』、第一期第二巻、白水社。

ハイデガー、マルティン　一九九五『真理の本質について――プラトンの洞窟の比喩と『テアイテトス』――』、細川亮一・イーリス・ブフハイム訳、『ハイデッガー全集』、第三四巻、創文社。

ハイデガー、マルティン　二〇一三『存在と時間』（四）、熊野純彦訳、岩波文庫。

パトチカ、ヤン　二〇〇七『歴史哲学についての異端的論考』、石川達夫訳、みすず書房。

パトチカ、ヤン　二〇一四『ヤン・パトチカのコメニウス研究――世界を教育の相のもとに』、相馬伸一編訳、宮坂和男・矢田部順二共訳、九州大学出版会。

ハヴェル（ハベル）、ヴァーツラフ（バーツラフ）　一九九〇『ビロード革命のこころ――チェコスロバキア大統領は訴える』、千野栄一・飯島周編訳、岩波書店（岩波ブックレット）。

ハヴェル、ヴァーツラフ　二〇〇二『ジェブラーツカー・オペラ』、フィドラー雅子・本多正英訳、松柏社。

ピアジェ、ジャン　一九六三「ヤン・アモス・コメニウスの現在的意義」、竹内良知訳、『ワロン・ピアジェ教育論』、明治図書出版（世界教育学選集）。

東ドイツ教育史研究者集団　一九六二『現代教育史』、江藤恭二・平野一郎・吉本均編訳、明治図書出版。

ヒロビブリアス（ブロケット、ライナス）　一八八一『教育史』上・下、西村茂樹訳、小笠原書房。

フーコー、ミシェル　一九七四『言葉と物――人文科学の考古学』、渡辺一民・佐々木明訳、新潮社。

フーコー、ミシェル　一九七五『狂気の歴史――古典主義時代における』、田村俶訳、新潮社。

フーコー、ミシェル　一九九九a『ミシェル・フーコー思考集成』Ⅱ、蓮實重彦・渡辺守章監修、筑摩書房。

フーコー、ミシェル　一九九九b『ミシェル・フーコー思考集成』Ⅲ、蓮實重彦・渡辺守章監修、筑摩書房。

ブラウニング、オスカー　一八八七『教育原論沿革史』、杉浦重剛訳、金港堂書店。

ブローデル、フェルナン他　一九八七『ブローデル　歴史を語る』、福井憲彦訳、新曜社。

ペインター、フランクリン　一八八六『教育全史』、杉浦重剛訳、普及舎。

ベール、ピエール　一九八二『歴史批評辞典』、Ⅰ、野沢協訳、法政大学出版局。

ベルクソン、アンリ　二〇〇三a『道徳と宗教の二つの源泉』Ⅰ、森口美都男訳、中公クラシックス。

ベルクソン、アンリ　二〇〇三b『道徳と宗教の二つの源泉』Ⅱ、森口美都男訳、中公クラシックス。

ヘルダー、ヨハン・ゴットリープ・フォン　一九四九『人間史論』、Ⅳ、鼓常良訳、白水社。

ヘルダー、ヨハン・ゴットリープ・フォン　二〇〇二『ヘルダー　旅日記』、嶋田洋一郎訳、九州大学出版会。

ホワイト、ヘイドン　二〇一七『メタヒストリー――一九世紀ヨーロッパにおける歴史的想像力』、岩崎稔監訳、作品社。

マサリク、トマーシュ・ガリグ　一九九四『マサリクの講義録――チェコ・スロヴァキア小史』、ドラガ・B・シリングロウ編、栄田卓弘・家田裕子訳、恒文社。

マレ、カール＝ハインツ　一九九五『冷血の教育学　だれが子供の魂を殺したか』、小川真一訳、新曜社。

モレンハウアー、クラウス　一九八七『忘れられた連関　〈教える―学ぶ〉とは何か』、今井康雄訳、みすず書房。

モンロー、ポール　一九一〇『世界教育史要』、石田新太郎訳、大日本文明協会。

リンドネル、グスタフ・アドルフ　一八九三『倫氏教育学』、湯原元一訳補、金港堂書店。

リンドネル、グスタフ・アドルフ　一八九六『倫氏教授学』、湯原元一訳補、金港堂書店。

リンドネル、グスタフ・アドルフ　一八九七『麟氏実験心理学』増訂第二版、田中治六・三石賤夫訳、丸善株式会社。

ルナン、エルネスト　一九九七『国民とは何か』、鵜飼哲訳、インスクリプト。

ル＝ロワ＝ラデュリ、エマニュエル　二〇〇九『気候と人間の歴史・入門――中世から現代まで』、稲垣文雄訳、藤原書店。

日本語文献

著者不詳　一八八二「コメニアス氏略伝」、『千葉教育会雑誌』第八号―一〇号。
池田大作　一九九八『池田大作全集』、第七八巻、聖教新聞社。

石川達夫　一九九五『マサリクとチェコの精神――アイデンティティと自律性を求めて――』、成文社。
石川達夫　二〇〇四『プラハ歴史散策』、講談社（講談社＋α新書）。
石川達夫　二〇一〇『チェコ民族再生運動――多様性の擁護、あるいは小民族の存在論』、岩波書店。
井ノ口淳三　一九九八『コメニウス教育学の研究』、ミネルヴァ書房。
今道友信　二〇一六『コメニウス「世界図絵」の異版本』、追手門学院大学出版会。
今道友信　二〇〇七『追憶と敬仰の向うの影——ソークラテースの道——』、岩波書店、一〇〇四号。
上原専祿　一九八八『死者・生者　日蓮認識への発想と視点』、『上原専祿著作集』、一六、評論社。
上原専祿　一九八九『国民形成の教育』、増補、『上原専祿著作集』、一四、評論社。
上村直己　二〇〇五「若き日の湯原元一とテオドール・ケルナー論」、熊本大学文学部地域科学科、『九州の日独文化交流人物史』。
梅根悟　一九四七『新教育への道』、誠文堂新光社。
梅根悟　一九五五『世界教育史』、光文社。
梅根悟　一九五六『コメニウス』、牧書店（西洋教育史）。
梅根悟　一九六二「ソヴェート旅行記　チェッコ・スロヴァキアの旅」、『生活教育』、一四、二、四、五。
梅根悟　一九六六『教育史学の探求』、講談社。
梅根悟　一九六八『西洋教育思想史』第一巻、誠文堂新光社。
江藤恭二　一九六七『西洋教育史叙説――近代教育思想の形成――』、福村出版。
大瀬甚太郎　一九〇六『歐洲教育史』、成美堂書店。
太田光一　一九九〇「国際教育史学会に参加して」、日本教育学会『教育学研究』、五七巻四号。
太田光一　一九九三「コメニウス生誕四百年記念の旅――平成三年度海外研修報告――」、『会津短期大学研究年報』、第五〇号。
小笠原道雄　二〇一四「長田新の教育学」、小笠原道雄・田中毎実・森田尚人・矢野智司編、『日本教育学の系譜』、勁草書房。
長田新　一九三六『近世西洋教育史』、岩波書店。
長田新　一九五五「私のみたソ連と中国の教育」、広島大学附属小学校学校教育研究会、『学校教育』、四五五号。
長田新　一九五九「自由解放の教育学――コメニュース教育学をどうみるか――」、『教育学研究』、第二六巻三号。

長田新（編）一九五九『国際理解の教育』、育英書店。
海後勝雄　一九五二「序説」、『近代教育史』、第一巻、誠文堂新光社。
會田慶司　一九三五『統合西洋教育史綱要』、友生書院。
川村清夫　一九八八「ヨハン・ゴットフリート・ヘルダーのスラヴ民族主義への影響――チェコ、スロヴァク民族主義との関連において」、『紀尾井史学』、八号。
北詰裕子　二〇一五『コメニウスの世界観と教育思想――一七世紀における事物・言葉・書物――』、勁草書房。
木村元　二〇一五『学校の戦後史』、岩波新書。
教員採用試験情報研究会編　二〇一三『教職教養　教育史　これだけは暗記しとこう』一ツ橋書店。
小西重直・髙橋俊乗　一九三八『新制準拠　統合近世教育史』、永澤金港堂。
酒井潔・佐々木能章編　二〇〇九『ライプニッツを学ぶ人のために』、世界思想社。
佐佐木秀一（梅根悟）一九三九『コメニウス』、岩波書店（大教育家文庫）。
薩摩秀登　二〇〇六『物語　チェコの歴史』、中公新書。
佐藤学　一九九六『教育方法学』、岩波書店。
佐藤令子　一九九一「著者紹介」、クラウス・シャラー、「ドイツ連邦共和国における現在の体系的教育学への現代のコメニウス研究の影響」、太田光一・佐藤令子訳、日本コメニウス研究会『日本のコメニウス』、第一号。
佐藤令子　一九九二「コメニウス研究におけるパトチカの功績」、『日本のコメニウス』、第二号。
真田幸憲　一九〇四『近世教育の母　コメニウス』、金港堂書店。
篠原助市　一九四九『改訂　理論的教育學』、協同出版。
下村寅太郎　一九八三『ライプニッツ』、みすず書房。
鈴木秀勇　一九六〇ａ「J. A. Comenius: Opera Didactica Omnia.（1657）の新版、その他について――」、（一）、『一橋論叢』、第四三巻二号。
鈴木秀勇　一九六〇ｂ「コメニオロギーの諸問題」、『一橋論叢』、第四四巻四号。
鈴木秀勇　一九六一「コメニウス教授学の方法――その社会史的規定のために――」、一橋大学研究年報『社会学研究』、三。

鈴木秀勇　一九六五「ヤン・フスおよびヤン・アモス・コメンスキー研究の問題点――チェコスロバキアにおける研究情況をめぐって――」、一、『一橋論叢』、第五四巻三号。
鈴木秀勇　一九六六「ヤン・フスおよびヤン・アモス・コメンスキー研究の問題点――チェコスロバキアにおける研究情況をめぐって――」、二、一橋大学研究年報『社会学研究』、八。
鈴木琇雄　一九八二『コメニュウス「大教授学」入門』、上・下、明治図書出版。
相馬伸一　一九九二「十七世紀における学問の進歩――HPP Conference に参加して――」、筑波大学外国教育史研究室、『西洋教育史研究』、第二一号。
相馬伸一　二〇〇一『教育思想とデカルト哲学――ハートリブ・サークル　知の連関――』、ミネルヴァ書房。
相馬伸一　二〇〇六「デカルト書簡の新発見をめぐって――コメニウス研究へのインパクトを考える――」、『日本のコメニウス』、第一六号。
相馬伸一　二〇〇七「パトチカとコメニウス――デカルト的自我論との距離――」、『思想』、岩波書店、第一〇〇四号。
相馬伸一　二〇〇八「コメニウス『教授学著作集』発刊三五〇年記念国際会議に出席して」、『教育学研究』、第七五巻二号。
相馬伸一　二〇〇九「戦争・戦乱の記述とその読解～小学校社会科教科書の場合～」、広島修道大学教職課程『修大教職フォーラム』、創刊号。
相馬伸一　二〇一一「教育と歴史の哲学に向けて」、教育哲学会『教育哲学研究』、第一〇四号。
相馬伸一　二〇一二「『開かれた心』の思想史的素描」、『広島修大論集』、第五三巻第一号。
相馬伸一　二〇一四「教育学の方法論の歴史的再検討のために～コメニウス研究の視点から～」、教育思想史学会『近代教育フォーラム』、第二三号。
相馬伸一　二〇一五ａ「ヤン・パトチカのコメニウス批判？――オロモウツ講演（一九六七年）とその前後――」、『広島修大論集』、第五五巻第二号。
相馬伸一　二〇一五ｂ「他なる景色に手を伸ばせ――旧市街より――」、『教育哲学研究』、第一一一号。
相馬伸一　二〇一五ｃ「コメニウス研究史に関する試論」、『広島修大論集』、第五六巻第一号。
相馬伸一　二〇一六ａ「チェコの社会科教科書を読む～コメニウスのとりあげ方を中心に（1）～」、『修大教職フォーラム』、第八号。

相馬伸一　二〇一六b「コメニウスとシュタイナーの間～教育思想史のオルタナティブのための覚え書き～」、『近代教育フォーラム』、第二五号。
相馬伸一　二〇一七a『ヨハネス・コメニウス　汎知学の光』、講談社（選書メチエ）。
相馬伸一　二〇一七b「コメニウスにおける宗教と教育」、『近代教育フォーラム』、第二六号。
相馬伸一・室井麗子・椋木香子・小山裕樹・生澤繁樹　二〇一八「教員採用試験における教職教養分野の特質と課題――教育思想史分野を中心に――」、『広島修大論集』、第五八巻第二号。
高橋巖　一九八四『シュタイナー教育入門――現代日本の教育への提言』、角川選書。
高橋康造　二〇〇九「コメニウスとツヴィッカー　その1――ツヴィッカーの経歴」、『八戸工業大学紀要』、二八巻。
高橋康造　二〇一五「コメニウス『自然学』への序章――コメニウス『大教授学』の〝自然〟概念解明のための」、『八戸工業大学紀要』、三四巻。
高橋勝　二〇一四『流動する生の自己生成――教育人間学の視界』、東信堂。
田中毎実　一九九九「教育関係の歴史的生成と再構成」、原聰介・宮寺晃夫・森田尚人・今井康雄編、『近代教育思想を読みなおす』、新曜社。
谷本富　一八九四『実用教育学及教授法』、六盟館。
田端健人　二〇一一「ハイデガーのパイデイア論――プラトン「洞窟の比喩」解釈から――」、『宮城教育大学紀要』、第四五巻。
千野榮一　一九九九『ことばの樹海』、青土社。
寺川直樹　二〇一五「ヘルダーの人間形成論における宗教的形成の意義――コメニウスとの関係をふまえて」、東北教育哲学教育史学会『教育思想』、第四二号。
轟孝夫　二〇一四「学長ハイデガーの大学改革構想」、秋富克哉・安部浩・古荘真敬・森一郎編、『ハイデガー読本』、法政大学出版局。
土橋寳　一九九〇「少年ゲーテと『世界図絵』」、『鳥取大学教育学部研究報告・教育科学』第三二巻第一号。
長尾十三二　一九九一『西洋教育史』第二版、東京大学出版会。
貫成人　二〇一〇『歴史の哲学　物語を超えて』、勁草書房。
野家啓一　二〇〇五『物語の哲学』、岩波現代文庫。

能勢榮　一八九四『内外教育史』、金港堂書店。
野田伊津子　二〇一二「ハヴェルによるファウスト劇『誘惑 Pokoušení（1985 年）』に関する考察」、『金城学院大学キリスト教文化研究所紀要』、一六号。
原武史　二〇〇七『滝山コミューン　一九七四』、講談社。
藤井基貴　二〇一二「カントにおける『教育学』／教育学におけるカント」、『静岡大学教育学部研究報告（人文・社会・自然科学篇）』、第六二号。
藤原喜代藏　一九〇九『明治教育思想史』、冨山房。
堀内守　一九七〇『コメニウス研究』、福村出版。
堀内守　一九八一「コメニウス『大教授学』とその時代」、三枝孝弘編『人間の教育を考える　学校と教育方法』、講談社。
堀内守　一九八四『コメニウスとその時代』、玉川大学出版部。
堀尾輝久　一九七一『現代教育の思想と構造――国民の教育権と教育の自由の確立のために――』、岩波書店。
松崎巌　一九七六「スウェーデン教育史」、梅根悟監修、世界教育史大系、第一四巻、『北欧教育史』、講談社。
松田友吉　一九三二『最新指導　文検教育科受験法』、大同館。
丸山眞男手帖の会　二〇一四『丸山眞男話文集』続1、みすず書房。
三浦茂一　一九七〇「明治十年代における地方教育会の成立過程――千葉教育会を例として――」、地方史研究協議会『地方史研究』、第二〇巻五号。
山内芳文　二〇〇七「ドイツ教育史叙述断章」、筑波大学大学院人間総合科学研究科教育学専攻『教育学論集』、第三集。
山本正身　一九八五「日本におけるヘルバルト派教育学の導入と展開」、慶應義塾大学社会学研究科『社会学研究科紀要』、第二五号。
吉岡良昌　一九九二「宗教思想」藤田輝夫編、『コメニウスの教育思想』、法律文化社。
吉岡良昌　二〇一四『キリスト教人格教育論――個人の尊厳を見つめて』、春風社。

新聞・インターネットサイト等

The Times, 49036, 49040, 49044.

『毎日新聞』、一九七七年三月一四日付夕刊（パトチカの死を伝える報道）
http://www.ceskenarodnilisty.cz/clanky/prvni-poselstvi-t-g-masaryka-narodnimu-shromazdeni-22-12-1918.html（マサリクの大統領就任演説：一九一八年一二月二二日）
http://www.inrp.fr/edition-electronique/lodel/dictionnaire-ferdinand-buisson/document.php?id=2383（ビュイッソン編『教育学事典』（一九一一年版）電子版）
http://www.ptejteseknihovny.cz/uloziste/aba001/2011/den-ucitelu.（チェコ共和国「教師の日」に関する情報）
http://kokkai.ndl.go.jp/SENTAKU/sangiin/028/0462/02803290462012a.html（国会議事録検索システム）
http://kokkai.ndl.go.jp/SENTAKU/syugiin/061/0170/06106110170022a.html（国会議事録検索システム）
http://www.vaclavhavel.cz/showtrans.php?cat=projevy&val=923_projevy.html&typ=HTML（ハヴェルの大統領就任を前にした演説：一九八九年一二月一六日）
https://www.reflexe.cz/Reflexe_32/Posmrtny_zivot_a_nesmrtelnost_podle_Jana_Patocky.html（チェコの哲学雑誌 Reflexe のホームページ：パトチカの死後の生についての考察をあつかったカルフィークの論文）

あとがき

二〇一一年の春、教育哲学会の編集委員会から『教育哲学研究』の特集「教育哲学と歴史（教育哲学における歴史研究の意味）」への執筆のお誘いがあった。それは思想と歴史の研究の意義について考えることができた貴重な機会だった。かつての教育思想史においては、歴史の教育的（人間形成的）意味が暗黙の前提とされていた。しかし、その後の思想や歴史の議論において、歴史の教育的意味ばかりか、歴史の一般的意味もが懐疑に付されるようになった。そうした状況に対して、意味など改まって考える必要はないと突き放してしまうこともひとつの選択肢かもしれない。しかし、歴史の意味の解体が実は教育の意味の解体にも結びついていると考えたとき、教育哲学における歴史研究の意味は、単に研究の社会的有用性を弁護するためというようなネガティブな課題ではないと考えた。また、実学志向がさらに高まるなかで、歴史に学ぶ意義を研究者が語らないでいてよいのかという、やや義憤に似た思いもあった。拙稿、「教育と歴史の哲学に向けて」（相馬、二〇一一年）では、そうした問題意識を概括的に記したが、問題提起をするだけでは無責任の誹りを免れない。そこで、教育思想史上の重要人物とされてきたコメニウスをとおして、思想と歴史の意味を具体的に考えてみることにした。本書の内容に関連する著作・論文は文献一覧に掲げているが、全面的に検討を加えている。

ここに本書の執筆経緯を記すのは、私的な回想と受けとられるかもしれない。しかし、コメニウスの〈生ける印刷術〉という洞察をライトモチーフとした本書において、その成り立ちはむしろ記しておくべきだろう。

二〇一四年、科学研究費補助金・研究成果公開促進費の採択を受け、チェコ二〇世紀を代表する哲学者ヤン・パトチカの主要なコメニウス論の翻訳『ヤン・パトチカのコメニウス研究――世界を教育の相のもとに』(九州大学出版会)を送り出した直後からの一年間、私はチェコ共和国科学アカデミー哲学研究所で研究に従事した。

世界から観光客が訪れるプラハ旧市街広場の天文時計のある塔(旧市庁舎)から三分も歩かない場所にあるプラハの哲学研究所では、主としてコメニウスが歴史のなかでどのように語られてきたかをテーマに調査を進めた。この上なく恵まれた環境とはいえ、おびただしい数の書物や論文を前に茫然とすることもたびたびだった。しかし、ありがたい符合というべきか、同研究所でも同様の問題意識による共同研究が行われており、その成果が『記憶の形――一九・二〇世紀の文化の回想のなかのコメニウス――』(レンカ・ジェスニーコヴァー他、二〇一四年)として滞在中に公刊されたこともあり、コメニウス及び初期近代思想史研究科長のヴラディミール・ウルバーネク氏をはじめとしたスタッフから多くの示唆を得ることができた。空輸の際に額が傷んでしまったためにプラハ旧市街の腕利き職人の手で額を新たに作ってもらうことになったが、わずかばかりのお礼に、私の博士論文を公刊した際の書物のカバーに用いたコメニウスとデカルトの邂逅が描かれた絵画を研究所に寄贈した。

プラハ哲学研究所のメンバーと(2014年12月)

中世以来の「歴史が生きている」ことを実感させるプラハでの生活は、その期間にヤン・フスの火刑六〇〇年、第一次世界大戦開戦一〇〇年、第二次世界大戦終戦七〇年、ビロード革命二五年を含んでいたことも相まって、街を歩くだけで有形無形にインスピレーションを与えてくれたことはいうまでもない。偶然はほかにもあった。研究所が見つけてくれたアパートに着き、荷物を解くと空腹を感じて食事に出た。子どもが通りの標識を指さしたのを何気なく見ると、標識の下に銘板が掲げられている。

プラハ６区パトチカ通りの表示

「ヤン・パトチカ（一九〇七年六月一日―一九七七年三月一三日）、哲学者、現象学者、大学教授、人権の闘士、憲章七七のスポークスマン、ＳＴＢの苛烈な尋問により死去」

とあった。住む場所がパトチカ通りになったのは事前に知っていたが、それがヤン・パトチカにちなんで命名されたとはつゆ知らず、不思議なめぐりあわせに驚かされた。気になってプラハ六区の区役所で尋ねてみると、この通りの名称は一九世紀からでも四回変わっている。第二次世界大戦後は共産党の青少年組織の名前をとって「ピオニール通り」と呼ばれており、二〇世紀末の体制転換後にパトチカ通りと改称された。その通りのはずれにあるチェコ最古の歴史を有するブジェフノフ修道院に隣接した墓地に、パトチカは眠っている。秋寒の午後にそこを訪ねたが、広大さに迷うばかりで墓所にたどり着けない。墓参に来ていた老婦人に下手なチェコ語でパトチカの墓の場所を尋ねたとき、彼女が表情を一変させ、パトチカを死に至らしめた権力の非道を訴えた光景は、強くつかまれた手の感触とともに脳裏に焼きついている。彼女のなかには今もパトチカが生きているのであろう。

派遣研究が終わる直前の二〇一五年七月末、講談社から日本では教育分野でしか知られていないコメニウスのイメージを書き換える本格的な書物をというオファーがあり、まずこの仕事に専念することになった。しかし、この間、私が専門としている教育思想史の研究者の間でも思想家や教育思想史の「語られの歴史」に関心が高まり、中堅・若手の研究者との交流から刺激を受け、メモを書きためた。

講談社からの仕事が見えてきた二〇一六年秋から、プラハで書き進めた草稿をまとめ始めたが、コメニウス研究の先達である井ノ口淳三氏は、ご退職にあたりコメニウス関連の多くの貴重な蔵書をお譲り下さった。また、年が明けた二月には、モラヴァの古都オロモウツにあるパラツキー大学で講義をするためにチェコを再訪したが、同じ時期にチェコに来られていた井ノ口氏とプラハ、オロモウツ、プシェロフの研究者を訪問し、疑問点を確かめることができた。プシェロフのコメニウス博物館ではテレビ・クルーが待ち構えており、私たちの訪問はチェコのテレビで報じられることになった。同博物館のヘレナ・コヴァージョヴァー氏（一九七五年生）は細々とした問い合わせに快く応えてくれた。お礼申し上げたい。

二〇一七年春にいったん全体の集約に至り、九州大学出版会が同会の加盟大学関係者を対象に行っている学術図書刊行助成に応募することにした。その夏、再びオロモウツに滞在することができたが、それは本書の内容を深めるための貴重な時間となった。その際、プシェロフ・コメニウス博物館元館長のフランティシェク・ヒーブル博士（一九四一年生）とお会いできたのは示唆的だった。第二次世界大戦中、チェコスロヴァキアがナチス・ドイツの圧政に苦しんだことはよく知られている。しかし、戦後のチェコスロヴァキア政府によるズデーテン・ドイツ人の追放をはじめ、無視できない歴史的事実もある。博士は第二次世界大戦直後の混乱期にチェコスロヴァキアの軍人がプシェロフ近郊でドイツ系住民を多数虐殺した事実を掘り起こし、その記録にとりくんでおられた。博士はお会いしたのちの九月にドイツ政府から勲章を贈られている。

帰国後ほどなくして本書刊行助成決定という朗報を受けたが、二名の査読者による懇切なコメントは本書の記述をより厳密なものにするのに非常に有益だった。感謝申し上げたい。複数の外部の意見を求め、それを著者にフィードバックするという九州大学出版会の真摯さにも頭が下がる。最終的なリライトにかかり始めた矢先、二四年勤務した広島修道大学を離れることになったが、同会から本書出版の理解を得ることができた。

テクストは著者の思考の単なる表象ではなく人間関係の網の目として現れるのだということを、書物を編むたびに実感させられる。とくに重要なのは、著者の側に立ちながら、もっとも厳しい批評者である編集者の存在である。パトチカのコメニウス論の翻訳出版で多大な助力をしてくれた奥野有希氏に再び編集の労をとっていただけたのはありがたいことだった。本書には多くの図版を掲載しているが、作品によっては使用許諾を得たり、精細な画像を入手したりするのに結構な手間がかかる。しかし、奥野氏から明快な見通しを与えてもらったことで、二〇一八年二月、チェコ、スロヴァキア、ポーランドを訪れ、コメニウスゆかりの地の風景を収めるのとあわせて、手際よく作業を進めることができた。校正に入ると奥野氏のパス回しは前の仕事と同様に絶妙というほかなかった。

こうして本書は多くの人々の真心によって世に出ることになった。とはいえ、思わぬ誤りが含まれているかもしれない。それらが私の責に帰せられることは言うまでもないが、読者からのご批正に応えていきたい。本書では、コメニウスが日本に初めて紹介されたのはブロケットの『教育史』の翻訳によるとした。私はこの出版は一八八一年であると考えていたが、一八七五年にはすでに世に出ていたことを研究仲間が指摘してくれた。また、研究仲間の示唆を得て、シュヴァルツの『教育史』についても言及したが、ドイツ語圏におけるコメニウスの思想受容に関しては、本書の記述ではまだ十分ではないところがあるだろう。二〇世紀に限っても、ドイツはナチスの支配と大戦後の国家の分断と再統合というあまりにも大きな問題を抱えており、そのなかで生み出されたテクストの布置をどのように理解できるかは大きな問題である。このほか、可能な範囲で言及したが、コメニウスが訪れたポーランド、スウェーデン、スロヴァキアにおけるコメニウスの語られ方にもそれぞれ独自のコンテクストがある。

二〇一八年度から京都・佛教大学に移ったが、プラハと姉妹都市である京都の街の佇まいには、まだ数か月の生活ながら、第五章で論じた「死者との共生としての思想史」という視点が決して荒唐無稽ではないということを感じさせてくれる何かがある。私は明治期に「開拓」が始められ、冬季オリンピックを経て発展した札幌の郊外で育った。そこは生と死が織りなすはずの世界のなかでも生がより明瞭に切りとられた空間であったように思う。札幌よりも長く広島に住んでいるが、二〇世紀というメガ・デスの時代を象徴する広島では、原子爆弾の圧倒的な破壊力のために人間の死が逆に一般化・抽象化されてしまっているのではないか、と考えさせられることがある。かつて死者の風葬が行われた蓮台野（紫野）に位置する京都の新しい勤務先からの景色は、生と死が截然と分離できることではないということを感じさせてくれる。

　書物においては内容が第一であるのは当然だが、本書で知識の流布ということをテーマにした以上、その体裁にもこだわってみたいと考え、広島修道大学での同僚で気鋭の画家である沼本秀昭氏（新制作協会会員）に本書の装画を依頼した。沼本氏は私の抱く曖昧で突飛なイメージについての説明を粘り強く聞いてくれた。中世以来の歴史がおびただしい建築物や記念碑によって表象されているチェコの首都プラハには、変転の歴史を見つめてきたヴルタヴァ川が大きくカーブしながら南から西に貫いている。川で隔てられた街を橋がつなぐ。時おり強く吹く風が、空の色を変える。一五世紀建造のカレル橋からプラハ城を仰ぐ眺めばかりが注目されるが、下流に二つ目のチェフ橋からの景色も捨てがたい。旧市街からこの橋を渡った先の丘のレトナー公園には一九九一年に設置された巨大なメトロノームが見える。第二次世界大戦後の一時期、ここにはスターリンの巨大な像があり、街を睥睨していた。その像は一九六二年に爆破されたが、その跡に何を置くかは知性の問われるところだっただろう。とどまることなく流れていく時を刻むメトロノームが悠久の川の流れとともに眼前に広がる様は、歴史を忘れることの罪を無言で訴えているように思える。沼本氏は、その情景をベースにしながら、コメニウスの発した光が受けとめられ、その刻印がまたひとつの思想の光となり、イメージが増幅されていく様を見事に刻印してくれた。

　本書であつかったコメニウスをめぐる言説の歴史的な検討をとおしてコメニウスの思想のとらえ直しの必要性を再認識した私は、先だって『ヨハネス・コメニウス――汎知学の光』（講談社選書メチエ、二〇一七年）を送り出した。そこではコメニウス像の書き換えを試みた一方、コメニウスの思想の

プラハのレトナー公園にあったスターリン像

現在のレトナー公園のメトロノーム

理解に焦点化せざるを得なかった。第五章の末尾に課題としてあげたように、コメニウス研究から現在の教育をはじめとした社会的課題に対して何が言えるのかについても、今後、考察を進めていきたい。

また、二〇一七年度から、私を代表者とする科学研究費補助金・基盤研究（B）「教育思想史のメタヒストリー的研究」（平成二九―三一年度）が採択された。この研究は、コメニウスにとどまらずペスタロッチ、ルソー、ヘルバルト、デューイといった思想家との関連において、教育思想史のメタヒストリー的な検討を進めることを課題としている。さらに、日本にとどまらず、西洋受容という問題を共有するアジア諸国における状況についても研究者間の交流を進めていくことになっている。本書は、同研究の成果の一環である。

ここ数年、生活上のけっこうな変化を体験したが、それ以前の年月と比べて多くの仕事を形にすることができた上に心身ともの健康を増進できているとすら感じる。それは研究対象のコメニウスや彼を生んだチェコというフィールドの尽きせぬ魅力によるものだと思うが、この経過をともに歩んでくれた妻と子の存在も文字どおり「有り難い」ことだった。加寿子と堅志朗に本書をささげる。

二〇一八年六月二七日　洛北にて

相馬　伸一

索　引

人名

一部の団体、機関、施設名を含む。

外国の名称のうち、本文中に言及のないもののみ原語を付した。ギリシアとロシアの名称はラテン文字で示した。

文献一覧のページ数を除く。

あ行

アウグスティヌス（Aurelius Augustinus）　70
足利尊氏　252
アスカム（Roger Ascham）　114
アリストテレス（Aristoteles）　18, 19, 102, 106, 219
アナバプティスト（Anabaptist）　81
アルシュテット（Johan Heinrich Alsted）　10, 105, 326, 335
アルト（Robert Alt）　173-177, 182, 192, 195, 198, 199, 203, 282, 283
アルノルド（Nicolaus Arnold）　79
アルベルトゥス・マグヌス（Albertus Magnus）　81
アンドリュー・メロン財団（The Andrew Mellon Foundation）　250, 307
アンドレーエ（Johann Valentin Andreae）　53, 290
イェイツ（Frances Yates）　207, 290
イエズス会（Societatis Iesu）　33, 64-67, 77, 101, 103, 114, 307
イェリネク（Vladimír Jelinek）　315
池田大作　246
イジー・ス・ポジェブラト（Jiří z Kunštátu a Poděbrad）　161, 243
井上靖　107
井ノ口淳三　137, 155, 245, 308, 323, 355, 356
今道友信　217
イラーセク（Alois Jirásek）　4, 63-65
入澤宗壽　116
イリッチ（Ivan Illich）　223, 253
ヴァーツラフ（ボヘミア公）（Václav I）　159, 265
ヴァーツラフ（ボヘミア王）（Václav IV）　64
ヴァルマン（Johannes Wallmann）　58, 59
ヴァン・ホーヘランデ（Cornelis Van Hogelande）　42
ヴィーコ（Giambattista Vico）　185
ウィクリフ（John Wycliffe）　162
ウィンスタンリ（Gerrard Winstanley）　238
ウェスレー（John Wesley）　81
ウェッジウッド（Veronica Wedgwood）　4
上原専祿　196, 197, 202, 239, 247, 298-300, 302
ウェブスター（Charles Webster）　206
梅根悟　155-157, 188-190, 192, 194, 202, 203, 238, 239
浦井康男　63
ウルバーネク（Vladimír Urbánek）　249, 251, 354
ヴルフ（Christoph Wulf）　255
ヴワディスワフ四世（Władysław IV Waza）　334
ウングレアーヌ（IonaU ngureanu）　51

江藤恭二　174，195，196，203
エラスムス（Desiderius Erasmus）　13，37，71，98，114
エリーザベト（Elisabeth von der Pfalz）　37
エリザベス（Elizabeth Stuart）　326，327
エルヴェシウス（Claude Adrien Helvétius）　114，118
エンゲルス（Friedrich Engels）　199
及川平治　153
オウエン（Robert Owen）　175
オーヴェンス（Jürgen Ovens）　ii
王立アカデミー（チェコ）（České akademie císaře Františka Josefa pro vědy, slovesnost a umění）　88，129，141
王立協会（ロンドン）（The Royal Society of London）　13，315
大瀬甚太郎　116
太田光一　245，302，323
大谷贇雄　194
小笠原道雄　238
オクセンシェーナ（Axel Gustafsson Oxenstierna）　37，334，335
長田新　191，193-196，238，266
オルシャーコヴァー（Doubravka Olšáková）　170，171，217

か行

カール・グスタフ（Karl X Gustav）　50，337
カール四世（Karl IV）　64，135
海後勝雄　189
貝原益軒　116
カエサル（Gaius Iulius Caesar）　245
ガダマー（Hans-Georg Gadamer）　283，293
カバリー（Ellwood Patterson Cubberley）　104，105
カラヴァッジョ（Michelangelo Merisi da Caravaggio）　5
カリヴォダ（Robert Kalivoda）　212，213，218
ガリレイ（Galileo Galilei）　3，109，185，211，224
カルヴァン（Jean Calvin）　10，162
カルヴァン派（Calvinist）　33，50，56，174，326
カルキンズ（Norman Calkins）　113
カルフィーク（Filip Karfík）　362
カレル・ゼ・ジェロチーナ（ジェロチーン伯）（Karel starší ze Žerotína）　67，89，132，133，326，328
カント（Immanuel Kant）　56，61，68，71，95-97，135，196
カンパネッラ（Tommaso Campanella）　46，101，102，104，110，167，176，184
キーティング（Maurice Walter Keatinge）　127，154
貴島正秋　245
北詰裕子　239
木村元　255
教育学研究所（チェコスロヴァキア科学アカデミー）（Pedagogický ústav Jana Amose Komenského ČSAV）　171，177，182，185，207，218，233，234，244，310
兄弟教団（Jednota bratrská / Unitas Fratrum）　10，11，14，17，26，32，33，36-38，45，50，55，64，65，67，72，75，76，79-81，87，89，93，147-149，162，169，170，174，179，233，247，272，318，319，326-329，332，335，336
クヴァチャラ（Ján Radomil Kvačala）　125，141，167，172，208，306，309
クォールズ（Francis Quarles）　13
クザーヌス（Nicolaus Cusanus）　167，

235, 289, 292
クリカ（Josef Klika） 129, 130, 133-135
クリスティーナ（スウェーデン女王）（Kristina） 37, 334
クルプスカヤ（Nadezhda Konstantinovna Krupskaya） 175
クレイフ（Václav Kleych） 63-65
グローヴァー（George Glover） 12, 13
クロス（Thomas Cross） 12, 13
グロティウス（Hugo de Groot / Hugo Grotius） 71
クンラドゥス（Christoffel Cunradus） 81
ゲイ（John Gay） 214
敬虔派（Pietist） 56, 58, 59, 75, 76, 81, 91, 98, 105, 114, 319
ゲーテ（Johann Wolfgang von Goethe） 60-62, 68, 95, 96, 290, 292
ケプラー（Johannes Kepler） 3, 185
ケルシェンシュタイナー（Georg Kerschensteiner） 236
コヴァージョヴァー（Helena Kovářová） 356
河野桃子 303
国際教育局（Bureau International d' Education） 181
国民教育研究所 196
国立コメニウス教育学博物館・図書館（プラハ） 309, 311
国民劇場（プラハ）（Národní divadlo） 127, 128, 222, 311
国立図書館（チェコ）（Národní knihovna ČR） 11, 142, 307
国立博物館（チェコ）（Národní muzeum） 88, 128, 129, 132, 133, 214
ココシュカ（Oskar Kokoschka） 161-164, 170, 277, 278
コズィナ（Bohumil Kozina） 146, 147
コッター（Kryštofer Kotter） 320
コニアーシュ（Antonín Koniáš） 64
小西重直 152
近衛文麿 205
コペルニクス（Nicolaus Copernicus） 18, 335
コメニウス（Johannes Amos Comenius / Jan Amos Komenský） i-vii, ix, xi, xii, 4-6, 9-43, 46-76, 78-83, 85-93, 95-121, 124-137, 139, 141-188, 190-214, 216, 218-223, 225, 226, 228, 233-239, 241, 243-252, 254-256, 258-265, 267, 269, 271-274, 276-278, 280-283, 285, 287-290, 292, 294, 295, 298-302, 305, 306, 308-329, 331-338, 353-359
コメニウス学会（ドイツ）（Deutsche Comenius-Gesellschaft） 247, 309
コメニウス協会（Comenius-Gesellschaft） 129, 130, 311
コメニウス博物館（ウヘルスキー・ブロト） 16, 216, 234, 311, 325
コメニウス博物館（ナールデン） 152
コメニウス博物館（プシェロフ） 18, 139, 216, 312, 326, 356
コメンスカー、アルジュビエタ（Alžběta Komenská） 55
コラール（Ján Kollár） 95, 96, 179
コルベンハイヤー（Erwin Guido Kolbenheyer） 289
ゴンザ 107, 108
ゴンチャロフ（Nikolai Kirillovich Goncharov） 171, 207
コンディヤック（Étienne Bonnot de Condillac） 114
コンドルセ（Marie Jean Antoine Nicolas de Caritat, marquis de Condorcet） 114, 115, 197
コンペレ（Gabriel Compayré） 108, 110, 112, 114, 115, 126

さ行

サイード（Edward Said）　201
佐佐木秀一　155
薩摩秀登　81，82
佐藤学　302
佐藤令子　245，248
真田幸憲　47
サン=ピエール（Charles-Irénée Castel, abbé de Saint-Pierre）　71，73
ジェームズ一世（James I）　326
シェーラー（Max Scheler）　291
ジェルジ一世（トランシルヴァニア）（George I Rákóczi）　335
ジェルジ二世（トランシルヴァニア）（George II Rákóczi）　37，317
シェルドン（Edward Sheldon）　113
ジェロチーン→カレル・ゼ・ジェロチーナ
ジクモント、ラーコーツィ（Zsigmond Rákóczi）　317
ジシュカ（Jan Žižka）　93，169，170，233
篠原助市　121，154
シフェロヴァー（Věra Schifferová）　235
下中弥三郎　153
下村寅太郎　81
シャファジーク（Pavel Josef Šafařík）　88，95，96
シャラー（Klaus Schaller）　207，212，216，218，225，232，240，247，248，295，309，311
シャロウン（Ladislav Šaloun）　143，144
ジャンセニスト（Jansenist）　114
シュヴァルツ（Friedrich Heinrich Christian Schwarz）　97-99
シュタイナー（Rudolf Steiner）　290，303
シュタウピッツ（Johann von Staupitz）　81
シュプランガー（Eduard Spranger）　166，192
シュペーナー（Philipp Jakob Spener）　56-59，81
シュミット（Karl Schmidt）　101-103，117
シュミト（Karl Adolf Schmid）　101，116
シュライエルマッハー（Friedrich Daniel Ernst Schleiermacher）　81，101
シラー（Johann Christoph Friedrich von Schiller）　95，96
シリジニスキ（Jerzy Śliziński）　50，81
水平派（Levellers）　238
スカルコヴァー（Jarmila Skalková）　234
鈴木秀勇（琇雄）　51，53，197-200，202，203，256，308
スターリン（Joseph Vissarionovich Stalin）　173，195，358
ストゥシーブルニー（Vladimír Stříbrný）　139，150
スピノザ（Baruch De Spinoza）　52，81
スペンサー（Herbert Spencer）　118，137，275
スメタナ（Bedřich Smetana）　95，128，144，169
スラムニェニーク（František Slaměník）　125，128，131
全米教育協会（National Education Association）　135
創価（教育）学会　153，246
ソウザ　107
ソウセヂーク（Stanislav Sousedík）　239，294
ソウチェク（Stanislav Souček）　142
ゾウベク（František Jan Zoubek）

124, 125, 130
ソクラテス（Socrates） 292
ソルビエール（Samuel Sorbière） 80

た行

ダーウィン（Charles Robert Darwin） 47
ターンブル（George Henry Turnbull） 142
大黒屋光太夫 107, 108
高橋巖 290
高橋俊乗 152
高橋勝 302
田中毎実 254
谷本富 120, 121, 358
ダランベール（Jean Le Rond d'Alembert） 10
タレーラン（Charles-Maurice de Talleyrand-Périgord） 114
ダンテ（Dante Alighieri） 100
ダント（Arthur Coleman Danto） 279
チェコ共和国科学アカデミー（Akademie věd České republiky） 132, 307, 309, 310, 354
チェコスロヴァキア科学アカデミー（Československá akademie věd） 171, 182, 184, 207, 234, 237, 239, 305-307, 310
チェコスロヴァキア国家保安庁（秘密警察）（Státní bezpečnost; StB） 184, 217, 231, 355
チェコ兄弟教団福音教会（Českobratrská církev evangelická; ČCE） 150
チェルヴェンカ（Jaromír Červenka） 206
チジェフスキー（Dmytro Ivanovich Chyzhevsky; Dmitri Tschizewsky） 142, 143, 181-183, 245
千葉教育会 112, 113, 137
千野榮一 239
チャールズ一世（Charles I） 13
チャールズ二世（Charles II） 320
チャプコヴァー（Dagmar Čapková） 67, 75, 171, 178, 179, 206, 239
チャペック（Karel Čapek） 150
長老派（Presbyterian） 238
ツィリル（Jan Cyril） 318, 329
ツヴィッカー（Daniel Zwicker） 319
辻幸三郎 154, 196
ディガーズ（Diggers） 174, 238
ディドロ（Denis Diderot） 10, 114
ティヤール・ド・シャルダン（Pierre Teilhard de Chardin） 291
テイラー（Jeremy Taylor） 81
ディルタイ（Wilhelm Christian Ludwig Dilthey） 125, 137, 166, 193
デカルト（René Descartes） 13, 17, 24, 31, 40, 42, 100, 103, 110, 114, 150, 167, 187, 188, 211, 219, 224, 237, 289, 290, 314, 333, 357
哲学研究所（プラハ）（Filosofický ústav AVČR） 185, 235, 244, 249, 250, 307, 309, 310, 354
デュアリ（John Dury） 6, 55, 238, 333
デューイ（John Dewey） iii, 189, 359
デュルケーム（Émile Durkheim） 126, 137
デリダ（Jacques Derrida） 223
テル・ボルフ（Gerard ter Borch） 33
ド・イェール、ラウレンス（Laurence De Geer） 52
ド・イェール、ルイ（Louis De Geer） 14, 305, 333, 334, 337
ドイツ・コメニウス学会（Deutsche Comenius-Gesellschaft（DCG）） 247, 309
トゥールミン（Stephen Edelston Toulmin） 3, 8, 9

ドヴォジャーク（Antonín Leopold Dvořák）　95，128，169
ドゥニ（Ernest Denis）　95，96
ドゥプチェク（Alexander Dubček）213，214，247
東洋学研究所（ロシア科学アカデミー）（Institut vostokovedeniya RAN）108
独立派（Independents）　238
ドブロフスキー（Josef Dobrovský）77，87，88，95，96
ドラビーク（Mikuláš Drabík）　322
トレヴァー=ローパー（Hugh Redwald Trevor-Roper）　6，42

な行

中井杏奈　239
長尾十三二　238
灘尾弘吉　205
ナチス（Nationalsozialistische Deutsche Arbeiterpartei）　35，68，157，158，162，165，166，168，183，245，253，288，289，356，357
ナトルプ（Paul Gerhard Natorp）193，195
ニーダム（Noel Joseph Terence Montgomery Needham）　164
ニーチェ（Friedrich Wilhelm Nietzsche）257，258，265，303
ニグリン（Christian Vladislav Nigrin）57
西村茂樹　108
日蓮　197，246，247，299
日本教職員組合（日教組）　196，202，239
ニュートン（Isaac Newton）　3，40，46，55，185
ネイェドリー（Zdeněk Nejedlý）　169，170，233
ネポムツキー（Jan Nepomucký）　64，65，143
野家啓一　280
ノヴァーク（Jan Václav Novák）　142，167
ノヴァーコヴァー（Julie Nováková）234
ノスティッツ（Franz Anton von Nostitz-Rieneck）　76，77
能勢榮　115

は行

ハーゼンターラー（Magnus Hasenthaler）53
ハートリブ（Samuel Hartlib）　6，13，142，175，238，264，307，313，332，333
バーナード（Henry Bernard）　104，126
ハーバード大学（Harvard University）142
ハーマン（Johann Georg Hamann）　68
パーンコヴァー（Markéta Pánková）311
ハイデガー（Martin Heidegger）　41，165，223，224，275，276，289，291，293，295，296，303
ハイドリヒ（Reinhard Tristan Eugen Heydrich）　165，166
ハヴェル（Václav Havel）　214，240，243-245，252
ハウスクネヒト（Emil Paul Karl Heinrich Hausknecht）　123
ハヴリーチェク（Karel Havlíček Borovský）　95，96
パスカル（Blaise Pascal）　290，292
バゼドウ（Johann Bernhard Basedow）61，62，70，98，112，118
パッペンハイム（Eugen Pappenheim）106
パテラ（Adolf Patera）　129，141，

306
パトチカ（Jan Patočka）　163，165-168，182-187，200，206，208-234，237，239，240，243，244，247-250，267，269，276-278，281-303，355-357
バトラー（Nicholas Murray Butler）　135，136，156
パトリッツィ（Francesco Patrizi）　19
パラケルスス（Paracelsus; Theophrastus Hohenheim）　40，289
原武史　253
パラツキー（František Palacký）　79，87，88，90-93，95，96，137，149，150，172，180
パラフ（Jan Palach）　213，214
バルビーン（Bohuslav Balbín）　66，67，77
パロウシュ（Radim Palouš）　247，248
汎愛学舎（Philanthropium）　62
汎愛派（Philanthropist）　62，98，120
ピアジェ（Jean Piaget）　181，183-185，200
ヒーブル（František Hýbl）　356
ビーレク（František Bílek）　144，145
ビスマルク（Otto Eduard Leopold Fürst von Bismarck-Schönhausen）　161
ヒトラー（Adolf Hitler）　160，164，236
ビベス（Juan Luis Vives）　98，101，102
秘密警察→チェコスロヴァキア国家保安庁　184，218
ビュイッソン（Ferdinand Buisson）　126
ファブリキウス（Pavel Fabricius）　321
フィグルス（Petrus Figulus）　55
フィヒテ（Johann Gottlieb Fichte）　99
フィビフ（Zdeněk Fibich）　128
フィンク（Eugen Fink）　165，166
フーコー（Michel Foucault）　7，8，19，39，219-221，254，256，262，265-267，280
フェヌロン（François de Salignac de La Mothe-Fénelon）　114
フェルディナント二世（Ferdinand II）　11，32，179，327，332
フェルディナント三世（Ferdinand III）　14，335
フェルメール（Johannes Vermeer）　5
フォイエルバッハ（Ludwig Andreas von Feuerbach）　50
フォイクト（Mikuláš Adaukt Voigt）　77，78，90
福澤諭吉　105
フサーク（Gustáv Husák）　214，231
藤田輝夫　xii，245，305
プシビーク（Jindřich Přibík）　218
藤原喜代藏　153
フス（Jan Hus）　4，10，32，63-65，72，76，85，143，144，158，162，169，234，265，354
フッサール（Edmund Gustav Albrecht Husserl）　94，165-168，224，288
プラーズニー（Aleš Prázný）　248
ブラームス（Johannes Brahms）　95
ブラウニング（Oscar Browning）　104，110-112，114-115，116
プラスティック・ピープル・オブ・ザ・ユニヴァース（The Plastic People of the Universe）　231
プラトン（Platon）　22，23，102，149，195，222，292，295，296
ブラホスラフ（Jan Blahoslav）　233，234
フランケ（August Hermann Francke）　57，58，100，105，106，114
ブランボラ（Josef Brambora）　171，172，238
フリードリヒ（プロイセン王）

（Friedrich I）　58
フリードリヒ（ファルツ選帝侯、ボヘミア王）（Friedrich V）　32，37，326，327，331
フリットナー（Andreas Flitner）　195，196
プルキニェ（Jan Evangelista Purkyně）　94
フルップ（Otokar Chlup）　171，177
フレーベル（Friedrich Wilhelm August Fröbel）　114，193
ブレカシュタット（Milada Blekastad）　xii，81，206，306，308
ブローデル（Fernand Braudel）　270，271，280
ブロケット（Linus Pierpont Brockett）　108，109，137，357
ブロジーク（Václav Brožík）　131，132
フロス（Pavel Floss）　206，216，217，235
プロティノス（Plotinus）　19，291
ペインター（Franklin Verzelius Newton Painter）　109-112，114，115，121
ヘーゲル（Georg Wilhelm Friedrich Hegel）　101-103，222，266，296
ベーコン（Francis Bacon，Baron Verulam）　24，51，98，100-102，104，105，110，112，114-116，137，167，176，184，211，289
ベーメ（Jakob Böhme）　167
ベール（Pierre Bayle）　48-51，72，78-80，91，98，137
ヘーン（Johann Friedrich Hähn）　60
ペスタロッチ（Johann Heinrich Pestalozzi）　98-100，106-108，111，112，114，117-121，126，152，153，156，191，193，195，197，205，206，239，286，359
ベチュコヴァー（Marta Bečková）　171，172，249
ペティ（William Petty）　174，175，238
ペトラルカ（Francesco Petrarca）　70，100
ベネシュ（Edvard Beneš）　35，158，160，161，168
ベラーズ（John Bellers）　174，175
ベルクソン（Henri-Louis Bergson）　274，275，280，289，291，292
ヘルダー（Johann Gottfried von Herder）　62，68-75，82，95，96，101，178，179，258，288，290，292
ヘルチツキー（Petr Chelčický）　37，161，162，169，170，243
ペルツル（František Martin Pelcl）　77，78，91
ヘルバルト（Johann Friedrich Herbart）　97，117，118，120，152，296，359
ヘルブランディー（Pieter Sjoerds Gerbrandy）　159，160
ベルリン科学アカデミー（Preußische Akademie der Wissenschaften）　52，56
ヘンドリヒ（Josef Hendrich）　142，143
帆足計　205
ボクダーノフ（Andrei Ivanovich Bogdanov）　107
細谷俊夫　239
ボッカチオ（Giovanni Boccaccio）　100
ポップ（Antonín Popp）　133
ホッブズ（Thomas Hobbes）　38，81，185
ポニアトフスカー（Kristina Poniatowská）　322，331
ポパー（Karl Raimund Popper）　292
ホブズボーム（Eric John Ernest Hobsbawm）　5-7
ホフマン（Franz Hofmann）　182，263

ポペロヴァー（Jiřina Popelová-Otáhalová）　177，182，198，199，218，236
ホラー（Václav Hollar）　1，13
堀内守　198，200，237-240，247
堀尾輝久　204
ポリシェンスキー（Josef Polišenský）　206，217
ホワイト（Hayden White）　vi，viii

ま行

マーラー、アルマ（Alma Maria Mahler）　162
マーラー、グスタフ（Gustav Mahler）　162
マーンケ（Dietrich Mahnke）　167，289
マイスキー（Ivan Mikhailovich Maiskii）　160
前田多門　191
マカレンコ（Anton Semyonovich Makarenko）　171
牧口常三郎，153，246
マキャヴェリ（Niccolò Machiavelli）　37
マサリク（チェコスロヴァキア大統領）（Tomáš Garrigue Masaryk）　87，93，95，96，130，146-152，157，158，161，162，165，166，178-180，243-245，265，277，281，336
マサリク（チェコスロヴァキア外相）（Jan Garrigue Masaryk）　158-160
マルクス（Karl Marx）　175，198，199
マルブランシュ（Nicolas de Malebranche）　114
丸山眞男　239
マレ（Carl-Heinz Mallet）　265
マレシウス（Samuel Maresius）　50，79
ミシュレ（Jules Michelet）　109，126，137
ミュラー（Joseph Theodor Müller）　125
ミュラー（Johan Müller）　70
ミルトン（John Milton）　114，238
ムーニエ（Roland Émile Mousnier）　6
ムハ（Alfons Maria Mucha）　144，145，338
村井実　238
メソジスト派（Methodist）　57，81
メトディウス（Methodios）　133
メランヒトン（Philipp Melanchthon）　114
メルセンヌ（Marin Mersenne）　313
モウト（Nicolette Mout）　206
モーツァルト（Wolfgang Amadeus Mozart）　33，77，109
モラヴィア兄弟団（Herrnhuter Brüdergemeine / Moravští bratři）　81
森戸辰男　191
モレリ（Louis Moréri）　51
モレンハウアー（Klaus Mollenhauer）　250
モンテーニュ（Michel Eyquem de Montaigne）　98，100，105，114，120
モンロー（Will Seymour Monroe）　46-48，126
モンロー（Paul Monroe）　104，105，110，192，204

や行

ヤーコブソン（Roman Osipovich Jakobson）　183
ヤナーチェク（Leoš Janáček）　169
ヤブロンスキー（Daniel Arnošt Jablonský）　55-58
山内芳文　81

ユネスコ（UNESCO）　26，180-184，263
湯原元一　117，122-124
ヨーゼフ二世（Joseph II）　76
吉岡良昌　302
吉田松陰　252
吉本均　192

ら行

ラートケ（Wolfgang Ratke）　58，98，100，103，104，110，114，116，152，190，202
ライプニッツ（Gottfried Wilhelm Leibniz）　52-57，62，70，71，76，81，95，96，109，126，167，185，187，289
ラウマー（Karl Ludwig Georg von Raumer）　99-103，105，116，117，137，204，272
ラブレー（François Rabelais）　114
リーガー（Georg Konrad Rieger）　75
リシュリュー（Armand Jean du Plessis, Cardinal de Richelieu）　333
リンドネル（Gustav Adolf Lindner）　117-123，127，129-131，137，153，261，274
ルイ一四世（Louis XIV）　3，16，54，190
ルード（Wilhelmus Rood）　206
ルソー（Jean-Jacques Rousseau）　51，61，71，98-101，107，114，116，118，119，121，126，152，153，188-190，193，197，205，359
ルター（Martin Luther）　10，32，38，106，114，115，162
ルター派（Lutheraner）　55，56，59，67，87
ルナン（Joseph Ernest Renan）　262
ルルス（Raimundus Lullus）　54
ル=ロワ=ラデュリ（Emmanuel Le Roy Ladurie）　7
レーニン（Vladimir Ilyich Ulyanov, Lenin）　199
レーバー（Josef Reber）　125，142
レッシング（Gotthold Ephraim Lessing）　95，96，296
レンブラント（Rembrandt Harmenszoon van Rijn）　5，238，338
ローリー（Simon Somerville Laurie）　126
ロック（John Locke）　38，98，99，101，105，112，116，118，197

わ行

ワーグナー（Wilhelm Richard Wagner）　95，169

地名

＊外国の市町村及び地域名にのみラテン文字表記を付す。文献一覧のページ数を除く。

あ行

アイルランド　36，264
アムステルダム（Amsterdam）　ii，14，16，32，45，48，50，52，81，132，133，164，180，238，302，315，326，331，337，338
アメリカ　81，108，128，135，136，147，161，183，264，310，323
イヴェルドン・レ・バン（Yverdon-les-Bains）　99
イギリス（イングランド）　xi，4-6，13，14，16，30，35，37，38，51，56，68，73，88，98，103，108，109，113，128，130，157-161，165，168，175，260，263，264，313，331-333，337
イスタンブール（Istanbul）　96
イタリア　60，95，100

ヴァイマル（Weimar） 68
ヴァルナ（Varna） 217
ウィーン（Wien） 14，77，94，232，237，335
宇治 197
ウヘルスキー・ブロト（Uherský Brod） 16，88，128，131，216，217，233，239，249，309，311，312，323-325，336
ヴュルテンベルク（Württemberg） 53，75
ヴルチツェ（Vlčice） 324，331
ヴロツワフ（Wrocław） 314，330
エアランゲン（Erlangen） 99
エムデン（Emden） 337
エルブレー（Örebro） 330
エルブロンク（Elbląg） 330，332，334
大阪（大坂） 107
オーストリア 35，232
オックスフォード（Oxford） 55
オランダ 3，16，37，42，48，59，66，109，128，131，159，182，259，260，264，313，318，326，331，333，337，338
オルラ（Orla） 330，334，335
オロモウツ（Olomouc） 87，177，207，208，212，213，218，220，324，356

か行

鹿児島（薩摩） 107
カリーニングラード（Kaliningrad） 55，97
カルパト・ウクライナ（Carpatho-Ukraine） 158
グダンスク（Gdańsk） 330，332
クラリツェ・ナド・オスラヴォウ（Kralice nad Oslavou） 324，331
クロアチア 127，128
ケーニヒスベルク（Königsberg）→カリーニングラード
ケルン（Köln） 330
ケンブリッジ（Cambridge） 13，158-161
コシツェ（Košice） 330，336
コムニャ（Komňa） 78，323-325

さ行

ザクセン（Sachsen） 81，337
ザクセン=ゴータ（Sachsen-Gotha） 58
サンクトペテルブルク（Sankt Peterburg） 107，108，142，310
シェフィールド（Sheffield） 247，307
ジェラヴィツェ（Žeravice） 324
ジェロチーン（Žerotín） 324
シカゴ（Chicago） 147
シギショアラ（Sighişoara） 335，336
シャーロシュ・パタク（Sárospatak） 76，105，179，203，316，330，336，337
シュチェチン（Szczecin） 330，337
シュプロタヴァ（Szprotawa） 330
シレジア（Silesia）（英語表記） 90，337
スイス 56
スウェーデン 4，14，16，35，37，38，49，73，88，91，109，129，182，260，314，315，330，332-335，337，357
スカリツァ（Skalica） 330，336，337
ズゴジェレツ（Zgorzelec） 330
ズデーテン（Sudeten） 157
ストックホルム（Stockholm） 237-238，330，335
ストラージュニツェ（Strážnice） 324，325，336
スレスコ（Slezsko） xi
スロヴァキア 16，70，76，94，127，

157, 158, 161, 178-180, 236, 244, 252, 260, 330, 336, 357

た行

ターボル（Tábor） 217
チェコ（共和国／地域） i, iii, iv, vii, 4, 10, 14, 16, 31-35, 37, 63-65, 67, 70, 71, 76, 77, 85-89, 93-96, 118, 124, 125, 127-129, 131, 132, 135, 141-143, 148, 150, 158, 159, 164, 165, 174, 178-180, 199, 206, 232, 241, 244, 249-252, 258-261, 270-272, 277, 298, 305-307, 309-312, 323, 326, 330, 332, 336, 354, 357-359
　ベーメン=メーレン保護領（Reichsprotektorat Böhmen und Mähren） 35, 158, 164
　ボヘミア xi, 66, 67, 71, 72, 79, 89, 90, 127, 164, 328
　モラヴァ xi, 10, 11, 52, 71, 72, 81, 87, 88, 109, 125, 127, 141, 165, 180, 216, 272, 324, 327
チェコスロヴァキア xi, 34, 35, 40, 80, 86, 94, 95, 143, 146, 148, 152, 157-161, 168-173, 177-182, 184, 197-199, 202, 206, 207, 209, 213, 216-218, 231-234, 236, 239, 240, 244, 245, 247, 258, 261, 265, 270, 285, 288, 295, 306, 336, 356
デッサウ（Dessau） 62
デンマーク 4, 330
ドイツ iv, vii, 16, 52, 56, 58, 60, 68, 71-73, 76, 87, 88, 94-97, 99, 100, 108, 125, 129, 157, 158, 161, 162, 165, 166, 168, 170, 194, 212, 236, 247, 250, 253, 260, 264, 292, 309, 313, 319, 323, 326, 329, 330, 337, 356, 357
　西ドイツ 35, 170, 182, 195, 207, 216, 231, 233, 234, 261
　東ドイツ 40, 143, 173, 177, 182, 192, 199, 216, 236, 282
ドウブラヴィツェ（Doubravice） 324, 329, 331
ドゥルンホレツ（Drnholec） 324
トカイ（Tokaj） 336
トランシルヴァニア（Transylvania） 14, 35, 37, 38, 76, 91, 98, 179, 260, 315, 316, 317, 324, 335-337
トルナヴァ（Trnava） 330, 336
トルン（Toruń） 330, 334, 335
ドレスデン（Dresden） 162

な行

ナームニェシュチ・ナド・オスラヴォウ（Náměšti nad Oslavou） 324
ナールデン（Naarden） 16, 45, 128, 151, 152, 312, 323, 330, 338
ニヴニツェ（Nivnice） 88, 131, 323-325
日本 iii, 32, 39, 42, 47, 48, 68, 107, 108, 112, 115-117, 120, 121, 123, 124, 136, 152, 153, 156, 174, 182, 188, 189, 193-196, 198, 200, 201, 205, 231, 232, 237-239, 245, 246, 250, 252, 253, 255, 264, 271, 273, 298, 305, 309, 355
ニューデリー（New Delhi） 180
ニュルンベルク（Nürnberg） 330
ノルチェピング（Norrköping） 15, 330, 333, 334

は行

ハーグ（Den Haag） 42, 326, 331, 333
ハイデルベルク（Heidelberg） 10, 72, 97, 326, 327, 330
バグダード（Bagdad） 96
バブジンツォヴィツェ

(Wawrzyńcowice) 330
パリ (Paris) 54, 99, 185, 291
ハレ (Halle an der Saale) 15, 57-59, 73, 75, 99, 101, 142, 143, 245, 306, 314
ハンガリー 14, 16, 76, 86, 87, 109, 127, 129, 157, 158, 182, 231, 260, 317, 330, 335, 336
ハンブルク (Hamburg) 330, 333, 337
ビーラー・トゥシェメシュナー (Bílá Třemešná) 324, 329, 331
ビーラー・ホラ (Bílá Hora) 4, 34, 174, 327
ビザンチウム (Byzantium)→イスタンブール
広島 191, 227, 248, 357
フィンスポング (Finspång) 330, 334
フィンランド 128
プーホフ (Púchov) 330, 336
ブジェク (Brzeg) 113, 117, 330
プシェロフ (Přerov) 18, 83, 113, 127, 128, 131, 139, 216, 233, 234, 312, 324, 326, 327, 328, 356
ブダペスト (Budapest) 336
フライブルク (Freiburg im Breisgau) 165, 166, 223, 295
ブラチスラヴァ (Bratislava) 87
プラハ (Praha) i-iii, xi, 4, 11, 14, 32, 33, 45, 64, 66, 76, 77, 86, 87, 94, 118, 124, 127, 128, 132, 133, 142-144, 146, 147, 162, 165, 166, 168, 170, 173, 177, 182-185, 198, 212-214, 216-218, 232, 233, 237, 239, 240, 245, 248, 249, 288, 310, 311, 324, 327, 335, 354-358
フランクフルト (オーデル) (Frankfurt an der Oder) 55, 337
フランクフルト (マイン) (Frankfurt am Main) 59, 87
フランス 4, 46, 68, 85, 95, 103, 108, 128, 131, 137, 157, 201, 313, 333
ブランディース・ナド・オルリツィー (Brandýs nad Orlicí) 131, 324, 328, 329
ブランデンブルク (Brandenburg) 338
ブルガリア 128, 182, 231
プルゼニュ (Plzeň) 217
フルネック (Fulnek) 237, 324, 327, 328, 336
ブルノ (Brno) xi, 142, 178, 217, 307
ブレーメン (Bremen) 330, 333, 337
プレショフ (Prešov) 330, 336
ブレダ (Breda) 35, 264, 318, 331, 338
プロイセン (Preußen) 56, 60
東プロイセン 97
フローニンゲン (Groningen) 330
ヘルボルン (Herborn) 10, 12, 72, 198, 272, 288, 326, 327, 330, 335
ベルギー 187
ベルリン (Berlin) 55, 56, 96, 99, 247, 329, 330
ペンシルバニア (Pennsylvania) 323
ボーフム (Bochm) 216, 234
ポーランド 14, 16, 32, 34, 35, 38, 50, 80, 81, 89, 91, 109, 129, 149, 157, 182, 231, 239, 252, 310, 314, 320, 328-331, 334, 335, 337, 357
ホドニーン (Hodonín) 94, 336
ホルニー・ブラナー (Horní Branná) 324, 329, 331

ま行

マインツ (Meinz) 54

マグデブルク（Magdeburg）　55
マルクショヴィツェ（Markušovce）　330
ミュンスター（Münster）　33
ミュンヘン（München）　307
モスクワ（Moscow）　158

ら行

ライデン（Leiden）　331，333
ライプツィヒ（Leipzig）　58，125，129
ラウジッツ（Lausitz）　128
リガ（Rīga）　68
リジツェ（Lidice）　165
リューベック（Lübeck）　330，333
ルーヴァン（Louvain）　187，206
ルーマニア　14，182，335
レヴォチャ（Levoča）　75，330，336
レシノ（Leszno）　11，14，50，55，76，80，88，90，91，101，179，259，260，313，314，316，317，319，330，332，335，336，337
レドニッツァ（Lednica）　336
レニングラード（Leningrad）　142 → サンクトペテルブルク
ローマ（Roma）　61
ロシア　108，129，335
　ソヴィエト連邦（ソ連）　35，40，143，161，168-171，180，182，195，202，205，213，238
ロッテルダム（Rotterdam）　326，331
ロンドン（London）　12，13，81，158，162，331-333

わ行

ワルシャワ（Warszawa）　185

事項

＊文献一覧のページ数を除く。

あ行

アイデンティティ　iii，143，179，214，251，252，258，261，265，266
アカデミズム　216，230
アカデミズム批判　230
アナロジー　167，186，262，302，314
暗黒（時代）　3，4，33，63，65，66，76
イギリス内戦　7，13，36，37，42，81，162，174，238，264
生ける印刷術　iii，vi，1，27，29-31，81，131，255，274，353
一斉教授（授業）　41，260，263，272
印刷術　iii，v，27-29，41，192，193，226，254，255，302
ウェストファリア講和　14，33，35，37，65，71，335
回向　296，298，299
エピステーメー　7，8，19，39，221，262
おとぎ話　208，211，212，221，222

か行

解釈学的再構成　280，281
回心　22，30，58，218，222，223，225，228-231，264，276，277，287，293-296
開放性　22，81，228，291，292，301
科学革命　3，7，17，46，106，152，176，224，225
科学性　39，40，175，198，199
学問的良心　215，230
神の三書　23，267，286
カノン（化）　v，30
駆り立て　41，224，225，227，230，231，243，276，293
感覚主義　24，105，106，114，120，

176
技術主義　41, 163, 218, 224, 227, 230, 254, 261
犠牲　223, 225, 230, 231, 233, 240, 276, 294-296, 301
記念碑的歴史　257, 261, 265, 270, 274, 275, 277, 278
救済史観　29, 30
教育印刷術　iii, 27, 192, 193, 202, 254, 255, 263, 302
教育機会の均等　174, 201
教育制度　v, 27, 103, 115, 126, 136, 137, 163, 190, 208, 209, 223, 253, 281
教育の相のもとに　183, 185, 187, 200, 250
教会平和（エキュメニズム）　26, 55, 56
教師の日　172, 173
近代化（研究対象の）（近代主義的解釈）　124, 168, 184, 203, 210, 233, 237, 256, 269, 282, 302
近代化（社会の）　85, 97, 107, 246, 256, 269
近代教育　107, 108, 111, 115, 121, 129, 136, 180, 202, 223, 239, 250, 256, 262, 300,
近代教育学（近代教授学）の祖　iii, vi, 97, 129, 223, 262, 272
近代教育批判　252, 254-257, 263
近代性（モダーニティ）　9, 31, 38, 40, 41
経験論　24, 110, 184, 192
形式陶冶　119, 121, 137
啓蒙主義　v, vii, 17, 33, 43, 45, 47, 48, 50, 51, 56, 77-79, 85-87, 88, 115, 118, 148, 154, 179, 223, 258, 278, 281, 292, 295, 296, 320
言語論的転回　279
原罪　237, 247
憲章七七　225, 231, 232, 240, 243, 248, 355
構成主義　268
合理主義　7, 22, 24, 115, 167, 185, 202, 268, 288
国民教育　126, 196, 260, 262, 278
国民国家　v, 82, 136, 250, 258, 261, 269, 274
国民統合　85, 179
コメニオロギエ　172, 249
骨董的歴史　257, 261, 262, 265, 267, 275, 278

さ行

再カトリック化（対抗宗教改革）　4, 33, 37, 63, 64, 66, 67, 75, 76, 85, 86, 93, 143, 179, 258
サミズダト　217, 232, 248
産業革命　110, 190, 334
三十年戦争　3, 4, 7, 11, 14, 32, 46, 58, 63-65, 85, 88, 98, 100, 143, 174, 250, 272, 318, 327, 335
三相法　167, 235, 236, 314
3B 政策　96
自己中心性　21, 22, 319
死後の生　296, 297, 299
自然主義（合自然）　62, 106, 111, 112, 118, 119, 121, 153-155, 272, 296
実学（主義）→リアリズム
実質陶冶　119-121
実証主義　126, 167, 168, 177, 179, 190, 228, 261, 267, 268, 283, 286, 288, 292
実存（主義）　206, 228, 237, 276, 285, 287, 301
実物教授→直観教授
史的唯物論→唯物史観
シニシズム　vi
資本主義　5, 6, 174, 192, 199, 204

市民社会　177，190
社会主義　34，35，40，76，168，170，172-175，177-179，182，191，199，206，235，236，238，243，247，248，250，251，261，295，309，310
自由意志　26，36，38
宗教改革　iv，4，7，10，16，17，24，29，38，56，64，65，72，93，94，98，100，102，103，114，149，174，233
宗教性　31-34，48，106，122，124，248，258，283
集団主義教育　171，253
一七世紀の危機（危機の世紀）　v，5，6，12，31，109，159，226
熟議　25，38，59，73，211，263
生涯学習論　25，238，315
ショービニズム　178
諸国民の教師　iii，89，129，130，160，170，173，209，258-260，277，278
諸国民の春　86
思慮深さ　27，28，45，255，288
進化論　47，154
震憾　226，229，230，276，278，284，287，293，295，300
新教育　39，40，116，121，136，155，156，188，202，263，290
人種主義（反ユダヤ主義）　68，164，290
神人協力説　26，30
神秘主義　50，142，167，168，192，228，261，289-292
新プラトン主義　19，166，184，186，192，207，211，236，255，292
人文主義　9，98，102，103，110-112，126，183
進歩史観　256
スコラ哲学（的）　22，115
スターリニズム　206，219
正常化　214，216，217，230，231，234，235，237，240，298，312
精神科学　167，193，196
生得観念　25，255
生の飛躍　274，275
世俗主義（世俗化）　6，32，33，154，248，258，281
漸進（的）　37，41，86，238
前線　226，227，229，230
全体主義　157，243，245，264
千年王国論　16，33，49-51，59，88，100，210，258
相互透入　197，200
相対主義（価値の）　vi，viii，69，267，268
贈与　223，286，301

た行

他者性　22
脱亜入欧　122
脱学校　223，278
地下大学　217，223
地平の融合　283，293
眺望の固定化　47，265，274，275，278
直観教授　29，106，113，117，118，120，156，166，272
帝国主義　95，190
転回の教育学　222，295，300
ドイツ化　34，37，63，70，77，85，93
洞窟の比喩　22，222，223，295
道徳の特設　191，195
特殊と普遍の相即　149
閉じた魂　218，219，223-225，228，248，291，295，301

な行

ナチズム　161，289
人間学主義　221
人間主義　95，96，179，191，208

人間的事柄（の改善）　15, 23, 25, 26, 38, 74, 243, 247, 250
ニヒリズム　vi, 229, 265

は行

パイデイア　292, 295, 296
バラ十字（運動）　53, 207, 290, 327
バロック　5, 7, 24, 33, 76, 167, 249, 251
反教育学　264
汎ゲルマン主義　95, 96
反・憲章七七　231
パンソフィア（汎知学）　12-15, 17, 25, 38, 41, 42, 49, 53, 59, 71, 79, 80, 87, 88, 98, 112, 113, 125, 126, 149, 150, 187, 197, 200, 203, 204, 211, 220-222, 246, 250, 263, 272, 273, 306, 308, 313-317, 326, 332-334, 338
汎ヨーロッパ（主義）　35, 152, 277
光と闇　5, 226
光の哲学　17-20, 23, 31, 255
批判的歴史　257, 274, 275, 277, 278
百科全書主義　10, 12, 166, 272
ピューリタン革命→イギリス内戦
開けた魂　218, 219, 221, 223, 267, 287, 288, 290-292, 295, 301
昼と夜　226
ビロード革命　243, 248, 354
ファシズム　163, 190, 236
伏流　43, 47, 48, 96, 136, 292
フス派戦争　32, 65, 93, 170, 217
物象化　41, 254, 296
普遍主義　56, 70, 75, 167, 204, 258, 264, 278
プラハの春（1968 年）　80, 173, 205-207, 213, 218, 221, 230, 233, 244, 298
プロテスタント同盟　14, 38
文検　121, 153
閉鎖性　219, 221, 223-225, 267, 278
平和主義　56, 161, 166, 262, 263
ベネシュ布告　168
ヘルバルト主義（教育学）　117, 123, 137, 261
弁証法　178, 235, 236
方法学者　98, 99
亡命　11, 13, 35, 37, 45, 46, 66, 76, 144, 149, 150, 158, 179, 217, 252, 272, 320, 332
ポスト・コロニアリズム　36, 264
ポストモダニズム　vi, 223, 264, 268
ポスト冷戦　268

ま行

マニエリスム　10
マルクス主義　6, 174, 183, 189, 195, 199, 205, 213, 236
マルクス=レーニン主義　171, 193
ミュンヘン協定　157, 161, 168
民主主義　161, 163, 164, 177, 188, 191, 248, 253, 263, 264
民族再生　14, 33-35, 63, 66, 67, 70, 75-77, 80, 82, 85-88, 93, 95, 96, 124, 131, 179, 250, 258, 262, 319
民族主義　v, 34, 35, 69, 71, 85, 86, 88-90, 93, 96, 109, 143, 149-151, 156, 160, 163, 164, 178, 236, 258, 277
民族問題　31, 34, 37, 238, 252
メタヒストリー　i-iii, 359
目的論　30, 154, 280

や行

唯物史観　177, 178, 189, 192, 193, 198, 199, 236, 256
唯物論　vi, 50, 174-176, 199, 200, 204, 235, 236
ユートピア（思想）　74, 176, 199,

208, 211, 213, 286
ヨーロッパ中心主義　36, 284
予言信仰　72, 86, 156, 258, 320, 338

ら行

リアリズム　100-105, 111, 112, 114-116, 126, 137, 152, 155, 156, 166, 192, 204, 272
理論・実践・応用　20, 24, 225, 269
類比　8, 19, 20, 39, 119, 210, 219, 220, 238, 257, 262, 273
ルネサンス（文芸復興）　7, 10, 17, 19, 29, 36, 70, 71, 98, 100, 103, 110-112, 114, 133, 152, 153, 167, 207, 208, 288, 292
冷戦　v, 34, 35, 38, 76, 81, 168, 187, 190, 191, 200, 234-236, 243, 250, 251, 256, 261, 269, 270, 273, 282, 283, 309, 310, 318
歴史観　v, 29, 30, 102, 103, 280
歴史哲学（歴史性）　vi, 210, 276, 298, 300
労働と教育の結合　174, 175
ロマン主義　292

わ行, その他

和魂洋才　121, 122, 124
RKZ　86, 94

書名

＊コメニウスの著作と海外のコメニウス研究に関する書物に限る。本文、付録、文献一覧に原語表記の記載のないもののみ原語を付す。付録一と文献一覧のページ数を除く。

あ行

『アクタ・コメニアナ』　182, 191, 193, 206, 208, 212, 213, 235, 238, 239
『アナレクタ・コメニアナ』　141
『アリストテレス、その後継者と先駆者』（*Aristoteles, jeho předchůdci a dědicové*）（パトチカ）　206
「偉大な人間主義者ヤン・アモス・コメニウス」（*The Great Humanist Joh Amos Comenius*）（ゴンチャロフ）　207
『異端的学校』（*Heretická škola*）（パロウシュ）　248
『エリアの叫び』（コメニウス）　93, 143, 216, 234, 261, 323

か行

「学問的良心の原理について」（*O principu vědeckého svědomí*）（パトチカ）　214, 230
『記憶の形——一九・二〇世紀の文化の回想のなかのコメニウス——』（ジェスニーコヴァー編）　354
「教育史におけるコメニウスの位置」（バトラー）　135
『教授学』（コメニウス）　93, 101, 332
『教授学著作全集』（コメニウス）　ix, 15, 17, 27, 28, 39, 60, 81, 180, 182, 185, 191, 200, 207, 249, 281, 302, 338
『近代的教育学の祖アモス・コメニウス』（パッペンハイム）　106
『敬虔の実践』（*Praxis pietatis*）（コメニウス）　63, 64

『言語の最新の方法』（コメニウス）　100, 125, 334
『事柄の普遍的世界の劇場』（コメニウス）　198, 199
『コメニウス』（*J. A. Comenius*）（クヴァチャラ）　141
『コメニウス』（*Comenius*）（ココシュカ）　162, 164, 237
『コメニウス』（*Komenský*）（スラムニェニーク）　125
『コメニウス――事物の劇場から人間のドラマへ――』（*Jan Amos Komenský : od divadla věcí k dramatu člověka*）（フロス）　206
『コメニウス――その生涯と著作』（*Johann Amos Comenius: Sein Leben und seine Schriften*）（クヴァチャラ）　125
『コメニウス――その生涯と著作』（*Jan Amos Komenský : jeho život a spisy*）（ノヴァーク）　142
『コメニウス――ヤン・アモス・コメンスキーの人生・活動・運命の概括の試み』（ブレカシュタット）　xii, 206
『コメニウス教育学の進歩的性格』（*Der fortschrittliche Charakter in der Pädagogik Komenskýs*）（アルト）　174
「コメニウス教育学の哲学的基礎づけ」（*Filosofické základy Komenského pedagogiky*）（パトチカ）　184
『コメニウス研究誌』（シャラー編）　216, 234
『コメニウス書簡集』（クヴァチャラ編）　141
『コメニウス選集』（チェコスロヴァキア科学アカデミー編）　182
『コメニウス選集』（ルール大学コメニウス研究所編）　216
『コメニウス全集』（クヴァチャラ編）　141
『コメニウス著作集』（チェコ共和国科学アカデミー哲学研究所編）　208, 234
「コメニウス道徳十訓」（*Komenského mravoučné desatero*）（クリカ）　133, 134
『コメニウスと教育改革の開始』（モンロー）　46, 126
「コメニウスと一七世紀の主要な哲学思想」（*Komenský a hlavní filosofické myšlenky 17. století*）（パトチカ）　185
「コメニウスと開けた魂」（*Comenius und die offene Seele*）（パトチカ）　216, 218, 222, 295
『コメニウスと歴史の研究』（ウヘルスキー・ブロト、コメニウス博物館誌）　216
『コメニウスにおける汎改革への道』（*J. A. Komenského cesta k všenápravě*）（ポペロヴァー）　178
「コメニウスにおけるユートピアと人間性の目的の体系」（*Utopie und System der Ziele der Menschheit bei Comenius*）（パトチカ）　208
『コメニウスに対決する神学論考』（*Discursus theologicus contra D. Jo. Amos Comenii*）（アルノルド）　79
『コメニウスの神の世界』（*Komenského Boží svět*）（パロウシュ）　248
『コメニウスの教育学と一七世紀における教育学的リアリズムの誕生』（*Die Pädagogik des Johann Amos Comenius und die Anfänge des pädagogischen Realismus*）（シャラー）　207

『コメニウスの教育の哲学』（*Die Philosophie der Erziehung des J. A. Comenius*）（パトチカ）　216，225
『コメニウスの教育論』（*John Amos Comenius, 1592–1670: selections*）（ユネスコ編）　181，183
『コメニウスの自然哲学』（*Die Naturphilosophie des Johann Amos Comenius*）（チェルヴェンカ）　206
『コメニウスの生涯』（*Život Jana Amosa Komenského*）（ゾウベク）　124
『コメニウスの生涯と著作についての研究のための記録』（クヴァチャラ編）　141，142，182，208
『コメニウスの著作における就学前教育――その先駆者と後継者』（*Předškolní výchova v díle J. A. Komenského, jeho předchůdců a pokračovatelů*）（チャプコヴァー）　206
「コメニウスのバロック普遍主義」（*Der Barock-Universalismus des Comenius*）（マーンケ）　167

さ行

『サミュエル・ハートリブと学問の進歩』（*Samuel Hartlib and the Advancement of Learning*）（ウェブスター）　206
『自然学綱要』（コメニウス）　18，100，101，137，155
『死に逝く母なる兄弟教団の遺言』（コメニウス）　14，65，89，125，137，143，146，335
『事物と言語を飾る学校教育の広間』（コメニウス）　52，100，104
『一七世紀末までのドイツでのコメニウスによる教育改革』（*Die pädagogische Reform des Comenius in Deutschland bis zum Ausgange des XVII. Jahrhunderts*）（クヴァチャラ）　141
『世界図絵』（コメニウス）　vi，15，18，24，29，45，54，60–62，65，73，75，79，98，100，106，107，111–113，119，120，125，126，152，165，250，259，260，265，272，273，281，302，337
『世界図絵の起源と意味――教科書の歴史への寄与』（アルト）　177
「一九九二年のコメニウス生誕四〇〇年という視点からみたコメニウス研究の学問的、政治イデオロギー的重要性」（*Vědecký a ideově politický význam komeniologie z hlediska 400 letého výročí JAK v roce 1992*）（スカルコヴァー）　234

た行

『大革新』（*The Great Instauration: Science,Medicine and Reform 1626–1660*）（ウェブスター）　207
『大教授学』（コメニウス）　iv，12，27，39，53，98，100，101，104，111，112，116，118，126，127，153，154，176，180，181，196，197，200，202，204，246，254，255，263，272–274，332
『チェコ教会受難史』（コメニウス）　335
『チェコ兄弟教団史』（*Die Alte und Neue Böhmische Brüder*）（リーガー）　75

『チェコ問題』(*Česká otázka*)(マサリク)　93, 94, 178, 179
『地上の迷宮と心の楽園』(コメニウス)　11, 17, 66, 67, 100, 125, 131, 246, 328, 329
『天への手紙』(コメニウス)　174, 198

な行

『人間性促進のための書簡』(ヘルダー)　68, 70
『人間的事柄の改善についての総合的熟議』(コメニウス)　15, 16, 25-27, 35, 36, 57, 73, 74, 142, 143, 155, 163, 180-182, 187, 206-208, 210, 211, 219, 236, 238, 245, 247, 256, 263, 294, 303

は行

『ハートリブ、デュアリ、コメニウス――ハートリブ文書からの収穫』(*Hartlib, Dury and Comenius: Gleanings from Hartlib's Papers*)(ターンブル)　142
「ハートリブ文書」　142, 206, 247
『母親学校の指針』(コメニウス)　126, 263
『バラ十字啓蒙』(*Rosicrucian Enlightenment*)(イェイツ)　207
『パンアウギア』(コメニウス)　19, 24, 25, 126, 219
『パンエゲルシア』(コメニウス)　25, 73, 74, 126, 155
『パンオルトシア』(コメニウス)　26, 143, 163, 210, 211, 245, 263, 264
『パングロッティア』(コメニウス)　25, 303
『パンソフィア』(コメニウス)　25
『パンソフィア事典』(コメニウス)　26
『パンソフィアの先駆け』(コメニウス)　79, 100, 126, 137
『パンソフィアの二重描写』(*Pansophiae diatyposis*)(コメニウス)　88
『パンヌテシア』(*Pannuthesia*)(コメニウス)　26, 211
『パンパイデイア』(コメニウス)　25, 27, 143, 180, 181, 207, 238, 256
『光の道』(コメニウス)　10, 13, 18, 20, 21, 23, 29, 30, 113, 126, 163, 223, 226, 228, 238, 263, 286, 333
『必須の一事』(コメニウス)　23, 33, 34, 49, 59, 92, 93, 100, 137
『開かれた言語の扉』(コメニウス)　11, 49, 52, 54, 65-67, 78, 79, 90, 98, 100, 101, 106, 112, 113, 126, 137, 197, 199, 332, 334
『開かれた言語の扉の輝ける前庭』(コメニウス)　52, 100, 104, 106
『開かれた事柄の扉』(コメニウス)　57, 65, 126
『普遍的三相法』(コメニウス)　57
『平安の中心』(コメニウス)　21, 22, 63, 64, 289
『平和の天使』(コメニウス)　35, 264, 338
『ボヘミア王国史雑録』(バルビーン)　66
『ボヘミア及びモラヴァの学識者と芸術家についての図説』(ペルツル)　43, 77, 78

ま行

『モラヴァの地図』（コメニウス）　331
『モラヴァの牧師ジョン・アモス・コメニウス――その人生と教育著作』（*John Amos Comenius, Bishop of the Moravians: his life and educational works*）（ローリー）　126

や行

『闇からの光』（コメニウス）　16, 26, 79
『闇のなかの光』（コメニウス）　16
『ヤン・アモス・コメニウス――三世紀後におけるその著作の作用』（*Jan Amos Komenský. Wirkung eines Werkes nach drei Jahrhunderten*）（シャラー編）　216
『ヤン・アモス・コメニウス――諸国民の教師』（ホフマン）　236
『ヤン・アモス・コメニウス――チェコ人、諸国民の教師、キリスト者、人格者』（クリカ）　129
「ヤン・アモス・コメニウスの生涯」（パラツキー）　88
『ヤン・パトチカ選集』　249
『遊戯学校』（コメニウス）　74, 125, 260, 302, 336
『ヨハネス・アモス・コメニウス』（ノヴァーク編）　149

ら行

『歴史哲学についての異端的論考』（*Kacířské eseje o filosofii dějin*）（パトチカ）　214, 215, 225, 226, 233, 249, 276, 284, 291, 292, 294, 296
『歴史批評辞典』（ベール）　48, 78, 91

著者略歴

相 馬 伸 一（そうま・しんいち）

1963 年、札幌市生まれ。
1994 年、筑波大学大学院博士課程教育学研究科単位取得退学。
2000 年、博士（教育学）（筑波大学）。
1994 年〜2018 年、広島修道大学人文学部にて専任講師、助教授、教授。
現在、佛教大学教育学部教授。

主な著書に、『ヨハネス・コメニウス——汎知学の光』（講談社選書メチエ、2017 年）、『教育的思考のトレーニング』（東信堂、2008 年）、『教育思想とデカルト哲学——ハートリブ・サークル　知の連関』（ミネルヴァ書房、2001 年）がある。
主な訳書に、コメニウス『地上の迷宮と心の楽園』（監修、東信堂、2006 年）、『ヤン・パトチカのコメニウス研究——世界を教育の相のもとに』（編訳、九州大学出版会、2014 年）がある。

コメニウスの旅《たび》
——〈生ける印刷術〉の四世紀——

2018 年 8 月 31 日　初版発行

著　者　相　馬　伸　一
発行者　五十川　直　行
発行所　一般財団法人　九州大学出版会
〒 814-0001　福岡市早良区百道浜 3-8-34
九州大学産学官連携イノベーションプラザ 305
電話　092-833-9150
URL　https://kup.or.jp/

印刷・製本／大同印刷㈱

ISBN978-4-7985-0237-3

第6回　デモクラシーという作法　／神原ゆうこ（北九州市立大学）
——スロヴァキア村落における体制転換後の民族誌——

第7回　魯迅——野草と雑草——　／秋吉　收（九州大学）

第8回　トルコ語と現代ウイグル語の音韻レキシコン
／菅沼健太郎（九州大学）

第9回　コメニウスの旅　／相馬伸一（広島修道大学）
——〈生ける印刷術〉の四世紀——
ハインリヒ・シェンカーの音楽思想
——楽曲分析を超えて——　／西田紘子（九州大学）

＊詳細については本会Webサイト（https://kup.or.jp/）をご覧ください。
（執筆者の所属は助成決定時のもの）

九州大学出版会・学術図書刊行助成

九州大学出版会は，1975年に九州・中国・沖縄の国公私立大学が加盟する共同学術出版会として創立されて以来，大学所属の研究者等の研究成果発表を支援し，優良かつ高度な学術図書等を出版することにより，学術の振興及び文化の発展に寄与すべく，活動を続けて参りました。

この間，出版文化を取り巻く内外の環境は大きく様変わりし，インターネットの普及や電子書籍の登場等，新たな出版，研究成果発表のかたちが模索される一方，学術出版に対する公的助成が縮小するなど，専門的な学術図書の出版が困難な状況が生じております。

この時節にあたり，本会は，加盟各大学からの拠出金を原資とし，2009年に「九州大学出版会・学術図書刊行助成」制度を創設いたしました。この制度は，加盟各大学における未刊行の研究成果のうち，学術的価値が高く独創的なものに対し，その刊行を助成することにより，研究成果を広く社会に還元し，学術の発展に資することを目的としております。

第1回 道化師ツァラトゥストラの黙示録　／細川亮一（九州大学）
中世盛期西フランスにおける都市と王権
／大宅明美（九州産業大学）

第2回 弥生時代の青銅器生産体制　／田尻義了（九州大学）
沖縄の社会構造と意識――沖縄総合社会調査による分析――
／安藤由美・鈴木規之編著（ともに琉球大学）

第3回 漱石とカントの反転光学――行人・道草・明暗双双――
／望月俊孝（福岡女子大学）

第4回 フィヒテの社会哲学　／清水　満（北九州市立大学学位論文）

第5回 近代文学の橋――風景描写における隠喩的解釈の可能性――
／ダニエル・ストラック（北九州市立大学）
知覚・言語・存在――メルロ＝ポンティ哲学との対話――
／円谷裕二（九州大学）